D1674814

LEIPZIGER JAHRBUCH ZUR BUCHGESCHICHTE
Band 29 • 2021

LEIPZIGER JAHRBUCH ZUR BUCHGESCHICHTE

Begründet von Mark Lehmstedt und Lothar Poethe

Herausgegeben im Auftrag der Universitätsbibliothek Leipzig
von Thomas Fuchs, Christine Haug und Katrin Löffler

HARRASSOWITZ VERLAG · WIESBADEN

LEIPZIGER JAHRBUCH ZUR BUCHGESCHICHTE

Band 29 • 2021

HARRASSOWITZ VERLAG · WIESBADEN

Eine Veröffentlichung der Universitätsbibliothek Leipzig

Redaktion: Thomas Fuchs, Katrin Löffler
Redaktionsschluß: Juni 2021

Anschrift der Redaktion:
Universitätsbibliothek Leipzig, Bereich 4: Sondersammlungen, Beethovenstr. 6, 04107 Leipzig
ljbg@ub.uni-leipzig.de

Bibliografische Information der Deutschen Nationalbibliothek
Die Deutsche Nationalbibliothek verzeichnet diese Publikation in der Deutschen Nationalbibliografie; detaillierte bibliografische Daten sind im Internet über https://www.dnb.de/ abrufbar.

Bibliographic information published by the Deutsche Nationalbibliothek
The Deutsche Nationalbibliothek lists this publication in the Deutsche Nationalbibliografie; detailed bibliographic data are available on the internet at https://www.dnb.de/.

© Otto Harrassowitz GmbH & Co. KG, Wiesbaden 2021
Das Werk einschließlich aller seiner Teile ist urheberrechtlich geschützt.
Jede Verwendung außerhalb des Urheberrechtsgesetzes bedarf der Zustimmung des Arbeitskreises. Das gilt insbesondere für Vervielfältigungen jeder Art, Übersetzungen, Mikroverfilmungen und für die Einspeicherung in elektronische Systeme.
Umschlaggestaltung und typografische Beratung: Mathias Bertram, Berlin
Satz: Susanne Dietel
Druck und Verarbeitung: Memminger MedienCentrum AG
Printed in Germany
Diese Publikation wurde auf alterungsbeständigem Papier gedruckt.

https://www.harrassowitz-verlag.de/

ISBN 978-3-447-11699-2
ISSN 0940-1954

INHALTSVERZEICHNIS

Abhandlungen

Dokumentation

Informationen und Berichte

ABHANDLUNGEN

HANSJÖRG RABANSER

Ruprecht Höller – der erste Innsbrucker Hofbuchdrucker (1550/51 und 1554–1573)

Seit Johannes Gensfleisch, genannt Gutenberg (um 1400–1468), die Entwicklung von beweglichen Metalllettern und die Verbesserung der Druckerpresse vorangetrieben hatte und damit eine maschinelle Massenproduktion von Drucken möglich geworden war, verbreitete sich die »Schwarze Kunst« in Europa äußerst rasch. Bereits um 1500 gab es in rund 60 deutschsprachigen Städten Druckereien mit etwa 300 Druckern. Knapp hundert Jahre nach Gutenberg wurde auch in der Grafschaft Tirol die Notwendigkeit einer eigenen Druckerei gesehen. Bis dahin war das Bedürfnis an Druckwerken durch Wanderdrucker und Buchführer gestillt worden. Neben der Konsultation von Händlern aus dem oberitalienischen Raum wurden Werke bevorzugt aus süddeutschen Druckorten bezogen. Für den Tiroler Raum spielte neben Nürnberg vor allem Augsburg die wichtigste Rolle, auch wenn die Stadt protestantisch gesinnt war. Doch die in konfessionellen Fragen ansonsten recht konservative Tiroler Regierung schien in diesem Fall beide Augen zugedrückt zu haben. Gründe dafür waren sicherlich die Nähe des Bezugsortes, die kurzen Vermittlungswege, die Qualität der Drucke und die bewährten Beziehungen zu Kontaktpersonen vor Ort.

Aufgrund dieser Bedingungen wurde die Gründung einer eigenen Druckerei nie in Erwägung gezogen. Allerdings mehrten sich die Stimmen, die eine solche Einrichtung forderten, vor allem, weil die Kanzleischreiber die anwachsende Korrespondenz nicht mehr abdecken konnten. Auch der konfessionelle Konflikt während des Schmalkaldischen Krieges (1546/47) mehrte die Bedenken, denn das Drucken der Schreiben mit brisanten Inhalten im protestantisch gesinnten Augsburg barg ein gewisses Gefahrenpotential. Da nur die Tiroler Regierung über die nötigen finanziellen Mittel zur Gründung einer eigenen Offizin verfügte, wurde die Einrichtung einer Druckerei speziell für diese in Erwägung gezogen. Entgegen der sparfreudigen Mahner konnte das Vorhaben durchgesetzt und eine Presse samt Zubehör für 40 Gulden angekauft werden. Da die Offizin für die Behörden gedacht war, wurde diese in unmittelbarer Nähe der Ämter angesiedelt, nämlich im sogenannten Neuhof, jenem Gebäude, dem das Goldene Dachl vorgebaut ist.[1] Wohl im Sommer/Herbst 1548 wurde Leonhard Rossna-

1 Zum Neuhof mit dem Goldenen Dachl: Johanna Felmayer: Die profanen Kunstdenkmäler der Stadt Innsbruck. Altstadt – Stadterweiterungen bis zur Mitte des 19. Jahrhunderts. Wien: Schroll

gel aus Basel als erster Drucker zur Inbetriebnahme der Offizin bestellt, wobei er durch den Kanzleidiener Georg (Jörg) Dodl Unterstützung erhielt. Das Wirken Rossnagels war nur von kurzer Dauer, denn die letzte quellenmäßige Erfassung desselben liegt für den März 1549 vor.[2]

Als Rossnagels Nachfolger wurde Ruprecht (oder Rupert) Höller bestellt, der in der Literatur immer wieder als der erste Innsbrucker Buchdrucker bezeichnet wird, so etwa bereits 1804: »Der erste bekannte Buchdrucker zu Insbruck [!] war glaublich Ruprecht Holler. Doch scheint er nur kurze Zeit, und nur unbedeutende Charteken gedruckt zu haben. – Der Bibliothekar, Canonicus Franz Gras, bemerkt in seinen *Büchermerkwürdigkeiten der Neustifter Bibliothek*, daß dieselbe nur drey sehr unbedeutende Stücke von Hollers Presse besitze, von denen nur eines eine Jahreszahl (nåhmlich 1561) habe.«[3] Auch in den Folgejahren – etwa 1948 oder 1972 – wurde Höller als »Innsbrucks erster Buchdrucker« angeführt.[4] Dass zuvor Rossnagel (wenn auch nur kurz und mit nur einem einzigen, eindeutig belegbaren in Innsbruck geschaffenen Werk) als Drucker in der Stadt am Inn tätig war, wird dabei vergessen oder übersehen. Was allerdings mit Fug und Recht behauptet werden kann, ist, dass Höller als der erste, von der Tiroler Regierung offiziell bestellte Hofbuchdrucker angesehen werden kann und er der erste über einen längeren Zeitraum tätige Drucker vor Ort war. Grund genug, Ruprecht Höller eine Studie zu widmen und diesen sowie seine Tätigkeit unter Hinzuziehung neuer Quellenfunde und eines eigens erstellten Druckwerkeverzeichnisses genauer unter die Lupe zu nehmen.

1972, S. 102–131; Lukas Morscher, G. Ulrich Großmann, Anja Grebe: Das Goldene Dachl in Innsbruck. Regensburg: Schnell & Steiner 2004, S. 5–7, 11–14; Vinzenz Oberhammer: Das Goldene Dachl zu Innsbruck. Innsbruck: Tyrolia 1970, S. 12–14; Patrick Werkner: Die Innsbrucker Burgen. In: Oswald Trapp (Hg.): Tiroler Burgenbuch. Band VI: Mittleres Inntal. Bozen: Athesia 1982, S. 107–132, hier S. 112–113.

2 Ausführlich zur Einführung des Buchdrucks in Innsbruck: Hansjörg Rabanser: 470 Jahre Buchdruck in Innsbruck. Zum Jubiläum 1548/49–2018/19. In: Der Schlern 93 (2019), Nr. 3, S. 4–23.

3 [Joseph von Hormayr]: Tiroler Almanach für 1805. Wien: Degen [1804], S. 162–163. Der Literaturhinweis im Zitat bezieht sich auf Franz Xaver Grass (1758–1833), Bibliothekar im Augustiner-Chorherrenstift Neustift bei Brixen, und dessen Werk *Verzeichniß einiger Büchermerkwürdigkeiten aus dem sechzehenten und siebenzehenden Jahrhunderten, welche sich in der Bibliothek des regulirten Korherrnstifttes des heil. Augustin zu Neustift in Tyrol befinden*, Brixen 1790.

4 Alois Friedrich: 400 Jahre Buchdruckerkunst in Tirol. In: Österreichische Rundschau. Sonderheft Tirol 3 (1948), Nr. 8/9, S. 168–169, hier S. 168; Manfred Woditschka: Rupert Höller – Innsbrucks erster Buchdrucker. In: Amtsblatt der Landeshauptstadt Innsbruck 35 (1972), Nr. 12, S. 12 (daraus das Zitat).

Die erste Anstellung

Die junge Innsbrucker Offizin blieb nach dem Weggang Rossnagels einige Monate verwaist bis 1550 mit Ruprecht Höller[5] ein neuer Drucker seine Arbeit begann und dieser dafür ein Wartgeld in der Höhe von 52 Gulden erhielt.[6] Wie oder durch wen die Regierung auf Höller aus Rottenburg am Neckar aufmerksam wurde, ist nicht bekannt. Über die Geburt bzw. Herkunft Höllers lassen sich keine erhellenden Informationen gewinnen, denn die Taufbücher der Dompfarre von Rottenburg liegen erst ab 1605 vor, jene der Pfarre St. Moritz ab 1580. Nicht minder spärlich fließen die Quellen zur Frühzeit Höllers in Innsbruck: Er dürfte dort jedoch im Frühling 1550 seine Arbeit begonnen haben,

---

5 Zu Ruprecht Höller: Anton Durstmüller: 500 Jahre Druck in Österreich. Die Entwicklungsgeschichte der graphischen Gewerbe von den Anfängen bis zur Gegenwart. Band I: 1482 bis 1848. Wien: Hauptverband der graphischen Unternehmungen Österreichs 1981, S. 64–65; Hans Hochenegg: Die Anfänge des Buchdruckes in Tirol. In: Tiroler Heimatblätter 29 (1954), Nr. 7–9, S. 65–70, hier S. 65–67; Fritz Olbert: Tiroler Zeitungsgeschichte. Das Zeitungswesen in Tirol von den Anfängen bis zur Gegenwart, ungedr. Diss., Innsbruck 1940, S. 21–24; Hansjörg Rabanser: Der frühe Buchdruck in Tirol. In: Wolfgang Meighörner, Roland Sila (Hgg.): Druckfrisch. Der Innsbrucker Wagner-Verlag und der Buchdruck in Tirol. Katalog zur Ausstellung im Tiroler Landesmuseum Ferdinandeum. Innsbruck: Wagner 2014, S. 12–21, hier S. 15–17; Hansjörg Rabanser: Die Literatur- und Quellenlage zur »Puechdruckhereÿ« in Nordtirol. Ein Arbeits- und Erfahrungsbericht mit einer Zeittafel und einer Quellensammlung im Anhang. In: Roland Sila (Hg.): Der frühe Buchdruck in der Region. Neue Kommunikationswege in Tirol und seinen Nachbarländern. Innsbruck: Wagner 2016, S. 71–142, hier S. 92–105; Hansjörg Rabanser: Gallus Dingenauer – der »nit gnuegsam geschickht, noch tauglich« Innsbrucker Hofbuchdrucker (1573–1577). In: Leipziger Jahrbuch zur Buchgeschichte 27 (2019), S. 73–105; Christoph Reske: Die Buchdrucker des 16. und 17. Jahrhunderts im deutschen Sprachgebiet. Auf der Grundlage des gleichnamigen Werkes von Josef Benzing, hg. von Michael Knoche und Sven Kuttner, 2. Aufl. Wiesbaden: Harrassowitz 2015, S. 426–427; Ferdinand Graf zu Trauttmansdorff-Weinsberg (Hg.): Jahrbuch der Kunsthistorischen Sammlungen des Allerhöchsten Kaiserhauses, Bd. 11, Teil 2: Quellen zur Geschichte der Kaiserlichen Haussammlungen und der Kunstbestrebungen des Allerdurchlauchtigsten Erzhauses. Wien: Holzhausen 1890, S. CLXIII, CLXIV, CLXIX, CLXXXV, CLXXXIX, CCXXI, CCXLI; Ferdinand Graf zu Trauttmansdorff-Weinsberg (Hg.): Jahrbuch der Kunsthistorischen Sammlungen des Allerhöchsten Kaiserhauses, Bd. 14, Teil 2: Quellen zur Geschichte der Kaiserlichen Haussammlungen und der Kunstbestrebungen des Allerdurchlauchtigsten Erzhauses. Wien, Prag, Leipzig: Tempsky 1893, S. LXXXII, XC, CI, CIX, CXV–CXVI, CXXXI, CXXXVII, CXLI, CXLVI, CLI; Franz Waldner: Quellenstudie zur Geschichte der Typographie in Tirol bis zum Beginn des XVII. Jahrhundertes. Ein Beitrag zur Tiroler Culturgeschichte. In: Zeitschrift des Ferdinandeums für Tirol und Vorarlberg, 3. Folge, Heft 32. Innsbruck: Wagner 1888, S. 1–122, hier S. 39–122; Woditschka: Rupert Höller (wie Anm. 4), S. 12.

6 Wartgeld: feste, regelmäßige (meist jährliche) Besoldung, gegen die der Angestellte dem Auftraggeber zu Diensten sein (»aufwarten«) musste. Vgl.: Reinhard Riepl: Wörterbuch zur Familien- und Heimatforschung in Bayern und Österreich, 2. Aufl. Waldkraiburg: Eigenverlag 2004, S. 409.

denn am 16. Mai 1550 erhielt Regierungssekretär Georg Rösch (1501–1565)[7], der sich seit Anbeginn für den Buchdruck in Innsbruck stark gemacht hatte, für die »unnderhaltung des Puechtruckhers. so die Truckhereÿ beÿ der Tirolischen Camer alhie mit Corrigierung und Justierung der Puechstaben. unnd Inn annder weeg. zuegericht. und mer Puechstaben gossen« hat, zwölf Gulden ausbezahlt; davon erhielt Ruprecht Höller 4 Gulden.[8] Noch im selben Jahr bekam Höller am 19. Dezember ein Gnadengeld in der Höhe von 1 Gulden zugesprochen.[9]

Nach nicht mal einem Jahr in Innsbruck verlor Höller seine Anstellung bereits wieder, denn zu Beginn des Jahres 1551 entschied die Regierung, ihn zu Gunsten des deutlich billiger arbeitenden Kanzleidieners Georg Dodl († 1577)[10] zu entlassen. Dodl war bereits von Leonhard Rossnagel in das Druckerhandwerk eingeführt worden und hatte sich unter Höllers Anleitung weiter ausbilden können, sodass die Herstellung eines Mandats für ihn kein Problem darstellte. Zwar war angedacht, Höller anderweitig einzusetzen, doch fand die Regierung vorerst keinen geeigneten Posten für den Drucker. Dieser nahm die Kündigung jedoch nicht so einfach hin und richtete eine Supplikation an König Ferdinand (1503–1564), in der er um eine erneute feste Anstellung mit einem Jahresgehalt von 52 Gulden nebst Quartier- und Holzgeld bat. Am 3. März 1551 ließ Fer-

7 Georg Rösch von Geroldshausen wurde am 29. September 1501 in Lienz geboren, trat in den landesfürstlichen Dienst und fungierte seit 1532 als Regierungssekretär und Gehilfe des Archivars und Chronisten Wilhelm Putsch (1512–1572), dessen Nachfolge er 1550 antrat. 1558 verfasst er die erste deutschsprachige Beschreibung des Landes Tirol unter dem Titel *Der Fürstlichen Grafschafft Tyrol Lanndtreim*. Ab 1565 war die Familie Rösch berechtigt, das Prädikat »von Geroldshausen« zu führen; die Ahnen stammten nämlich aus Geroldshausen bei Würzburg. Vgl.: Gertrud Pfaundler-Spat: Tirol-Lexikon. Ein Nachschlagewerk über Menschen und Orte des Bundeslandes Tirol, 2. Aufl. Innsbruck, Wien, Bozen: Wagner 2005, S. 489.

8 Tiroler Landesarchiv (TLA), Kammerkopialbuch (KKB) Raitbuch 1550, Bd. 93, Bl. 456v. Die aus den Quellen stammenden Zitate berücksichtigen die Groß- und Kleinschreibung und die Zeichensetzung des Originals. Endungen (-en/-er) und Doppelkonsonanten (m/n) werden aufgelöst; Ergänzungen von Abkürzungen und Erklärungen durch den Verfasser sind in eckigen Klammern zu finden (davon ausgenommen sind die Buchtitel im Druckwerkeverzeichnis). Schreibungen im lateinischen Alphabet (vor allem bei Namen, Spezialbegriffe etc.) werden kursiv gesetzt.

9 TLA, KKB Raitbuch 1550, Bd. 93, Bl. 318v.

10 Georg Dodl erhielt im Oktober 1538 eine Anstellung als Regimentsdiener und wurde mit 36 Gulden besoldet. Ab 1539 fungierte er als Regimentskanzleiknecht und konnte 1543 eine Solderhöhung auf 52 Gulden erreichen. Dodl stand bis 1576 in Diensten und starb im Jahr 1577. Vgl.: Hansjörg Rizzolli: Behörden- und Verwaltungsorganisation Tirols unter Ferdinand I. in den Jahren 1540–1564, ungedr. Diss., Innsbruck 1975, S. 149; Manfred Schmid: Behörden- und Verwaltungsorganisation Tirols unter Erzherzog Ferdinand II. in den Jahren 1564–1585, ungedr. Diss., Innsbruck 1972, S. 172; Renate Spechtenhauser: Behörden- und Verwaltungsorganisation Tirols unter Ferdinand I. in den Jahren 1520–1540. Beamtenschematismus des oö. Wesens, ungedr. Diss., Innsbruck 1975, S. 194.

dinand, der von der Innsbrucker Offizin offenbar noch keine Kenntnis hatte, mittels Schreiben vom Augsburger Reichstag in Innsbruck anfragen, was es mit diesem Ansuchen auf sich habe, worauf die Behörden am 11. April mit einem langen Brief antworteten, in dem sie zuerst die Gründe für die Einrichtung einer Offizin darlegten und schließlich die Entlassung Höllers sowie die Heranziehung Dodls zu rechtfertigen versuchten.[11]

Die Entscheidung darüber wurde Ferdinand abgenommen und die Bitte Höllers vorerst auf Eis gelegt, denn das Jahr 1551 bildete einen ersten markanten Einschnitt in die junge Tiroler Druckgeschichte: Am 1. November 1551 kam Kaiser Karl V. (1500–1558) mit seinem Hofstaat und dem prominenten Gefangenen Kurfürst Johann Friedrich von Sachsen (1503–1554) nach Innsbruck; kurz darauf erschien auch Erzherzog Maximilian (1527–1576) samt seiner Entourage. Dieser verließ Innsbruck am 22. Januar 1552 zwar wieder, doch reiste statt seiner König Ferdinand an. Kaiser Karl selbst verweilte bis zum 19./20. Mai 1552 in der Stadt, ehe er durch das Anrücken der Truppen des zur Fürstenopposition übergelaufenen Moritz von Sachsen (1521–1553) gezwungen war, über den Brenner zu flüchten und nach Bruneck auszuweichen.[12] Während des kaiserlichen Aufenthalts wurden allerdings alle verfügbaren Räumlichkeiten der Stadt für das zahlreiche Gesinde benötigt, vorwiegend auch jene im Neuhof, sodass die Presse abgebaut und die Buchdruckerei ausgeräumt wurde. Waren Druckaufträge auszuführen, so wandte man sich zu deren Bestellung in gewohnter Manier nach Augsburg.

Doch die Befürworter einer eigenen Druckerei formierten sich erneut und drängten am 30. April 1553 auf deren Wiedererrichtung, nachdem »die Truckherei zu Newhof […] geraumbt und zerfeldt« worden war. Man bat im Zuge dessen, dass »hieiger druckh wider durch ain druckher gesellen [!], zusamen

11 TLA, Regierungskopialbuch (RKB) Von der Fürstlichen Durchlaucht 1550–1551, Bd. 11, Bl. 187v–188r; RKB An die Fürstliche Durchlaucht 1549–1551, Bd. 10, Bl. 463r–464r; KKB Geschäft von Hof 1551, Bd. 223, Bl. 46r/v.

12 Wim Blockmans: Der Kampf um die Vorherrschaft in Europa. In: Wilfried Seipel (Hg.): Kaiser Karl V. (1500–1558). Macht und Ohnmacht Europas. Ausstellungskatalog Kunsthistorisches Museum Wien. Wien, Mailand: Skira 2000, S. 17–25, hier S. 25; Alfred Kohler: Karl V. 1500–1558. Eine Biographie, 2. Aufl. München: C. H. Beck 2013, S. 338–339; Justinian Ladurner: Der Einfall der Schmalkalden in Tirol im Jahre 1546. In: Archiv für Geschichte und Alterthumskunde Tirols 1. Innsbruck: Wagner 1864, S. 145–291; Rudolf Palme: Frühe Neuzeit (1490–1665). In: Josef Fontana, Peter W. Haider, Walter Leitner, Georg Mühlberger, Rudolf Palme, Othmar Parteli, Josef Riedmann (Hgg.): Geschichte des Landes Tirol, Bd. 2., 2. Aufl. Bozen, Innsbruck, Wien: Athesia 1998, S. 1–287, hier S. 59; Robert Rebitsch: Tirol, Karl V. und der Fürstenaufstand von 1552. Hamburg: Kova 2000, S. 226–234; David Schönherr: Der Einfall des Churfürsten Moritz von Sachsen in Tirol 1552. In: Archiv für Geschichte und Alterthumskunde Tirols 4 (1867), S. 193–336.

gericht und was abgienng gepessert wůrde, und dieweil sich dann teglich sachen zuetragen, die in sollicher Eÿl, wie es etwas vonnöten, nit geschriben werden mögen, soll man es dann gen Augspurg in druckh schickhen, das ist aus vil beweglichen ursachen nit alweg Ratsam, Derhalben såhe uns für Ratlich an, wo man etwo ain Druckher gesellen, mit einem ringen geltl, als Jårlich ungevarlich, umb dreissig gulden bestellen [...]«. Nicht nur, dass die Befürworter in ihrem Ansuchen um einen billiger arbeitenden Druckergesellen baten, es wurden vor allem auch dieselben Argumente vorgebracht, die von den Förderern bereits in den 40er Jahren ins Rennen geführt worden waren. Neben den praktischen Gründen einer örtlichen Offizin wurde erneut darauf hingewiesen, dass es »aus vil beweglichen ursachen nit alweg Ratsam«[13] sei, politisch bedeutende Dokumente auf Reisen zu schicken, um diese im (protestantischen) Ausland drucken zu lassen, denn nur allzu leicht konnten die Schriftstücke auf diese Weise in fremde bzw. falsche Hände geraten.

Die zweite Anstellung

Die Hartnäckigkeit und Argumentationskunst der Befürworter hatte sich gelohnt, denn am 7. Juli 1553 befahl König Ferdinand in Wien die Wiedereinrichtung der Druckerei sowie auch die erneute Berufung Höllers. Die Ausstellung des Dienstreverses erfolgte am 15. Juni 1554 in Wien und verpflichtete Höller gegen einen Jahreslohn von 52 Gulden als offiziellen Hofbuchdrucker der Tiroler Regierung.[14] Die mit *Rüeprecht Höller Büechtrückhers Bstallung /.* übertitelte Bestallungsurkunde sei in der Folge zur Gänze wiedergegeben:

> »Wir Ferdinand etc. Bekhennen das wir unsern getrewen Rueprechten Höller zw unserm Buechtruckher bis auf unser wolgefallen unnd wider-Rueffen aufgenomen und bestelt haben Thueen das auch hiemit wißennt-

---

13 TLA, RKB An die Fürstliche Durchlaucht 1552–1553, Bd. 11, Bl. 470r/v.

14 Zur Genehmigung der Druckerei: TLA, Kunstsachen III, Nr. 36/4 (7.7.1553 sowie das undatierte Angebot Höllers). Zur Anstellung Höllers: TLA, Kunstsachen I, Nr. 150; Kunstsachen I, Nr. 679 (15.6.1554); Kunstsachen III, Nr. 36/4 (15.6.1554); KKB Bekennen 1554, Bd. 240, Bl. 196v–197v (Bestallungsbrief); KKB Geschäft von Hof 1554, Bd. 238, Bl. 151v, 375r. Außerdem: TLA, KKB Geschäft von Hof 1553, Bd. 233, Bl. 348r. – Ferdinand I. war an Bibliotheken und Druckereien generell interessiert. So begründete er die Wiener Hofbibliothek, die in der Folge kontinuierlich und konsequent ausgebaut wurde. Vgl.: Georg Kugler: Kunst und Geschichte im Leben Ferdinands I. In: Wilfried Seipel (Hg.): Kaiser Ferdinand I. 1503–1564. Das Werden der Habsburgermonarchie. Ausstellungskatalog Kunsthistorisches Museum Wien. Wien: Kunsthistorisches Museum 2003, S. 201–213, hier S. 210.

lich in Crafft dits b[rief]s also das er unsern Truckh zw Ÿnnsprugg, wie Ime der nach ainem Inventari uberantwort, und von Unnserer Camer teglich gebeßert wirdet, ordenlich, Sauber, und in gueter wirde halten, Auch die Buchstaben so abgeen werden, selbs wider gießen, unnd damit auf beede unsere wesen und Cantzleÿen von der Regierung und Camer warten, unnd sein aufsechen auf unns. Auch unnser Oberösterreichischen Lannde, und sein Wonung alhie Inn der Statt, bemelten beeden Cantzleÿen gelegenlich haben, unns und Inen gewertig sein, unnd alle derselben notturfften fůrderlich und mit vleiß truckhen, und so Ichts gehaÿms an Ine gelangt dasselb biß In sein Tod verschweigen, Er soll auch khaine New Seckhtische oder andere Verpotne Trackhtetln, Brief oder gemeld, truckhen, unnd wi er zw seiner Peßerung und underhaltung truckhen wůrde, das soll er mit vorwißen und bewilligung bemelts unsers Statthalter Regierung und Camer Rhåte, in seinem selbs, on ainichen unsern Costen truckhen, Auch one erlaupnus gedachts unnsers Statthalters, von Inßprugg nindert in die weite Raisen, damit er zw fůrfallender notturfft Jeder zeit an der hand sein můge, Er soll auch schuldig unnd verpunden sein, das Jhenig so er zw der Truckherei selbs machen khan, es sei was es welle, daßelb alles selbs on ainiche unnsere besonndere belonung mit vleiß zumachen und zuverrichten, Unnsern nutz und fromben fůrdern, schaden warnen und wenden, unnd sonnst alles anders handlen thueen und laßen, das ain getrewer diener seinem Herrn zuthun schuldig unnd verpunden ist, Inmaßen er unns solches gelobt und geschworn, unnd sich dess gegen uns verschriben hat, Dagegen haben wir Ime fůr solche sein Můehe und arbait, Nun hinfůran Jerlich und ain Jedes Jars besonnders biß auf zween und fůnffzig gulden R[heinisch]. In Müntz Jeden derselben gulden zw 60. k[reuzer] geraicht, von und aus den gefellen unnd einkhumen unnserer Tirolischen Camer, zw Quatembers zeiten, sovil sich auf ain Jede gebürt, unnd dann fůr Herberg gelt Jerlich zechen gulden unnd fůr Holtz dreÿ gulden. Alles obgemelter werung, Dergleichen das Papier unnd Tinten zum Truckhen, doch nur alain und nit mer, Dann sovil er zw gebrauch unnserer und bemelter beeder Cantzleÿen notturfftig, unnd den Zeug so zw beßerung der schrifften und schneidung notturfftig Mődel, wie er das Jeder zeit bei gueten Newen antzaigen unnd darInnen khain gefar brauchen solle, zuegeben, unnd zubezalen, gnedigist bewilligt, Ongeverde mit Urkhundt diß briefs, Geben zw Innßprugg am 15 Junÿ A° etc. 54ten.«[15]

15 TLA, KKB Bekennen 1554, Bd. 240, Bl. 196v–197v (Bestallungsbrief). Ein Konzept der Bestallung findet sich unter: TLA, Ambraser Memorabilien VII/55.

Die wichtigsten Bedingungen der Vereinbarung seien hier nochmals zusammengefasst: Höller wurde angehalten, fleißig zu arbeiten und saubere Drucke zu liefern. Da er ausschließlich für die Regierung und Kammer tätig war, musste er nicht nur stets greifbar sein (Reisen bedurften der Genehmigung), sondern vorwiegend auch verschwiegen. Er wurde des Weiteren angehalten, auf den Zustand der Offizin zu achten, sparsam mit den Druckutensilien und anderweitigen Mitteln umzugehen und diese notfalls selbst herzustellen (etwa der Guss von Typen). Dass er die Arbeitsgeräte nur für die behördlichen Drucke verwenden durfte, nicht jedoch für private Zwecke, verstand sich von selbst. Alle hergestellten Werke bedurften der obrigkeitlichen Genehmigung und es war ihm strengstens verboten, politisch und religiös bedenkliche Bücher auf den Markt zu bringen.

Die Druckerei wurde mit großer Wahrscheinlichkeit erneut im Neuhof eingerichtet; ein Druckervermerk Höllers von 1558 mit der Angabe »in der Hofgassen« sollte dabei nicht in die Irre führen.[16] Im Jahr 1569 kaufte die Tiro-

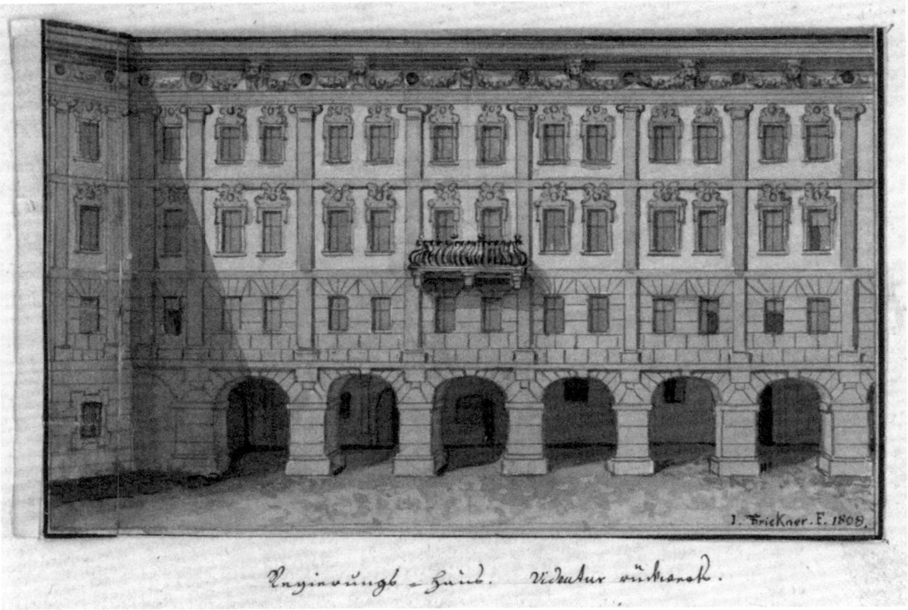

Abb. 1: Ansicht des alten Regierungsgebäudes in der Herzog-Friedrich-Straße in Innsbruck, wo sich die Hofbuchdruckerei befand, aquarellierte Tuschezeichnung von Josef L. Strickner (1744–1826), um 1808, TLMF, Bibliothek: FB 1673/28.

16 Tiroler Landesmuseum Ferdinandeum (TLMF), FB 3911.

ler Regierung das sogenannte Liechtensteinische Haus (heute das Alte Regierungsgebäude in der Herzog-Friedrich-Straße Nr. 3) und übersiedelte die Ämter, Kanzleien und dazugehörigen Archive vom für die Behörden viel zu klein gewordenen Neuhof in dieses. Ob sich ab diesem Zeitpunkt auch die Druckereiwerkstatt dort befand, ist bis dato durch Quellen nicht eindeutig belegbar, doch mit großer Wahrscheinlichkeit anzunehmen. Als Gallus Dingenauer 1573 die Nachfolge Höllers antrat, bat er jedenfalls um die Benützungserlaubnis des dort untergebrachten Geschäftslokals.[17]

Dass die vermutlich seit Anbeginn nur unzureichend eingerichtete und über mehrere Jahre nicht in Gebrauch gewesene Druckerei eine mangelhafte Ausstattung aufwies und deshalb eine Besserung dringend vonnöten war, zeigte sich allzu bald. Da Höller laut Bestallungsbrief für den Guss der Drucktypen selbst verantwortlich war, galt es, die nötigen Matrizen anzukaufen. Aus diesem Grund genehmigte ihm die Hofkammer am 19. September die Summe von vier Gulden, damit er »zu bestellung unnd Erkauffung Schrifften unnd Matrices, zu notturfft der Druckhereÿ alhie« eine Reise nach Augsburg antreten könne.[18] Trotz, ja gerade wegen der erst kürzlich in Innsbruck eingerichteten Druckerwerkstatt war Augsburg nie ganz aus dem Blickfeld der Regierung geraten, denn nach wie vor wurden Bücher sowie Utensilien von dort bezogen, wie Drucktypen, Druckerfarbe, Ballenleder, Pergament und wohl auch Papier, denn die erste Tiroler Papiermühle wurde erst 1559 durch Ludwig Lässl (1508–1561) in Wattens in Betrieb genommen. Im selben Jahr wurde eine weitere Papiermühle in Trient gegründet.[19]

---

17 TLA, RKB An die Fürstliche Durchlaucht 1573, Bd. 26, Bl. 107r/v; RKB Von der Fürstlichen Durchlaucht 1572–1577, Bd. 17, Bl. 188r/v. Zum Alten Regierungsgebäude vgl.: Johanna Felmayer: Das alte Regierungsgebäude. In: Tiroler Heimatblätter 32 (1957), Nr. 1–3, S. 1–9; Felmayer: Die profanen Kunstdenkmäler (wie Anm. 1), S. 82–83; Magdalena Weingartner: Der Claudiasaal im Alten Regierungsgebäude. Innsbruck: Tyrolia [o. J.].

18 TLA, KKB Raitbuch 1554, Bd. 97, Bl. 486v.

19 Anton Dörrer: Geschichte der Papierfabrik Wattens. In: Wattener Buch. Beiträge zur Heimatkunde von Wattens und Umgebung. Innsbruck: Wagner 1958, S. 503–518; Georg Eineder: The ancient paper-mills of the former austro-hungarian empire and their watermarks. Hilversum: The Paper Publications Society 1960, S. 93–100; Papierfabrik Wattens (Hg.): 450 Jahre Papier aus Wattens. Festschrift zum Jubiläum 2009. Wattens: Papierfabrik Wattens 2009; David Schönherr: Das älteste katholische Gesangbuch in Deutschland, die älteste Buchdruckerei und die älteste Papierfabrik in Tirol. In: Archiv für Geschichte und Alterthumskunde Tirols 2 (1865), S. 199–202; Viktor Thiel: Zur Geschichte der Papiererzeugung in Tirol, Vorarlberg und in den »Vorlanden«. In: Wochenblatt für Papierfabrikation, Sondernummer 1937, S. 9–19, 1938, Nr. 18, S. 384–385, Nr. 22, S. 468–469, Nr. 24, S. 507–509; Vladimir Vlk: Von Papier, Papiermühlen, Papierern und Wasserzeichen in Tirol. In: Tiroler Wirtschaft in Vergangenheit und Gegenwart. Festgabe zur 100-Jahrfeier der Tiroler Handelskammer. Band I: Beiträge zur Wirtschafts- und Sozialgeschichte Tirols. Innsbruck: Wagner 1951, S. 139–175.

Als wichtige Kontaktperson in Augsburg galt der Drucker Philipp Ulhard d. Ä. (um 1500–Ende 1567/Anfang 1568)[20], bei dem ein Kammerprokurator bereits eine Typenschrift bestellt hatte. Höller wandte sich allerdings nicht zuerst an Ulhard, sondern kontaktierte den ihm bereits bekannten Schriftgießer Christoph Kücklinger, welcher ihm für sein Vorhaben ein verlockendes Angebot unterbreitete, das jenes von Ulhard deutlich unterbot. Die von Höller davon in Kenntnis gesetzte Regierung gab die Neuigkeiten an Georg Rösch weiter, der die Ansicht Höllers teilte.[21] Doch die Beamten gingen auf Höllers Vorschlag letztendlich nicht ein und gaben Ulhard den Vorzug, wie eine Rechnung desselben vom 26. Februar 1555 bezeugt. Höller selbst erhielt für die Ausstattung der Druckerei am 19. Dezember 1554 die Summe von zwei Gulden 53 Kreuzer ausbezahlt.[22] Durch den Kauf neuer Drucktypen war die Offizin jedoch noch nicht ausreichend eingerichtet, weshalb Höller am 3. März 1555 um Geld für den Erwerb von Ballenleder und Druckerfarbe bat.[23] Nach all den Ausgaben für die Hofbuchdruckerei beauftragte die Kammer den Hofbauschreiber Ferdinand Walter († 1596)[24] am 17. Oktober 1555, ein genaues Inventar dieser zu erstellen, davon zwei Exemplare anzufertigen und je eines Höller sowie der Kammer auszuhändigen.[25] Die Exemplare wurden von Ruprecht Höller unterschrieben; möglicherweise setzte er auch sein Petschaft auf diese.[26]

---

20 Zu Ulhard vgl.: Hans-Jörg Künast: Dokumentation: Augsburger Buchdrucker und Verleger. In: Helmut Gier, Johannes Janota (Hgg.): Augsburger Buchdruck und Verlagswesen. Von den Anfängen bis zur Gegenwart. Wiesbaden: Harrassowitz 1997, S. 1205–1340, hier S. 1220; Reske: Die Buchdrucker (wie Anm. 5), S. 37–38.

21 TLA, Kunstsachen I, Nr. 679 (5.10.1554, 26.2. & 8.3.1555); Ambraser Memorabilien VII/55 (mit drei beiliegenden Druckproben in der großen und mittleren Canon-Schrift bzw. der Mandat-Schrift).

22 TLA, KKB Raitbuch 1554, Bd. 97, Bl. 486v.

23 Vgl.: Waldner: Quellenstudie (wie Anm. 5), S. 50–51.

24 Zur Karriere von Ferdinand Walter: Schreibarbeiten in der Kammerkanzlei (ab 1548), Kanzleischreiber (1553), Kammerkanzleiregistrator (1555), Verwaltung der Hauswirtschaft im Neuhof (1563), Erhebung in den Adelsstand (1582). Vgl.: Rizzolli: Behörden- und Verwaltungsorganisation (wie Anm. 10), S. 209–210, 230–231; Schmid: Behörden- und Verwaltungsorganisation (wie Anm. 10), S. 198, 244–245; Margret Überbacher: Beamtenschematismus der drei oberösterreichischen Wesen in den Jahren 1586 bis 1602, ungedr. Diss., Innsbruck 1972, S. 175–176.

25 TLA, KKB Entbieten und Befehl 1555, Bd. 246, Bl. 375v–376r.

26 Die Petschaft Höllers (Wappenbild: zwei Druckerballen), findet sich beispielsweise auf einem Schreiben vom 24. Oktober 1559, in dem Höller bestätigte, dass ihm Freiherr Christoph I. von Wolkenstein-Rodenegg (1530–1600) sechs Gulden vorgestreckt habe und er die Schuld am Luzia-Tag des nächsten Quatember zurückbezahlen wolle. Vgl.: Germanisches Nationalmuseum Nürnberg (GNM), Historisches Archiv (HA), Familienarchiv Wolkenstein-Rodenegg, 310, o.Bl.

In der Folge wird sich Höller noch mehrmals um die Ausstattung der Offizin kümmern und Bestellungen in Auftrag geben bzw. von der Kammer die dazu nötigen Gelder anfordern. Neben Zahlungen für nicht näher definiertes Druckerwerkzeug[27] sowie Papier- und Pergament-Bestellungen[28], sind am häufigsten Ausgaben für Ballenleder verzeichnet.[29] Auf eine dieser zahlreichen Bitten um neue Druckerfarbe und Ballenleder reagierte die Hofkammer am 11. Juni 1557 allerdings mit einem geharnischt formulierten, abschlägigen Schreiben: Man habe erst im September 1555 neue Farbe gekauft, wovon noch ein Vorrat vorhanden sei. Außerdem sei aufgefallen, dass Höller mit den Materialien verschwenderisch umgehe und diese, entgegen den Forderungen in seiner Bestallung, vorwiegend für sich verwende, denn er habe für die landesfürstlichen Ämter wenig, »zu seinem Vortl unnd nutz« allerdings auffallend viel gedruckt. Aus diesem Grund werde der Kammerregistrator Ferdinand Walter angewiesen, kein Geld für neue Druckmaterialien zur Verfügung zu stellen. Höller wurde des Weiteren aufgetragen, bei der Kammer eine Aufstellung der Druckwerke (vor allem seiner »privaten« Auftragsarbeiten) einzureichen sowie erneut ermahnt, keine Drucke ohne Wissen der Obrigkeit auszuführen, sodass ein vorzeitiger Verbrauch und eine Abnutzung der Druckmaterialien verhindert werden könne.[30]

Druckpalette

Die zweite Arbeitsphase von Ruprecht Höller als Hofbuchdrucker dauerte vom Juni 1554 bis zum Januar bzw. April 1573. In dieser Zeit schuf er neben den für die Zentralbehörden anzufertigenden Formularen, Mandaten, Ordnungen und Dekreten sowie Kalendern und Tagbüchern für die Kanzleien zahlreiche weitere Werke. Deren Bandbreite soll in diesem Kapitel überblicksartig beleuchtet werden; ausführlichere Informationen zu diesen gibt das Druckwerkeverzeichnis im Anhang.

In Höllers Oeuvre lassen sich zwei Publikationen ausmachen, die in das Jahr 1550 datieren. Sie stellen nicht nur seine ersten Drucke dar, sondern sind auch

27 TLA, Kunstsachen I, Nr. 679 (19.12.1555, 19.9.1567); KKB Raitbuch 1570, Bd. 110, Bl. 145r/v; KKB Raitbuch 1571, Bd. 112, Bl. 460v–461r.

28 TLA, KKB Raitbuch 1566, Bd. 106a, Bl. 318v.

29 Zahlungen für Ballenleder: TLA, Kunstsachen I, Nr. 679 (3.5. & September 1555, 12.5.1557); KKB Raitbuch 1556, Bd. 99, Bl. 362v; KKB Raitbuch 1558, Bd. 100, Bl. 425v; KKB Raitbuch 1561, Bd. 102, Bl. 426r/v.

30 TLA, KKB Entbieten und Befehl 1557, Bd. 256, Bl. 440r–441r, 613v–614r.

Der Fürstlichen Grafschafft Tyrol Lanndtreim.
Von newem gemert vnd gebessert/durch
G. R. V. G.
15 58.

Abb. 2: Georg Rösch, ein tatkräftiger Förderer der Innsbrucker Druckerei, verlegte 1558 bei Höller das erste, in deutscher Sprache verfasste Lobgedicht der Grafschaft Tirol, den Lanndtreim, TLMF, Bibliothek: FB 2014/3.

die einzigen Belege seiner ersten, kurzen Anstellungsphase. Unter den beiden Werken befindet sich eine *MVLLNER ORDnung in der Fürstlichen Thirolischen Stetten, unnd Gerichten […]*, die zwar in Innsbruck gedruckt worden ist, allerdings keinen Druckernamen aufweist. Da kein anderer Drucker als Höller in Frage kommt, ist die Müllerordnung eindeutig diesem zuzuweisen. Ob dies auch für eine weitere in Innsbruck erlassene Müllerordnung dieses Jahres gilt, die in ihrer Ausführung von der erwähnten abweicht und weder Druckernamen, noch -ort aufweist, ist unklar; dasselbe gilt für eine dritte Müllerordnung von 1571.

Einen großen Teil seines Schaffens machen Gebetsbücher und Andachtsliteratur diverser Art aus. Die erbaulichen Schriften widmen sich der Buße, dem gottgefälligen Leben und christlichen Sterben oder der Lebensbeschreibung von Heiligen. Höller lieferte des Weiteren ein Messbuch sowie Motetten für das Bistum Brixen (1564), eine Huldigung zur Wahl von Johann Jakob von Khuen Belasy (um 1515–1586) zum Fürsterzbischof von Salzburg (1560) sowie ein Gebet oder Lobgedicht anlässlich des Sieges über die Osmanen in der Schlacht von Lepanto (1571). Dazu kamen moralische Schriften, wie etwa das Werk *Wider den Sauffenteüffel* von 1554.

Dem stehen mehrere Publikationen weltlichen Inhalts gegenüber, wie ein Verzeichnis der Teilnehmer bei der Krönung von Maximilian (II.) zum Römisch Deutschen König in Frankfurt am Main (1562) oder ein Buch zum Bergbau von Georg Rösch (1560). Höller hatte auch mehrere Schriften zur Pest bzw. anderen Seuchen verlegt so 1562 und 1572.[31] An dieser Stelle ist ein weiteres Buch aus der Feder von Georg Rösch zu nennen, nämlich das 1558 geschaffene Werk *Der Fürstlichen Grafschafft Tÿrol Lanndtreim.*[32] Dieses erste Gedicht über die Grafschaft Tirol in deutscher Sprache beschreibt nicht nur die Lage und Ausdehnung sowie die natürlichen und vor allem wirtschaftlichen Vorzüge des Landes, sondern wartet auch mit Anekdoten auf, wie jener von Kaiser Maximilian I. (1459–1519), der bei der Gemsenjagd in der Martinswand in Bergnot geraten war, oder jene von der legendären Gründung des Prämonstratenser-Chorherrenstifts Wilten durch den Riesen Haymon. In einem weiteren, bei Höller gedruckten Werk Röschs, betitelt mit *Ain Wunschspruch, von allerlay Weldthenndlen, Werckhleüten un[d] Gwerben*, setzte dieser sogar der durch die Vorgänge im Schmalkaldischen Krieg unterbrochenen Geschichte der Innsbrucker Druckerei ein literarisches Denkmal: »Druckherey, und Buechpindens gwin / Hat Schmal-

31 Vgl.: Bernhard Schretter: Die Pest in Tirol 1611–1612. Ein Beitrag zur Medizin-, Kultur- und Wirtschaftsgeschichte der Stadt Innsbruck und der übrigen Gerichte Tirols. Innsbruck: Stadtmagistrat Innsbruck 1982, S. 39.

32 Georg Rösch von Geroldshausen: Tiroler Landreim und Wunschspruch von allerlei Welthändeln, Werkleuten und Gewerben etc. Zwei tirolische Gedichte des XVI. Jh. Mit dem Lebensabriss des Verfassers, geschichtlichen und sachlichen Erläuterungen, hg. von Konrad Fischnaler. Innsbruck: Wagner 1898, o. S. Außerdem: Bruno Mahlknecht: Der Tiroler Landreim. Eine gereimte Beschreibung des Landes Tirol aus dem 16. Jahrhundert. In: Südtiroler Hauskalender zu Gunsten des Südtiroler Blinden- und Sehbehindertenverbandes 2018, 149 (2017), S. 179–199; Palme: Frühe Neuzeit (wie Anm. 12), S. 79–80.

kaldisch krieg genomen hin. / Kumbt herwider vergangne zeyt / So gwinens von Newem ain Beyt«.[33]

Nicht minder unbedeutend für Höller waren Kleindrucke, wie Zeitungen, die vergleichsweise leicht herzustellen waren, raschen Absatz fanden und für ein nötiges Zubrot sorgten.[34] Drei Stück davon sind heute nachweisbar: Im Jahr 1562 erschien die *Newe Zeyttung* mit einem Bericht von der Königswahl Maximilians (II.)[35], im selben Jahr (oder aber 1563) die *Newe zeittung Des Herrn von Schontone* über die konfessionellen Konflikte in Frankreich und im Juli 1566 schließlich die *Zeyttung auß Ungern*, welche von der Belagerung und Eroberung der Stadt Vesperin und des Schlosses durch den Graf von Helfenstein berichtete. Das Interesse daran war in Tirol gegeben, da immer wieder Truppenkontingente der Grafschaft in den ungarischen Türkenkriegen zum Einsatz kamen.[36]

Eine Besonderheit im Wirken Höllers stellt der Notendruck dar, denn von ihm stammt der älteste, bisher bekannte Notendruck Tirols.[37] 1558 schuf er das Werk *Evangelischer, Christlicher, Bericht und Ermanung, wider etlich jetzt schwebende vermainte Lehren unnd Irthumen [...]*. Die aus 67 Strophen bestehende, gereimte Klage-Epistel über die Lehre Luthers mit beigegebenen Ermahnungen hat sich vermutlich nur durch einen Zufall erhalten: Der Druck war gemeinsam mit weiteren protestantischen Bücher auf Schloss Palaus in Sarns bei

---

33 Georg Reutter von Gayßspitz [= Rösch]: Ain Wunschspruch, von allerlay Weldthenndlen, Werckhleüten un[d] Gwerben. Innsbruck: Höller 1560, Bl. 12v. Vgl. auch: Dietmar Kecht: Typographie und Buchhandel in Tirol. Ein Beitrag zur 23. Österreichischen Buchwoche IV. In: Tiroler Nachrichten 25 (1970), Nr. 248, S. 8; Rösch: Tiroler Landreim (wie Anm. 32), Vers 590.

34 Zu Höllers Zeitungsdrucken: Konrad Fischnaler: Ueber die ersten Tiroler Zeitungen bis zum Ausgang des 18. Jahrhunderts. In: Tiroler Tagblatt 25 (1890), Nr. 90, S. 1–3, hier S. 1; Olbert: Tiroler Zeitungsgeschichte (wie Anm. 5), S. 23–24.

35 Ein Exemplar dieser Zeitung wurde 1893 auf der Landesausstellung in Innsbruck der breiten Öffentlichkeit präsentiert. Vgl.: [o. Verf.]: Die schwarze Kunst auf der Landesausstellung. In: Neue Tiroler Stimmen 33 (1893), Nr. 200, S. 1–2.

36 Zur Abwehr der Osmanen in Ungarn: Alfred Kohler: Ferdinand I. 1503–1564. Fürst, König und Kaiser. 2. Aufl. München: C. H. Beck 2016, S. 207–224.

37 Zu Höllers Notendrucken: Anton Dörrer: Hundert Innsbrucker Notendrucke aus dem Barock. Ein Beitrag zur Geschichte der Musik und des Theaters in Tirol. In: Gutenberg Jahrbuch 1939. Mainz: Gutenberg-Gesellschaft 1939, S. 243–268, hier S. 248–250; Franz Gratl: Michael Wagner und der Innsbrucker Notendruck im 17. Jahrhundert. In: Meighörner, Sila (Hgg.): Druckfrisch (wie Anm. 5), S. 51–61, hier S. 51; Hansjörg Rabanser: Hans Gäch – ein Höttinger bzw. Innsbrucker Buchdrucker (1626–1639). Biographische Skizze mit dem Versuch eines Druckwerkeverzeichnisses. In: Leipziger Jahrbuch zur Buchgeschichte 25 (2017), S. 35–86, hier S. 58; Walter Senn: Musik und Theater am Hof zu Innsbruck. Geschichte der Hofkapelle vom 15. Jahrhundert bis zu deren Auflösung im Jahre 1748. Innsbruck: Österreichische Verlagsanstalt 1954, S. 57, 109, 173.

Brixen hinter einer Holzvertäfelung versteckt worden und wurde erst im Jahr 1883 wieder entdeckt.[38]

Für das nötige Prestige in Ruprecht Höllers Schaffen sorgte ohne Zweifel der Neudruck der Tiroler Landesordnung. Da das Nachdruckverbot der Auflage von 1532 bereits erloschen und Exemplare dieser kaum mehr erhältlich waren, bat Regierungssekretär Georg Rösch am 11. Juli 1555 im Namen der Regierung bei König Ferdinand um das Privileg des Nachdrucks durch Höller. In der Antwort Ferdinands, welche bereits am 18. Juli erfolgte, unterstützte dieser den Plan, gab jedoch gleichzeitig zu verstehen, dass bezüglich der Landesordnung eine dringende »Reformation und verpesserung vönnötten« sei. Vor einem Neudruck sei also eine gründliche Überarbeitung derselben unumgänglich.[39] Diese angekündigte Reformierung der Landesordnung wurde zwar mehrmals in Angriff genommen, kam aufgrund diverser Einflüsse aber immer wieder ins Stocken und wurde letztlich fallen gelassen. Höller sah im Druck derselben jedoch eine einmalige Chance, sich zu beweisen und schlug Erzherzog Ferdinand II. (1529–1595), dem neuen Landesfürst der Grafschaft Tirol (seit 1564), deshalb vor, 200 Stück des Gesetzbuches auf eigene Kosten drucken und vertreiben zu dürfen. Die Antwort des Erzherzogs aus Korneuburg datiert auf den 22. Juli 1566 und fiel positiv aus: Eine Neuauflage der Landesordnung sei aufgrund der nur noch wenigen erhaltenen Exemplare schon früher in Erwägung gezogen worden, doch habe die »Tosserisch emperung« dies verhindert. Aus diesem Grund begrüßte der Erzherzog das Vorhaben höchst erfreut.[40]

Neben den alltäglichen Druckarbeiten für die Zentralbehörden nahm das äußerst genau auszuführende und aufwändige Druckprojekt die folgenden zwei Jahre in Anspruch, sodass Höller die *Landßordnung, der Fürstlichen Graffschafft Tirol* erst 1568 herausbringen konnte – als wohlgemerkt erste, in der

---

38 Arnold Busson: Der Bücherfund von Palaus. Sonderdruck des Verfassers aus: Jahrbuch der Gesellschaft für Geschichte des Protestantismus in Österreich 5 (1884). Wien: Klinkhardt 1886, S. 1–24; Alexander von Hohenbühel: Die Freiherren von Palaus zu Palaus und der Bau ihres Schlosses in Sarns bei Brixen, In: Alexander von Hohenbühel, Christine Roilo, Sven Mieth, Christian Mahlknecht: Schloss Palaus. Bozen: Athesia 2005, S. 11–86, hier S. 50–51.

39 TLA, RKB An die Fürstliche Durchlaucht 1554–1555, Bd. 12, Bl. 510r–511r; RKB Von der Fürstlichen Durchlaucht 1554–1556, Bd. 12, Bl. 320v.

40 TLA, RKB Von der Fürstlichen Durchlaucht 1564–1567, Bd. 15, Bl. 503r–504r; Kunstsachen I, Nr. 679 (22.7.1566). Die erwähnte »Empörung« nimmt Bezug auf den wiedertäuferisch gesinnten Balthasar Dosser aus Lüsen, der 1562 eine Auslöschung von Adel und Klerus und die Ausrufung eines Bauernregiments ins Auge fasste. Die Pläne wurden verraten, die »Empörung« im Keim erstickt und Dosser 1563 in Innsbruck durch Vierteilung hingerichtet. Vgl.: Ulrike Assner: Balthasar Dosser und der Plan einer »Empörung« 1561/1562, ungedr. Dipl., Innsbruck 2008; Bruno Klammer (Hg.): P. J. Ladurner's Chronik von Bozen 1844. Bozen: Athesia 1982, S. 357–358.

Landßordnung/der Fürstlichen
Graffschafft Tirol.

Gedruckt/In verlegung der Fürst: Durch: Ertzher-
tzog Ferdinanden zu Osterreich/rc. Buchdrucker/Ru-
precht Höller zu Insprug.
M. D. LXVIII.

Abb. 3: Ein Prestigeobjekt für Höller: Die Tiroler Landesordnung aus dem Jahr 1568 war das erste Landrecht, das in der Grafschaft Tirol gedruckt wurde, TLMF, Bibliothek: Dip. 424.

Grafschaft Tirol gedruckte Tiroler Landesordnung. Eine zweite, jedoch in gewissen Teilen einfacher gestaltete Auflage schuf Höller im Jahr 1570 (zum Preis von einem Gulden zwölf Kreuzer pro Band).[41]

41 [o. Verf.]: Landßordnung, der Fürstlichen Graffschafft Tirol. Innsbruck: Höller 1568. Außerdem: Gert Ammann (Hg.): Vom Codex zum Computer. 250 Jahre Universitätsbibliothek Innsbruck. Ausstellungskatalog Tiroler Landesmuseum Ferdinandeum. Innsbruck: Athesia-Tyrolia

Aus dem Rahmen fällt ein Einblattdruck Höllers, der bisher völlig unbekannt war und vermutlich eine absolute Rarität darstellt, nämlich seine 1561 bei König Ferdinand eingereichte Bitte, um eine Aufstockung des Kesselrichteramts-Soldes. Höller hatte diese nicht wie üblich handschriftlich, sondern in gedruckter Form eingereicht.[42]

Die letzten belegten Werke Höllers datieren in das Jahr 1572. Es handelt sich dabei um das Buch *SAPIENTIA SALOMONIS CARMIne elegiaco reddita […]* von Gerard van Roo († 1590) mit Oden und Epigrammen auf namhafte Persönlichkeiten und Kollegen des Autors sowie um eine kurze Anleitung, wie man sich in Seuchenzeiten zu verhalten habe.

Schließlich sind noch einige Werke auszumachen, die entweder Höller zuzuordnen sind, doch keine Datierung aufweisen, oder einen Druckervermerk vermissen lassen, allerdings eindeutig in die Schaffensphase Höllers fallen. Diese Publikationen sind im Druckwerkeverzeichnis gesondert angeführt und bedürfen einer genaueren Sichtung und Untersuchung (etwa der Drucktypen, Wasserzeichen etc.), ehe eine Zuweisung an Höller erfolgen kann.

Am Ende des Druckwerkeverzeichnisses findet sich ein Werk, das in der Literatur trotz fehlenden Druckervermerks immer wieder Höller zugeschrieben wird, doch nicht aus dessen Offizin stammt. Die großformatige, fünfteiligen und mit repräsentativen Kupferstichtafeln ausgestattete Publikation *FRANCISCI TERTII BERGOMATIS SERENISSIMI FERDINANDI ARCHIDVCIS AVSTRIÆ DVCIS BORGVNDIÆ COMITIS TIROLIS ET.C. PICTORIS AVLICI AVSTRIACÆ GENTIS IMAGINVM*. Mit großer Wahrscheinlichkeit war es durch den/die Stecher verlegt worden.[43]

Familienleben und berufliche Zugewinne

Über Ruprecht Höllers Familienleben ist kaum etwas bekannt: Er war mit Notburga Höller verehelicht. Das Ehepaar hatte vier Kinder: Hans, Magdalena und zwei weitere namentlich nicht bekannte Nachkommen. In einem undatierten Schreiben erwähnte Höller die vier Kinder und bat darin um einen finanziellen

---

1995, S. 114–115; [o. Verf.]: Bibliographie. In: Bothe von und für Tirol und Vorarlberg 1823, Nr. 88, S. 352; Josef Pauser, Martin P. Schennach (Hgg.): Die Tiroler Landesordnungen von 1526, 1532 und 1573. Historische Einführung und Edition. Wien, Köln, Weimar: Böhlau 2018, S. 71–74. – Zum Preis: TLA, KKB Raitbuch 1570/2, Bd. 111, Bl. 252v.

42 Ein Exemplar findet sich unter: TLMF, FB 1195/28.

43 Das Werk wurde fälschlicherweise auch dem nachfolgenden Drucker Gallus Dingenauer zugeschrieben. Vgl.: Rabanser: Gallus Dingenauer (wie Anm. 5), S. 102–103.

Zuschuss, um dem »unerzogens todlhafftigen Töchterlins mit namen Magdalena genant« die Betreuung zu gewähren.[44] Eine kurze Nennung liegt auch zu Sohn Hans vor, denn diesem wurde am 1. Mai 1581 und 5. Dezember 1583 eine Studienunterstützung gewährt.[45] Vielleicht gehörte zu den nicht näher bekannten Kindern wiederum jener Michael Höller, dessen Aufnahme am 7. August 1588 in den Matrikeln der Universität Dillingen aufscheint: »Michael Heller Oenipontanus«.[46]

In Innsbruck liegen hingegen Informationen zum ehelich geborenen Schneidermeister Severin Höller vor, bei dem es sich um einen Verwandten Ruprechts (etwa ein Bruder?) handeln könnte. Severin wurde am 17. Oktober 1561 als Inwohner[47] sowie am 5. Januar 1564 als Bürger[48] aufgenommen und erhielt am 14. Januar 1586 ein Wappen verliehen.[49] Für den 2. September 1586 ist der Tod von Anna Eberhart, der ersten Frau Severins, belegt[50], für den 4. April 1616 jener der zweiten Gattin, Agatha Schöpf.[51] Severin Höller selbst war bereits am 7. Januar 1609 gestorben.[52]

Um das Überleben der Familie zu sichern, war Ruprecht Höller stets bestrebt, die Augen nach einträglichen Zusatzverdiensten offen zu halten. Deshalb widmete er sich neben den behördlichen Aufträgen immer wieder verschiedenen Nachdrucken – Zeitungen oder etwa ein religiöses Werk von Thomas von Kempen (um 1380–1471) – sowie auch etwaigen Druckaufträgen von diversen Institutionen und Privatpersonen. Letztere gehörten vorwiegend der lokalen Bildungsschicht bzw. dem Beamtenstand an. Zu nennen wären hierbei der Archivar und Chronist Christoph Wilhelm Putsch (1512–1572)[53], der Lateinschulmeister und spätere erzherzogliche Kunstkämmerer und Bibliothekar Gerhard van Roo

44 TLA, Kunstsachen I, Nr. 679 (o. D.).

45 TLA, KKB Raitbuch 1581, Bd. 121, Bl. 392r, 426r/v; KKB Raitbuch 1583, Bd. 123, Bl. 321v.

46 Thomas Specht (Bearb.): Die Matrikel der Universität Dillingen. I. Band (1551–1645). Dillingen: Eigenverlag 1909–1911, S. 176. Zu Tiroler Studenten in Dillingen allg. vgl.: Helmut Gritsch: Tiroler Studenten in Dillingen. In: Rolf Kießling (Hg.): Die Universität Dillingen und ihre Nachfolger. Stationen und Aspekte einer Hochschule in Schwaben. Festschrift zum 450jährigen Gründungsjubiläum. Dillingen: Historischer Verein Dillingen 1999, S. 361–379.

47 Stadtarchiv Innsbruck (StAI), Bürger- und Inwohnerverzeichnis 1508–1567, Bl. 61r.

48 StAI, Bürgerbuch, Bl. 79r. – In den Bürgerverzeichnissen scheint er in der Folge immer wieder auf: StAI, Bürgerverzeichnisse 1581–1603, Bl. 3r (1581), 26r (1590), 36r (1592), 103v (1600), 118v (1602), 131v (1603).

49 TLMF, Fischaler'sche Wappenkartei: Höller / Heller / Hoeller Severin.

50 Archiv der Dompfarre St. Jakob / Innsbruck, Totenbuch I (1580–1589), S. 173.

51 Archiv der Dompfarre St. Jakob / Innsbruck, Totenbuch IV (1586–1667), S. 397.

52 Archiv der Dompfarre St. Jakob / Innsbruck, Totenbuch IV (1586–1667), S. 129.

53 Zu Putsch: Hirn: Erzherzog Ferdinand II. (wie Anm. 5), S. 353–358.

(† 1590)[54] sowie Johannes Weinzierl, Kantor und Lateinschulmeister in Innsbruck.[55] Des Weiteren Paul Ottenthaler aus Flaurling (belegt: 1556–1571)[56], der vorwiegend Kalender und Tagbücher erstellte, die in den Kanzleien der Zentralbehörden Verwendung fanden, und ein gewisser Johann Nürnberger aus Hall, der sich ebenfalls dem Kalendermachen widmete und sich durch eine Schrift zur Kometenerscheinung von 1558 hervortat.[57] Nicht vergessen werden darf natürlich Georg Rösch, der tatkräftige Förderer der ersten Innsbrucker Druckerei, der auch unter dem Pseudonym Georg Reutter von Gayßspitz schrieb. Ruprecht Höller druckte nachweislich drei von dessen Veröffentlichungen.

Daneben war Höller auch als Buchführer tätig[58], wobei er natürlich mit Konkurrenz zu kämpfen hatte, etwa mit dem aus Innsbruck stammenden, diesbezüglich weitaus besser organisierten Buchführer Martin Puchauer.[59] Ein offiziell genehmigtes, ständiges Geschäftslokal zum Buchverkauf kann anhand der bisher bekannten Quellen für Höller allerdings nicht nachgewiesen werden.

Dass jeder Zusatzverdienst willkommen war, zeigt das Bemühen Höllers um weitere, kleinere Ämter: Dokumente aus dem Zeitraum zwischen dem 15. September 1558 und 10. Januar 1559 zeigen auf, dass er sich um das Amt des Kesselrichters in den drei Unterinntaler Herrschaften Rattenberg, Kufstein und Kitzbühel bemühte. Er war damit ein vom Landesfürst eingesetzter Richter über die Zunft der Kesselschmiede und Kaltschmiede, wobei er ein Drittel der Strafgefälle für sich lukrieren konnte.[60] Die Regierungsbeamten genehmigten ihm

---

54 Zu Roo: Hirn: Erzherzog Ferdinand II. (wie Anm. 5), S. 345–346.

55 Zu Weinzierl: Senn: Musik und Theater (wie Anm. 37), S. 56–57.

56 Zu Ottenthal vgl.: Walder, Quellenstudie (wie Anm. 5), S. 56, Anm. 2.

57 Die Publikation zum Kometen von 1558 weist keinen Druckervermerk auf, wurde aber vermutlich von Höller geschaffen. Vgl. hierzu das Druckwerkeverzeichnis sowie: Otto Kostenzer (Hg.): 150 Jahre Bibliothek des Ferdinandeums. Handschriften, Drucke, Karten, Genealogie, Heraldik, Siegel. Ausstellungskatalog Tiroler Landesmuseum Ferdinandeum. Innsbruck: Tiroler Landesmuseum Ferdinandeum 1973, Kat.-Nr. 18.

58 Heinrich Grimm: Die Buchführer des deutschen Kulturbereiches und ihre Niederlassungsorte in der Zeitspanne 1490 bis um 1550. In: Archiv für Geschichte des Buchwesens 7 (1967), Sp. 1153–1771, hier Sp. 1335–1336 (Nr. 250–250b).

59 Laut den Innsbrucker Inwohner- und Bürgerverzeichnissen waren zwischen 1508 und 1608 in der Stadt drei Buchführer sesshaft. Vgl.: Christoph Haidacher: Zur Bevölkerungsgeschichte von Innsbruck im Mittelalter und in der beginnenden Neuzeit. Innsbruck: Stadtmagistrat Innsbruck 1984, S. 127, 146, 148–149, 151–152. – Die Kammer bezog bei Puchauer Werke diversen Inhalts: Kalender, Landkarten, diverse Bücher (etwa über deutsche Sprichwörter), eine zweibändige Vitruv-Ausgabe zur Architektur sowie eine Ausgabe der Tiroler Landesordnung im Wert von einem Gulden 42 Kreuzer. Zu den Zahlungen im Mai und Juni 1554 vgl.: TLA, KKB Raitbuch 1554, Bd. 97, Bl. 482r/v.

60 Nikolaus Grass: Kesslergerichte in Tirol unter besonderer Berücksichtigung der oberbayerischen Kaltschmiedeprivilegien. In: Nikolaus Grass, Werner Ogris (Hgg.): Festschrift Hans Lent-

das Amt bereits vor dem Ausscheiden des aktuellen Inhabers Michael Ratz, da er »ain vleissiger verschwigner Gesell seÿe« und nur 52 Gulden an Lohn habe. Die Bestätigung zur Verleihung des Amtes ab dem 10. Januar 1559 erfolgte mittels Amtsrevers am 10. November 1558 (ausgestellt am 11. November).[61]

Das Amt brachte aber nicht nur ein eher spärliches Zubrot, sondern vorwiegend Probleme mit sich: Als 1561 die Soldzahlungen für seine Tätigkeit als Kesselrichter ausblieben, reichte Höller bei der Kammer – wie vorne bereits erwähnt – ein gedrucktes [!] Ansuchen ein, in welchem er an den Ausstand erinnerte. Im Jahr 1566 wandte er sich erneut an die Zentralbehörde und beschwerte sich, dass einige Kessler, die zu Meistern ernannt worden waren, ihm nicht den gebührenden Beitrag von zehn Pfund Pfennige zukommen ließen. Die Kammer nahm die Beschwerde zur Kenntnis und schanzte die Entscheidung der Regierung zu.[62] Noch schlimmer kam es 1568, als Höller den Kupferschmied Jakob Taller wegen desselben Grundes in Rattenberg gefangen setzen ließ und der Inhaftierte sodann im Gefängnis Selbstmord beging. Daraufhin wurde Höller auf Druck von Georg Kremer, einem Freund des Toten, und unter dem Vorwand, Höller habe den Tod Tallers verschuldet, selbst verhaftet und erst auf ausdrücklichen Befehl der Regierung vom 19. Juni 1568 wieder freigesetzt.[63]

Das Ende der Tätigkeit als Kesselrichter kam 1574, als das Amt dem Holzmeister Christian Riedler zugesprochen wurde.[64]

Entlassung und Tod

Am 26. Juni 1570 wandte sich Ruprecht Höller mittels eines Schreibens an die Regierung, erinnerte diese an seine 18 Dienstjahre und klagte über seine »darundter zuegestanndnen Schwachhait«, weshalb er um eine finanzielle Unterstützung bat, um zur Erholung »in ain Wildpad« gehen zu können. Die Kammer

ze zum 60. Geburtstage dargebracht von Fachgenossen und Freunden. Innsbruck, München: Wagner 1969, S. 223–267; Riepl: Wörterbuch (wie Anm. 6), S. 211.

61 TLA, KKB Geschäft von Hof 1558, Bd. 258, Bl. 265r/v (Ansuchen). Zur Bestätigung vgl.: TLA, Kunstsachen I, Nr. 151 (11.11.1558); KKB Entbieten und Befehl 1559, Bd. 267, Bl. 548r/v. – Zu Belangen Höllers in seinem Amt als Kesselrichter vgl.: TLA, KKB Entbieten und Befehl 1566, Bd. 308, Bl. 200v (29.5.1566); RKB Causa Domini 1568–1571, Bd. 10, Bl. 51v–52r (19.6.1568); KKB Gutachten an Hof 1574, Bd. 354, Bl. 264r–265r (30.6.1574); KKB Geschäft von Hof 1574, Bd. 353, Bl. 148v (20.7.1574).

62 TLA, KKB Entbieten und Befehl 1566, Bd. 308, Bl. 200v.

63 TLA, RKB Causa Domini 1568–1571, Bd. 10, Bl. 51v–52r.

64 TLA, KKB Geschäft von Hof 1574, Bd. 353, Bl. 148v.

bewilligte ihm daraufhin »2 Gulden zur padsteur« und zahlte diese am 14. Juli aus.[65]

Diese Episode zeigt, dass Höller gebrechlich und altersschwach geworden war, was nicht nur in Anbetracht der körperlichen Konstitution wahrgenommen werden konnte, sondern auch anhand seiner Druckwerke zu Tage trat. Die Lieferung derselben erfolgte immer häufiger mit einer deutlichen Verspätung und die Herstellung der Produkte erwies sich zusehends als nachlässig und unsauber. Ein Umstand, der den aktuellen Plänen des Landesfürsten und der Zentralbehörden zuwiderlief, denn diese planten eine groß angelegte, gegenreformatorische Offensive, in der dem Buchdrucker eine entscheidende Rolle zukommen sollte. Im Sommer 1570 erließ die Regierung einige Maßregeln zum Buchdruck und -handel und legte ein Reglement zum Druck katholischer Bücher vor. Im Zuge von Visitationen und gezielten Durchsuchungsaktionen wurden protestantische und anderweitige, als gefährlich angesehene Druckwerke gesammelt, in Listen verzeichnet und teilweise vernichtet sowie stattdessen katholische, erbauliche Werke ausgegeben. Die Herstellung, der Ankauf und die Verteilung derselben sollten dem Hofbuchdrucker unterstehen. Für das Gelingen und den Erfolg dieser Maßnahmen war es also von größter Wichtigkeit, einen gesunden und belastbaren sowie rasch arbeitenden Drucker zur Verfügung zu haben.[66]

Da Höllers angeschlagener Gesundheitszustand bereits in den 60er Jahren festgestellt werden konnte, verwundert es wenig, dass Erzherzog Ferdinand II. schon am 7. Februar 1565 bei Dr. Comisi anfragen ließ, ob dieser nicht einen geeigneten Drucker kenne, der gegen das Privileg des Nachdruckverbots »allerlaÿ Chatolische Büecher druckhen, und unser Lannd damit versehen wölte«.[67] Die Anfrage blieb vorerst ohne Folgen, denn als die Bücheraktion 1570 gestartet wurde, bediente man sich immer noch des dazu wenig geeigneten Höller, sodass die Regierung die Suche nach einem neuen Drucker intensivierte und einen Aufruf startete.[68] Tatsächlich hatten sich schon im Vorfeld bzw. im Anschluss an diesen Aufruf mehrere Drucker gemeldet, die einer Anstellung in Innsbruck nicht abgeneigt waren: Bereits 1565 hatte man den Brixner Drucker Donatus Fetius

---

65 TLA, KKB Gutachten an Hof 1570, Bd. 330, Bl. 359v–360r; KKB Raitbuch 1570, Bd. 111, Bl. 205r.

66 Zur großen Büchervisitation von 1570 vgl.: John L. Flood: Umstürzler in den Alpen. Bücher und Leser in Österreich im Zeitalter der Gegenreformation. In: Daphnis. Zeitschrift für Mittlere Deutsche Literatur 20 (1991), Nr. 2, S. 231–263.

67 TLA, Kunstsachen I, Nr. 1665. Dr. Comisi konnte nicht verifiziert werden.

68 TLA, RKB An die Fürstliche Durchlaucht 1571, Bd. 24, Bl. 543r/v.

(† 7.2.1597)[69] zur Herstellung von Mandaten herangezogen, weil Höller offenbar verhindert oder anderweitig ausgelastet gewesen war.[70] Möglicherweise sah die Regierung in Fetius auch eine Option zur Umsetzung des großangelegten Projekts und sie wollte diesen auf die Tauglichkeit und Zuverlässigkeit testen. Am 13. März 1568 bot sich wiederum Sebald(us) Mayer aus Dillingen an und verwies dabei auf Fürsprecher aus Innsbruck.[71] Unter den Kandidaten befand sich auch Gallus Dingenauer, der sich mit zahlreichen Forderungen und geradezu überheblichen Lohnvorstellungen zur Wahl stellte, doch gleichzeitig auch das Interesse weckte. Tatsächlich konnte sich Dingenauer durchsetzen und wurde am 28. November 1572 mit einem Jahresgehalt von 113 Gulden als Hofbuchdrucker anerkannt; die offizielle Bestallung mit dem Amt erfolgte allerdings erst am 13. Januar 1573.[72] Am selben Tag bekam Ruprecht Höller seine Kündigung zugestellt:[73]

»*Rueprecht Höller Puechtruckher Abtretbrief.* Wir Ferdinand etc. Embieten unnsern getrewen Rueprechten Höller, unnserm yezigen Puehtruckher, unnser gnad und alles guets, und geben dir gnediglich zuerkhennen, das wir dich der versehung berüerter Puechtruckherey gleichwol dir zu kainen ungnaden Erlassen, und an dein stat unsern getrewen Hannsen Dingenmayr [korrekt: Gallus Dingenauer; Anm.] Puechtruckher bis auf unnser wolgefallen und widerrueffen aufgenomen haben, laut unnsers briefs Ime darumben gegeben Demnach Empfelchen wir dir das Du gedachter Puechtruckherei Ernenten Dingenmayr zu unnsern Hannden Abtrettest, und das sambt unnserm truckh so dir Anfanngs nach ainer Inventari und hernach uberanntwurt, und dir auch von unnserer Tÿrolischen Camer teglich gepessert worden ist, unnd sonnst allem Annderm so unns und darzue gehert nichts ausgenomen, zuestellest, und so Du das gethon hast, Alsdann sagen wir dich diser sachen Ledig, Das ist unnser Ernnstlicher willen und Mainung Geben am XIII tag Januarÿ Anno etc. im LXXIII^ten^.«

---

69 Stefan Morandell: Donatus Fetius – der erste Buchdrucker der Bischofsstadt Brixen. Mit illustriertem Werkkatalog. In: Sila (Hg.): Der frühe Buchdruck (wie Anm. 5), S. 197–282 (mit Nennung der Vorgängerliteratur).

70 TLA, KKB Raitbuch 1565, Bd. 106, Bl. 504r; KKB Entbieten und Befehl 1565, Bd. 302, Bl. 68r/v.

71 TLA, Kunstsachen III, Nr. 36/20 (13.3.1568). – Zu Sebald Mayer vgl.: Otto Bucher: Sebald Mayer, der erste Dillinger Buchdrucker (1550–1576). In: Jahrbuch des Historischen Vereins Dillingen an der Donau 1952. Dillingen: Manz 1953, S. 107–129, hier S. 114–115.

72 Zu Dingenauers Berufung: TLA, Kunstsachen I, Nr. 894; KKB Bekennen 1573, Bd. 349, Bl. 38r-39v (Bestallungsbrief); KKB Entbieten und Befehl 1573, Bd. 350, Bl. 9r–10v; KKB Geschäft von Hof 1572, Bd. 341, Bl. 342v–343r; RKB Von der Fürstlichen Durchlaucht 1572–1577, Bd. 17, Bl. 140r/v; Kopialbücher des OÖ. Hofrats 1572 (K), Bd. 11, Bl. 359v–360v. – Zur Person und dem Wirken Gallus Dingenauers generell vgl.: Rabanser: Gallus Dingenauer (wie Anm. 5), S. 73–105.

73 TLA, KKB Entbieten und Befehl 1573, Bd. 350, Bl. 9r–10r, hier Bl. 9r/v.

Da sein und das Überleben der Familie nicht mehr gegeben war, versuchte Höller sein Bestes, um bei der Regierung ein Umdenken herbeizuführen. Er bat nicht nur um eine Lohnerhöhung, um damit (wohl durch die Anstellung von Gehilfen) mehr leisten zu können, sondern auch um die Einsetzung in ein beliebiges Amt, das ihm ein zusätzliches Ein- und damit Auskommen gewähren sollte. Die Regierung entschied sich am 18. April 1573 gegen eine Lohnerhöhung, bewilligte jedoch für das laufende Jahr ein Gnadengeld von 15 Gulden und versprach Höller, ihn für anfallende, kleinere Dienste heranzuziehen.[74] Am 23. April erfolgte die angekündigte Auszahlung der 15 Gulden[75] und am 8. Mai erhielt Höller seinen Abschlusslohn, da er die Hofbuchdruckerei in der Übergangszeit bis zum 14. April 1573 versorgt hatte.[76]

Das wiederholte Ansuchen um finanzielle Zuschüsse bestimmte Höllers weiteres Leben und in den meisten Fällen wurden ihm auch Gnadengelder in der Höhe zwischen ein bis drei Gulden gewährt, doch konnte es auch zu Ablehnungen kommen.[77] Immer wieder bat er mit Hinweisen auf die notleidende Familie und unter Berufung auf seine über 23 geleisteten Dienstjahre um die Zuteilung von kleineren Arbeitsaufträgen[78] oder um die Erlaubnis zum Druck und Vertrieb von Kalendern. Da er die Materialien dafür aber nicht aufbringen konnte, suchte er um die Bereitstellung »aines Riss Papier zu Anfanng solchen Calenders« an.[79] Aufgrund der immer größer werdenden Armut – es waren die Anfänge der als »Kleine Eiszeit« bezeichneten Klimakrise, die Jahre der zunehmenden Teuerungen und weiterer Katastrophen (wie 1572 dem Erdbeben in Innsbruck) – sah sich Höller sogar gezwungen, Handwerksutensilien zu verkaufen. Am 17. Juli 1573 erhielt er für »ain, in Holz geschnittens verschal [hölzerner Druckstock], so von Ime zu der Truckereÿ kheüfflichen angenomen worden« 36 Kreuzer ausbezahlt.[80] Interessant ist eine am 18. Juli 1567 an Höller gehende Sonderzahlung

74 TLA, KKB Entbieten und Befehl 1573, Bd. 350, Bl. 158r, 323v–324r; KKB Gutachten an Hof 1573, Bd. 348, Bl. 186r/v.

75 TLA, Kunstsachen I, Nr. 679 (23.4.1573); KKB Geschäft von Hof 1573, Bd. 347, Bl. 98r/v.

76 TLA, KKB Entbieten und Befehl 1573, Bd. 350, Bl. 166r (6.5.1573); KKB Raitbuch 1573, Bd. 114, Bl. 243v (8.5.1573).

77 Zu den Gnadengeldern vgl.: TLA, KKB Raitbuch 1573, Bd. 114, Bl. 248v, 468r; KKB Gutachten an Hof 1573, Bd. 348, Bl. 397r/v; KKB Geschäft von Hof 1573, Bd. 347, Bl. 250r/v; KKB, Raitbuch 1575, Bd. 115, Bl. 457v; KKB Raitbuch 1576, Bd. 116, Bl. 526r, 532r, 535r, 538v–541r; KKB Raitbuch 1577, Bd. 117, Bl. 587v–588r, 601v–602r; KKB Gutachten an Hof 1577, Bd. 372, Bl. 362r/v; KKB Entbieten und Befehl 1577, Bd. 374, Bl. 298r; KKB Raitbuch 1577, Bd. 117, Bl. 587v–588r; KKB Raitbuch 1578, Bd. 118, Bl. 560v; Kunstsachen I, Nr. 679 (9.9. & 31.10.1554); Kunstsachen III, Nr. 36/25 (18. & 30.4.1579).

78 TLMF, Autographen-Sammlung, Ruprecht Höller (16.8.1573).

79 TLA, Kunstsachen I, Nr. 679 (15.9.1574).

80 TLA, KKB Raitbuch 1573, Bd. 114, Bl. 560r/v.

von vier Gulden zu einer »vorhabenden Raiß«[81]; vermutlich suchte der Kranke erneut ein Heilbad auf.

Es grenzt an Ironie, dass Höller auch noch die Abberufung seines Nachfolgers Gallus Dingenauer miterleben durfte: Aufgrund der schlecht ausgeführten Druckwerke Dingenauers erging am 23. Februar 1575 der landesfürstliche Befehl, »ain Notwenndige Anzal newer und saubrer Puechstaben, aines schönen rainen, Und wol Leßlichen Druckhs« zu kaufen sowie nach einem neuen Drukker Ausschau zu halten, da Dingenauer »nit gnuegsam geschickht, noch tauglich« sei.[82] Zum wiederholten Mal begann die Drucker-Suche, wobei merkwürdigerweise auch Höller erneut ins Gespräch gebracht wurde. Allerdings gab die Hofkammer am 24. November 1576 zu verstehen, dass eine Einstellung Höllers aufgrund von dessen Konditionen zwar kostengünstiger, doch angesichts von dessen Alter, Gebrechlichkeit und mangelhaften Leistungen für die geplanten Vorhaben kontraproduktiv sei.[83] Nach einer relativ kurzen Suche wurden die Behörden letztendlich in Hans Paur († 1602) aus Dillingen (oder Villingen?) fündig, welcher am 12. März 1577 mittels Hofdekret zum neuen Hofbuchdrukker ernannt wurde.[84] Paurs Bestreben galt der Verbesserung und dem Ausbau der Offizin, um durch qualitätsvolle Drucke zu punkten und mittels innovativer Ansätze neben dem Beamtenapparat einen erweiterten Kundenstock als zusätzliche Einnahmequelle aufzubauen. Da dies mit Forderungen, Bittgesuchen und vor allem Kosten verbunden war, stieß das Vorhaben Paurs bei der sparsamen Kammer wiederholt auf Ablehnung. Doch letztendlich war er mit seinem hartnäckigen Bestreben erfolgreich, wie die folgenden Jahre und – unter seinen Söhnen – letztlich Jahrzehnte zeigen sollten.

Vielleicht lag es an den teils dreisten Forderungen Hans Paurs, dass am 21. Juni 1578 erneut diskutiert wurde, den alten Höller als Drucker zu beschäftigen (wohl nur für kleine Arbeiten, die ihm einst versprochen worden waren). Dessen mittlerweile starke Sehbehinderung machte dies allerdings unmöglich.[85]

---

81 TLA, KKB Raitbuch 1576, Bd. 116, Bl. 535r.

82 TLA, RKB Von der Fürstlichen Durchlaucht 1572–1577, Bd. 17, Bl. 405v–406r; KKB Geschäft von Hof 1575, Bd. 359, Bl. 104r/v.

83 TLA, RKB Von der Fürstlichen Durchlaucht 1572–1577, Bd. 17, Bl. 658v–659r; KKB Entbieten und Befehl 1576, Bd. 368, Bl. 566v–567v; KKB Gutachten an Hof 1577, Bd. 372, Bl. 10r–11r. – Möglicherweise hatte Höller im Rahmen der diskutierten Wiederanstellung die Offizin besichtigt, denn in einem Schreiben vom 11. Dezember 1576 stellte er fest, dass die Matrizen und Buchstaben in einem mangelhaften Zustand seien. Vgl.: TLA, Kunstsachen I, Nr. 679 (11.12.1576).

84 TLA, RKB Von der Fürstlichen Durchlaucht 1572–1577, Bd. 17, Bl. 709v–710r; Kopialbücher des OÖ. Hofrats 1577 (K), Bd. 21, Bl. 62v–63r; Hofregistratur / Hofrat, Journale / Protokolle – Relationes 1577, Bd. 10, Bl. 85v.

85 TLMF, Autographen-Sammlung, Ruprecht Höller (21.6.1578).

Am 12. September 1579 wurde Höller zum wiederholten Mal ein Gnadengeld von einem Gulden ausbezahlt.[86] Es ist dies der letzte Hinweis zu ihm. Am 18. Februar 1581 wiederum erhielt die Witwe Notburga Höller für die kommenden zwei Jahre ein wöchentliches Gnadengeld von zwölf Kreuzern zugestanden.[87] Innerhalb dieses Zeitraumes muss Rupert Höller verstorben sein. Die Totenbücher der Pfarre St. Jakob in Innsbruck beginnen erst 1580, doch in den beiden Jahrgängen 1580 und 1581 ist Höller nicht aufgelistet, was zwei Schlüsse zulässt: Entweder verstarb er noch im Herbst/Winter 1579 oder aber nicht im Zuständigkeitsbereich der Stadtpfarre St. Jakob. Höllers genaues Todesdatum bleibt deshalb ungewiss, wird jedoch im Jahr 1580 vermutet.

Anhang: Druckwerkeverzeichnis

In der folgenden Aufstellung der Höllerschen Drucke wurden in erster Linie die Bibliothek des Tiroler Landesmuseums Ferdinandeum (TLMF), die Universitäts- und Landesbibliothek Tirol (ULBT), das Stadtarchiv Innsbruck (StAI) sowie – in einzelnen Fällen – diverse Tiroler Pfarr- und Klosterbibliotheken berücksichtigt. Ergänzt wurde die Suche anhand der digitalen Datenbanken von VD 16 und weiterer Bibliotheken (BSB, ÖNB etc.).[88]

Einige elementare Informationen zum Druckwerkeverzeichnis: Eindeutig datierbare Drucke werden mit den vorangestellten Jahreszahlen angeführt. Jahreszahlen in eckigen Klammern verweisen auf undatierte Drucke, die jedoch einem Entstehungsjahr zugeordnet werden können; ein »ca.« verweist auf fragliche Zuordnungen. Die Wiedergabe der Titel und Druckervermerke erfolgt unter Berücksichtigung der Groß- und Kleinschreibung bzw. Anführung in Großbuchstaben. Da zu den Formaten der Werke je nach Sammlung keine oder abweichende Angaben vorliegen, wurde auf die Anführung dieser verzichtet. Zusätzliche weiterführende oder erklärende Literaturhinweise zu den einzelnen Drucken werden in den Anmerkungen gegeben.

---

86 TLA, KKB Raitbuch 1579, Bd. 119, Bl. 492r.

87 TLA, KKB Raitbuch 1581, Bd. 121, Bl. 392r, 426r/v.

88 Für die unkomplizierte und rasche Übermittlung von Informationen, Hilfestellungen, Ratschlägen und Scans im Zuge der Erarbeitung des Verzeichnisses bedanke ich mich ganz besonders bei (in alphabetischer Reihung): Dr. Bernhard Lübbers (Staatliche Bibliothek Regensburg, Bibliotheksleiter), Helga Tichy (Bayerische Staatsbibliothek München, Abteilung Handschriften und Alte Drucke), Simone Wolf (Universitätsbibliothek Würzburg, Abteilung Handschriften und Alte Drucke). Mehrere Kurzbeschreibungen von Höller-Drucken aus dem TLMF finden sich auch in: Kostenzer (Hg.): 150 Jahre Bibliothek (wie Anm. 57), Kat.-Nr. 13–27, 125.

[o. J.]: Ein schön Christlich Betbüchlein, genandt ein Beklagung zu Gott dem Vater. Auch ein Danckhsagung zu Gott dem Sun und heylige[n] Geist. Nachmals schöne Gebeet uber die siben Wort, die Gott der Herr am stam[m]e des heyligen Creütz sprach. Auch so ein hierin[n] etliche gebet, vor unnd nach dem Nachtmal Jhesu Christi zubetten, etc.
Umfang: [82] Bl., 1 Holzschnitt
Erscheinungsvermerk: Gedruckt zu Ynnsprugg, durch Ruprecht Höller.
Nachweis: VD16:00; Innsbruck, TLMF, FB 44166

1550: MVLLNER ORDnung in der Fürstlichen Thirolischen Stetten, unnd Gerichten, Inßpruck, Hall, Sunnenburg, Thawer, Frundsperg, Rotenburg, Hertenberg, Stainach, Matray, Rettenberg, Stubay, Axáms, Ombras unnd Wilthan, aufgericht und publiciert, darnach sich nu fürtterhin die gantze Fürstliche Graffschafft Thirol nach beschehner prob, vermüg ainessondern außgangen und Publicierten neben Mandats zu endt dieser Mülner Ordnung gedruckt. richten solle. etc.
Umfang: [8] Bl.
Erscheinungsvermerk: Gedruckt in der Fürstlichen Statt Inßprugck. Anno. M.D.L. Jar.
Nachweis: VD16 T 1360

1550: Johannes Mappus: ORATIO AD DEUM OPT: MAX: PRO FAELICI NAVIGAtione, Serenissimi Maximiliani Regis Bohæmiæ, Archiducis Austriæ &c. Vnà cum Carmine gratulatorio ad eunde[m] Serenissimum Regem, redeuntem ex Hispania, & comitatum Tyrolensem ingredie[n]tem Autore Ioanne Mappo.
Umfang: [4] Bl.
Erscheinungsvermerk: [I]mpressum Oeniponti Anno. A Christo nato MDL.
Nachweis: VD16 M 866; Wien, Universitätsbibliothek: I – 223137

1554: Matthäus Friedrich: Wider den Sauffenteüffel, Etliche wichtige ursachen, Warumb alle Mensche[n] sich vor dem Sauffen hüeten sollen, Item, D[a]z das halb, und gantz Sauffen Sünde, unnd in Gottes wort verbote[n] sey. Item, Etliche Einrede[n] d[er] Seüffer, mit iren verlegunge[n]. Durch Matheum Friderich von Görlitz.
Umfang: [28] Bl.
Erscheinungsvermerk: Gedruckt in der Fürstlichen Stat zu Ynßprugg, durch Rueprechten Höller in der Hoffgassen.
Nachweis: VD16 F 2769

1555: Johannes Seckerwitz: EIDYLLION DE PASSIONE ET RESURRECTIONE CHRIsti Redemptoris nostri: ad generosum D. Dominum Hieronymum Comitem de Nagorola, & Welfart. Anno. M.D.LV. ODE FACTA AD IMITAtionem duodecimæ in primo libro Odarum Horatii. Per Ioannem Seckerwitz Wratislaviensem.
Umfang: [8] Bl.
Erscheinungsvermerk: Oeniponti in officina Regia excudebat Rupertus Höller.
Nachweis: VD16 S 5228

1556: Franciscus Trachelaeus Statius: FRANCISCI TRACHELAEI Statij artium ac Philosophiae Doctoris Oratio deliberativa de sacerdotio.
Umfang: [20] Bl.
Erscheinungsvermerk: Oeniponti excudebat Ruperus Höller. (M.D.LVI.).
Nachweis: VD16 ZV 18158

[1556]: Tagbuech Oder Schreibkallender auff das, M.D.LVII. Jar. Allen Obrigkayten, Doctorn, Cantzleyverwandten, Procuratorn, und denen so sich der Schreiberey bey Gericht und sonst gebrauchen, Ire tägliche für fallende Sachen und Handlunge[n], ordenlich darein zuschreyben und zuverzaichnen, so hie vor dermassen nie in Druckh komen. Auch Practiciert zu Hall im Inthal durch Johannem Nürnberger, der freyen kunst liebhaber.
Autor: Johann Nürnberger
Umfang: [45] Bl.
Erscheinungsvermerk: Gedruckht in der Fürstlichen Stat Ynßprugg, durch Ruprecht Höller in d[er] Hofgassen.
Nachweis: VD16:00; Innsbruck, TLMF, FB 51340

1557: Paul Ottenthaler: CYRI THEODORI PRODROMI TETRASTICHA iambica, et heroica in vitas S: Gregorij Natianzeni, Basilij Magni, Ioannis Chrysostomi, in quibus horum theologor[um] dicta, facta[que] fœlicissime cōtinentur, iam primum ex græca in latinam linguamcodem carminis genere cōuersa. PAVLO OTTENTHALERO INTERPRETE. Apoc. 2. Cap. Sis fidelis vs[que] ad mortem, & dabo tibi Coronam vitæ.
Umfang: [16] Bl.
Erscheinungsvermerk: OENIPONTI. Apud Rupertum Cœlium.
Nachweis: VD16 T 857; Innsbruck, TLMF, FB 3974/4; Innsbruck, StAI, Ho 110

1557: Thomas <von Kempen>: Gebet un[d] Betrachtunge[n] des Lebens des mitlers Gottes, und des mensche[n] unsers Herrens Jesu Christi, vo[m] anfang seiner heyligen Menschwerdung, auch von allem seinen leyden, biß in das End

seines aller bittersten Sterbens, an dem holtz des heyligen Creützes, Menschlichs gemůt bewegendt, und raytze[n]d zu[r] andacht.
Umfang: [174] Bl.
Erscheinungsvermerk: 1.5.57. Jar. Gedruckt zu Ynßprugg durch Ruprecht Höller.
Nachweis: VD16 D 1307; Innsbruck, TLMF, 3187/1

1557: Paul Ottenthaler: PALÆMON. Aegloga Heroico carmine conscripta M: Paulo Otthenthalero Authore. Historia Pentecostes elegiacis versibus reddita per eundem.
Umfang: [4] Bl.
Erscheinungsvermerk: Oeniponti excudebat Rupertus Höller. An[n]o. 1557.
Nachweis: VD16 O 1460

1558: Evangelischer, Christlicher, Bericht und Ermanung, wider etlich jetzt schwebende vermainte Lehren unnd Irthumen, ainem Yeden frumen Christen zu Trost und wolfart, in Gesangs weys, gantz kurtzlich verfanngen. Psal. 2. Apprehendite disciplinam, nequando irastatur Dominus, & pereatis de via iusta.[89]

Abb. 4: Der bis dato älteste nachweisbare Musikdruck Tirols entstand 1558 in der Innsbrucker Offizin von Ruprecht Höller, TLMF, Bibliothek: FB 3911/1.

Umfang: [11] Bl.
Erscheinungsvermerk: Gedruckt in der Fürstlichen Stat Ynßprugg, durch Ruprecht Höller in der Hofgassen. An[n]o M.D.LVIII.
Nachweis: VD16:00; Innsbruck, TLMF, FB 3911/1

89 Zum Werk vgl.: Senn: Musik und Theater (wie Anm. 37), S. 173.

1558: Georg Rösch von Geroldshausen: Der Fürstlichen Grafschafft Tÿrol Lanndtreim. Von newem gemert und gebessert, durch G. R. V. G. 1558.
Umfang: [20] Bl.
Erscheinungsvermerk: Gedruckht in der Fürstlichen Stat Yn[n]ßprugg, durch Ruprecht Höller in der Hofgassen. Unnd volendt zu Außganng des Achtundfünfftzigisten Jars.
Nachweis: VD16:00; Innsbruck, TLMF, Dip. 564/2 und FB 2014/3

1558: Hans von Leonrod: Titel: Hymelwag auf dem, wer wol lebt und wol stirbt, fert in das Reich der Hymel. Hellwag auf dem, wer ůbel lebt, un[d] ůbel stirbt, der fert in die ewig verdamnus. D[a]z ist die Materj und Innhalt dises Buechleins.
Umfang: [90] Bl.
Erscheinungsvermerk: Gedruckt zu Yn[n]sprugg, durch Ruprecht Höller in der Hofgassen.
Nachweis: VD16 L 1240; Innsbruck, TLMF, Dip. 642; Brixen, Bibliothek Priesterseminar: C 5.7 18; Vahrn bei Brixen, Kloster Neustift: 9964

1560: Brevis ET COMPENDIOSA Pii, Catholici et veri Christiani Principis, officii Descriptio ex multis variisq[ue] rerum scriptoribus co[n]scripta, omnibus Magistratum gere[n]tibus vtilis lectuq[ue] pene[m] necessaria.
Umfang: [12] Bl.
Erscheinungsvermerk: Aeniponti excudebat Rudbertus Höllerus.
Nachweis: VD16 G 1050

1560: Paul Ottenthaler: IN HONOREM ELECITONIS Illustrissimi & Reverendissimi in Christo principis, amplissimiq[ae] præsulis, ac Domini Domini Ioan[n]is Iacobi Kuen, Archiepiscopi Salispurgensis, et S: S: sedis Apostolicæ legati carmen &c.
Umfang: [8] Bl.
Erscheinungsvermerk: OENIPONTI Excudebat Rupertus Höller. An[n]o. M.D.LX.
Nachweis: VD16 O 1459; Innsbruck TLMF, FB 15596

1560: Georg Reutter von Gayßspitz [Pseudoym von Georg Rösch von Geroldshausen]: Ain Wunschspruch, von allerlay Weldthenndlen, Werckhleüten un[d] Gwerben, von Newem zu same[n] getrage[n], Durch Georg Reütter von Gayßspitz.
Umfang: [17] Bl.

Erscheinungsvermerk: 1560. Gedruckt zu Ynnsprugg, durch Ruprecht Höller.
Nachweis: VD16:00; Augsburg, Staats- und Stadtbibliothek: 4 LD 328

[ca. 1561]: Ruprecht Höller: [Eingabe an Kaiser Ferdinand I. mit der Bitte um eine Aufbesserung der Besoldung als Drucker wie als Inhaber des Kesselrichteramtes]
Umfang: 1 Bl.
Erscheinungsvermerk: [unterzeichnet mit Undertheniger diener Ruprecht Höller Buechdruckher.]
Nachweis: VD16:00; Innsbruck, TLMF, FB 1195/28

[1562]: Ambrosius Jung: Ain nutzlicher trostliche, un[d] kurtze undterrichtung, wie man sich in den schwåren leüffen der Pestilentz halten solle, Durch Ambrosium Jungen, der Artznej Doctor zu Augspurg, de[m] gemainen Mann zuhilff un[d] gutem, der nit andern beystanndt hat, verordnet.
Umfang: [13] Bl.
Erscheinungsvermerk: Gedruckt zu Ynnsprugg, Ruprecht Höller.
Nachweis: VD16 J 1073

1562: Balthasar Conradinus: KUrtze und nutze gegründte underricht, für den gemainen Man[n], wie er sich in den geferliche[n] leüffen der Pestilentz halten sol, auff fleissigst zusamen getrage[n], Durch D. Balthasarem Conradinum Medicum zu Schwatz. M.D.LXII.
Umfang: [56] Bl.
Erscheinungsvermerk: Gedruckht zu Ynnsprugg, durch Ruprechten Höller.
Nachweis: VD16 C 4894

1562: Verzaychnuß aller Potentaten, Chur und Fürsten, Geystlich und Weltlich, auch derselben gesandten. Item Grafen, Freyen, unnd deren von der Ritterschafft, etc. So auff der Römischen Kün. May. Waal und Krönung zue Franckfurt am Mayn, persönlich gewesen unnd erschinen sind. Anno. MDLXII.
Umfang: [9] Bl.
Erscheinungsvermerk: Gedruckt zu Ynsprugg, durch Ruprecht Höller.
Nachweis: VD16 ZV 7113

1562: Von dem Nachtmal unsers lieben Herren Jhesu Christi, Oder von dem hochwirdigen Sacrament des Altars, ain Catholisch gesprech, von zwayen Layen im 1561. Jar gehalten, Allen guetherzigen frumen Christen sehr nutzlich, unnd Hochnotwendig zu lesen unnd zu wissen.
Umfang: [12] Bl.

Erscheinungsvermerk: Anno 1562. Gedruckht zu Ynnsprugg durch Ruprechten Höller.
Nachweis: VD16 ZV 20110

[1562]: Newe zeittung Wie Khünig Maximilians unnsers aller gnedigisten Herrn Erwellung zu[m] Römischen Künig, zu Franckhfurt am Mayn, Den Vierundzwaintzigisten tag des Monats Novembris beschehen. Anno. M.D.LXII.[90]
Umfang: [8] Bl.
Erscheinungsvermerk: Gedruckht zu Ynsprugg, durch Ruprechten Höller.
Nachweis: VD16 ZV 30816; Innsbruck, ULBT, 204.406/adl.3 und 204.406/adl.4

[ca. 1562/1563]: Newe zeittung Des Herrn von Schontone, Hispanischen Pottschaffters, am Künigklichen Frantzösischen hofs, an die Fraw Gubernantin, der Nidern Erblanden. Von Jüngster ervolgter Schlacht, Zwischen dem von Guiso, unnd Conde, beschehen am 19 tag Decembris, Anno. MDLXII. Von Frantzösischer spraach, auffs Teütsch Transferiert.
Umfang: [4] Bl.
Erscheinungsvermerk: Gedruckt zu Ynsprugg, durch Ruprechten Höller.
Nachweis: VD16 ZV 30096

[1563]: Almanach oder Tagbüechl auff das M.D.LXIIII. Allen Oberkeite[n], Doctorn, Cantzlejverwandten, Procuratorn, Und denen so sich der Schreiberey, bey Gericht, un[d] sonnst gebrauchen, Ire Tägliche furfalende Sachen, und Handlunge[n], von tag zu tag, durch das gantz Jar hin auß, darein zuschreiben, unnd zuverzaichnen.
Umfang: [79] Bl.
Erscheinungsvermerk: Mit Freyhaiten nachzudruckhen verbotten. Gedruckht zu In[n]sprugg, Ruprecht Höller.
Nachweis: VD16 ZV 413

[1564]: Almanach oder Tagbüchel, auff das M.D.LXV. Allen Oberkeite[n], Doctorn, Cantzleiverwandte[n], Procuratorn, Und denen so sich der Schreyberey bey Gericht, un[d] sonnst gebrauchen, Ire Tägliche fürfalende Sachen, und Handlunge[n], von tag zu tag darein zuschreiben un[d] zuverzaichne[n]. Auch findestu hierin[n] durch daz gantz Jar die Evangeli bey den Suntag stehen.

90 Helmut W. Lang, Ladislaus Lang: Österreichische Retrospektive Bibliographie (ORBI). Reihe 2: Österreichische Zeitungen 1492–1945. Band 1: Bibliographie der österreichischen (nichtperiodischen) Neuen Zeitungen 1492–1705. München: Saur 2001, S. 89.

Umfang: [72] Bl.
Erscheinungsvermerk: Mit Freyhaiten nachzudruckhen verboten. Gedruckt zu In[n]sprug, durch Ruprecht[e]n Höller.
Nachweis: VD16:00; Innsbruck, TLMF, FB 48187

1564: Johannes Weinzierl: PRECES MAtutinae. Mötten, Kirchengebet, nach de[m] brauch Catholischer Kirchen des Hochwirdigen Stiffts zu Brichsen, zu Nutz Christenlicher ubung Newlich verteütscht, und vor nie in den Druckh ausgangen.[91]
Umfang: [7], 163, [1] Bl.
Erscheinungsvermerk: Druckht zu In[n]sprugg. Rueprecht Höller.
Nachweis: VD16 P 4734; Innsbruck, TLMF, FB 3211/1; Innsbruck, ULBT, 23.001

[1565]: Paul Ottenthaler: Almanach oder Tagbüchl, gestelt auf das, M.D.LXVI. Durch M. Paulum Ottentaler, der Artzney liebhaber. Allen Oberkeyte[n], Doctorn, Cantzley verwanten, Procuratorn, Und denen so sich der Schreyberey bey Gericht, und sonnst gebrauchten, Ire Tägliche fürfalende Sachen, und Handlunge[n], von tag zu tag, durch daz gantz Jar, darein zuschreibe[n] und zuverzaichne[n], Auch so findestu hierin[n] durch d[a]z gantz Jar die Evangelii bey den Suntag hinzue gesetzt.
Umfang: [80] Bl.
Erscheinungsvermerk: Mit Freyhayten nachzudruckhen verboten. Gedruckt zu In[n]sprugg, durch Ruprecht[e]n Höller.
Nachweis: VD16 O 1457; Innsbruck, TLMF, FB 3566a; Wien, ÖNB: 72. N. 88

1565: Christoph Wilhelm Putsch: HISTORIA DIVI IACOBI MAIORIS APOstoli Elegiaco Carmine Descripta Per CHRISTOPHORVM GVLIelmum Putschium Aenicolam Tirolensem.
Umfang: [28] Bl.
Erscheinungsvermerk: AENIPONTI excudebat Rudbertus Höllerus, Anno Salutis Humanæ MDLXV, Mense Iulio.
Nachweis: VD16 P 5420; Wien, ÖNB: 301.880 – B ALT RARA; München, BSB: 4 P.o.lat. 751,1; München, Bibliothek der Ludwig-Maximilians-Universität: 0001/4 P.lat.rec. 175; Gotha, Forschungsbibliothek: 01151-1152 (21)

91 Johannes Weinzierl erhält von der Kammer sechs Gulden als Unterstützung für den Druck dieses Werkes ausbezahlt. Senn: Musik und Theater (wie Anm. 37), S. 57.

[1566]: Zeyttung auß Vngern, von Dato Wien, Beschehen den Andern tag des Monats Julij, im Sechsundsechzigisten Jar.
Umfang: ?
Erscheinungsvermerk: Gedruckht zu Innsprugg, durch Ruprechten Höller.
Nachweis: VD16:00; Lang, Lang: Österreichische Retrospektive Bibliographie (wie Anm. 91), S. 199; Franz Anton Sinnacher: Beyträge zur Geschichte der bischöflichen Kirche Säben und Brixen in Tyrol, Bd. 7. Brixen: Weger 1830, S. 546–547; Waldner: Quellenstudie (wie Anm. 5), S. 119, Nr. 54.

1567: BREVIS ET COMPENDIOSA Pii, Catholici & veri Christiani Principis, officii Descriptio, ex multis, variis[que] rerum scriptoribus co[n]scripta, omnibus Magistratum gere[n]tibus vtilis, lectuc[que] pene[m] necessaria.
Umfang: [13 Bl.]
Erscheinungsvermerk: AENIPONTI excudebat Rudbertus Höllerus.
Nachweis: VD16:00; Innsbruck, TLMF, FB 1618/3

1568: Ferdinand <I., Heiliges Römisches Reich, Kaiser>: Landßordnung, der Fürstlichen Graffschafft Tirol.
Umfang: [4], 115, [29] Bl.
Erscheinungsvermerk: Gedruckt, In verlegung der Fürst: Durch: Ertzherzog Ferdinanden zu Ostereich, etc. Buchdrucker, Ruprecht Höller zu Insprug. M.D.LXVIII.
Nachweis: VD16 T 1358; Innsbruck, TLMF, Dip. 424 und FB 1990; Innsbruck, StAI, Ho 72a; Innsbruck, ULBT, 30.204

1570: Ferdinand <I., Heiliges Römisches Reich, Kaiser>: Landßordnung, der Fürstlichen Graffschafft Tirol.
Umfang: [4], 115, [28] Bl.
Erscheinungsvermerk: Getruckt in verlegung Růprechten Höllers, Bůchtruckers zů Inßprugg, Anno D.LXX.
Nachweis: VD16 T 1359; Innsbruck, TLMF, Dip. 331 und Dip. 435/1

1571: Ein gemaines Gebet, Gott zu Lob unnd danckh zusprechen für die Newgeschehne Christliche Viktory wider den laidigen Türggen.
Umfang: [2] Bl.
Erscheinungsvermerk: Gedruckt zu Innsprugg, durch Ruprechten Höller.
Nachweis: VD16 G 1072

1572: Kurtzer bericht und Ordnung, wie sich ain Yeder Er sey Reich oder Arm, in zeit der Infection halten soll.

Umfang: [16] Bl.
Erscheinungsvermerk: Gedruckht zu Innsprugg, durch Rueprechten Hỏller.

Nachweis: VD16:00; Innsbruck, TLMF, FB 99560 (Fotokopie nach einem Exemplar in Klosterneuburger Privatbesitz)

1572: Gerardus de Roo: SAPIENTIA SALOMONIS CARMIne elegiaco reddita, cui accesserunt Variorum Carminum atq[ue] Epigrammatum libri duo Autore Gerardo De Roo Batavo Serenissimi Archiducis Austriæ Ferdinandi Cantore, et Musicorum puerorum Præceptore. M. D. LXXII.[92]
Umfang: [49] Bl.
Erscheinungsvermerk: AENIPONTI excudebat Rupertus Höller. 1572.
Nachweis: VD16 ZV 1765; Innsbruck, TLMF, W 15189; Innsbruck, ULBT, 30.483

Höller wahrscheinlich zuzuschreibende Drucke:[93]

1558: Nürnberger, Johannes: Ein klaine undterricht, von Nechst erschinen Cometen dises 1558. Jars, etc. im Monat Augusti, Gestelt durch Johannem Nürnberger, zu Hall im Innthal etc.
Umfang: [4] Bl.
Ohne Erscheinungsvermerk
Nachweis: VD16 N 2052; Innsbruck, TLMF, Dip. 511/1b

1550: MÜllnerordnung [erlassen: Innsbruck, 25. Februar 1550]
Umfang: [6] Bl.
Ohne Erscheinungsvermerk
Nachweis: VD16:00; Innsbruck, TLMF, Dip. 1057, Bl. 15r–20v und FB 6197/21

1571: Müllner Ordnung in der Fürstlichen Graffschafft Tirol. M. D. LXXI.
Umfang: [21] Bl.
Erscheinungsvermerk: Geben in unserer Statt Innßbrugk, am zwaintzigisten tag Decembris, Anno etc. im Siebentzigisten.
Nachweis: VD16:00; Innsbruck, TLMF, FB 3129/3

---

92 Zum Werk vgl.: Senn: Musik und Theater (wie Anm. 37), S. 109.

93 Die folgenden drei Werke sind vermutlich durch Höller geschaffen worden und verweisen auch durch ihren Lokalbezug, die Thematik bzw. durch die Autoren auf Tirol. Allerdings fehlt ein eindeutiger Druckervermerk.

Höller nicht zuzuschreibender Druck:

1569–1673: Francesco Terzio: Titel: FRANCISCI TERTII BERGOMATIS SERENISSIMI FERDINANDI ARCHIDVCIS AVSTRIÆ DVCIS BORGVNDIÆ COMITIS TIROLIS ET.C. PICTORIS AVLICI AVSTRIACÆ GENTIS IMAGINVM.
Umfang: 5 Teile, Kupferstichtafeln
Erscheinungsvermerk: OEniponti MDLXIX. (MDLXXI) (M.D.L. XXIII.)
Nachweis: VD16 ZV 17444; Innsbruck, TLMF, Dip. 1369; Innsbruck, TLMF, FB 9376[94]

94 Das Tafelwerk weist keinen Druckervermerk auf, besteht ausschließlich aus Kupferstichtafeln und war mit großer Wahrscheinlichkeit das Werk des Künstlers und der Stecher. Zur versuchten Zuschreibung des Druckwerks an Höller oder Dingenauer vgl. Rabanser: Gallus Dingenauer (wie Anm. 5), S. 102–103.

THOMAS THIBAULT DÖRING

Eine unterbrochene Bibliotheksentstehung

Bücher aus der Weißenfelser Fürstenbibliothek im Bestand der Universitätsbibliothek Leipzig

1. Historischer Hintergrund

Am 16. Mai 1746 starb einundsechzigjährig Herzog Adolf II. von Sachsen-Weißenfels während eines Besuches der Leipziger Messe. Noch bevor der Leichnam aus Leipzig überführt werden konnte, traf der kursächsische Minister Heinrich von Brühl (1700–1763), selbst ein Weißenfelser Kind, mit Militär in Weißenfels ein, um die Übernahme des Herzogtums durch Kursachsen in die Wege zu leiten. Zwar hatte Johann Adolf von seiner ersten Ehefrau einen Sohn, von seiner zweiten Ehefrau sogar vier Söhne bekommen, aber alle Prinzen starben in ihren ersten beiden Lebensjahren. So gab es für das Weißenfelser Herzogtum keinen männlichen Erben. Dies bedeutete das Ende eines Zeitabschnittes in der Geschichte des Kurfürstentums Sachsen, in dem es neben dem Haupthaus in Dresden noch drei kleinere albertinische Sekundogenituren gab.

Kurfürst Johann Georg I. von Sachsen (1611–1656) hatte in seinem Testament verfügt, dass sein ältester Sohn Johann Georg (1613–1680) das Kurfürstentum nicht im vollen Umfang erbte – wie es eigentlich dem albertinischen Hausgesetz entsprach. Vielmehr wurden den drei jüngeren Söhnen August (1614–1680), Christian (1615–1691) und Moritz (1619–1681) kleinere, staatsrechtlich vom Kurfürstentum abhängige Herzogtümer eingeräumt, nämlich Sachsen-Weißenfels, Sachsen-Merseburg und Sachsen-Zeitz.[1] So wurden diese sächsischen Kleinstädte für einige Jahrzehnte zu Residenzen. Das Herzogtum Sachsen-Zeitz erlosch 1718, Sachsen-Merseburgs letzter Herzog starb 1738. Die Territorien fielen an Kursachsen zurück.

So war nur noch Sachsen-Weißenfels übrig, dass nun von seinem fünften Herzog regiert wurde.[2] Der Begründer dieser albertinischen Seitenlinie, Herzog

1 Joachim Säckl: Herrschaftsbildung und dynastische Zeichensetzung: Die Sekundogeniturfürstentümer Sachsen-Weißenfels, Sachsen-Merseburg und Sachsen-Zeitz in der zweiten Hälfte des 17. Jahrhunderts. In: Fürsten ohne Land. Hg. von Vinzenz Czech. Berlin: Lukasverlag 2009, S. 18–54.

2 Die Herzöge von Sachsen-Weißenfels: 1. August (1614–1680) regierte ab 1656; 2. Johann Adolf I. (1649–1697), Sohn von August; 3. Johann Georg (1677–1712), Sohn von Johann Adolf I.;

August, war seit 1638 evangelischer Administrator des Erzstifts Magdeburg gewesen. Auch nach der Einrichtung des Herzogtums residierte er weiterhin in Halle, begann aber mit dem Bau des Schlosses Neu-Augustusburg in Weißenfels. August war ein Förderer der Künste und der letzte Präsident der Fruchtbringenden Gesellschaft. Da das Erzstift Magdeburg nach den Bestimmungen des Westfälischen Friedens nach dem Tode Augusts an Brandenburg übergeben werden musste, residierte Augusts Sohn Johann Adolf I. nun in Weißenfels und trieb den Schlossbau voran. Auch Johann Adolf I. war den Künsten, speziell dem Theater zugewandt und begründete die Tradition der Weißenfelser Barockoper. Ihm folgten seine drei Söhne Johann Georg, Christian und Johann Adolf nacheinander auf den Thron. Johann Georg und Christian eiferten ihrem Vater und Großvater bezüglich einer prunkvollen Hofhaltung nach. Weil dies die wirtschaftlichen Möglichkeiten des kleinen Herzogtums völlig überstieg, stellte Kursachsen Herzog Christian schließlich unter eine finanzielle Zwangsverwaltung. Der letzte Herzog Johann Adolf II., der als jüngster Sohn des Vaters ursprünglich nicht damit gerechnet hatte, die Regierung zu übernehmen, hatte die Militärlaufbahn eingeschlagen und war unter Friedrich August II. von Sachsen auf hohe militärische Kommandoposten berufen worden, besonders im Polnischen Erbfolgekrieg. Als er nach dem kinderlosen Tod seiner beiden älteren Brüder auf den Weißenfelser Thron folgte, versuchte er die zerrütteten Finanzen des Ländchens zu ordnen, was er bis zu seinem eigenen Tode nicht zu Ende bringen konnte.

So kam Weißenfels zurück an Kursachsen. Der Hofstaat wurde aufgelöst, das große Schloss Neu-Augustusburg leergeräumt, die Glocken der Schlosskirche an verschiedene sächsische Städte verschenkt, die Akten nach Dresden gebracht. Auch über die im Weißenfelser Schloss befindliche Bibliothek musste nun verfügt werden.

2. *Die verschmähte Bibliothek*

Wenig ist über die Geschichte dieser Hofbibliothek bekannt.[3] Ab 1660 wurde das neue Weißenfelser Schloss gebaut. Die Baupläne weisen keine Bibliotheks-

4. Christian (1682–1736) zweiter Sohn von Johann Adolf I.; 5. Johann Adolf II. (1685–1746) dritter Sohn von Johann Adolf I.

3 Die ausführlichste Darstellung bietet Roswitha Jacobsen: Zu Geschichte und Bestand zweier aufgelöster Weißenfelser Bibliotheken des 17. und 18. Jahrhunderts. In: Stadt und Literatur im deutschen Sprachraum der Frühen Neuzeit. Hg. von Klaus Garber. Tübingen: Niemeyer 1998, Bd. 2, S. 616–634. Sehr knapp wird die Bibliothek erwähnt bei Otto Klein: Weißenfels. In: Handbuch kultureller Zentren der Frühen Neuzeit. Hgg. von Wolfgang Adam und Siegrid Westphal. Bd. 3:

räume aus, aber im umfangreichen Bau gab es genug Räume ohne spezifische Zweckbestimmung, die zum Bibliotheksraum umgewidmet werden konnten.

Es existiert auch keine archivalische Überlieferung die Bibliothek betreffend, also z.B. Erwerbungsakten. Hingegen gibt es Nachrichten über das Amt des Bibliothekars. Johann Beer (1655–1700), der bekannte Barockschriftsteller, arbeitete als Konzertmeister am Weißenfelser Hof. Zusätzlich übernahm er 1697 die »Inspection über die Bücher von Herrn Rath Göscheln«.[4] Ein Bernhard Göschel »Fürstlich-Sächsischer Erbprinzlicher Informator und Sekretär« erwarb 1693 das Weißenfelser Bürgerrecht.[5] Sehr wahrscheinlich war diese Person identisch mit dem Rath Göschel, der Beers Vorgänger im Bibliothekarsamt war. Beer behielt dieses Amt bis zu seinem Tode im Jahre 1700. Beers unmittelbarer Nachfolger ist nicht bekannt. Seit 1726 hatte Engelhard Poley (1686–1762) den Posten des Bibliothekars.[6]

Keiner der Weißenfelser Herzöge hatte ein größeres bibliophiles oder wissenschaftliches Interesse gehabt. Deswegen wuchs die Hofbibliothek nur langsam. Sie wurde nicht zu repräsentativen Zwecken genutzt und deswegen auch nicht einheitlich eingebunden. Es ist von etlichen fürstlichen Bibliotheken bekannt, gerade aus der Barockzeit, dass die Bestände buchbinderisch überformt wurden. Im Interesse eines einheitlichen Erscheinungsbildes, für den größeren Schauwert, wurden alte historische Einbände entfernt und einheitlich repräsentativ ausgestattet, z.B. in dunkles Kalbsleder mit Goldprägungen oder in weißes Pergament gebunden. Dies ist in Weißenfels nicht geschehen. Es gibt zwar in den Weißenfelser Beständen einzelne Korpora mit einheitlicher Einbandgestaltung, diese weisen aber auf den Vorbesitz einzelner Mitglieder der fürstlichen Familie oder auf kurzzeitige Moden hin. So sind z.B. ab der Zeit um 1700 die Funeralschriften in schwarzem Samt gebunden.

Jedoch war die Bibliothek auch nicht vollständig von den Herzögen vergessen. Wenn sie auch nicht viel für sie taten, wollten sie diese doch beachtet finden. Einen kleinen Hinweis auf die Gewichtung der Bibliothek am Weißenfelser Hof gibt eine Bemerkung des Bibliothekars Poley in einem Brief an Johann Christoph Gottsched (1700–1766). Dieser bemühte sich 1733 um eine Professur in Leipzig. Der Weißenfelser Herzog Christian bestimmte über die Vergabe des Postens mit. Darum war Gottsched um die Gunst des Herzogs bemüht, und Poley unterstützte Gottsched darin. So schlug Poley z.B. vor, dass Gottsched ei-

---

Nürnberg – Würzburg. Berlin: de Gruyter 2012, S. 2133. Klein gibt den Umfang der Bibliothek abweichend zu Jacobsen mit 4.044 Exemplaren an, ohne eine Quelle dafür zu nennen.

4 Jacobsen: Geschichte (wie Anm. 3), S. 627.

5 Silke Künzel, Jochen Steinecke: Bürger und Neubürger von Weißenfels bis 1913. Marburg: Stiftung Stoye 2012, S. 101.

6 Jacobsen: Geschichte (wie Anm. 3), S. 627.

nen Operntext für eine Aufführung am Weißenfelser Hoftheater verfassen solle. Poley legte bei Gelegenheit ein gutes Wort für Gottsched beim Herzog ein, wozu auch gehörte, dass Gottsched als Besucher der herzoglichen Bibliothek genannt wurde. Herzog Christian schien also so viel Wert auf die Bibliothek gelegt zu haben, dass eine Person, die diese würdigte, positiv konnotiert wurde.

> »Ew. HochEdl. habe hierdurch gehorsamst berichten sollen, wie daß ich schon vor Weynachten Gelegenheit gehabt, bey Sr. Hochfürstl. Durchl. Ew. Hochedl. zu gedencken, und Ihnen dero vortreffliche poesie anzupreisen. Die Gelegenheit war, daß ich sagte, Ew. HochEdl. wären hier in Weißenfelß gewesen, und hätten sich auch in der hochfürstl. Bibliotheck umgesehen.[7]«

In einem Brief vom 2. Oktober 1736 an Gottsched berichtete Poley, dass bei der Inventur der Bibliothek »alles umgerissen worden« sei und er daher gar keine Zeit zum Briefeschreiben gehabt hätte.[8] Im Juni des Jahres war Herzog Christian gestorben und sein Bruder Johann Adolf folgte ihm nach. Wahrscheinlich war dies der Anlass für die Bibliotheksinventur.

Zehn Jahre später bekam Poley den Auftrag, die Bibliothek zur Aufteilung vorzubereiten. Während die Zeitzer Hofbibliothek nach dem Erlöschen der Sekundogenitur Sachsen-Zeitz im Jahre 1718 nach Dresden an die kurfürstliche Bibliothek überführt wurde, verzichtete Friedrich August II. auf die Weißenfelser Büchersammlung. Die Zeitzer Hofbibliothek hatte immerhin einen Umfang von 8.143 Bänden.[9] Vielleicht erschien da die Weißenfelser Bibliothek mit ihren rund 1.800 Bänden als zu geringfügig. Vielleicht spielte auch eine Rolle, dass 1747 der Dresdner Hofbibliothekar Johann Christian Götze (1692–1749) in Österreich und Italien zwecks Bucheinkäufen unterwegs war und daher nicht beratend und zuratend in Dresden wirken konnte.

Es wurde entschieden, dass die Weißenfelser Superintendentur die theologische Literatur der Hofbibliothek erhält, das Gymnasium illustre der Stadt die Bestände, die für die Lehre und Bildung der Schüler geeignet waren und der verbleibende Rest an die Universitätsbibliothek Leipzig gegeben wird. Zuvor hatte die Herzoginwitwe noch die Gelegenheit, alle Bücher, die sie haben wollte, für den privaten Gebrauch herauszunehmen. Auch der Bibliothekar Poley, der für seine Dienste nicht ausreichend bezahlt worden war, durfte eine Anzahl Bücher heraussuchen und zuletzt auch noch einige Professoren Bände entnehmen.

---

7 Johann Christoph Gottscheds Briefwechsel. Historisch-kritische Ausgabe. Bd. 2: 1731–1733. Hgg. von Detlef Döring, Rüdiger Otto und Michael Schlott. Berlin: de Gruyter 2008, S. 371: Heinrich Engelhard Poley an Gottsched, Weißenfels 17. Januar 1733.

8 Johann Christoph Gottscheds Briefwechsel. Historisch-kritische Ausgabe, Bd. 4: 1736–1737. Hgg. von Detlef Döring, Rüdiger Otto und Michael Schlott. Berlin: de Gruyter 2010, S. 184.

9 https://fabian.sub.uni-goettingen.de/fabian?Saechsische_Landesbibliothek, Punkt 1.4.

Die im Dresdner Hauptstaatsarchiv erhaltenen Teilungslisten,[10] die von Poley erarbeitet wurden, sahen für die Superintendentur 547 Bücher, für das Gymnasium 354 Bücher und für die Universitätsbibliothek Leipzig 327 Bände vor. Die von den verschiedenen bürgerlichen Privatpersonen entnommenen Bände addieren sich auf eine Anzahl von 377. Wieviel die Herzoginwitwe nahm, ist unbekannt.[11]

Das Weißenfelser Gymnasium, eine Gründung der Herzöge, überdauerte das Herzogtum Sachsen-Weißenfels nicht allzu lange. Dresden entzog ihm die finanzielle Unterstützung, die Schule schloss 1794.[12] Die Schulbibliothek kam zur Auktion und damit auch die in ihr enthaltenen Teile der Hofbibliothek. Die Übergabeliste zeigt, dass besonders historische und geographische Literatur sowie zeitgenössische Dichtung an das Gymnasium abgegeben worden war.

Der Bibliotheksteil, der an die Superintendentur abgegeben wurde, gelangte in die Weißenfelser Kirchenbibliothek St. Marien. Diese Bibliothek liegt seit 1986 als Depositum in der Marienbibliothek Halle. Eine grobe Durchsicht dieses Bestandes ergab, dass sich hier hauptsächlich die private Erbauungslektüre der Mitglieder des fürstlichen Hauses erhalten hat.[13] Ob die Summe der durch Supralibros, Schenkungsvermerke und Einbandgestaltung zu identifizierenden Bände in etwa die Zahl 547 ergibt, müsste durch eine genauere Durchsicht und Zählung geprüft werden.

In die Universitätsbibliothek Leipzig kamen somit nur etwa 20 Prozent der ursprünglichen Bibliothek, sozusagen alles, was Gymnasium und Kirche und die diversen Privatpersonen nicht gebrauchen konnten.

3. *Übernahme durch die Universitätsbibliothek Leipzig*

Eine im Universitätsarchiv Leipzig aufbewahrte Akte[14] gewährt Einblick in die Vorgänge um die Übergabe der Restbibliothek an die Universitätsbibliothek Leipzig. Die Akte beinhaltet die kurfürstliche Anweisung vom 9. Januar 1748 an Brühl, den Abtransport der für Leipzig vorgesehenen Bestände zu veranlas-

10 Sächsisches Hauptstaatsarchiv Dresden, Loc. 7208.

11 Ausführlich bei Jacobsen: Geschichte (wie Anm. 3), S. 630–632.

12 Otto Klein: Gymnasium illustre Augusteum zu Weißenfels. Weißenfels: Arps 2003.

13 Ich danke sehr herzlich Frau Anke Fiebiger von der Marienbibliothek, die mir die Durchsicht des Bestandes ermöglichte und mir mit vielen zusätzlichen Informationen weiterhalf.

14 Universitätsarchiv Leipzig, II/II/7.

sen.[15] Dann folgt die von Poley erarbeitete Liste der dafür vorgesehenen Bücher (»Specification deren Bücher für die Universität Leipzig«) und einen auf den 14. März 1748 datierten Entwurf des Dankschreibens des Rektors, in dem u.a. versichert wird:

> »So erfüllet ...huldreichstes Andenken die gantze Academie und besonders diejenigen, welche auf derselbe zu lehren das Glück haben mit innigsten vergnügen [...] Ew. Königl Majestät statten wir insgesamt derowegen für diese Dero höchste königliche Huld und Wohltat unser allerunterthänigsten ehrerbietigsten Dank ab und werden äußerst beflissen sein, durch inbrünstiges Gebeth für Ew. Königl. Hauses immerwährendes Wohlseins, durch emsige Abwartung der uns verantworteten Aemter, durch unverbrüchliche Treue und Gehorsam dieser hohen Königl. Gnade, so viel in unseren Kräften ist, würdig zu machen.«[16]

Die Bücherliste umfasst 327 Nummern. Bei mehrbändigen Werken wird jeder Band einzeln gezählt. Zuerst werden die Oktavbände, dann Quart, schließlich die Foliobände aufgelistet. Innerhalb der Formate scheint keine irgendwie geartete Ordnung erkennbar zu sein. Es ist aber schwer vorstellbar, dass Poley bewusst eine Unordnung in der Liste hergestellt hat. Warum hätte er sich die Mühe machen sollen? Die Bücher haben in Weißenfels irgendeine Ordnung gehabt, die eigentlich in der Übergabeliste wenigstens in Resten erkennbar sein müsste. So lässt sich nur vermuten, dass die Vorgänge des Auswählens und Aufteilens sehr intensiv waren und mehrfach wiederholt wurden und dadurch jede ehemalige Ordnung verloren ging.

Es ist nicht verwunderlich, dass nach Eintreffen der Bücher in Leipzig hier sofort eine neue übersichtlichere Liste angefertigt wurde. Sie ist nicht datiert und ist überschrieben: »Specification der Bücher welche Sr Königl. Maj. In Polen aus der Verlassenschaft herzog Joh. Adolphs von Weißenfels auf die Universitätsbibliothec zu Leipzig geschencket.«[17]

Die Specification unterscheidet zunächst zwischen Handschriften (7 Stück) und Drucken (165 Titel). Die Drucke sind unterteilt in Theologie (13 Titel), Jura (29 Titel), Medizin und Naturwissenschaften (19 Titel) und Historische Literatur (80 Titel). Bei Drucken wird Druckort und -jahr mitgeteilt.

Es fällt die Differenz im Umfang auf: die Übergabeliste hat 327 Nummern, die Übernahmeliste nur 172 Nummern. Dieser Unterschied lässt sich nicht vollständig auflösen. Erstens liegt dies an den mehrbändigen Werken bzw. den Zeit-

15 »An den Wirklichen Geheimen Rath und Landhauptmann Herrn Graf zu Brühl, die aus der Hzgl. Weißenfels. Bibliothec an die Universität Leipzig abzugebende Bücher betreffend.«

16 Universitätsarchiv Leipzig, II/II/7, Bl. 18r.

17 Universitätsbibliothek Leipzig, Ms 2788.

schriften. So zählen z.B. die Jahrgänge 1695 bis 1728 des *Mercure historique et politique* in der Übergabeliste als Nummern 12 bis 37, in der Übernahmeliste werden sie in einer Nummer zusammengefasst. Ein anderer Punkt sind die Leichenpredigten. In Poleys Abgabeliste sind 54 Leichenpredigten einzeln aufgelistet, in der Empfangsliste werden diese nicht mehr einzeln aufgezählt, sondern summarisch erfasst, z.B. mit Bemerkungen wie »34 Stück Funeralia meist Chur und fürstliche sächsische«. Das erklärt die Differenz zwischen den beiden Listen grundsätzlich. Im Einzelnen gibt es in jeder der beiden Listen einzelne Posten, die sich in der anderen Liste oder im heutigen Bestand nicht wiederfinden lassen.

Die aus Weißenfels übernommenen Bücher wurden an der Universitätsbibliothek nicht gesondert aufgestellt, sondern über den Gesamtbestand verteilt, philosophische Bücher kamen zur Philosophie, medizinische Bücher zur Medizin usw. Da die Weißenfelser Bücher äußerlich nicht als solche erkennbar waren, ging das Wissen um diese Provenienz schnell verloren. Weil die Universitätsbibliothek bis ins späte 19. Jahrhundert immer wieder Dubletten aus ihrem Bestand verkaufte, gingen auf diesem Wege auch Bücher aus Weißenfels verloren.

Heute lassen sich etwa 140 Bände aus dem Bestand der Universitätsbibliothek Leipzig mit einiger Sicherheit der Weißenfelser Fürstenbibliothek zuordnen.

4. Impulse des Ansammelns

Als Zwischenfazit lässt sich sagen, dass der Weißenfelser Hof augenscheinlich geringen Wert auf eine fürstliche Bibliothek gelegt hat und diese sich mit etwa 1.800 Bänden auch im kleinen Rahmen bewegte. Das Ende des Herzogtums bedeutete auch das Ende der Bibliothek. Sie wurde nicht, wie andere barocke Hofbibliotheken, zum Ausgangspunkt einer Landesbibliothek. Selbst ihr knapper Bestand blieb nicht als Korpus erhalten, sondern wurde aufgeteilt und partiell in alle Winde verstreut.

Damit stellt sich die Frage, warum man sich überhaupt mit der Weißenfelser Hofbibliothek als eher marginaler Erscheinung der Bibliotheksgeschichte näher beschäftigen soll.

Aber gerade durch diese Dürftigkeit und der damit gegebenen Überschaubarkeit der Bibliothek entsteht die Möglichkeit, den Buchgebrauch und das Leseverhalten an einem Fürstenhof zu untersuchen und die Impulse besser zu verstehen, die zu einer Bibliotheksgenese führen. In großen traditionsreichen Bibliotheken sind die ursprünglichen Bestände, aus denen anfänglich die Bibliothek erwuchs, von vielfältigen späteren Erwerbungen überlagert. Die durch wachsenden Umfang des Bestandes erforderlichen Systematisierungen, Neuaufstellungen, Neukatalogisierungen verwischen in der Regel die Spuren der ursprünglichen Gründung. Nur mit Mühe lassen sich aus dem entstandenen Reichtum der Bestände die Zeugen des Beginns herausfiltern.

Die Weißenfelser Fürstenbibliothek ist ein Beispiel einer abgebrochenen Bibliotheksentstehung. Buchbesitz generiert sich meistens aus verschiedenen Motiven, im privaten Bereich genauso wie im institutionellen. Besonders gilt dies bei fürstlichem Buchbesitz, in dem sich private und institutionelle Aspekte überschneiden. Es gab verschiedene Akteure am Hof und vielfältige Prozesse, die Bücher benötigten oder Bücher hervorbrachten. Diese diversen Vorgänge am Fürstenhof waren, bezüglich des Buchgebrauchs, nicht aufeinander abgestimmt, bewirkten aber gemeinsam, dass sich Bücher am Hof ansammelten. Die Schmalheit und – scheinbare – Beliebigkeit der Weißenfelser Bestände lässt diese ursprünglichen Prozesse am fürstlichen Hof noch erkennen. Es ermöglicht einen Blick auf die verschiedenen Impulse des Ansammelns.

In einer Ansammlung ist das einzelne Buch ein Individuum, das aus einem konkreten Zweck angeschafft wurde, das aus einem isolierten Einzelprozess herstammt, das einen klar definierten Gebrauchshintergrund hat. Das einzelne Buch ist immer selbst gemeint. In einer Sammlung sind die einzelnen Bücher Repräsentanten einer Klasse, die durch Sammelkriterien festgelegt wird. Die Sammlung ist gemeint.

In einer Ansammlung befindet sich ein Gebetsbuch, weil es eine konkrete Person in Benutzung hat und diese Person es zu seinem anderen Buchbesitz (Lehrbücher, Kochbücher, Bettlektüre und Geschenkt-Bekommen-Habende-Bücher) gelegt hat. In einer Sammlung befindet sich ein Gebetsbuch, weil der Besitzer schon viele andere Gebetsbücher hat und weitere sammeln möchte.

In einer Ansammlung befindet sich ein in Augsburg erschienenes Kräuterbuch, wenn der Besitzer damit den pharmazeutischen Nutzen einheimischer Pflanzen erlernen möchte. In einer Sammlung befindet sich dieses Kräuterbuch dann, wenn der Besitzer versucht, möglichst vielen Druckerzeugnissen Augsburgs habhaft zu werden.

So unterscheidet sich auch der Prozess des Ansammelns von dem des Sammelns. Ansammeln ist ein ungeordneter Vorgang, der sich sozusagen dezentral von selbst vollzieht. Sammeln ist willensgesteuert und mit klaren Intentionen versehen. Darum zeigt eine Ansammlung eher, was ist, und eine Sammlung mehr, was gewollt wird.

Es sollen nun verschiedene Impulse des Ansammelns auf dem Weißenfelser Fürstenhof vorgestellt und mit einzelnen Beispielen belegt werden. Alle diese Impulse führten dazu, dass sich Bücher ansammelten, Bücher, die im Laufe der Zeit aus ihrem ursprünglichen Verwendungszweck entlassen wurden, ihren Besitzer verloren, ihren Dienst getan hatten, übrig blieben. All diese Bücher häuften sich an und wurden in ihrer Anhäufung zu einem gewissen Problem, denn sie forderten eine irgendwie geartete Behandlung. Daraus resultierte im Prozess einer Bibliotheksgenese, dass ein Raum geschaffen wurde, in dem man diese Ansammlung zunächst unterbrachte und eine Person benannt wurde, die diese Ansammlung betreute, verwahrte, erfasste, sortierte und somit die Position des Bibliothekars einnahm.

Für die weitere Entwicklung war von Bedeutung, ob einzelne Fürsten die Chancen dieser Bibliothekswerdung zum Beispiel für herrschaftliche Repräsentation erkannten, bzw. inwieweit einzelne Fürsten wissenschaftliches oder bibliophiles Interesse zeigten. War dies der Fall, kam es zu Investitionen in die Bibliothek, ein Erwerbungsetat wurde definiert, ein Bibliothekar eingestellt, geeignete Räumlichkeiten eingerichtet, die Bücher vielleicht einheitlich eingebunden, der Bestand durch andere Sammlungsgüter – Gemälde, Kupferstiche, Karten, Kuriositäten – ergänzt. Dies bedeutete die Wandlung vom Ansammeln zur Sammlung. Die Art und der Umfang der Bucherwerbung änderten sich, nicht mehr Einzelstücke wurden erworben, sondern, vielfach mit Hilfe von Buchhändlern, ganze zur Auktion stehende Privatbibliotheken wurden angekauft.

Die Weißenfelser Hofbibliothek ist nicht mehr in diese zuletzt erwähnte Entwicklungsphase eingetreten. Die Hofbibliothek besteht im Wesentlichen aus einer Aneinanderreihung der aus den verschiedenen Erwerbsquellen stammenden Bücher. Die einzelnen Erwerbsquellen, diese einzelnen Impulse des Ansammelns, sind nicht immer klar voneinander abzugrenzen.

Ohne Anspruch auf Vollständigkeit seien hier einige Quellen des Ansammelns genannt:

- Der Buchbesitz einzelner Familienmitglieder zum privaten Gebrauch. Dabei handelt es sich vornehmlich um Erbauungsliteratur, Belletristik und Werke betreffend die persönlichen Liebhabereien der Fürsten, also z.B. Jagd oder Pferdezucht.
- Fachliteratur für das fürstliche Amt und durch die Regierungstätigkeit generierte Bücher, z.B. Amtliche Drucke, Kirchenordnungen, Polizeiordnungen.
- Fürstliche Repräsentationsgeschenke
- Widmungsbände
- Literatur zur Prinzenerziehung. Die meisten entsprechenden Bände sind wohl in die Gymnasialbibliothek gelangt und als solches heute nicht mehr greifbar. Ausnahmen im heutigen UB- Bestand sind französischsprachige Lehrbücher, die auf Grund dieser Fremdsprachigkeit nicht an die Schule kamen.[18]

18 Zum Beispiel: Jean Monier de Claire-Combe: Nouvelle Pratique D'arithmétique. Amsterdam: Hoogenhuysen 1693. Universitätsbibliothek Leipzig, Math.864.

- Medizinische Fachliteratur aus dem Umfeld des Leibarztes
- Bücher, die für die Hofkultur benötigt, oder durch diese erzeugt wurden. Im Falle von Weißenfels ist besonders an Opernlibretti und Noten zu denken.
- Vergegenwärtigung der familiären dynastischen Tradition: Stammtafeln, Geschichtswerke, Porträtsammlung, Leichenpredigten

Einige dieser Punkte sollen durch Beispiele aus dem Bestand der Universitätsbibliothek Leipzig illustriert werden.

5. Staatstragende Frömmigkeit

Ein großer Teil der Bücher zum privaten Gebrauch dienten der religiösen Erbauung. Die fromme Lektüre der Mitglieder des Fürstenhauses war keine oder keine ausschließliche Privatangelegenheit. Die konfessionelle Zugehörigkeit und die Entschiedenheit, mit der diese dargestellt wurde, spielte eine politische Rolle. Auch in Weißenfels. Die Prinzen und Prinzessinnen waren von ihren Erziehern und unter Beobachtung des Hofpredigers angehalten, möglichst umfassende Leseleistungen der Bibel und diverser Frömmigkeitsliteratur vorweisen zu können. Dies hatte nicht nur den Zweck, die individuelle Glaubensstärke zu stählen, sondern diente im Zeitalter der Konfessionalisierung auch als Aushängeschild der Rechtgläubigkeit des einzelnen Fürstenhauses. Umso mehr galt dies für die Zeit nach der Konversion Kurfürst Friedrich August I. zum Katholizismus. Das albertinische Haupthaus war aus dem Kreis der evangelischen Stände ausgeschieden und Sachsen-Weißenfels hatte Ambitionen, die freigewordene Führungsrolle zu übernehmen.

Man liest im Lebenslauf der Funeralschrift[19] für Magdalena Sibylla von Sachsen-Weißenfels (1648–1681), später durch Heirat Herzogin von Sachsen-Gotha-Altenburg:

> »Zum ersten mal zwar/ so viel die Ubung in der heil. Schrifft betrifft/ hat dieselbige Anno 1655 gantz in der Kindheit, als im siebenden Jahr ihres Alters/ weil Sie ein sonderbares Belieben dazu bezeiget/ unter Anleitung Ihres Informatoris, die Lesung der heil. Bibel angefangen/ und Anno 1662 zum zweyten mal beschlossen [...]. Daher Sie nicht allein solches fleissig gehöret (Gottes Wort; d.Verf.) sondern auch selbst gerne gelesen/ massen dann Ihre Fürstliche Durchlauchtigkeit die gantze Bibel/sampt denen

19 Ehren Gedächtnus Der ... Fürstin und Frau Magdalenen Sibylle, Herzogin zu Sachsen, Jülich, Cleve u. Berg ... aufgerichtet Von Dero hinterbliebenen ... Herrn Gemahl. Gotha, 1681 (VD17 12:123788E).

Summarien und Rand-Glossen, wie auch D. Glassens Hand-Büchlein/[20] darinnen eines jeden capitels nützliche Anwendung gezeiget wird/ in dem vierzehenden Jahre Ihres Alters/ nemblich den 3. Junii 1662 schon zum andern mal durchgelesen / und mit grossem Nutzen zu Ende gebracht.«[21]

Der Lebenslauf setzt sich mit weiteren Schilderungen der Bibelstudien der Prinzessin fort, um schließlich mitzuteilen, dass Magdalena Sibylle während ihres Lebens 21mal die Bibel völlig durchgelesen habe. Aber das war noch nicht alles:

»Der öffteren besondern Durchlesung der Psalmen Davids sambt des Arndts Psalter- und Evangelien Postillen/ ingleichen Herrn D. Johann Olearii, D. Heinrich Müllers/ und anderer zur Erbauung des Christentums eingerichteter geistreicher Theologischer Schrifften/ deren Sie einen grossen Vorrath zu Ihrer geistlichen Erquickung zu Handen hatte [...].«[22]

Hier wird ein »großer Vorrat« theologischer Schriften erwähnt. Die Mitglieder der fürstlichen Familie haben es nicht so weit getrieben, dass sie ihre theologischen Studien auf Latein vorgenommen hätten. So verbirgt sich hinter den theologischen Schriften deutschsprachige Frömmigkeitsliteratur, Hauspostillen, katechetische Literatur, populäre Bibelerläuterungen. Diese Bücher galten als Privatbesitz des einzelnen Familienmitgliedes. Gelegentlich wurden einzelne dieser Bücher, meist Bibelausgaben, als besonderes Geschenk zu großen Anlässen, zur Kommunion, Heirat oder dergleichen von einer Generation zur anderen weitergereicht.

Auch als Ehegeschenk kam diese Literatur in Frage. So schenkte Johann Wilhelm von Sachsen-Eisenach (1666–1729) seiner zweiten Frau Christine Juliane von Baden-Durlach (1678–1707) eine Ausgabe der Psalmenauslegung Johann Arndts (1555–1621). Arndt war Pfarrer u.a. in Quedlinburg, Braunschweig und Eisleben, Superintendent in Celle. Er hatte mit seinen deutschsprachigen theologischen Schriften einen prägenden Einfluss auf den lutherischen Protestantismus. Sein Hauptwerk, die *Vier Bücher vom wahren Christentum*, wurde in viele Sprachen übersetzt. Johann Wilhelm versah sein Geschenk mit der Bemerkung:

»Dieses Buch gebe ich meiner liebsten und wertesten Gemahlin zum Andenken damit aus demselben bis in das späte Alter sie sich erbauen (und) damit einsten zu der glücklichen Ewigkeit und vor dem allerhöhsten Thron das Heilig, Heilig, heilig singen zu können [...]

20 Salomon Glaß: Biblisches Handbüchlein. Diverse Ausgaben.

21 VD17 12:123788E, Bl. Eijb.

22 VD17 12:123788E, Bl. Eiija.

Altenkirchen den 18. Juli 1705
Johann Wilhelm zu Sachsen«[23]

Aus der 1697 geschlossenen Ehe zwischen Johann Wilhelm und Christine Juliane gingen sieben Kinder hervor. Die älteste Tochter Johannetta Antoinette Juliane (1698–1726) heiratete Johann Adolf II. von Sachsen-Weißenfels. Sie hat den Arndt-Band aus dem Erbe ihrer Mutter erhalten und brachte ihn nach Weißenfels.

Es war ebenfalls üblich, dass die jungen Familienmitglieder geeignete Bücher von ihren Hauslehrern oder Seelsorgern geschenkt bekamen. Ein Beispiel dafür ist Johann Quirsfelds *Sing- und Betaltar*, den die Weißenfelser Prinzessin Johanna Wilhelmine (1680–1730) zu ihrem zehnten Geburtstag bekam:

> »Dieses geistliche Freuden-opffer mit dancken und Singen Gott zu Ehren darzubringen, übergibt diesen geistlichen Sing- und Betaltar der Durchl. Prinzessin Johanne Wilhelmine H.Z.S. etc an dero zum XI mal Gott lob gesund verlebten Hochfürstl. Geburtstage und wünscht, dass der getreue Gott ihr Hort und Schutz [...] 20. Januar 1690 Johannes Augustus Olearius D.«[24]

Wenn auch nur im Duodezformat, hat dieses Werk einen Umfang von rund 1.200 Seiten. Nun kann man natürlich nicht sagen, ob die Prinzessin dieses Buch auch tatsächlich gelesen hat, jedoch zeigt sich in diesem Geschenk, welche Ansprüche an die fromme Lektüre einer fürstlichen Zehnjährigen gestellt wurden.

Die Quantität des Lesens wurde als Verdienst gerechnet und die Leseleistung protokolliert. Ein besonders eindrückliches Beispiel für dieses Leseverhalten bietet eine Psalterausgabe[25] aus dem privaten Gebrauch Herzog Christians.

Dieser Psalter mit den Summarien Martin Luthers wurde 1599 von Lorenz Säuberlich (1597–1613; Wirkungszeit) in Wittenberg gedruckt. Es ist eine Psalterausgabe in Leistenbuchmanier, wie sie in der Mitte des 16. Jahrhunderts in Leipzig aufkam. Jede Seite des Buches ist mit Zierleisten eingerahmt und die Schrift ist in großen Frakturtypen gesetzt, wie sie sonst nur für Überschriften verwendet werden.

Der Band ist in schwarzen Samt gebunden und wird in einer Messingkapsel aufbewahrt, in der mäßig kunstvoll Herzog Christians Monogramm und das sächsische Wappen eingeritzt ist. Dem Werk angebunden ist das Leseprotokoll

---

23 Johann Arndt: Der gantze Psalter Davids ... in 462 Predigten außgelegt und erklärt ... / sampt e. ... Vorr. ... Johann Gerhards. Frankfurt a.M.: Zunner u. Görlin 1701. Universitätsbibliothek Leipzig, Pred.8.

24 Johann Quirsfeld: Vermehrter Sing- und Beth-Altar. Leipzig: Lunitius 1689. Marienkirche Halle, Weiß O 219 (VD17 14: 699415E).

25 Der Psalter Deudsch Mit den Summarien / D. Martin Luthers. Wittenberg: Lorentz Seuberlich 1599. Universitätsbibliothek Leipzig, Libri.sep.5230 (VD16 ZV 19670).

des Herzogs, zwölf Blatt umfangreich. Der ungelenken krakeligen Handschrift des Herzogs ist anzusehen, dass er selten geschrieben hat, umso höher ist die Mühe einzuschätzen, seine Leseergebnisse eigenhändig zu dokumentieren. Er scheint diese Dokumentation im Jahr 1723 begonnen zu haben, denn die Jahre davor sind nur aufgelistet, ab 1723 wird aber datumgenau Ende und Neubeginn der einzelnen Wiederholungen vermerkt.

Nach Nennung seines Wahlspruchs »Cum Deo salus« beginnt Christian:

> »Dißes Liebe Psaltterbuch habe nachgesezden Jahr manches Jahr auch zweimahl in Freut und Leit [...] geleßen als ao 1711 in ganzer Länge, ao 1712 auch zuselbst bis dem 16. Martio als ich durch Gottes Gnade zur Landes Regierung bin lanciret,
> ao 1713 2 Mal
> ao 1714 2 Mal
> ao 1715 2 Mahl
> ao 1716 2 Mal
> ao 1717 2 Mahl
> ao 1718 1 Mahl selbst bis auf die Helffte, das übrige habe ich mir vorlesen laßen
> ao 1719 2 Mahl
> ao 1720 2 mahl
> ao 1721 2 mahl
> ao 1722 2 mahl
> ao 1723 den anfank gemacht den 3. Junnio. Wiefil mahl ich nun dißes Trost- und Lernbuch noch leßen werde stehet in Gottes regierung und Führung welcher ich mich zu allen Zeitten underwurffig mache durch Christum. 1723 den 10. August habe ich dißen psalter abermahls durch Gottes beistand beendigt [...].«

Herzog Christian fährt auf den nächsten Seiten in dieser Form fort. Lektüreende und der Neubeginn der Lektüre wird mit Datum vermerkt, manchmal auch der Aufenthaltsort (z.B. Langendorf oder Sangerhausen) oder andere Begleitumstände genannt, immer werden fromme Formeln eingeflochten. Zum Beispiel:

> »Anno 1726 den 22. Jullio habe ich dißes Psalder Buch abermahls durch gelesen und mit Gottes Hilfe geendigt und dißes de 23. Jullio anno 1726 in Langendorff wiederum angefangen mit andacht im herzen.«

oder:

> »Den 20. Jullio ao 1730 habe ich dißes trostvolle libre und Psalderbuch, als im Jubeljahre vor 200 Jahren dem keiser Carlo dem V die [...] Augsburgsche Confession den 25. Junio 1530 ist von Meynen Gottseligen Vorfahren und andern evangelischen stenden übergeben worden, abermahls durchgelesen [...].«

Der letzte Eintrag teilt mit, dass Herzog Christian am 21. Juli 1730 mit der erneuten Lektüre begonnen habe. Bis dahin hatte er den Psalter 39-mal durchgelesen, ziemlich genau jedes Jahr zweimal. Bei einem Umfang von 252 Blatt dieser Ausgabe ergibt dies eine Leseleistung von nicht ganz drei Seiten pro Tag, oder bezogen auf die 150 Psalmen eine Leseleistung von 0,82 Psalmen pro Tag, was nicht viel erscheint, aber vielleicht durch die vielfältigen Regierungspflichten des Herzogs entschuldbar ist. Über den Fortgang der Psalterlektüre von 1730 an bis zu des Herzogs Tod wird nicht weiter berichtet.

6. *Ritter und Jäger*

Ein anderer wichtiger Bereich des privaten Buchbesitzes war Literatur, die sich auf Jagd, Pferde und adelige Künste bezog. Auch hier lässt sich persönliches Interesse des einzelnen Buchbesitzers nicht von Aufgaben der Repräsentation als Edelmann und Fürst trennen.

So ist es unwahrscheinlich, dass die Weißenfelser Fürsten das berühmte Meyersche Fechtbuch[26] wirklich praktisch nutzten. Es symbolisierte vielmehr die adelige Tradition des Ritters und Kämpfers. Joachim Meyer (ca. 1537–1571) war Messerschmied und Fechtlehrer in Strassburg. Im Jahr 1570 ließ er ein reich illustriertes Lehrbuch der Fechtkunst erscheinen. Es erklärt den Umgang mit den einzelnen Waffen (Schwert, Dusack, Rapier, Dolch, Stange), wobei das Schwert am umfangreichsten behandelt wird. Das Exemplar der Weißenfelser Fürstenbibliothek ist in einen Einband des 16. Jahrhunderts gebunden, in einen Schweinsledereinband auf Holzdeckeln, mit Rollenstempeln und mit dem Plattenpaar Justitia – Lucretia sowohl auf dem Vorder- als auch auf dem Hinterdeckel. Im Innendeckel ist ein auf 1574 datierter Besitzeintrag eines Dietrich Görge Brick von Daube eingeschrieben. Ein Schenkungsvermerk aus dem 17. Jahrhundert ist ausradiert worden. Ein weiterer Vermerk im Innendeckel gibt an, dass für die Illuminierung der »72 figuren« acht Thaler gezahlt wurden. Diese Kolorierung ist aufwendig und farbenfroh, so dass der ganze Band über einen großen Schauwert verfügt.

Eine ähnliche Kombination von schönem Buch und adeliger Thematik findet sich in dem aufwendigen Abbildungswerk über die am Stuttgarter Hof im Jahre 1617 stattgefundenen Festlichkeiten. Herzog Johann Friedrich von Württem-

26 Joachim Meyer: Gründtliche Beschreibung der freyen Ritterlichen vnnd Adelichen Kunst des Fechtens in allerley gebreuchlichen Wehren. Straßburg: Berger 1570. Universitätsbibliothek Leipzig, Milit.111 (VD16 M 5087).

berg (1582–1628) verband die Hochzeitsfeierlichkeiten seines Bruders Ludwig Friedrich von Württemberg-Mömpelgard (1586–1631) mit den Festivitäten anlässlich der Taufe seines vierten Sohnes Ulrich (1617–1671).[27] Ein Höhepunkt war ein Umzug mit zahlreichen Masken und Kostümen, die historische oder mythologische Personen darstellten. In über 70 von Matthaeus Merian d.Ä. (1593–1650) geschaffenen Kupferstichen wurde dieser Umzug abgebildet.

Das Weißenfelser Exemplar, das leider stark wassergeschädigt war und restauriert werden musste, trägt einen Kalbsledereinband mit Wappendarstellung als Mittelplatten, vorn das Wappen des Heiligen Römischen Reiches, auf dem Hinterdeckel das Wappen des Herzogtums Württemberg. Es lässt sich nicht ermitteln, auf welchem Weg der Band nach Weißenfels kam.

Noch enger mit den fürstlichen Neigungen sind Bücher verknüpft, die sich mit der Jagd beschäftigen. Eines der am meisten verbreiteten Jagdbücher stammte von Jaques du Fouilloux (1519–1580). Die erste Ausgabe war 1561 in Poitiers erschienen, es folgten bis 1888 weitere 19 Ausgaben und Übersetzungen, auch eine ins Deutsche. Das Weißenfelser Exemplar, in einen Franzband gebunden, ist allerdings eine französische Ausgabe aus dem Jahre 1601.[28] Das reich illustrierte Buch schildert alle Aspekte der hohen Jagd bis hin zu Notenbeispielen für die verschiedenen Jagdsignale. Dem Werk nachgebunden ist eine Anleitung für die Falknerei.[29]

Mehrere Bücher beschäftigen sich mit den Reitkünsten. Als Beispiel für dieses Literaturgenre sei das *Hippokomike* des Federico Grisone (1507–1570) genannt.[30] Die anstrengende Fechtkunst wie auch die wilde Jagd erforderten Entspannung, die z.B. das Spiel zu bieten hatte. So zeigt das Weißenfelser Exemplar des *Maison des Jeux*[31] deutliche Benutzungsspuren. Das Buch enthält die

---

27 Esaias van Hulsen: Repraesentatio Der Fvrstlichen Avfzvg Vnd Ritterspil. So Der Dvrchlevchtig Hochgeborn Fvrst Vnd Herr, Herr Johan Friderich Hertzog Zu Württemberg, Und Teeckh ... Etc. Bey Ihr. Fe. Ge. Neüwgebornen Sohn, Friderich Hertzog Zu Württemberg. Etc. Fürstlicher Kindtauffen, Denn 10. Biss Auff Denn 17 Martÿ, Anno. 1616 Jnn Der Fürstlichen HauptStatt Stuetgarten, Mit Grosser Solennitet Gehalten. [Stuttgart: Hulsius 1616]. Universitätsbibliothek Leipzig, Schwäb.Gesch.36/1 (VD17 23:2517465).

28 Jaques Du Fouilloux: La Venerie: C'est a Dire La Chasse. De nouveau revuë. Paris: L'Angelier 1601. Universitätsbibliothek Leipzig, Ökon.358-i.

29 Jean de Francières: La Fauconnerie. Paris: L'Angelier 1602. Universitätsbibliothek Leipzig, Ökon.358-i/2.

30 Federico Grisone; Johann Fayser: Hippokomikē. Künstlicher Bericht Vnd Allerzierlichste Beschreybung ... Wie Die Streitbarn Pferdt ... Zum Ernst Vnd Ritterlicher Kurtzweil, Geschickt Und Volkommen Zumachen. Augsburg: Willer 1573. Universitätsbibliothek Leipzig, Ökon.52 (VD16 G 3372).

31 La Maison Des Jeux Académiques Contenant Un Recueil Général De Tous Les Jeux Divertissans. Paris 1668. Universitätsbibliothek Leipzig, Kultg.495-d.

Spielregeln von rund 40 Spielen, von denen u.a. Piquet, Tric-Trac und Billard noch heute bekannt sind.

7. *Eine Handbibliothek Johann Adolfs II.*

Innerhalb des Leipziger Bestandes aus Weißenfels lässt sich ein Korpus von ca. 25 Oktavbänden ausmachen, die eine einheitliche Einbandgestaltung aufweisen. Sie sind in schlichten, aber gut verarbeiteten weißen Pergamenteinbände, mit einem rot gesprenkelten Schnitt gebunden. Es gibt keine Supralibros oder weitere Einbandverzierungen. Die enthaltenen Texte sind vorwiegend französischsprachig. Sie sind zu einem Teil biographische und autobiographische Werke über bzw. von Personen der Politik und Diplomatie. Zum anderen Teil handelt es sich um Schilderungen der politischen Ereignisse um 1700. Die Erscheinungsjahre der Texte variieren zwischen 1700 und 1720.

So befinden sich unter diesen Büchern die Biographie des Jean Albert d'Archambaud de Bucquoy, (1650–1740), eines französischen Adligen, der von 1706–1709 wegen Spionage und Gottlosigkeit in der Bastille eingesperrt war[32] oder die Memoiren des französischen Diplomaten Henri Auguste de Loménie, Comte de Brienne (1594–1666).[33] Mehrere Bände beschäftigen sich mit dem gefeierten und gefürchteten Kriegshelden der Zeit, dem schwedischen König Karl XII. (1682–1718).[34] Andere Bücher berichten von der Entstehung und den Ereignissen des Spanischen Erbfolgekrieges.[35] Einen weiteren Schwerpunkt bilden Einführungen in die Diplomatie.[36]

---

32 Jean Albert d'Archambaud de Bucquoy: Evénement des plus rares ou L'histoire du Sr. Abbé Comte de Buquoy: Singulièrement son évasion du Fort-L'Evêque et de la Bastille. Jean de la Franchise, rue de la réforme à l'espérance, à Bonnefoi [i.e. Deutschland] 1719. Universitätsbibliothek Leipzig, Vit.251-d.

33 Henri Auguste de Loménie de Brienne: Mémoires du Comte de Brienne, Ministre et Premier Secrétaire d'Etat. Amsterdam: Bernard 1719. Universitätsbibliothek Leipzig, Hist.Gall.235.

34 Zum Beispiel: Jean-Léonor le Gallois de Grimarest: Les Campagnes De Charles XII, Roi De Suede. Den Haag: de Voys 1707. Universitätsbibliothek Leipzig, Hist.Sept.684 oder Willem Theyls: Mémoires Pour Servir A L'Histoire De Charles XII. Roi De Suède. Leyden: Du Vivier 1722. Universitätsbibliothek Leipzig, Hist.Sept.685.

35 Zum Beispiel: Remarques Sur La Succession Du Duc D'Anjou. Suivant la copie impr. à Londres. [Paris?] 1701. Universitätsbibliothek Leipzig, Hist.Sept.292, oder: Relation De La Campagne De L'année 1710: Contenant un Journal De Tout Ce Qui S'est Passé Aux Sieges De Donay, Bethume. La Haye [1710?]. Universitätsbibliothek Leipzig, Hist.Belg.417.

36 Abraham van Wicquefort: L' Ambassadeur, Oder Staats-Bothschaffter, Und Dessen Hohe Fonctions, Und Staats-Verrichtungen. Frankfurt a.M.: Friedrich Knoche, 1682. Universitätsbibliothek Leipzig, St.u.V.-R.148 (VD17 1:0095095).

Ein Bestseller jener Tage war die angebliche Beschreibung der Insel Formosa, des heutigen Taiwan, durch einen gewissen George Psalmanazar (1679–1763).[37] Diese Person ungeklärter Herkunft behauptete, ein Ureinwohner Formosas zu sein. Er sei von französischen Jesuiten entführt worden, die ihn zum Katholizismus zwingen wollten. Er sei dann entkommen und zuerst in die Niederlande, dann nach England gelangt und habe sich hier erst zum Christentum bekehrt. Im Jahre 1704 veröffentlichte er die Beschreibung seiner angeblichen Heimatinsel mit so exotischem Flair und haarsträubenden Menschenfressergeschichten, dass das Buch ein Verkaufserfolg wurde und auch eine französische Übersetzung erfuhr, die ihren Weg in die Weißenfelser Hofbibliothek fand.

In der Zusammenstellung dieser weißen Pergamenteinbände lässt sich ein Besitzer erkennen, der politisch und diplomatisch interessiert ist und sich über die aktuellen Zeitereignisse informiert. Betrachtet man die Erscheinungsjahre der Drucke meist aus der Zeit von 1700–1720, liegt es nahe, hinter diesem Buchbesitzer den militärisch und diplomatisch aktiven Johann Adolf II. zu vermuten. Diese Annahme wird verstärkt durch ein medizinisches Buch aus dem Jahre 1735, das sich speziell mit Krankheiten der Soldaten im Polnischen Erbfolgekrieg beschäftigt, mit der sogenannten Polnischen Krankheit.[38] Nun war Johann Adolf II. Generalfeldmarschall in diesem Krieg gewesen und 1735 in Südpolen stationiert. Es ist kaum vorstellbar, dass ein Buch mit solch speziellem Inhalt anders als durch die Person des späteren regierenden Herzogs nach Weißenfels gekommen sein kann.

So hätte sich in diesem Korpus eine kleine Handbibliothek Johann Adolfs II. erhalten.

8. Geschenke, Geschenke

Zu Geburtstagen, zu Jubiläen, bei Staatsbesuchen wurden auch Buchgeschenke übergeben, deren Funktion weniger war, den Adressaten wirklich in irgendeiner Art dienlich zu sein, sondern die großartig und splendid oder exotisch und auffallend sein sollten. Dadurch gelangten Einzelstücke in die sich bildende Bibliothek, die mit allen anderen Beständen gar keinen Bezug und Zusammen-

---

37 George Psalmanazar: Description de l'isle de Formosa en Asie. Amsterdam: Roger, 1705. Universitätsbibliothek Leipzig, Hist.As.560.

38 Gründliche Nachricht von der so genandten Pohlnischen Kranckheit, Welche bey der Königlichen Pohlnischen und Chur-Sächsischen Armée in Pohlen bißhieher umgegangen: Worinn gewiesen wird Was sie eigentlich sey? Woher sie komme? Woran sie zu erkennen, Und Wie sie unter göttlichen Beystand zu curiren. S.l. 1735. Universitätsbibliothek Leipzig, Spez.Path.3500.

hang hatten, sondern als erratische Sonderlinge aus dem Rest der Sammlung herausstechen.

Zu diesen Stücken gehört das kostbarste und älteste Buch, das aus der Weißenfelser Hofbibliothek an die Universitätsbibliothek Leipzig gelangt ist. Es handelt sich um ein Evangeliar aus der zweiten Hälfte des 9. Jahrhunderts.[39] Die Anfänge der einzelnen Evangelien sind durch Purpurfärbung des Pergaments und Goldschrift hervorgehoben.

In der Übergabeliste von Poley wird die Handschrift als Nr. 281 geführt: »die IV Evangelisten lateinisch auf Pergament geschrieben.« Die Leipziger Empfangsliste führt die Handschrift gleich als erstes Stück auf: »IV.Evangelia lat. Eleganter in membrana exerata et sub cuiusvis initium venustate figurarum auroque conspicua fol.«

Leider lassen sich der Handschrift keine weiteren Provenienzmerkmale entnehmen. Sie ist in einen schlichten Pergamenteinband gebunden, der keine weiteren Hinweise bietet. Da keiner der Weißenfelser Herzöge ein Interesse an mittelalterlichen Altertümern oder Denkmälern der Schriftgeschichte hatte und in die Weißenfelser Hofbibliothek auch keine Reste von aufgehobenen Klöstern oder dergleichen eingegangen sind, erklärt sich die Existenz einer so alten Handschrift am ehesten dadurch, dass sie als fremdartiges buntes Objekt angesehen wurde und als Kuriosität in die Hofbibliothek wahrscheinlich als Geschenk gekommen ist.

Ähnlich liegt der Fall bei einer türkischen Handschrift (»Codex Turcicus admodum elegans fol.«), die in den Übergabeprotokollen verzeichnet ist. Da es keinerlei nähere Angaben gibt, was das für eine Handschrift war, lässt sie sich heute nicht im Bestand der Universitätsbibliothek Leipzig identifizieren.

Eine Ausgabe der Augsburgischen Konfession, im brandenburgischen Frankfurt a.d.O. gedruckt,[40] ist in einen reich goldgeprägten Kalbsledereinband gebunden. Der Schnitt ist auf allen Seiten vergoldet, geprägt und zusätzlich mit Malerei verziert, u.a. mit farbigen Darstellungen des sächsischen Wappens und des Kurschildes inmitten von belebten Ranken. Auf dem Vorderdeckel zeigt der Einband das sächsische Wappen, auf dem Hinterdeckel das Wappen Brandenburgs. Der Prachteinband erinnert an kursächsische Arbeiten aus dem Umfeld des Hofbuchbinders Jakob Krause (1532–1586). Aber weshalb hätte ein sächsischer Buchbinder das Wappen Brandenburgs verwenden sollen? Wahrscheinlicher ist es, dass ein Buchbinder in Berlin oder eher in Frankfurt a.d.O. den fürstlichen Auftrag erhielt, diesen Frankfurter Druck als repräsentatives Geschenk

39 Universitätsbibliothek Leipzig, Ms 76.

40 Die Augspurgische Confession: Aus dem ... Original, welches ... Carolo V., aus zu Augspurg anno 1530 Universitätsbibliothekergeben. Frankfurt a.d.O.: Eichhorn 1572. Universitätsbibliothek Leipzig, Symb.18 (VD16 C 4778).

für einen kursächsischen Herrscher zu gestalten. Vorderdeckel und Schnittbemalung ehren den Beschenkten, der Hinterdeckel erinnert an den Schenkenden.

Nur spekulieren lässt sich über den Weg, den ein Exemplar des Kräuterbuches des Pedanius Dioscorides genommen hat. Die Ausgabe wurde 1610 in Frankfurt a.M. gedruckt.[41] Das Exemplar der Weißenfelser Fürstenbibliothek trägt einen Schenkungsvermerk von Landgraf Philipp III. von Hessen-Butzbach (1581–1643):

> »Den 6 tag Maij Anno 1611 habe ich das Buch meinem herzallerliebsten Schatz und Ehegemahl geben. Philipp Landtgraff zu Hessen. Herr zeige mir deine Wege.«

Die Adressatin der Widmung, Philipps erste Ehefrau Anna Margaretha, hat auch ihren Namenszug ins Buch gesetzt. Nach ihrem frühen Tod heiratete Philipp erneut, diesmal Christina Sophia von Ostfriesland. Sie scheint den Buchbesitz ihrer Vorgängerin übernommen zu haben, denn auch sie hat – und zwar gleich im Jahr der Hochzeit 1632 – ihren Besitzvermerk in den Dioscorides eingetragen.

Philipp war stark naturwissenschaftlich interessiert. Er korrespondierte u.a. mit Galileo Galilei und Johannes Kepler. Dieser besuchte den hessischen Landgrafen zweimal in seiner Residenz Butzbach. Dort hatte Philipp auch eine große Bibliothek gesammelt, die nach seinem Tod und dem damit verbundenen Erlöschen der Nebenlinie Hessen-Butzbach nach Darmstadt überführt wurde und heute Teil der Universitäts- und Landesbibliothek Darmstadt ist.

Die Bücher der Witwe Christina Sophia blieben in Butzbach, wo die Landgräfin noch bis zu ihrem Tode im Jahr 1658 lebte. Von dort wechselte die Dioscorides-Ausgabe nach Sachsen. Es ist bekannt, dass die Albertiner immer wieder einmal Kur- und Genesungsaufenthalte in Ems nahmen, das damals gemeinschaftlich von Oranien-Nassau und Hessen-Darmstadt verwaltet wurde. Es ist also denkbar, dass eine albertinische Fürstin oder ein albertinischer Fürst auf ihrer Badereise nach Ems in Butzbach einen Zwischenaufenthalt nahm und den Band als Geschenk oder im Tausch erhalten hat.

Jedenfalls ist das mit vielen Pflanzendarstellungen ausgestattete und in Deutsch gedruckte Kräuterbuch ein repräsentatives Werk, so dass es gern als Geschenk genutzt wurde. Ob die diversen Fürstinnen mit Hilfe dieses Buches ihre botanischen und heilkundlichen Kenntnisse vertieft haben, wissen wir nicht. Marginalien oder ausgedehnte Gebrauchsspuren weist der Band nicht auf. Er trägt einen einfachen Pergamenteinband. Genutzt oder nicht, es handelt sich um ein repräsentatives Werk, das sich in einer Bibliothek gut ausmachte.

---

41 Pedanius Dioscorides: Kräuterbuch Des Uralten Und in Aller Welt Berühmtesten Griechischen Scribenten Pedacii Dioscoridis Anazarbaei: Von Allerley Wolriechenden Kräutern, Gavürtzen Köstlichen Oelen. Frankfurt a.M.: Carthoys 1610; Universitätsbibliothek Leipzig, Med.gr.30 (VD17 3:608860N).

Allerdings weist die Existenz eines weiteren deutschsprachigen Kräuterbuches in der Hofbibliothek darauf hin, dass es vielleicht doch ein Mitglied der herzoglichen Familie gab, die sich mit Pflanzenkunde beschäftigte, wenn es nicht der Leibarzt war. Die Ausgabe des Kräuterbuchs des Hieronymus Bock[42] ist mit kolorierten Holzschnitten verziert. Diverse Besitzeinträge zeigen, dass der Band durch verschiedene Hände gegangen war, bevor er in Weißenfels landete.[43]

9. *Widmungsexemplare*

Eine nicht zu unterschätzende Form der Bucherwerbung für die Bibliothek waren Bände, die vom Autor, Herausgeber oder Übersetzer den Weißenfelser Fürsten gewidmet wurden.

Die gewidmeten Bücher entstammten den verschiedensten Wissensgebieten und spiegeln natürlich in keiner Weise irgendwelche Bildungsinteressen des Fürsten oder der Hofgesellschaft wider. In ihrer Heterogenität fügen die Widmungsbücher der Hofbibliothek das Element des Zufalls und der Beliebigkeit zu.

Die Verfasser widmeten die Bücher, weil sie dafür eine Art Gegengabe des Widmungsempfängers erwarteten, entweder finanzielle Zuwendung oder Protektion. Oftmals diente es dem Zweck, sich in Erinnerung zu bringen oder Dankbarkeit zu zeigen. Die verschiedenen Fürsten werden unterschiedlich intensiv auf diese Art Buchzugang reagiert haben, manche werden mehr darauf geachtet haben, andere weniger. Herzog Christian scheint darauf größeren Wert gelegt zu haben.

So rät der Weißenfelser Hofbibliothekar Poley seinem Briefpartner Gottsched, nachdem dieser eine Professorenstelle erhalten hatte, schön eingebundene Exemplare seiner Inauguralrede an den Herzog zu senden, der dies erwarte.

> »Die Hauptursach aber, warum ich vor meiner Abreise an Ew. HochEdl. schreibe ist, daß ich vernommen, wie Serenissimus, als man über der Taffel gesprochen, daß Ew. Hochedl. Die orationem inauguralem gehalten, sich verlauten laßen: Sie wunderten sich, warum der H. Prof. Gottsched auch an Ihnen nichts geschicket. Mein unvorgreifflicher Rath wäre also. Es ließen Ew. HochEdl. 3. Programmata nur in Goldpapier binden, und schickten sie Serenissimo nebst einen Schreiben, darinnen Sie Ihro hoch-

42 Hieronymus Bock: Kreutterbuch: Darin Vnderscheidt, Namnen Und Würckung Der Kreutter, Stauden, Hecken Vnd Bäumen, Mit Ihren Früchten, so in Teutschen Landen Wachsen. Straßburg: Rihel 1595. Universitätsbibliothek Leipzig, Botan.17-zs (VD16 B 6007).

43 Joseph Grimm 1608 (nicht ermittelt); Joannes Kemp (nicht ermittelt).

fürstl. Durchlaucht zum Geburtstage gratulireten. Es müsste aber noch vor Sontags geschehen und wird es Serenissimus sehr gnädig aufnehmen, wie ichs denn auch selbst unterthänigst übergeben will«.[44]

Daran sieht man, dass der Fürst die an ihn gerichteten Widmungsexemplare und Dankesgeschenke (ganz abgesehen davon, ob es einen Grund zur Dankbarkeit gab oder nicht) nicht gleichgültig betrachtete.

Einige Beispiele:
Andreas Ludwig Geissel[45] hatte in der Nebenlinie Sachsen-Weißenfels-Barby als Hofrat gewirkt. Seine Abhandlung über die falsche Festlegung des Gerichtstandes[46] ist als Widmungsexemplar nach Barby und nach dem Aussterben dieser Seitenlinie 1739 nach Weißenfels gelangt.
Benjamin Leuber (1601–1675) war kurfürstlicher Kammerprokurator des Markgrafentums Oberlausitz. Nach dem wohl meteorologisch bedingten Phänomen dreier Sonnen am Himmel verfasste er eine Abhandlung über dieses Wunder.[47] Der Verleger Christian Bergen widmete dieses Werk den drei jüngeren Brüdern Johann Georgs II., also den Begründern der Sekundogenituren. Das ungewöhnliche Ereignis der Erscheinung dreier Sonnen bot sich an, das Buch den drei Brüdern zu widmen. Es ist eine Aufzählung in chronologischer Ordnung von ungewöhnlichen Himmelserscheinungen, bevorzugt des Phänomens dreier Sonnen oder dreier Monde. Dazu gibt der Verfasser dann einen kurzen Abriss der wesentlichen geschichtlichen Ereignisse in den entsprechenden Jahren.
Amadeus Eckolt (1623–1668) war ein Leipziger Rechtsprofessor, Beisitzer des Oberhofgerichts, im Jahre 1664 auch Universitätsrektor. Da auch der Weißenfelser Fürst als Schutzherr der Universität galt, war es geboten, neben dem Landesfürsten in Dresden auch ihm sein Werk zum Pandektenrecht zu widmen.[48]
Ein anderer Leipziger Professor, der Altphilologe Christian Friedrich Franckenstein (1621–1679) wusste einen von ihm herausgegebenen Tacituskommentar

44 Johann Christoph Gottscheds Briefwechsel. Historisch-kritische Ausgabe, Bd. 3: 1734–1735. Hgg. Von Detlef Döring, Rüdiger Otto und Michael Schlott; Berlin: de Gruyter 2008, S. 42.

45 Lebensdaten nicht festgestellt.

46 Andreas Ludwig Geissel: De Abusu Fori Deprehensionis in Territoriis Germaniae. Rinteln 1727. Universitätsbibliothek Leipzig, Ordo.jud.725.

47 Benjamin Leuber: Nachdenckliche Sonnen-Wunder Oder Historische anführunge der Wunder-Zeichen/ so sich vor und seind CHristi Geburth/ biß hiehero an der Sonnen und Monden begeben ...; Auf anlaß Der dreyen Sonnen/ und dreyer Monden/ auch unterschiedlicher Regenbogenn. So in Meißen/ OberLaußnitz/ Böhmen und anderer Orthen den 30. Novembris styl. vet. oder 10. Decembr. styl. nov. Anno 1663. am Himmel etzliche Stunden lang sich sehen lassen. Dresden: Bergen [1664]. Universitätsbibliothek Leipzig, Astron.418 (VD17 15:741588E).

48 Amadeus Eckolt: Compendiaria Pandectarum Tractatio. Leipzig: Lanckisch Erben 1670. Universitätsbibliothek Leipzig, Com.jur.182 (VD17 1:013653M).

Jan Gruters in doppelter Weise als Widmungsexemplar zu nutzen. In gedruckter Form folgt dem Titelblatt eine Widmung an August von Sachsen-Weißenfels. Auf dem Vorsatzblatt des Exemplars aus der Fürstenbibliothek befindet sich nun handschriftlich, aber in Gold gehöhter Kalligraphie, eine Widmung an Augusts Sohn Christian (1652–1689).[49]

10. Hofkultur und Textproduktion

Ein fürstlicher Hof zog nicht nur aus verschiedenen Gründen Bücher an, sondern konnte auch selbst Bücher hervorbringen, die sich dann ebenfalls ansammelten. Neben der eigentlichen Regierungstätigkeit produzierte die Hofkultur Texte.

Die Musikgeschichte beschäftigt sich intensiver mit dem Weißenfelser Hof, weil an ihm die deutsche Barockoper eine hohe Bedeutung erlangte und er für die Etablierung und Entwicklung dieses Musikgenres Wesentliches leistete.[50] Über die Oper hinaus wurden alle darstellenden Künste gepflegt. Schauspiel, Maskeraden, Singspiele wurden zu vielen Gelegenheiten aufgeführt, vornehmlich bei Geburtstagen von Mitgliedern der fürstlichen Familie, aber auch als Begrüßung bei Rückkehr von Reisen oder bei Besuchen anderer Fürstlichkeiten in Weißenfels. Im Jahre 1685 wurde beim Bau des Residenzschlosses Neu-Augustusburg im Südflügel ein Theatersaal fertiggestellt. Pro Jahr wurden zur Regierungszeit Johann Adolfs I. durchschnittlich drei bis vier neue Opern aufgeführt und bei seinen beiden Nachfolgern noch ein bis zwei szenische Darstellungen im Jahr. Erst der sparsame Herzog Johann Adolf II. beendete diese Tradition. Der Hof unterhielt neben einer Kapelle auch Hofkomponisten, die Libretti verschiedenster Autoren vertonten.

Diese Libretti und die Textbücher der diversen Maskeraden, Singspiele usw. sind vielfach in Druck erschienen. In der Universitätsbibliothek Leipzig ist ein Band von Textbüchern von Singspielen/Opern überliefert, die am Weißenfelser Hof aufgeführt wurden.[51] Ziemlich sicher ist dieser Band mit der Eintragung

49 Jan Gruter: Jani Gruteri ... Discursus Politici In C. Corn. Tacitum, & Notae Maxima Ex Parte Politicae In T. Liv. Patavinum Historicorum Principes. Leipzig: Grosse 1679. Universitätsbibliothek Leipzig, Hist.lat.124-kk (VD17 1:047043Z).

50 Am ausführlichsten wird die Weißenfelser musikalische Hofkultur dargestellt in Arno Werner: Städtische und fürstliche Musikpflege in Weissenfels. Leipzig: Breitkopf 1911. Ein neuerer Beitrag ist z.B.: Weißenfels als Ort literarischer und künstlerischer Kultur im Barockzeitalter. Hg. von Roswitha Jacobsen. Amsterdam: Rodopi 1994.

51 Universitätsbibliothek Leipzig, Lit.germ.E.650.

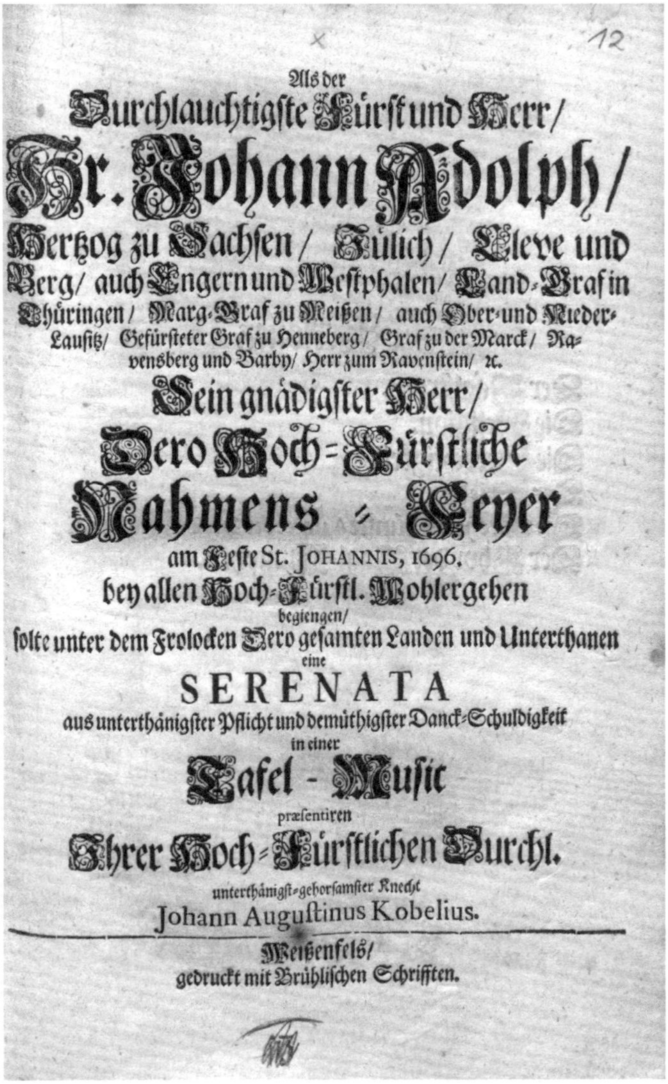

Als der
Durchlauchtigste Fürst und Herr/
Hr. Johann Adolph/
Hertzog zu Sachsen/ Jülich/ Cleve und Berg/ auch Engern und Westphalen/ Land-Graf in Thüringen/ Marg-Graf zu Meißen/ auch Ober- und Nieder-Laußitz/ Gefürsteter Graf zu Henneberg/ Graf zu der Marck/ Ravensberg und Barby/ Herr zum Ravenstein/ rc.
Sein gnädigster Herr/
Dero Hoch-Fürstliche
Nahmens-Feyer
am Feste St. Johannis, 1696.
bey allen Hoch-Fürstl. Wohlergehen
begiengen/
solte unter dem Frolocken Dero gesamten Landen und Unterthanen
eine
SERENATA
aus unterthänigster Pflicht und demüthigster Danck-Schuldigkeit
in einer
Tafel-Music
præsentiren
Ihrer Hoch-Fürstlichen Durchl.
unterthänigst-gehorsamster Knecht
Johann Augustinus Kobelius.

Weißenfels/
gedruckt mit Brühlischen Schrifften.

Abb. 1: Textbuch zu einer Tafelmusik zu Ehren Johann Adolfs I.: Als der Durchlauchtigste Fürst und Herr/ Hr. Johann Adolph/ Hertzog zu Sachsen ... Dero Hoch-Fürstliche Nahmens-Feyer am Feste St. Johannis, 1696. ... begiengen/ solte unter dem Frolocken ... eine Serenata ... in einer Tafel-Music præsentiren ... / unterthänigst-gehorsamster Knecht Johann Augustinus Kobelius, Weißenfels: gedruckt mit Brühlischen Schrifften 1696, Universitätsbibliothek Leipzig, Lit.germ.E.650/12 (VD17 15:748051L/12).

»Ein Volumen Weißenfelsischer Opern« in der Übernahmeliste gemeint. Der Sammelband enthält 27 Textbücher, die chronologisch aufsteigend nach Aufführungsdatum geordnet sind.

Es beginnt mit einem Stück anlässlich des Geburtstags von Johanna Magdalena von Sachsen-Altenburg (1656–1686), Ehefrau Johann Adolfs I. Das jüngste Stück ist eine Tafelmusik anlässlich des Besuches des Herzogs von Sachsen-Eisenach in Weißenfels im Jahre 1704. Einige Texte stammen nicht aus Weißenfels, sondern von anderen sächsischen Höfen, z.B. aus Weimar oder Merseburg, was ein Hinweis darauf sein kann, dass diese Schriften unter den Höfen getauscht wurden.

Exemplarisch sei ein Blick in den Text einer Tafelmusik geworfen, die anlässlich Johann Adolfs I. Namenstag 1696 aufgeführt wurde. Es beginnt mit dem Auftritt des Saalestroms selbst:

> »Willkommen, theurer Tag !
> Was unser Aug erblicket.
> Muß Gold und Purpur sein
> Indem dein Freuden-Schein
> Sich mit Johann Adolphens Nahmen schmücket
> Der Gold und Purpur trägt
> Der meine Fluthen hegt/
> Und mein Revier durch seinen Glantz erquicket
> Willkommen Theurer Tag.«

Nun eilen die Saalenymphen herbei und unterstützen den Lobgesang. Darauf erscheinen die Religion, die Gerechtigkeit, der Friede und Phöbus, welcher der Repräsentant der freien Künste ist, und wollen mitmachen:

> »Liebste Nymphen, nehmt uns ein
> Last durch eure Freuden-Kertzen
> Unsre höchst-verbundenen Hertzen
> Ebenfalls entzündet sein.«

Der Saalestrom will wissen, was sie für Gesellen seien. Alle stellen sich vor und versichern, dass Weißenfels unter Johann Adolf der wahre Hort von Religion, Friede usw. ist. Zum Schluss finden alle in den Wunsch zusammen

> »Höchster Sieh uns gnädig an
> Daß Johann Adolphus lebe!
> Und so leucht dein Angesicht,
> daß sein theures Nahmens-Licht
> tausendfach vergnügen gebe.«

Die Textbücher wurden in der Hofbuchdruckerei des Johann Brühl (gest. 1690) hergestellt.[52] Brühl übernahm die Offizin des Christian Hildebrand (1663–1672; Wirkungszeit), der sich in Weißenfels angesiedelt hatte, nachdem das Städtchen zur Residenz erhoben wurde. Nach Brühls Tod druckte die Witwe Marie Sabine und Erben noch bis 1708 weiter. In der VD17-Datenbank sind rund 300 Drucke aus der Offizin Brühl verzeichnet. Dabei handelte es sich um Werke geringen Umfangs. Neben den Textbüchern der Hofkultur handelt es sich um Schulreden oder Traktate aus dem Weißenfelser Gymnasium oder um Leichenpredigten.

11. Dynastie

Leichenpredigten sind ein wichtiger Bestandteil einer weiteren Ansammlungsgruppe, nämlich Drucke zur fürstlichen Familie selbst, von ihrem Herkommen, Geschichte, der familiären Erinnerung und Repräsentanz. An dieser Stelle sind Geschichtswerke und Chroniken zu nennen, die die sächsische Geschichte im allgemeinen oder die Geschichte einzelner wettinischer Territorien darstellen. So findet sich für die brüderliche Merseburgische Sekundogenitur die entsprechende Chronik des Ernst Brotuff.[53]

Eine kleine Sammlung von Kupferstichen, die auf Atlas bzw. Seide gedruckt sind, zeigen fürstliche Persönlichkeiten, Stammtafeln oder prominente Angehörige des Weißenfelser Hofes.[54] Ein Kupferstich zeigt einen Baum, an dessen Stamm die Porträts von Johann Georg I. und seiner Frau Magdalena Sibylle angebracht sind. Der Baum verzweigt und verästelt sich entsprechend der Kinder- und Enkelschar des kurfürstlichen Paares:

> »Das Rauten-Silber das, der Stamm der Chur zu Sachsen sieht drei und Sechßig Aest (10) und Zweig (45) und Reiser (8) wachsen[55] || Ein neun und Sechsziger. Gott gib ihm weitern Raum wie untertähnigst wünscht sein Diener Birnenbaum.«

---

52 Christoph Reske: Die Buchdrucker des 16. und 17. Jahrhunderts im deutschen Sprachgebiet. Wiesbaden: Harrassowitz 2007, S. 955–956.

53 Ernst Brotuff: Historia Martisbvrgica: Darinnen Chronica Ditmari, Bischoffs zu Marßburg, von seiner Zeit Geschichte ... der thewren Helden Wiprechten, Vatern vnd Sohnes, Graffen zu Groitzsch. Ingleichen Merseburgische Chronica vnd Antiquitates Leipzig: Grosse 1606. Universitätsbibliothek Leipzig, Hist.Sax.292 (VD17 3:640690Z).

54 Genealogischer Stammbaum der Chur zu Sachsen und des Admin. Augusti und anderer Contrefaits Kupferstiche auf Atlas. Universitätsbibliothek Leipzig, Hist.Sax.61.

55 Magdalena Sibylle und Johann Georg hatten zum Zeitpunkt des Erscheinens dieses Druckes zehn Kinder, 45 Enkel und acht Urenkel.

Abraham Birnbaum (1612–1695) war kursächsischer Leibarzt gewesen, der für seinen Herrn diese familiäre Übersicht von Caspar Höcker (1629–1670?) stechen ließ. Weitere Kupferstiche in diesem Band sind Porträtstiche von Herzog August von Sachsen-Weißenfels, seiner Gemahlin Anna Maria von Mecklenburg-Schwerin (1627–1669) oder des Oberhofpredigers Jakob Weller (1602–1664). Die meisten Porträts sind von Christoph Steger (1608–1682) gezeichnet und von Johannes Dürr (1600–1663) gestochen.

Drucke mit Bezug auf engere und entferntere Familienmitglieder wurden ebenfalls in diese Kategorie aufgenommen, z.B. eine Festschrift anlässlich des Rektorats des Herzogs Johann Wilhelm von Sachsen-Jena (1675–1690) an der Universität Jena.[56]

Groß ist die Anzahl von Funeralschriften für Mitglieder des Fürstenhauses, in der Regel im Folioformat. Auffällig sind die Bände, die noch den originalen Einband aus Weißenfels tragen, nämlich schwarze Samteinbände, die sowohl für Funeralschriften, aber auch für Erbauungsliteratur vorgesehen waren.

Nicht alle Leichenpredigten betrafen Mitglieder der fürstlichen Familie. Es gibt auch eine auffällig hohe Zahl an Leichenpredigten von Mitgliedern der Fruchtbringenden Gesellschaft, was sicher noch aus dem Vorsitz von Herzog August über diese Gesellschaft herrührte.

12. *Medizinisches*

Zu den wichtigsten Aufgaben eines Leibarztes am Hofe gehörte die Geburtsbegleitung für die Fürstinnen. So erklärt sich mit einiger Wahrscheinlichkeit die Anwesenheit diverser gynäkologischer und perinataler Fachliteratur im Bestand der Hofbibliothek.[57]

Justine Siegemund (1636–1705) war eine berühmte Hebamme, die nicht nur offiziell ernannte Chur-Brandenburgische Hof-Wehemutter war, sondern auch auf anderen Fürstenhöfen tätig wurde, so begleitete sie in Dresden die Geburt des späteren Friedrich August II. von Sachsen. So ist es verständlich, dass auch der Weißenfelser Hof auf sie aufmerksam wurde. Ob Justine Siegemund auch in Weißenfels tätig wurde, ist unbekannt. Da sie aber auch ein Lehrbuch der

56 Johann Friedrich Gerhard: Als Der Durchlauchtigste Fürst Und Herr/ Herr Johann Wilhelm/ Herzog Zu Sachsen ... Den 23. Februar. Des 1688. Jahres ... Rector Magnificentissimus Bey Hiesiger ... Universität Jena Ernennet Wurde. Jena: Werther 1688. Universitätsbibliothek Leipzig, Hist.Sax.34/18 (VD17 14:011011D).

57 So z.B. François Mauriceau: Tractat Von Kranckheiten Schwangerer Und Gebärender Weibspersonen. Basel: Bertsche 1680. Universitätsbibliothek Leipzig, Gbh.165 (VD17 32:681143E).

Geburtskunde verfasste, das weite Verbreitung fand, und weitere medizinische Schriften veröffentlichte, wurden zumindest diese in Weißenfels angeschafft. Justine Siegemund wurde, da sie keine universitäre medizinische Ausbildung hatte, von diversen Vertretern der medizinischen Wissenschaften angegriffen. Dazu gehörte der Leipziger Professor für Anatomie und Chirurgie Andreas Petermann (1649–1703). Siegemund verteidigte sich gegen Petermann in verschiedenen Schriften,[58] deren Vorhandensein in Weißenfels am ehesten durch das Interesse des fürstlichen Leibarztes zu erklären ist.

Ähnlich verhält es sich mit einem kleinen Sammelband mit Schriften gegen den Skorbut.[59] Die deutschsprachigen Abhandlungen in wenig ansehnlichem Oktavdruck und mit deutlichen Benutzungsspuren sind sicherlich keine Dedikationen ehrgeiziger Medizinprofessoren an den Fürsten. Die Bände wurden im medizinischen Alltag genutzt, was wiederum auf den Leibarzt verweist, genauso wie ein durchschossenes Exemplar der *Pharmacopeia*[60] des Johann Schröder (1600–1664), das als eines der Werke gilt, welches die Pharmakologie als Wissenschaft begründete.

Der Verfasser ist überzeugt, dass bei intensiverer Beschäftigung mit den Protagonisten des Weißenfelser Hofes noch mehr Bände, die sich heute in der Universitätsbibliothek Leipzig oder in der Marienbibliothek Halle befinden, diesen Personen zugeordnet werden könnten und sich das Bild dieses Fürstenhofes dadurch schärfen würde. Im Rahmen eines Zeitschriftenaufsatzes konnte aber solche Detailarbeit nicht geleistet werden. Zum Schluss sei noch einmal betont, dass gerade die Überschaubarkeit der Weißenfelser Hofbibliothek, bedingt durch eine abgebrochene Bibliotheksentwicklung, eine solche Herangehensweise erleichtert.

---

58 Justine Siegemund: An Herrn Andream Petermann ... Wegen Eines Corollarii, Multae Hactenus Insolitate Laudatae Enchireses in Libro, Cui Titulus Est: Die Chur-Brandenburgische Hof-Wehe-Mutter ...: Viele ... Handgriffe ... Bestehen Auf Eine Eitle Speculation, Dann in Der Universitätsbibliothekung Sind Sie Ungereimt. Cölln: Liebpert 1692. Universitätsbibliothek Leipzig, Gbh.174/1 (VD17 3:652565Z); Justine Siegemund: Wider Herrn Andreae Petermann ... Gründliche Deduction Vieler Handgriffe, Die Er Aus Dem Buche Die Chur-Brandenburgische Hoff-Wehe-Mutter Genant, Als Speculationes Und Ungereimt, Ja Gefährlich Zu Seyn ... Nöthiger Bericht. Cölln: Liebpert 1692. Universitätsbibliothek Leipzig, Gbh.174/2 (VD17 14:630477A).

59 Johann Roetenbeck: Speculum Scorbuticum Oder Eigentliche Beschreibung Deß Schorbocks. Nürnberg: Halbmayer, 1633. Universitätsbibliothek Leipzig, Spez.Path.3981/1 (VD17 12:140411H); Gregor Horst: Büchlein Von Dem Schorbock: Mit Angehencktem Rath in Pest Zeithen. Gießen: Hampel 1615. Universitätsbibliothek Leipzig, Spez.Path.3981/2 (VD17 23:279702B).

60 Johann Schröder: Pharmacopoeia Medico-chymica, Sive Thesaurus Pharmacologicus. Ulm: Görlin 1662, Universitätsbibliothek Leipzig, Mat.med.1203 (VD17 3:305572Y).

MARK LEHMSTEDT

Die *Kupfer-Bibel* von Johann Jacob Scheuchzer

Ein frühes Pränumerationsprojekt

Für Reinhard Wittmann zum 1. November 2020.

1. *Einleitung*

Die Zahl der Fälle, bei denen ein dankbarer Autor in seinem Werk die Biografie seines Verlegers abdrucken lässt, dürfte äußerst gering sein. Als nach siebenjähriger mühevoller Arbeit 1731 mit der achten Teillieferung der *Kupfer-Bibel/ In welcher Die Physica Sacra, Oder Geheiligte Natur-Wissenschafft Derer In Heil. Schrifft vorkommenden Natürlichen Sachen/ Deutlich erklärt und bewährt* [wird] auch die Einleitung zum Gesamtwerk erschien, stellte ihr Autor, der Zürcher Naturwissenschaftler Johann Jacob Scheuchzer (1672–1733), dem Werk ein Verzeichnis der daran Beteiligten voran. An erster Stelle nannte er Johann Andreas Pfeffel (1674–1748) in Augsburg als »Verleger und Director«. Auch wenn sich die biografischen Angaben weitgehend auf Pfeffels familiäre Verhältnisse beschränkten, ist die Aufnahme des Lebenslaufes dennoch ein Zeichen außerordentlicher Wertschätzung,[1] die in der Tat mehr als gerechtfertigt war, denn ohne Pfeffels jahrelange Arbeit wäre eines der eigenartigsten Druckwerke des 18. Jahrhunderts wohl nie erschienen, und mehr noch: Ohne den Verleger wäre das Werk nie vollendet worden, starb der Autor doch mitten im Erscheinen.

In seinem vier Bände[2] im Folioformat umfassenden Werk versuchte Scheuchzer, naturwissenschaftliche Erkenntnisse und geologische Funde als Belege für

1 Viele Exemplare der »Kupfer-Bibel« enthalten auch ein Porträt Pfeffels, der das Titelblatt der »Physica Sacra« in der rechten Hand hält (nach einem Gemälde von Georges Desmarées gestochen von Johann Georg Pintz, mit Versen von Pfeffels gleichnamigem Sohn); es gibt zwei Varianten (mit deutschem und lateinischem Text). Das Blatt gehörte aber nicht offiziell zum Werk. In Pfeffels Briefen ist lediglich davon die Rede, dem ersten Band Scheuchzers Porträt beizugeben, was auch geschah, wenn auch erst verspätet mit der 9. Lieferung im Herbst 1731. Das Pfeffel-Porträt ist wohl von einigen Käufern mit eingebunden worden, was auch erklärt, dass es manchmal im ersten, manchmal im vierten Band zu finden ist.

2 Die »Kupfer-Bibel« erschien von Oktober 1727 bis Oktober 1734 in 15 halbjährlichen Lieferungen. Die Einteilung in vier Bände erfolgte erst nachträglich. 1731 wurden die Titelblätter zum ersten und zweiten Band geliefert, die die Tafeln Nr. 1–174 und Nr. 175–364 aufnahmen. 1733 folgte das Titelblatt für Band 3 (Nr. 365–575) und 1735 das für Band 4 (Nr. 576–750).

die Richtigkeit der biblischen Überlieferung, darunter der Sintflut, zu verwenden. Dieser von Scheuchzer auf die Spitze getriebene physikotheologische Ansatz war gepaart mit nicht weniger als 750 ganz- oder sogar doppelseitigen Kupferstichen zahlreicher süddeutscher, vor allem Nürnberger und Augsburger Kupferstecher, die den schon bei Erscheinen wissenschaftlich obsoleten Text zu einem Ereignis der Kunst- und Buchgeschichte machten.

Angesichts des Aufwands und des Umfangs wundert es nicht, dass Scheuchzers Werk auf Pränumerationsbasis erschien. Was aber diesen Fall von allen anderen frühen Pränumerationswerken unterscheidet, ist die Tatsache, dass die Briefe, die Johann Andreas Pfeffel an den Autor schrieb, erhalten geblieben sind (während Scheuchzers Briefe an den Verleger irgendwann einmal vernichtet wurden),[3] und dass darüber hinaus in Scheuchzers Nachlass in der Zentralbibliothek Zürich (ZBZ) weitere das Projekt betreffende Briefe und Dokumente liegen, darunter – man glaubt es kaum – Briefe des Lektors Johann Martin Miller.[4] Dieses für die Buchgeschichte des frühen 18. Jahrhunderts wohl einzigartige Material harrt einer systematischen Auswertung.[5] Um den Rahmen nicht zu sprengen, können hier nur die das Pränumerationsverfahren betreffenden Aspekte näher behandelt werden, zu denen sich einige buchgeschichtliche Schlaglichter gesellen.

2. *Vorbereitungen*

Im August 1724 bot Johann Jacob Scheuchzer dem Augsburger Kunsthändler und Kupferstecher Johann Andreas Pfeffel an, seine im Entstehen befindliche »Kupfer-Bibel« oder »Physica Sacra« in Verlag zu nehmen. Pfeffel sagte sofort zu und bat um nähere Informationen.[6] Aus Scheuchzers Antwort erfuhr er, dass dieser eine Veröffentlichung in Lieferungen zu je 50 Kupfertafeln wünschte, und

3 Überliefert sind 68 (oft umfangreiche) Briefe und vier Beilagen aus dem Zeitraum von 1724 bis 1731, Zentralbibliothek Zürich (im Folgenden ZBZ): Ms H 303, S. 71–310. Pfeffels Briefe bis zu Scheuchzers Tod am 23. Juni 1733 fehlen. Von Scheuchzers Briefen an Pfeffel ist lediglich die Kopie seines Schreibens vom 19. März 1725 erhalten, ZBZ, Ms H 150c, S. 384, das hier aber irrelevant ist.

4 Elf Briefe von 1727 bis 1731, ZBZ, Ms H 303, 27–70.

5 Irmgard Müsch hat in ihrer verdienstvollen kunsthistorischen Dissertation dieses Material erstmals benutzt, die buchgeschichtlichen Gesichtspunkte aber nur kursorisch behandelt, vgl. Irmgard Müsch: Geheiligte Naturwissenschaft. Die Kupfer-Bibel des Johann Jakob Scheuchzer. Göttingen: Vandenhoeck & Ruprecht 2000.

6 Pfeffel an Scheuchzer, Augsburg, 13. August 1724.

Abb. 1: Porträt Johann Andreas Pfeffels, um 1735, gestochen von Johann Georg Pintz (1697–1767) nach einem Gemälde von Georges Desmarées (1697–1776), Deutsches Buch- und Schriftmuseum Leipzig, ig19443.

zwar auf Pränumeration.[7] Was letzteres betraf, so war der Verleger allerdings skeptisch: »der von Ewr Excellenz gegebene Vorschlag, daß anfängl. 50 blatt herausgegeben, und dergestalt mit denen folgenden continuiret werden möchte,

7 Müsch weist darauf hin, dass Scheuchzer mit dem Verfahren der Pränumeration seit längerem vertraut war. Seine dreibändige *Itinera Alpina*, deren Publikation 1708 von der Royal Society in London besorgt wurde, war auf einer (echten) Subskriptionsbasis erschienen. 1717 suchte er (vergeblich) nach einem Verleger für seine reich illustrierte Darstellung der Schweizer Pflanzen und fragte: »Ne croyez vous pas, que je viendray a bout, si je me servirois de la methode Angloise de souscriptions, pour assecurer le Libraire d'un certain debit des Exemplaires?« Müsch: Geheiligte Naturwissenschaft (wie Anm. 5), S. 76)

düncket mich besser zu seyn, als daß das Werck durch subscriptiones ediret werden solle, iedoch, wenn die erste 50. blatt wie ich nicht zweifflen will, denen liebhabern in die Augen leuchten werden, können meines Erachtens, die subscriptiones dennoch immer vor die Hand genommen werden.«[8]

Obwohl von Anfang an klar war, dass es sich um ein äußerst aufwändiges und damit auch teures Werk handeln würde, ging Pfeffel zu keinem Zeitpunkt davon aus, dass der Autor ohne Honorar arbeiten (oder gar Geld zuschießen) würde. Vielmehr fragte der Verleger von sich aus nach den Konditionen: »Es sollte mir aber sonderbahr lieb seyn, wann ehe und bevor das Werck seinen fortgang nehmen wird, von Ew[er]r Excell[enz] möchte vernehmen können, welchergestalt ich vor Dero habende Mühe mich gegen dieselbe einzufinden hätte, ob zwar wohl nicht zweiffle, es werde Ew[e]r Excell[enz] in betrachtung, daß dieses Werck nicht allein zur Ehre Gottes und dem Publico zum besten, sondern auch zu Ew[e]r Excell[enz] sonderbahrem Ruhm gereichen wird, [nicht] zuviel von mir zu praetendiren belieben, damit um so mehr ursache haben möchte, das Werck mit allem Ernst und Fleiß zu poussiren«.[9]

Leider ist der Verlagsvertrag nicht überliefert,[10] doch aus späteren Mitteilungen geht hervor, dass Pfeffel für den Text zu jeder Kupfertafel 4 fl. zahlte,[11] außerdem zehn Freiexemplare lieferte (sieben deutsche, ein lateinisches sowie zwei deutsche auf größerem Regalpapier).[12] Zumindest einen Teil der Honorarzahlungen verrechnete Pfeffel mit den Kosten für gelieferte Bücher und für die Ausbildung von Scheuchzers Sohn, der bei ihm kurzzeitig in die Lehre ging; später ließ er die Gelder, die die Zürcher Pränumerationskollekteure einnahmen, an Scheuchzer auszahlen, um den Transport nach Augsburg und zurück nach Zürich zu ersparen.

Als sich 1725 eine längere Verzögerung ergab, weil der Zeichner der Kupferstiche, Johann Melchior Füßli, erkrankt war, schlug Scheuchzer seinem Verleger ein Werk über Artefakte vor, die angeblich auf die Sintflut zurückgingen. Pfeffel war daran aber nicht interessiert und motivierte seine Ablehnung mit klaren Worten: »obwohlen nun keinen Zweiffel trage, daß solches denen Gelehrten

8 Pfeffel an Scheuchzer, Augsburg, 1. September 1724.

9 Pfeffel an Scheuchzer, Augsburg, 14. März 1725.

10 Pfeffel sandte das unterzeichnete Exemplar mit seinem Brief vom 5. Januar 1727 an Scheuchzer zurück.

11 Pfeffel an Scheuchzer, Augsburg, o. D. [Mitte? Juni 1729], ZBZ, Ms H 303, S. 275–278, falsch eingeordnet.

12 Pfeffel an Scheuchzer, Augsburg, 2. Oktober 1727; Pfeffel an Scheuchzer, Augsburg, 25. April 1728. – Über den Wunsch des Autors nach zwei Abzügen auf größerem Format war der Drukker nicht erfreut. Pfeffel meldete, Wagner »macht vile beschwehrden daß Er einige Exempl[are] auf grösseren Format neml[ich] in Regal Papir drucken solle, weilen Er gantz neue Einrichtung hirzu machen müsse« (6. Juli 1727).

sehr anständig seyn wurde, so ist doch itziger Zeith nicht genug allein auf dieselbige zu reflectiren, sondern es ist vielmehr dahin zu sehen, daß etwas ediret werden möchte, so iedermanns Kauff ist«.[13] Obwohl Pfeffel schon zu diesem frühen Zeitpunkt gewusst haben dürfte, dass Scheuchzers »Kupfer-Bibel« alles andere als preiswert sein würde, hielt er sie für »iedermanns Kauff«. Das war sie ganz gewiss nicht, wie auch Scheuchzers Leipziger Korrespondent, der Apotheker Johann Heinrich Linck, ihm später mit exakt diesen Worten mitteilte: »Der Liebhaber sind überall wenig, u[nd] weil das Buch kostbahr, ist es nicht jedermanns Kauff.«[14]

Unter diesen Umständen war der von Scheuchzer vorgeschlagene Weg der Pränumeration zweifellos der klügste, sodass Pfeffel seine Vorbehalte aufgab und schrieb, »daß gar nicht zweiffle, es werden viele Subscribenten desselben sich zu bedienen, hiedurch zu erlangen seyn«. Zwar hielt er an seiner Überzeugung fest, die erste Lieferung werde wie ein Werbemittel wirken, denn »es dörftten die Liebhaber bey ersehung so vieler Blätter, um so mehr angetrieben werden, zu subscribiren«, doch waren ihm inzwischen die Probleme des Textdrucks klar geworden: »beynebens würde ich alsdann aus derselben [der Pränumeranten] Zahl zu erfahren haben, wie starck die Auflag des gedruckten texts möchte zu veranstalten seyn, dann dieser Verlag wegen des hiezu erforderlichen Papirs p. fast mehrern unkosten unterworffen seyn dürftte, als der so die Kupfer betrifft, indeme iener auf einmahl, diser aber nach und nach zu bewerckstellen ist, mithin da die buchdruckerey besser, als die Kupfer zu stechen, beschleunigt werden kan, so geniesse ich indessen so viel Zeit, daß sodann 50 Kupferbl[atten] bald wiedrum heraus kommen können.«[15]

In der Tat hatte Pfeffel höchst unterschiedliche Kostenfaktoren und Geschwindigkeiten zu koordinieren. Der Satz des Textes ging viel schneller vonstatten als der Stich der Kupfertafeln, man konnte also mit dem Text viel später beginnen als mit den Abbildungen. Dafür musste der gesetzte Text in der kompletten Auflagenhöhe gedruckt werden, während man die Kupferplatten immer wieder neu in der jeweils benötigten Stückzahl abziehen lassen konnte. Da min-

13 Pfeffel an Scheuchzer, Augsburg, 9. Juni 1725.

14 Johann Heinrich Linck an Scheuchzer, Leipzig, 17. März 1730, ZBZ, Ms H 304, S. 297.

15 Pfeffel an Scheuchzer, Augsburg, 31. Januar 1726. – Etwa zu dieser Zeit begann Scheuchzer, Bekannte über sein Vorhaben zu informieren. Am 20. September 1726 schrieb der Arzt Erich Friedrich Heimreich in Coburg an Scheuchzer, er wünsche zu erfahren, »ob der Plan, von einem Kupffer Bibel Werck, von Physicalischen und mathematischen in H[eiligen] Schr[ift] vorkommenden Sachen, das Licht gesehen? Ich habe deßen schon in der, von mir unter dem nahmen der Coburgischen Zeitungs Extracte monathlich herauskommenden, Kirchen- Politisch- und gelehrten Historie rühmlich gedacht« Coburg, 20. September 1726, ZBZ, Ms H 304, S. 75–76. In den Bibliografien wird als Herausgeber der Zeitschrift irrtümlich David Fassmann genannt.

destens ein Drittel der Produktionskosten allein für das Papier zu veranschlagen war, band der Zwang zur Herstellung einer kompletten Druckauflage des Textes viel mehr Kapital als der Druck der Abbildungen, für die man das Papier nur nach Bedarf einkaufen musste. Für ein Illustrationswerk wie die »Kupfer-Bibel« kamen aber nur hochwertige, also auch besonders teure Papiersorten infrage – die aber waren gar nicht immer und überall verfügbar, mussten vielmehr weit im Voraus bestellt werden. Unter diesen Umständen eine besser gesicherte Kalkulationsgrundlage zu gewinnen, lag folglich im dringenden Interesse des Verlegers.

Umso erstaunlicher ist es, dass Pfeffel plötzlich wieder Zweifel am Pränumerationsverfahren vortrug, zumindest zögerte er die Veröffentlichung des Zirkulars hinaus. Vor allem scheute er davor zurück, einen verbindlichen Preis festzusetzen, da er die Kosten noch gar nicht verlässlich überblicken konnte: »Wegen des Subscription projects trage bedencken solches dato heraus zu geben, weilen in demselben den Preiß eines ieglichen Theils von 50 Kupferbl[atten] so genau nicht anzumercken weiß«. Außerdem habe er noch kein geeignetes Papier bekommen, obwohl »dises eine der nöthigsten Sache ist, zu einem solchen Werck ein gefälliges Papir anzuschaffen.« Daher unterbreitete er Scheuchzer den Vorschlag zu überlegen, »ob es nicht besser seyn wird, wann ohne Subscription den ersten Theil von 50 Kupferbl[atten] auf zukünfttige Ostern gel[iebts] Gott heraus gebe, dann ich nicht zweiffle, es werde derselbe gar wohl seine Liebhaber finden, und wo sodann die nachfolgende theil heraus kommen, Ihnen [d. i.: sich] gleichfals anschaffen, davon, welchergestalt das Werck nach und nach ans Licht kommen solle, in einer Vorrede bey dem ersten Theil einiger bericht beygesezet werden kunte«.[16]

Offenbar sprach Scheuchzer nun ein Machtwort in Sachen Pränumeration, denn seinen nächsten Brief begann Pfeffel mit der Erklärung: »Den von Ew[e]r Excell[enz] wegen meiner lezt beschehenen Erinnerung gegebnen bericht, muß in allem gut heissen und approbiren, derhalben dann angezeigter massen das Werck in stande zu sezen trachten werde«. Er erwarte gutes Papier, um darauf das Pränumerationszirkular sowie einige Kupfertafeln drucken zu lassen. »Es ist höchst nothwendig auf beedes zu sehen, daß das Project auf schön Papier und dabey mit gefälligen Kupferst[ichen] heraus gegeben werde, wodann nicht zu zweifflen ist, daß um so eher sich die Zahl der Subscribenten hiedurch vermehren dörftten, derhalben ersuche noch in weniger gedult zu stehen, es wird so dann das übrige auch folgen, und mithin der erste theil von 50 Kupferblatt etc. auf zukünfftige Ostern gel[iebts] Gott wohl ans Licht kommen können«.[17]

16 Pfeffel an Scheuchzer, Augsburg, 2. Juni 1726.

17 Pfeffel an Scheuchzer, Augsburg, 21. Juli 1726.

Seit Scheuchzers erstem Schreiben waren inzwischen zwei Jahre vergangen, doch auch die Absicht, das Werk zu Ostern 1727 zu publizieren, erwies sich als unrealistisch. Der Grund lag, nach Pfeffels Darstellung, in der Schwierigkeit, geeignetes Papier zu beschaffen: »Ich darff mir aber gleichwohl wegen des erforderlichen Papirs nicht flattiren [schmeicheln], daß den ersten theil von 50 Kupfer eher als bis Pfingsten heraus bringen kan, dann obwohl hirzu ein zimmliches quantum bestellet, so ist es doch nicht möglich vor ostern solches zu erlangen.« Daher sollte im Zirkular das Erscheinen der ersten Lieferung von 50 Kupfertafeln samt Text für den Herbst 1727 angekündigt werden.[18]

Zwar hatte Pfeffel in das Pränumerationsverfahren eingewilligt, doch so recht überzeugt war er immer noch nicht und wollte daher von Scheuchzer Angaben zur Auflagenhöhe erfahren. »Weilen unter Ew[e]r Excell[enz] Nahmen schon mehrere Schrifften ans licht kommen und bewust seyn wird, was von denselben abgangen, so geschehete mir ein sonderbahrer gefallen, wo mir dero rath ertheilet wurde, nemlich wie hoch ich ohngefehr die auflag des so wohl Lateinisch- als teutschen texts in der buchdruckerery veranstalten solle, um mich einiger massen darnach richten zu können, dann so wohl die zu hohe als auch nidrige auflag mir zum schaden gedeyen könnte.« Offenbar hatte Pfeffel vergessen, dass er die »Kupfer-Bibel« noch vor einiger Zeit als »iedermanns Kauff« bezeichnet, dagegen ein gelehrtes Werk von Scheuchzer wegen mutmaßlich zu geringer Nachfrage abgelehnt hatte. Wie sollten ihm jetzt Verkaufszahlen von Scheuchzers anderen gelehrten Werken helfen? Immerhin fügte er noch hinzu: »ich verhoffe zwar, daß wo nunmehro ehester tagen das subscription project heraus gebe, es werde sich gegen ostern [1727] wohl zeigen, wievil sich liebhaber hiezu finden, wornach folglich mich in disem punct einiger massen werde zu richten wissen.«[19]

Eine Erklärung für das widersprüchliche Verhalten des Verlegers ist vermutlich erneut in den Schwierigkeiten der Papierbeschaffung zu finden. Wenn geeignetes Papier immer nur zum Ende des Winters zu bekommen war, aber mit großem zeitlichen Vorlauf bestellt werden musste, dann bedeutete das Abwarten der Vorbestellungen de facto eine erneute Verschiebung der ersten Lieferung auf Frühjahr oder Sommer 1728, weil das für den Auflagendruck bestimmte Papier ja erst im Frühjahr oder Sommer 1727 bestellt werden konnte, wenn man die Zahl der Vorbestellungen kannte. Dagegen würde eine Festlegung der Auflagenhöhe samt entsprechender Papierbestellung jetzt, im Herbst 1726, ein Erscheinen im Herbst 1727 möglich machen.

Noch eine weitere Bitte hatte Pfeffel: »Es würde mir auch sehr dienlich seyn, wann Ew[e]r Excell[enz] die ienige Orth od[er] Städte als auch die darinnen

18 Pfeffel an Scheuchzer, Augsburg, 4. Oktober 1726.

19 Ebd.

wohl stehende buchführer mir anzuzeigen wüste, um mich darnach richten zu können, wohin die subscriptions project einzusenden hätte, wo auch sonsten hiebey etwas zu beobachten were, so bitte freundl[ichst] mir gn[ädi]gl[ich] nachricht zu ertheilen, dann ich vermuthe Ew[e]r Excell[enz] werden hierinnen mehrers wissenschafft haben als ich, der in solchen fällen noch nichts vorgenommen hatt.«[20] Auch wenn Pfeffel mit der letzten Bemerkung vor allem meinte, dass er über keine Erfahrungen mit Pränumerationsprojekten verfüge, wirft sie doch auch die Frage auf, wie die bislang von ihm verlegten Bücher eigentlich vertrieben worden sind – in den Messkatalogen taucht sein Name erst 1737 auf,[21] und auch die gelehrten Zeitungen nennen ihn nur erst ab 1727 (als Verleger der Scheuchzerischen Kupfer-Bibel). Offenbar verfügte er als Kupferstecher und Kunsthändler über gar keine Kontakte zum etablierten Buchhandel und war auf Scheuchzers Kenntnisse und Erfahrungen angewiesen.

Wieder vergingen mehrere Wochen. Auf Drängen von Pfeffel setzte Scheuchzer im Dezember 1726 den Pränumerationspreis auf 5 fl. pro 50 Tafeln fest[22] und signalisierte erstmals, dass das ganze Werk einen Umfang von etwa 400 Tafeln haben werde. Diese entscheidenden Informationen in der Hand, benachrichtigte Pfeffel den Autor am 22. Dezember 1726, dass er nun »das subscription project zum drucken befördern [werde], wozu mir die [von Scheuchzer] beygelegte Lista derer Buchführer etc. sonderlich wohl dienlich ist.« Scheuchzer möge aber nicht versäumen, das Zirkular auch allen seinen gelehrten Briefpartnern zu übersenden und das Vorhaben auch sonst bekannt zu machen, »dann hiedurch eines mehrern debits als wo es von mir geschehete, getrösten durftte, weßwegen ich demnach höfflichst ersuchen, und die derhalben habende Spesen des Brief portorij widrum zu bonificiren, bereith seyn will«.[23]

Pfeffel konnte von Glück sagen, dass das Pränumerationszirkular noch nicht gedruckt und verbreitet war, denn Anfang Januar 1727 geriet der Text in die Hände des Ulmer Buchhändlers Daniel Bartholomäi, der dem Augsburger Verleger den wohl wichtigsten Rat seiner unternehmerischen Laufbahn gab. Bar-

20 Pfeffel an Scheuchzer, Augsburg, 4. Oktober 1726.

21 Karl Gustav Schwetschke: Codex nundinarius Germaniae literatae bisecularis. Bd. 1. Halle: G. Schwetschke, 1850, S. 215.

22 Scheuchzer bestätigte offenbar den Vorschlag Pfeffels, der bei Übersendung des Entwurfs des Zirkulars geschrieben hatte: »Ew[e]r Excell[enz] belieben mir auch Dero Meynung zu entdekken, ob der angesezte Preiß passiren könne, solte solcher zu hoch seyn, daß die Zahl der Käuffer verringert würde, wolte solchen lieber ernidrigen, damit um so mehrere Exempl[are] debitiret würden.« (Pfeffel an Scheuchzer, Augsburg, 4. Oktober 1726) Während anzunehmen ist, dass Pfeffel den Preis in Relation zu den mutmaßlichen Gesamtkosten kalkuliert hatte, sollte Scheuchzer nun die relative Angemessenheit prüfen. Wenn Pfeffel in der Lage war, den Preis zu senken, muss er ihn im oberen Bereich eines kalkulatorischen Korridors angesetzt haben.

23 Pfeffel an Scheuchzer, Augsburg, 22. Dezember 1726.

tholomäi hatte 1703 das buchhändlerische Geschäft der Wagnerschen Buchdruckerei übernommen, blieb dieser aber zeitlebens eng verbunden. Und da Pfeffel sowohl das Zirkular als dann auch das gesamte Scheuchzerische Werk bei Christian Ulrich Wagner d. Ä. drucken ließ, war es naheliegend, dass Bartholomäi davon erfuhr. Bartholomäi war von Anfang an auf den Frankfurter und Leipziger Buchmessen vertreten, letztere besuchte er als einer von sehr wenigen süddeutschen Verleger-Sortimentern regelmäßig persönlich. Er kannte also den gesamten deutschen Buchmarkt.

Am 6. Januar 1727 nun schrieb Bartholomäi an Pfeffel: »[...] belangend dero schönes vorhabend opus, so bin ich der Meynung, daß selbiges in t[eut]zscher Sprach eben so guten, od[er] vielleicht noch mehrern Abgang als in der latein[ischen] Sprache finden werde, weil es gar viel Liebhaber von schönen Kupfern unter Cavalliers, Beamten und Kauffleuten giebet, so die latein[ische] Sprache nicht verstehen oder doch nicht recht mächtig sind, sonderl[ich] wann es guth und schön teutsch, von dem Schweizer[ischen] Dialect gereiniget wird wie ich denn in hiebeygeh[endem] Abdruck verschiedenes angedeutet, so billig geändert werden solte, und könte nicht schaden wenn M[ein] H[err] diesen ganzen Conspectum [d.i. das Pränumerationszirkular] von einer geschickten Feder in gut teutsch bringen ließe weil sonst das Werck hiedurch, zumahlen in Sachsen und ander orten, wo der Schweizer[ische] Dialect gar nicht zu verstehen, zieml[ich] verschlagen werden mögte«.[24]

Verdankten Scheuchzer und Pfeffel dem Rat des Ulmer Buchhändlers diese für den Vertrieb und die Wirkung des Werkes entscheidende Anregung, so hatte Bartholomäi noch weitere, mehr ins Detail gehende Vorschläge. Wie Scheuchzer die deutsche Ausgabe eigentlich nennen wollte, ist unbekannt, erschienen ist sie jedenfalls unter dem von Bartholomäi vorgeschlagenen Titel, denn an Wagner schrieb er: »ferner deuchte mich der titt[e]l würde beßer also lauten: *Kupfer Bibel, in welcher die Physica Sacra oder die in H[eiliger] Schrifft vorkommende Natürl[iche] Sachen deutlich erkläret* p.« Und auch für das Pränumerationszirkular hatte der erfahrene Pränumerationsverleger und -kollekteur noch eine wichtige Ergänzung: »Zu Ende aber, glaube, wäre beßer, wenn es hieße, *die Liebhaber sollen die praenumerations Gelder an die Collecteurs jeden Ortes franco einsenden, und von Ihnen die Qvittung dagegen empfangen, die Exempl[are] aber solten denen ausländ[ischen] Subscribenten in F[rank]furt und Leipzig franco geliefert werden*, weil dieses die 2. Haupt Ort und auf Leipzig viel mehr als auf F[rank]furt zu reflectiren ist.«[25] Exakt diese Formulierung findet sich (natürlich ohne die Begründung) auf dem gedruckten Zirkular. Be-

24 Daniel Bartholomäi an Pfeffel, Ulm, 6. Januar 1727, ZBZ, Ms H 302, S. 343–344.

25 Ebd. Die kursivierten Passagen sind im Original unterstrichen.

merkenswert ist, dass selbst ein süddeutscher Buchhändler im Jahr 1726 Leipzig für den weitaus wichtigeren Messort hielt.

3. Kollekteure und Pränumeranten

Ende Januar 1727 war es dann endlich so weit – Pfeffel bereitete den Versand der Pränumerationszirkulare (getrennt in deutscher und lateinischer Sprache) vor und bat den Autor um tatkräftige Unterstützung: »Wie nun diese Woche das Subscript[ions] Project aller Orthen Gel[iebts] Gott außsenden will, so ersuche höfflichst, ob Ew[e]r Excell[enz] nicht möchten dahin bedacht seyn, damit von dem bibl[ischen] Werck durch die gelehrte Zeitung auch etwas bekandt werde, damit um so eher die Subscribenten in denen derselben beygesezten Städten sich einfinden möchten. Es wird in Stuttgardt auch eine Zeitung gedruckt, worinnen ebenfals von dergl[eichen] neu-heraus kommenden büchern nachricht gegeben wird. ob hierinnen auch solches einzubringen, will ich Ew[e]r Excell[enz] nach belieben heimstellen.«[26]

Als Scheuchzer nun darum bat, ihm eine größere Anzahl dieser Zirkulare zu senden, dürfte ihn die Antwort Pfeffels verblüfft haben. Dieser schrieb nämlich: »Ich vermuthete, wann einem buchhandl[er] deme das Avertiss[ement] versandt, und etwa 6 biß 8. von ieder Sprache beygelegt, es dörfftte genug seyn, und demnach habe nur von iegl[icher] sorte 500 st[üc]k auflegen lassen, wovon noch ein baar übrig gebliben, daß alßo nicht im stande, hiemit bedienen zu können.«[27] Bei einer Auflage von jeweils 500 Exemplaren für das deutsche und das lateinische Zirkular scheint Pfeffel allenfalls mit 500 Pränumeranten pro Sprache gerechnet zu haben. Und wenn er jedem Buchhändler jeweils sechs bis acht Exemplare zugesandt hatte, dann hatte er sich an etwa 60 bis 80 Buchhändler gewandt – in der Tat nannte das Zirkular die Namen von 50 Buchhändlern. Die Zahl von insgesamt etwa 1.000 Exemplaren dürfte vor allem durch die Tatsache bestimmt worden sein, dass Kupferplatten nur wenige Hundert sehr gute und

26 Pfeffel an Scheuchzer, Augsburg, 26. Januar 1727. – Ob die Stuttgarter Zeitung das Pränumerationszirkular abgedruckt hat, war nicht zu ermitteln. Ende 1727 scheint aber eine Besprechung der ersten Lieferung erschienen zu sein: »Weilen vernommen, daß Ew[er] Excell[enz] die Stuttgarder Zeitung in p[unc]to Phys[ica] Sac[ra] nicht gelesen, so habe seithero immer getrachtet solche zu erlangen, um zu übersenden können, welche verhoffentl[ich] noch wohl erhalten und folgl. damit bedienen will, weilen noch mehrere passages darinnen enthalten seyn, welche wohl gefallen dörfften.« Pfeffel an Scheuchzer, undatiert [Ende November 1727], ZBZ, Ms H 303, S. 291–294, falsch eingeordnet.

27 Pfeffel an Scheuchzer, Augsburg, 23. Februar 1727.

gute Abzüge erlauben, bei etwa 1.000 Stück aber die Obergrenze erreichen, jenseits derer die Qualitätsverluste unübersehbar werden. Bestätigung findet diese Vermutung in Pfeffels eigenem Schreiben, in dem es weiter heißt, dass er jedem Buchhändler auch vier bis acht Kupfertafeln – also wohl pro Zirkular ein Musterblatt – übersandt habe, aber nicht mehr, »und zwar darum, daß die Kupfer nicht zu vil abgenuzet und im stande verbleiben, daß bey herausgebung des ersten theils solche keinen Mangel haben möchten«.[28]

Ein Exemplar des deutschen Pränumerationszirkulars ist im Archiv der Wagnerschen Buchdruckerei im Stadtarchiv Ulm überliefert. Außerdem gibt es den nahezu vollständigen Abdruck des deutschen Textes in einer der frühen theologischen Fachzeitschriften, der in Leipzig publizierten *Auserlesenen Theologischen Bibliothec,* lediglich die Namen der Buchhändler-Kollekteure waren hier gestrichen worden.[29] In den *Neuen Zeitungen von Gelehrten Sachen* erschien ein Referat des Textes mit Verweis auf den Komplettabdruck in der *Auserlesenen Theologischen Bibliothec.*[30] Dank der Vermittlung von Scheuchzer fand das Zirkular auch Aufnahme in das europaweit gelesene *Journal des Sçavans.*[31]

Nach einer inhaltlichen Vorstellung des Projektes und Hinweisen auf Johann Andreas Pfeffel als Verleger und Johann Melchior Füßli als Zeichner kam Scheuchzer, unter dessen Namen das Zirkular veröffentlicht wurde, auf die Konditionen zu sprechen. Das Werk werde in zwei Ausgaben (in deutscher und lateinischer Sprache) in Lieferungen zu je 50 Kupfertafeln erscheinen und mindestens 400 Tafeln enthalten. Der erste Teil mit 50 Tafeln samt Text werde zu Michaelis 1727 herauskommen, die weiteren Teile würden dann zu jeder Oster- und Herbstmesse publiziert werden, sodass das Gesamtwerk 1731 abgeschlossen sein werde.

»Wer nun zu Anschaffung dieses Wercks einiges Belieben bezeuget/ und sich als Käuffer zu unterschreiben entschliessen will/ wird sich bey der Unterschrifft

---

28 Pfeffel an Scheuchzer, Augsburg, 23. Februar 1727. Vollkommen unbegreiflich ist, was Pfeffel am 29. März 1731 an Scheuchzer schrieb: »und können von einem Kupfer 6 a 8000 Exempl[are] auch mehrere abgedrucket werden, wo hingegen eines so radirt ist mit 2 a 3000 höchstens, vollkommen ausgenützet ist.« Dies widerspricht allen sonst bekannten Angaben und Erfahrungen. Sollte sich Pfeffel um jeweils eine Dezimalstelle verschrieben haben?

29 Auserlesene Theologische Bibliothec oder Gründliche Nachrichten von denen neuesten und besten theologischen Büchern und Schrifften. Leipzig: Johann Friedrich Brauns Erben, 22. Teil, 1727, S. 941–997 [die Paginierung springt von 944 auf 995]. Herausgeber und wohl auch weitgehend alleiniger Autor der *Auserlesenen Theologischen Bibliothec* war Johann Christoph Colerus (1691–1736), der seit 1725 in Weimar wirkte, zunächst als Lehrer, dann als Pfarrer an St. Jakob, schließlich als Hofprediger. Ein direkter Kontakt zu Scheuchzer ist nicht nachweisbar, vielleicht hatte er dessen Zirkular durch Vermittlung seines Leipziger Verlegers erhalten.

30 Neue Zeitungen von Gelehrten Sachen, 17. Juli 1727, S. 575.

31 Müsch: Geheiligte Naturwissenschaft (wie Anm. 5), S. 78.

gefallen lassen/ vor den ersten Theil/ nemlich von 50. Kupfer-Blatten sambt dem darzu gehörigen Text voraus/ und also forthin bey denen nachfolgenden Theilen zu bezahlen 2 ½. fl. und sodann bey würklicher Einliefferung desselben wiederum 2 ½. fl. daß also das gantze Werck von 400. Kupffer-Blatten/ mit dem Text vor 40 fl. zu stehen kommet; durch welche günstige Bey-Hülffe der Verleger eines so kostbahren Wercks seine aufzuwendende Unkosten desto eher wird bestreiten können: da hingegen nach Heraußgebung der sämbtlichen 8. Theile oder der 400. Kupfer-Blatten, ec. solche nicht anders zu bekommen seyn werden, als vor 70. fl.«[32]

Die Formulierung der Zahlungskonditionen ist zumindest missverständlich, denn gemeint war, dass jeder Pränumerant pro Lieferung 2 ½ fl. vorschießen und 2 ½ fl. bei Lieferung zahlen sollte, was bedeutete, dass nur beim ersten Mal lediglich 2 ½ fl. fällig wurden, dann aber immer 5 fl., erst bei Auslieferung der letzten Tafeln waren noch einmal nur 2 ½ fl. zu überweisen. Indem Scheuchzer diesen Unterschied nicht klar benannte, sondern den mathematischen Fähigkeiten seiner Pränumeranten überließ, erweckte er den Eindruck eines außergewöhnlich günstigen Angebotes. Kombiniert mit dem unschlagbaren Vorteil einer Ersparnis von nahezu 100 Prozent gegenüber dem späteren Buchhandelspreis konnte das Pränumerationszirkular seine Wirkung kaum verfehlen. Eigenartigerweise machten Scheuchzer und Pfeffel von einem anderen Argument, das im Falle der »Kupfer-Bibel« nahegelegen hätte, keinen Gebrauch, dass nämlich die Pränumeranten frühe und damit besonders qualitätvolle Abzüge der Kupferstiche erhalten würden.

Das Pränumerationszirkular nannte 50 Namen von Kollekteuren. Von einer einzigen Ausnahme abgesehen, dem Kunsthändler Hendrick de Leth in Amsterdam, handelte es sich um Buchhändler, die im gesamten deutschen Sprachraum ansässig waren, dazu kamen noch zwei deutsche Buchhändler in Kopenhagen und Stockholm. Die Liste ist merkwürdig, denn einerseits enthält sie Namen von Firmen, die gar nicht mehr existierten (Waesberghe in Danzig), andererseits nannte sie Unternehmen, die nur in einem sehr speziellen Kontext – dem der Herstellung und des Vertriebs radikalpietistischer Bücher – bekannt waren (Regelein in Büdingen, Andreae in Herborn, Haug in Idstein). Weder der zum Katholizismus konvertierte Pfeffel noch der reformierte Scheuchzer gehörten, soweit wir wissen, in dieses Umfeld. Generell darf man davon ausgehen, dass Pfeffel keinen einzigen der Genannten vorher angesprochen hatte – wie in der

32 Stadtarchiv Ulm, Bestand Wagnersche Buchdruckerei, Bd. III, 43. Abgedruckt bei Müsch: Geheiligte Naturwissenschaft (wie Anm. 5), S. 185–187. Der erwähnte Abdruck in der *Auserlesenen Theologischen Bibliothec* unterscheidet sich orthografisch, von Kleinigkeiten abgesehen, dadurch, dass in Leipzig die in Süddeutschland offenbar noch in hohen Ehren stehende Virgel konsequent durch das Komma ersetzt wurde.

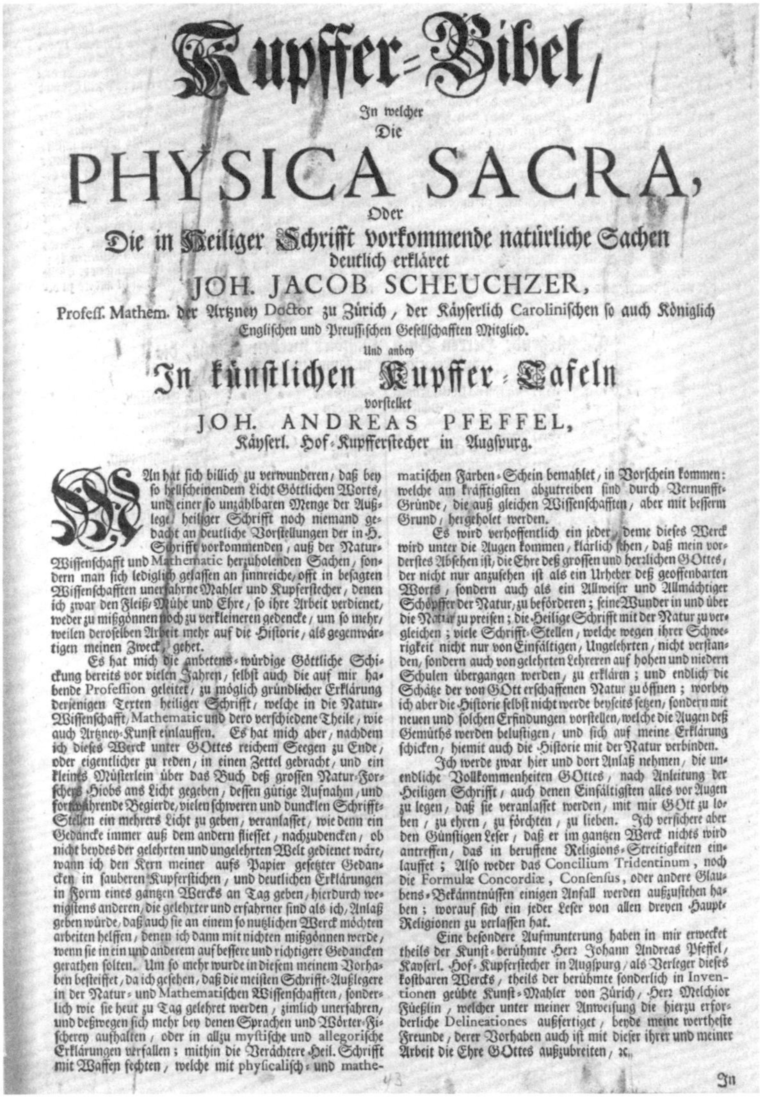
Kupffer-Bibel,
In welcher
Die
PHYSICA SACRA,
Oder
Die in Heiliger Schrifft vorkommende natürliche Sachen
deutlich erkläret
JOH. JACOB SCHEUCHZER,
Profess. Mathem. der Artzney Doctor zu Zürich, der Käyserlich Carolinischen so auch Königlich Englischen und Preussischen Gesellschafften Mitglied.
Und anbey
In künstlichen Kupffer-Tafeln
vorstellet
JOH. ANDREAS PFEFFEL,
Käyserl. Hof-Kupfferstecher in Augspurg.

MAn hat sich billich zu verwunderen, daß bey so hellscheinendem Licht Göttlichen Worts, und einer so unzahlbaren Menge der Außlege heiliger Schrifft noch niemand gedacht an deutliche Vorstellungen der in H. Schrifft vorkommenden, auß der Natur-Wissenschafft und Mathematic herzuholenden Sachen, sondern man sich lediglich gelassen an sinnreiche, offt in besagten Wissenschafften unerfahrne Mahler und Kupferstecher, denen ich zwar den Fleiß, Mühe und Ehre, so ihre Arbeit verdienet, weder zu mißgönnen noch zu verkleineren gedencke, um so mehr, weilen deroselben Arbeit mehr auf die Historie, als gegenwärtigen meinen Zweck, gehet.

Es hat mich die anbetens-würdige Göttliche Schickung bereits vor vielen Jahren, selbst auch die auf mir habende Profession geleitet, zu möglich gründlicher Erklärung derjenigen Texten heiliger Schrifft, welche in die Natur-Wissenschafft, Mathematic und dero verschiedene Theile, wie auch Artzney-Kunst einlauffen. Es hat mich aber, nachdem ich dieses Werck unter GOttes reichem Seegen zu Ende, oder eigentlicher zu reden, in einen Zettel gebracht, und ein kleines Müsterlein über das Buch deß grossen Natur-Forschers Hiobs ans Licht gegeben, dessen gütige Aufnahm, und fortwährende Begierde, vielen schweren und duncklen Schrifft-Stellen ein mehrers Licht zu geben, veranlasset, wie denn ein Gedancke immer auß dem andern fliesset, nachzudencken, ob nicht beydes der gelehrten und ungelehrten Welt gedienet wäre, wann ich den Kern meiner aufs Papier gesetzter Gedancken in sauberen Kupferstichen, und deutlichen Erklärungen in Form eines gantzen Wercks an Tag geben, hierdurch wenigstens anderen, die gelehrter und erfahrner sind als ich, Anlaß geben würde, daß auch sie an einem so nutzlichen Werck möchten arbeiten helffen, denen ich dann mit nichten mißgönnen werde, wenn sie in ein und anderem auf bessere und richtigere Gedancken gerathen solten. Um so mehr wurde in diesem meinem Vorhaben besteiffet, da ich gesehen, daß die meisten Schrifft-Außlegere in der Natur- und Mathematischen Wissenschafften, sonderlich wie sie heut zu Tag gelehret werden, zimlich unerfahren, und deßwegen sich mehr bey denen Sprachen und Wörter-Fischerey aufhalten, oder in allzu mystische und allegorische Erklärungen verfallen; mithin die Verächtere Heil. Schrifft mit Waffen fechten, welche mit physicalisch- und mathematischen Farben-Schein bemahlet, in Vorschein kommen: welche am kräfftigsten abzutreiben sind durch Vernunfft-Gründe, die auß gleichen Wissenschafften, aber mit besserm Grund, hergeholet werden.

Es wird verhoffentlich ein jeder, deme dieses Werck wird unter die Augen kommen, klärlich sehen, daß mein vorderstes Absehen ist, die Ehre deß grossen und herzlichen GOttes, der nicht nur anzusehen ist als ein Urheber deß geoffenbarten Worts, sondern auch als ein Allweiser und Allmächtiger Schöpffer der Natur, zu beförderen; seine Wunder in und über die Natur zu preisen; die Heilige Schrifft mit der Natur zu vergleichen; viele Schrifft-Stellen, welche wegen ihrer Schwerigkeit nicht nur von Einfältigen, Ungelehrten, nicht verstanden, sondern auch von gelehrten Lehreren auf hohen und niedern Schulen übergangen werden, zu erklären; und endlich die Schätze der von GOtt erschaffenen Natur zu öffnen; worbey ich aber die Historie selbst nicht werde beyseits setzen, sondern mit neuen und solchen Erfindungen vorstellen, welche die Augen deß Gemüths werden belustigen, und sich auf meine Erklärung schicken, hiemit auch die Historie mit der Natur verbinden.

Ich werde zwar hier und dort Anlaß nehmen, die unendliche Vollkommenheiten GOttes, nach Anleitung der Heiligen Schrifft, auch denen Einfältigsten alles vor Augen zu legen, daß sie veranlasset werden, mit mir GOtt zu loben, zu ehren, zu förchten, zu lieben. Ich versichere aber den Günstigen Leser, daß er im gantzen Werck nichts wird antreffen, das in beruffene Religions-Streitigkeiten einlauffet; Also weder das Concilium Tridentinum, noch die Formulæ Concordiæ, Consensus, oder andere Glaubens-Bekänntnüssen einigen Anfall werden außzustehen haben; worauf sich ein jeder Leser von allen dreyen Haupt-Religionen zu verlassen hat.

Eine besondere Aufmunterung haben in mir erwecket theils der Kunst-berühmte Herr Johann Andreas Pfeffel, Kayserl. Hof-Kupferstecher in Augspurg, als Verleger dieses kostbaren Wercks, theils der berühmte sonderlich in Inventionen geübte Kunst-Mahler von Zürich, Herr Melchior Füeßlin, welcher unter meiner Anweisung die hierzu erforderliche Delineationes außfertiget, beyde meine wertheste Freunde, derer Vorhaben auch ist mit dieser ihrer und meiner Arbeit die Ehre GOttes außzubreiten, rc.

43 In

Abb. 2: Pränumerationszirkular, Stadtarchiv Ulm, Bestand Wagnersche Buchdruckerei, Bd. III, 43.

Frühzeit des Pränumerationswesens üblich, handelte es sich einfach um eine mehr oder minder willkürlich zusammengestellte Liste von mehr oder minder bekannten Buchhändlern. Lediglich bei dem Amsterdamer Kunsthändler darf man vermuten, dass Pfeffel mit ihm schon vorher in Verbindung gestanden hat.

Aus Pfeffels Briefen an Scheuchzer geht ein interessantes Detail zum Umgang mit den buchhändlerischen Kollekteuren hervor. In Zürich hatte Pfeffel die Zirkulare an die Buchhändler David Gessner III. und Hartmann Heidegger gesandt. Scheuchzer wollte außerdem noch einen Sensal (Börsenmakler) als Kollekteur einsetzen, aber Pfeffel befürchtete, dadurch die Buchhändler zu verärgern, die »einen verdruß hierob schöpffen und um so weniger das Werck bekandt machen dörftten.« Allerdings fügte er seiner Sendung an Scheuchzer einen Brief bei, »gleichwie an die buchhandl[er] habe abgehen lassen [...], woraus zu ersehen seyn wird, daß dieselbe wegen habender Mühe 6 p[ro] C[en]to zu empfangen haben. Solte Ew[e]r Excell[enz] erachten, daß dises dem H[err]n Sensal genugsam und mithin den benandt-beeden buchhandl[ern] nicht zuwider were, so were bereith, so viel Avertiss[ements] als hiezu nöthig einzusenden, um mehrere subscribenten zu erlangen.«[33]

Pfeffel zahlte also den Buchhändler-Kollekteuren eine Provision von sechs Prozent, die sich sicherlich auf die Höhe der eingenommenen Pränumerationsgelder bezog.[34] Diese Passage ist der einzige bislang bekannte Beleg aus der Frühzeit des Pränumerationswesens über die finanzielle Entschädigung der (buchhändlerischen) Kollekteure. Pfeffel bot diese Provision nicht im allgemein zugänglichen, gedruckten Zirkular an, sondern nur in handschriftlichen Briefen – und es steht zu vermuten, dass dies auch bei anderen Pränumerationsverfahren geschehen ist, die sich auf Buchhändler als Kollekteure stützten. Die Höhe der Provision von sechs Prozent scheint allgemeingültig gewesen zu sein, denn sie entspricht fast genau dem Wert eines Freiexemplars auf 20 Vorbestellungen, das in anderen Fällen den Kollekteuren angeboten wurde.

Neben den buchhändlerischen Kollekteuren waren aber noch zahlreiche Freunde, Bekannte und Kollegen von Scheuchzer für die Anwerbung von Pränumeranten tätig. Ihre Schreiben an Scheuchzer geben nicht nur eine gewisse Vorstellung vom Kreis der Pränumeranten, sondern bieten erstmals auch Einsichten in die Detailprobleme des konkreten Pränumerationsgeschäfts. Womit wohl weder Autor noch Verleger gerechnet hatten – die mit der Aufforderung zur Vorausbezahlung unvermeidlich verbundenen Erklärungen zum Projekt animierten die potentiellen Käufer zu einer wahren Flut von Wünschen, Anregungen und Kritiken. Statt wie sonst üblich ein erschienenes Werk zu nehmen, wie es nun einmal war, und es allenfalls nachträglich zu kritisieren, fühlten sich viele Gelehrte nun bemüßigt, gewissermaßen die Arbeit eines Lektors zu übernehmen, wobei ihre Vorstellungen manchmal weit über das Zumutbare hinausgingen.

---

33 Pfeffel an Scheuchzer, Augsburg, 23. Februar 1727.

34 Pfeffel erwähnt diese Provision von sechs Prozent erneut in seinem Brief an Scheuchzer, Augsburg, 22. Februar 1728.

Mit dem Mathematiker und Astronomen Johann Gabriel Doppelmayr (1677–1750) in Nürnberg stand Scheuchzer bereits seit langer Zeit im Briefkontakt. Im Sommer 1726 hörte Doppelmayr gerüchteweise von dem im Entstehen befindlichen Werk und fragte Scheuchzer nach den Details.[35] Einige Wochen später kam er erneut darauf zu sprechen, zeigte sich aber sehr skeptisch: »weil das Werck durch sehr viele Kupfferplatten kostbar gemacht wird werden sich wohl nicht gar viele Liebhaber bey diesen schlechten Zeiten dazu angeben«. Dennoch versicherte er: »inzwischen werde thun so viel sich wird thun lassen so bald ich nehmlich eine genauere Nachricht hiervon werde erlanget haben«.[36]

Nachdem Doppelmayr von Pfeffel die Pränumerationszirkulare erhalten hatte, bemühte er sich sofort um Bestellungen, musste aber von ernsthaften Bedenken der Interessenten berichten. Das angekündigte Werk gefalle zwar allen, dennoch habe er »nicht mehr als etliche erst zur Subscription [...], weil die mehrere noch dubitiren wollen, ob auch das Werk noch ganz zum Stand kommen mögte, wenn etwann der H[err] Auctor oder auch der Verleger durch eine Fatalität, welches Gott abwenden wolle, das Werk nicht absolviren könte, da es denn defect bleiben müßte und dahero will man immer wissen, wieviel Risse [Kupferstiche] und Beschreibungen hierüber allbereit von E[uer] HochEdlen mögten zustand gebracht worden seyn«.[37]

Scheuchzers Antwort stellte die von Doppelmayr angesprochenen Interessenten nicht zufrieden, vielmehr berichtete dieser über sehr weitgehende Wünsche: »viele wollen nicht recht daran, und meynen es müssen die Zeichnungen vor allen fertig seyn, einige wollen auch die schriftliche Ausführung und zwar noch mehr physicalisch verfertiget wissen, und was noch mehr ist, damit das werk nicht in steken gerathen möge.«[38] Da Doppelmayr später nicht mehr auf die Pränumeration zurückkam, ist zu vermuten, dass er alles weitere direkt mit dem Verleger in Augsburg besprach.

In Luzern bot der Arzt, Ingenieur und Naturforscher Moritz Anton Kappeler (1685–1769) an: »Wann Dero Biblia fertig bitte mir ein par exemplar zu zu senden oder 4.–6. je tacherais de Les Debites, wie ich dan schon einige Liebhaber gefunden.«[39] Einige Wochen später meldete er: »Ich habe schon

35 Johann Gabriel Doppelmayr an Scheuchzer, Nürnberg, 14. August 1726, ZBZ, Ms H 303, S. 374.

36 Johann Gabriel Doppelmayr an Scheuchzer, Nürnberg, 22. Oktober 1726, ZBZ, Ms H 303, S. 375–376.

37 Johann Gabriel Doppelmayr an Scheuchzer, Nürnberg, 15. Februar 1727, ZBZ, Ms H 303, S. 379.

38 Johann Gabriel Doppelmayr an Scheuchzer, Nürnberg, 15. Februar 1727, ZBZ, Ms H 303, S. 381–382.

39 Moritz Anton Kappeler an Scheuchzer, Luzern, 9. Januar 1727, ZBZ, Ms H 331, S. 5–6.

4 Subscriptiones zu Dero schönen und zierlichen Bibel, die ich aber an H[err]n Hautten[40] gewiesen, wan ich noch mehr procuriren kan so werde eß thun, dan ich gern meinen Hochgeehrtesten H[errn] D[okto]r und H[err]n Fusslin die Ducaten in baren [in Paaren] jagen will, wo nur eine gelegenheit sich erweiset.« Aber auch Kappeler leitete Kritiken und Vorschläge weiter, denn: »Ich habe aber alle meine persuadive Kunst auff bieten müssen einen oder den anderen dahin zu vermögen, indeme die übersandten echanbillans [Proben] ein und anderß zu animadvertiren [tadeln] gefunden werden« – woran sich detaillierte Kritiken sowohl zum Text als auch zu den Zeichnungen von Füßli anschlossen.[41] Dessen ungeachtet beförderte Kappeler auch weiterhin Scheuchzers Werk und informierte ihn: »Ubrigenß habe ich Dero Werk allerorthen braff recommendiret, und H[err] Haut glückhafftig ist mit subscriptionen, für ein orth wie Lucern, e catholique.«[42]

Nachdem ihm Scheuchzer mitgeteilt hatte, dass die Arbeit gut voranschreite, wagte Kappeler die Frage, »solle ich aber die subscription thun, oder kan ich etwan von M[einem] H[och] G[eachteten] H[errn] eß in einem geringeren preiß, als der currente ist, erhalten.«[43] Im Unterschied zu Pfeffel, der den buchhändlerischen Kollekteuren sechs Prozent vom Umsatz bot, hatte Scheuchzer nichts dergleichen für seine »Privatkollekteure« vorgesehen und ging wohl davon aus, dass diese ebenfalls pränumerieren würden.

Am 3. Dezember 1727 hatte man in Luzern zwar schon vom Erscheinen der ersten Lieferung erfahren, aber noch keine Exemplare bekommen: »Man erwarthet alhir mit ungedult Physicam Sacram, und besorge wo daß retardement H[errn] Pfeffel nicht einen nachtheil verursache. ich habe weiß nicht wie die subscription vernachlässiget, hoffe aber dennoch eß werde noch sein können um mein Geld, wie weniger wie lieber versehen zu werden«[44] – Kappeler hoffte also immer noch auf einen Preisnachlass, war aber zugleich besorgt, er könne zu spät kommen.

Am 31. Dezember gratulierte Kappeler mit wenigen Worten zum Erscheinen der »figurirten Bibeln«,[45] doch hätte er von Scheuchzer ein Exemplar erhalten, wäre sein Dank gewiss anders ausgefallen. In den folgenden Jahren kam er kaum noch einmal auf das Hauptwerk seines Kollegen zu sprechen, mit der

40 Innocenz Dietrich / Theoderich Hautt, Buchdrucker in Luzern sowie Buchdrucker und Papierproduzent in Fribourg, oder dessen Verwandter Benedict Hautt, Buchbinder, Verleger und Buchhändler in Luzern.

41 Moritz Anton Kappeler an Scheuchzer, Luzern, 26. Februar 1727, ZBZ, Ms H 331, S. 13–16.

42 Moritz Anton Kappeler an Scheuchzer, Luzern, 2. Juli 1727, ZBZ, Ms H 331, S. 27–29.

43 Moritz Anton Kappeler an Scheuchzer, Luzern, 9. Juli 1727, ZBZ, Ms H 331, S. 31–32.

44 Moritz Anton Kappeler an Scheuchzer, Luzern, 3. Dezember 1727, ZBZ, Ms H 331, S. 49–51.

45 Moritz Anton Kappeler an Scheuchzer, Luzern, 31. Dezember 1727, ZBZ, Ms H 331, S. 53–55.

Pränumeration hatte er nichts mehr zu tun.[46] Aus der beiläufigen Art der Erwähnungen ist zu schließen, dass er das Werk nicht selbst kaufte, sondern nur durch Dritte vom Fortgang erfuhr.

Scheuchzers ehemaliger Schüler Laurenz Zellweger (1692–1764), inzwischen berühmter Arzt in Trogen, hatte sich ebenfalls schon im Sommer 1726 nach dem Stand der Dinge erkundigt: »Wie bald das Bibel-werk jn Stand kommen, Specimina publicirt und das Project auff w[elche] weyse man subscribiren könne, divulgiret werden, möchte sehr gerne vernemmen; verschiedene [unlesbares Wort] hiesiger Nachbarschafft erwarten selbiges mit großen Verlangen.«[47] Als er dann Anfang 1727 das Zirkular erhielt, begann er sofort mit der Werbung, hatte aber noch erheblichen Klärungsbedarf: »weilen man aber aus dem Project noch nicht alles faßen kan, alß bitte nochmahlen ohnbeschwert zu berichten, ob das Werk einem jeden Subscribenten teutsch und latein, oder nur je eintweder Sprach zukommen werde, sodann ob die ganze Bibel oder nur die jenige Capitel und Verse getruckt werden, welche man erklärt. D[ie] hiesige Bauren haben mich umb deßen Nachfrag sollicitiret.«[48]

Mindestens ebenso wichtig waren aber Fragen zur praktischen Handhabung des Pränumerationsverfahrens: »Bitte zugleichen ehest möglich zuberichten, ob von den hiesigen Subscribenten (wie mir dann deren 2 gestern schon soviel alß Parole zur Subscription gegeben) die Subscription und das gelt übernemmen, und rectà an Meinen Hochgeehrtesten Herrn Doctor senden oder an Herrn Schopfer[49] jn Stgallen weisen solle, und wie jn ersteren Fahl es daß Gelt Porto auff Zürich und Bücher Porto allhero eine Bewandnuß habe; dann man persuadirt, daß man das Gelt bey H[err]n Schopfer ohne weitere Kosten ablegen und die Exemplaria auch also erheben könne?«[50] Mit seinen Fragen legte Zellweger zahlreiche Unklarheiten des Pränumerationszirkulars offen, denn all diese wesentlichen Punkte waren dort überhaupt nicht berührt worden.

Leider fehlt Scheuchzers Reaktion, und auch sonst war erst im September 1728 wieder die Rede von der »Kupfer-Bibel«, als Zellweger schrieb: »M[eines]

46 Anfangs gratulierte er noch bei Erscheinen einer neuen Lieferung, vgl. Moritz Anton Kappeler an Scheuchzer, Luzern, 2. Juni 1728 (ZBZ, Ms H 331, S. 79–81), 3. November 1728 (ebd., S. 93–94), dann wird die »Physica Sacra« gar nicht mehr erwähnt.

47 Laurenz Zellweger an Scheuchzer, Trogen, 5. August 1726, ZBZ, Ms H 340, S. 68.

48 Laurenz Zellweger an Scheuchzer, Trogen, 11./22. Februar 1727, ZBZ, Ms H 340, S. 73. Unter den »Bauern« muss man sich sicherlich Besitzer großer Gehöfte vorstellen, gut gebildete Oberhäupter von Großfamilien.

49 Hans Ulrich Schopfer, Buchhändler in St. Gallen, ein eifriger Anhänger von Philipp Jacob Spener. Er wurde 1722 und 1724 wegen Verbreitung »pietistischer und anderer fanatischer Schriften« hart bestraft. Von ihm sind neun Briefe an Scheuchzer überliefert, allerdings nur aus den Jahren 1708–1713, ZBZ, Ms H 323, S. 95–122.

50 Laurenz Zellweger an Scheuchzer, Trogen, 11./22. Februar 1727, ZBZ, Ms H 340, S. 73.

H[ochgeehrten] Herrn Doctors Kupfer-Bibel avanciret wie jch höre nach wunsch u[nd] zum Vergnügen der Subscribenten; ob kein mittel ein Exemplar jn wolfeilerm preiß zu haben, wäre mir sehr lieb zuvernehmen. Solte mich zwaaren schämen über alle tragende obligationen hin dergleichen zu proponiren, jnsonderheit weil das werk an Vortrefflichkeit Seines Einhalts u[nd] schönheit der Kupfern den angesezten Werth unendlich weit übertrifft, alleine die Begierde solches zu besizen u[nd] dißmahliges unvermögen mir selbsten zu helffen, preßen mir diße anfrag u[nd] Bitte auß jn der Hoffnung M[ein] H[ochgeehrter] Herr Doctor werde es nit vor übel außdeuten [...].«[51]

Scheuchzer konnte aber nicht helfen, vielleicht wollte er aber auch nicht, denn Zellweger war ein hochgeschätzter und entsprechend wohlhabender Arzt. Resigniert meinte dieser: »Der Kupferbibel halb werde mich wol gedulden müßen, und etwan ein verhoffende 2te Edition erwarten«,[52] von der er offenbar annahm, sie werde preiswerter sein.

Mehr noch als die von Doppelmayr weitergeleiteten Bedenken, ob denn das Werk überhaupt fertig werden würde, und mehr noch als die Unklarkeitenen bei der Abwicklung des Pränumerationsverfahrens wirkte der hohe Preis auf viele Interessenten abschreckend. Manche suchten daher nach kollektiven Lösungen. Zu den langjährigen, vertrauten Briefpartnern Scheuchzers gehörte der Pfarrer Johann Heinrich Tschudi (1670–1729) in Schwanden. Von dem Pränumerationszirkular erfuhr Tschudi nicht von Scheuchzer selbst, sondern von einem anderen Pfarrer. »Er ist, wie ich, sehr begierig darnach; doch habe meines theils Ursach zu zweiflen, ob biß auf deßen fällige Geburt [d. h. das Erscheinen des Werks] noch leben, und die Survivance haben werde?« In der Tat starb Tschudi zwei Jahre später nach langer Krankheit. Vor allem aber hinderte ihn der hohe Preis: »Muß anbey auch aperté bekennen, daß verschiedene Ursachen mich in einen Stand gesezet, in welchem an solche kostbare Bücher zugedenken mir kaum erlaubet ist. Es gibt aber gemeldeter H[err] Pf[arre]r den Einschlag, daß wir uns umsehen um einige socios, die mit uns das Werke gemein haben, gleich wie auch unser etliche an den Actis Lipsiensib[us] participiren.«[53]

Der gemeinsam finanzierte Erwerb von Zeitschriften (wie der hier gemeinten Leipziger *Acta eruditorum*) und von teuren Büchern dürfte keine Seltenheit gewesen sein.[54] Zumindesten bei den Zeitschriften lagen hier die Wurzeln der

51 Laurenz Zellweger an Scheuchzer, Trogen, 1./12. September 1728, ZBZ, Ms H 340, S. 76.

52 Laurenz Zellweger an Scheuchzer, Trogen, 20./31. Oktober 1728, ZBZ, Ms H 340, S. 78.

53 Johann Heinrich Tschudi an Scheuchzer, Schwanden, 1./12. März 1727, ZBZ, Ms H 340, S. 20).

54 Auch Scheuchzers Briefpartner Abraham Ruchat in Lausanne versuchte, eine größere Anzahl von Interessenten vom Kauf eines gemeinsamen Exemplars der »Kupfer-Bibel« zu überzeugen, scheiterte aber: »Si j'aurois été riche j'aurois souscris agreablement pour avoir un Exemplaire de votre Physique Sacrée, mai le l'étant pas j'ay cherché quelques personnes qui voulussent[?]

Umlauf-Lesegesellschaften, deren Entstehung man bislang erst in der zweiten Hälfte des 18. Jahrhunderts verortet hat, die aber tatsächlich wesentlich älter gewesen sind.

Nachdem Scheuchzer ein Exemplar des Pränumerationszirkulars übersandt hatte, antwortete Tschudi: »An Subscribenten wird ja kein Mangel sich finden«, erwähnte aber nicht, ob er und seine Freunde sich zur Vorbestellung entschlossen hatten.[55]

Nicht weniger als elf Pränumeranten konnte Jacob Theodor Klein (1685–1759) in Danzig anwerben, der sich als Rechts- und Geschichtswissenschaftler auch stark für Botanik und Zoologie interessierte und 1729 zum Mitglied der Royal Society in London berufen wurde. Als er erst mit sechsmonatiger Verspätung auf einen Brief des Zürcher Gelehrten reagierte, entschuldigte er sich im September 1727 unter anderem damit, dass er sich »rechtschaffen umb Liebhabere zu Dero physicalisch-biblischen Wercke« bemüht habe, und zwar sowohl in Danzig als auch in Königsberg, seiner Geburtsstadt. »Zu diesem aber habe in allem nicht mehr, als 11 Praenumeranten auftreiben können, und zwar auf 3 Lateinische und 8 Deutsche Exemplaria« – was Klein offenbar für eine sehr geringe Anzahl hielt. »Ew[er]r HochEdl[en] können mir befehlen, wo ich in Leipzig diese Exemplaria erhalten soll, unmasgeblich bitte selbige bey dem Buchführer Schuster[56] in Leipzig vor mich ablegen, auch von demselben vor dieses mahl 27 ½ Kayserg[roschen] oder 2/3 abfordern zu laßen«.[57]

In seinem nächsten Brief lieferte Klein einige Hintergrundinformationen nach: »Ich habe in meinem vorigen viel nicht zu melden vergeßen, daß Ew[e]r HochEdelgeb[oren] zwar den H[err]n Waesberg in Dantzig in Dero project ihrer Physicâ Sacra angemercket, dieser Waesberg aber längstens verstorben ist, und die Wittwe sich mit der Commission nicht chargiren wollen, dannenhero selbst so viel mir möglich, einige praenumeranten besorget; vieleicht möchten sich noch einige andere finden, wann sie sehen werden, daß dies schöne Werck würcklich seinen Fortgang genommen.«[58]

In Memmingen war der ehemalige Kaufmann Georg Christian Laminit aus Begeisterung für das Werk zum Kollekteur geworden. 1731 schrieb er an Scheuchzer: »ich habe nicht ermanglen können, dies bemelte schöne Werckh [...] bey aller gelegenheit so in als außer Landes bekant zu machen v[nd] ist mir

s'associer avec moi pour souscrire ensemble pour un exemplaire, mais je n'ai trouvé personne.« 8. Oktober 1728, ZBZ, Ms H 322, S. 239, zit. n. Müsch: Geheiligte Naturwissenschaft (wie Anm. 5), S. 207, Anm. 283.

55 Johann Heinrich Tschudi an Scheuchzer, Schwanden, 19. März 1727, ZBZ, Ms H 340, S. 205.

56 Jacob Schuster, ab 1719 in Leipzig als Verleger und Buchhändler tätig.

57 Jacob Theodor Klein an Scheuchzer, Danzig, 4. September 1727, ZBZ, Ms H 304, S. 159.

58 Jacob Theodor Klein an Scheuchzer, Danzig, 5. November 1727, ZBZ, Ms H 304, S. 163.

auch in der That gelungen eine anzahl exempl[are] worunder Neune an Fürsten, Prälaten und Grafen zu lociren, welche alle ihr Gnädiges Gefallen darob bezeugen«.[59]

Conrad Iken (1689–1753), Pfarrer und zugleich Professor am Gymnasium illustre in Bremen, hatte das Pränumerationszirkular auf nicht mehr nachvollziehbare Weise erhalten, fühlte sich aber so sehr angesprochen, dass auch er aus eigenem Antrieb zum Kollekteur wurde. Im Herbst 1727 sandte er eine Namensliste der von ihm geworbenen Pränumeranten, die den Senator und Juristen Diedrich Klugkist (seinen Schwiegervater), den Stadtphysicus Professor Ludolph Heinrich Runge (seinen Schwager), die Pfarrer Heinrich Liskel und Friedrich Casimir Heilmann (letzterer sogar für zwei Exemplare), den Kaufmann Heinrich Schacht sowie Johann David Runge (ohne Berufsangabe) umfasste, dazu ihn selbst, sodass er allein acht Exemplare verkauft hatte.[60]

Erfolge wie die von Klein (elf Exemplare), Laminit (neun) und Iken (acht) waren aber die Ausnahme. Wenn man den überlieferten Briefen an Scheuchzer glauben darf, gelang es vielen Privatkollekteuren nicht, mehr als einen oder zwei Interessenten zu gewinnen – wenn überhaupt.

Der berühmte Leipziger Apotheker und Naturforscher Johann Heinrich Linck (1674–1734) bestellte immerhin vier Exemplare, darunter eines für einen befreundeten Kaufmann,[61] und übersandte sofort 20 fl. bzw. 13 rt. 18 gl. an Scheuchzer.[62] Als Linck nach Erscheinen der ersten Lieferung erfuhr, dass von Scheuchzer eigentlich nur der lateinische Text stammte, während die deutsche Version von Johann Martin Miller bearbeitet worden war, bedauerte er, nicht die lateinische Ausgabe gekauft zu haben. Seine Begründung ist ein kostbares Zeugnis zur Geschichte der Lesekultur im ersten Drittel des 18. Jahrhunderts: »Weil aber meine Frau u[nd] Tochter in solchen Sachen curieux seyn, u[nd] auch was leßen wollen, so habe ich ihnen zu liebe den Teutschen Text genommen«.[63]

Zu den Pränumeranten gehörte der Botaniker und Zoologe Johann Philipp Breyne (1680–1764) in Danzig. Der einzige von ihm überlieferte Brief stammt aus späterer Zeit, als klar war, dass es nicht bei den 400 angekündigten Tafeln bleiben würde. Besorgt fragte er: »Wan und mit wieviel Tabellen[!] dero Biblia

59 Georg Christian Laminit an Scheuchzer, Memmingen, 2. Mai 1731, ZBZ, Ms H 304, S. 198–199.

60 Conrad Iken an Scheuchzer, Bremen, undatiert [etwa September 1727], ZBZ, Ms H 302, S. 243–246. Scheuchzer leitete die Bestellung an Pfeffel weiter, aber nur summarisch, der daher am 29. Oktober 1727 nach den Namen der Pränumeranten fragte und auch wissen wollte, welche Ausgabe (deutsch oder lateinisch) gemeint sei.

61 Johann Heinrich Linck an Scheuchzer, Leipzig 17. März 1730, ZBZ, Ms H 304, S. 297.

62 Johann Heinrich Linck an Scheuchzer, Leipzig, 21. Mai 1727, ZBZ, Ms H 304, S. 284.

63 Johann Heinrich Linck an Scheuchzer, Leipzig 11. Juli 1730, ZBZ, Ms H 304, S. 300–301.

ex Physici illustrata sich endigen werden, wünschte wohl mit Dero Commodité zu wißen, weilen ich auch vor 3. Exempl[are] subscribiret«.[64] Da nicht anzunehmen ist, dass er drei Exemplare für sich benötigte, hatte er also auch in kleinem Maßstabe als Kollekteur fungiert.

Der Orientalist und Mathematiker Louis Bourguet (1678–1742) in Neuchâtel, ein enger Freund Scheuchzers, erklärte sich gern bereit, das Pränumerationszirkular zu verbreiten: »Je tacherai de communiquer aux amis vôtre Projez de la Physique Sacrée.«[65] Ebenso sicherte Johann Rudolf Iselin (1705–1779) in Basel seine Unterstützung zu.[66] Während über den Erfolg beider Bemühungen nichts bekannt ist, konnte Abraham Ruchat (1680–1750), Professor für Theologie in Lausanne, immerhin einen Pränumeranten in Aix-en-Provence vermitteln – in seiner eigenen Stadt allerdings blieb er erfolglos.[67]

Auch in Schlesien war es schwer, Interessenten zu finden. Der Breslauer Arzt Johann Kanold (1679–1729), der mit Scheuchzer in engem Austausch stand, da dieser mehrfach Beiträge für Kanolds naturwissenschaftliche Zeitschrift *Sammlung von Natur- und Medicin-, wie auch dazugehörigen Kunst- und Litteraturgeschichten* lieferte, berichtete: »Zu dem mühsamen, weitläufftigen, v[nd] gelehrten Bibelwercke habe nur einen Abnehmer zu dato aufftreiben können, der das Geld an den [unleserliches Wort] gezahlet, als welcher statt H[er]r Hubert[68] die praenumerationes eincassiret, wie ich gehöret habe.«[69]

Immerhin gelang es Kanold, später noch einen zweiten Interessenten zu gewinnen, der zudem gleich zwei Exemplare bestellte: »Auch hat ein guter Freund auff die Biblia Divi incisa[?] an mich praenumerirt vor ein par tagen, v[nd] zwar vor dem ersten Tomum 5 flor[in] vor den andern 2 ½. und zwar vor ein teutsches v[nd] vor ein lateinisches Exemplar, summa 15. florin, so ich eben diese Meße remittiren werde; dagegen ich die 2. Exemplaria, als ein teutsches, v[nd] ein lateinisches vom Tom[um] I. v[nd] II. zu übersenden bitte. Ich v[nd] der Fr[eund] verhoffen, daß die praenumeration auch noch auff den ersten theil statt finden werde.« Allerdings war Kanold mit dem Erfolg seiner Bemühungen nicht zufrieden und entschuldigte sich geradezu bei Scheuchzer: »Ich wolte gerne mehrere abnehmer aufftreiben, aber es fehlt an Liebhabern.«[70]

---

64 Johann Philipp Breyne an Scheuchzer, Danzig, 26. Mai 1731, ZBZ, Ms H 304, S. 178.

65 Louis Bourguet an Scheuchzer, Neuchâtel, 14. März 1727, ZBZ, Ms H 336, S. 337.

66 Johann Rudolf Iselin an Scheuchzer, Basel, 25. Februar 1727, ZBZ, Ms H 340, S. 523.

67 Abraham Ruchat an Scheuchzer, Lausanne, 6. März 1728, ZBZ, Ms H 322, S. 239.

68 Der Breslauer Buchhändler Michael Hubert, der im Pränumerationszirkular als Kollekteur genannt worden war.

69 Johann Kanold an Scheuchzer, Breslau, 4. August 1727, ZBZ, Ms H 303, S. 709.

70 Johann Kanold an Scheuchzer, Breslau, 26. Juli 1728, ZBZ, Ms H 303, S. 715–716. Die eigenartige Formulierung meinte, dass der Freund ein deutsches und ein lateinisches Exemplar beziehen

Keine finanziellen Probleme hatte Johann Heinrich von Heucher, königlich-polnischer und kurfürstlich-sächsischer Hofrat und Leibmedicus Augusts des Starken, der allerdings nur für sich selbst pränumerierte: »Auf das schöne Opus Biblicum habe subscribirt, und es zu meinem besten und schönsten Zeitvertreib choisirt, weil es zugleich instructif und erbaulich seyn wird.«[71] Im Dezember 1727 erhielt Heucher die erste Lieferung, ging aber weder jetzt noch in seinen späteren Briefen näher darauf ein.[72]

Von Otto Philipp Praun (1673–1750), Stadtphysicus in Kempten und Fürstlich Kemptischer Leibmedicus, ist nur zu vermuten, dass er die »Kupfer-Bibel« pränumeriert hatte. 1731 berichtete er Scheuchzer: »Den 4ten theil Physicae Sacrae habe dieser tagen mit gröstem plaisir gelesen, wünsche Gesundheit und leben zu dessen continuation.«[73]

Dagegen offenbarte sich der Erfurter Medizinprofessor Andreas Elias Büchner (1701–1769) als Pränumerant, als er zum Jahreswechsel 1730/31 beste Grüße nach Zürich sandte und Scheuchzer viel Kraft wünschte, »damit Sie Dero annoch vorhabende gelehrte Arbeiten, vornemlich aber das schöne Bibel-Werck wovon ich auch ein Praenumerant bin, zum Nutzen des Publici und Dero unsterblichen Ruhm glücklich vollends absolviren mögen«.[74]

Ein weiterer Pränumerant war der Jesuitenpater Tosch in Klagenfurt, der nach Erscheinen der ersten Lieferung hocherfreut an Pfeffel schrieb, die Kupfer-Bibel sei »freylich ein herrliches Werck, ohne deme glaublich keine Bibliotheckh oder bemittelter gelehrte wird seyn wollen, nicht nur bey Ihnen, sondern auch bey uns Catholischen«, dann aber doch einschränkte: »Mich duncket doch dass dises grosse und schöne Werck noch einmahl so vil wurde absonderl[ich] in dem Catholischen Europa Ruhm und verlangen erlanget haben, wann der Herr Concipiend seine gedancken etwas unparteyischer in seine gelehrt- und recht gut Lateinische Feder hätte fliessen lassen«.[75] Noch einen zweiten »Leserbrief«

wollte und für die bereits erschienene erste Lieferung den vollen Preis von jeweil 5 fl. und für die noch nicht erschienene zweite Lieferung die Anzahlung von jeweils 2 ½ fl. zahlte. Da Scheuchzer nicht reagierte, fragte Kanold fünf Monate später nach, wie er es mit der Bestellung und der Überweisung der Gelder halten solle, 27. Dezember 1728, ZBZ, Ms H 303, S. 717. Zwar hatte Scheuchzer inzwischen, am 11. Dezember, geschrieben, doch diesen Brief erhielt Kanold erst (mit einem weiteren vom 25. März) nach der Leipziger Jubilatemesse und antwortete auf beide am 29. August 1729, allerdings ohne auf seinen Pränumeranten zurückzukommen, ZBZ, Ms H 303, S. 721).

71 Johann Heinrich von Heucher an Scheuchzer, Leipzig, 16. Mai 1727, ZBZ, Ms H 303, S. 463.

72 Johann Heinrich von Heucher an Scheuchzer, Leipzig, 4. Januar 1728, ZBZ, Ms H 303, S. 479.

73 Otto Philipp Praun an Scheuchzer, Kempten, 19. Mai 1729, ZBZ, Ms H 304, S. 179.

74 Andreas Elias Büchner an Scheuchzer, Erfurt, 29. Dezember 1730, ZBZ, Ms H 304, S. 136.

75 ZBZ, Ms H 303, Bl. 179, Abschrift, Beilage zum Brief von Pfeffel an Scheuchzer, Augsburg, 15. Februar 1728, im Konvolut falsch eingeordnet.

von Tosch leitete Pfeffel an Scheuchzer weiter, der nun freilich nichts mehr von der anfänglichen Begeisterung vermittelte: »was die Ph[ysica] Sacra anbetrifft, versichere, daß sie bey uns Catholischen wenig were verlanget worden. Es ist Sünd und Schad, daß so kostbare, und arbeits volle Kupfer nicht mit anständigeren und bey aller Welt stattfindenden text versehen worden. Es wird zwar in der lezten Edition der text was weitläufttiger, ist aber noch nicht verständiger leuthe erwartung zulänglich.«[76]

Auch ein anderer österreichischer Pränumerant war unzufrieden und kündigte 1729 sogar an, das Werk nicht weiter beziehen zu wollen, wie Pfeffel berichtete: »Zu Grätz [Graz in der Steiermark] will der ohnweith befindl[iche] Prälath zu Vorau[77] die Phys[ica] Sacra welcher bereits 2 Exemp[lare] empfangen, nicht mehr continuiren, und zwar derwegen, weilen man das ienige nicht finde, was versprochen worden seye.«[78]

Mit den Vorbestellungen kamen auch gewichtige inhaltliche Verbesserungsvorschläge, die der Verleger umgehend nach Zürich weiterleitete. Pfeffel hatte nämlich nicht nur Kupferstiche, sondern auch Probeseiten des Textes übersandt, woraus die Interessenten ersahen, dass Scheuchzer eine Zürcher Bibel-Version, nicht aber die verbindliche Luther-Fassung benutzte, »und dieses ist eine ursach, daß alhier einige Liebhaber noch nicht praenumeriren und von mir zuvor vernehmen wollen, ob hierinnen keine änderung geschehen werde. Derhalben wo ia Ew[e]r Excell[enz] vor der Zürch[er] version nicht abzustehen belieben, so erachte dienlich zu seyn, daß auch eine andere teutsche und etwa Lutheri version an der Seithen beygedruckt werde, widrigen fals ich hirdurch mercklichen Schaden empfinden dörftte.« Tatsächlich gelang es dem Verleger, Scheuchzer davon zu überzeugen, dass Zürcher und Luther-Text nebeneinandergestellt wurden. Auf einen anderen Wunsch der Pränumeranten ging der Autor allerdings nicht ein: »Es zeigen sich immer auch mehrere Liebhaber, welche den Lat[einischen] und teutschen text nebeneinander haben wollen, daß demnach wünsche, wo es mögl[ich] were, einem ieglichen satisfaction geben zu können.«[79]

Aus den an ihn gerichteten Briefen konnte Scheuchzer natürlich nur einzelne Eindrücke vom Verlauf der Pränumeration gewinnen. Umso wichtiger waren für ihn die Berichte Pfeffels, auch wenn dieser in der Regel keine konkreten Namen nannte. Dass daraus ein gravierender Eingriff in das Werk resultieren würde, hat Scheuchzer sicherlich nicht erwartet.

76 Zitiert in Pfeffel an Scheuchzer, Augsburg, 10. August 1729.

77 Gemeint ist das Augustiner-Chorherrenstift Vorau, das bis heute eine für seine alten Handschriften berühmte Bibliothek besitzt.

78 Pfeffel an Scheuchzer, Augsburg, 10. August 1729.

79 Pfeffel an Scheuchzer, Augsburg, 23. Februar 1727.

Im Mai 1727 berichtete Pfeffel, er »habe dato allein von Wien, Nürnberg, Stuttgard, Bern, Lucern und Ulm sovil vernommen, daß ich zu 70 biß 80 praenumer[ationen] Hoffnung haben kan; da ich hingegen allein hiesigs orths biß 50. erlanget habe: ich getröste mich aber, daß nunmehro nach geendigter Franckf[urter] und Leipziger Meß sich etwa mehrere zeigen möchten«. Mit Blick auf das gelehrte Publikum und die ausländischen Interessenten hatte er große Hoffnungen in die lateinische Ausgabe gesetzt, musste aber zu seinem Erstaunen melden: »Ich habe alhier ebenfals 5 praenumer[anten] od[er] Liebhaber, welche die Exempl[are] teutsch und Lateinisch haben wollen, hingegen habe noch keinen, welcher allein auf das Werck in Lateinischer Sprache praenumeriret hat; bey so gestallter Sache stehe ich demnach an, ob solches in diser Sprache werde drucken und etwa nicht anstehen lassen, biß künfttigs sich mehrere Liebhaber hiezu finden, dann ich vermuthe, wann 1 od[er] 2 theil des Wercks heraus seyn, es dörfften sich alsdann erst liebhaber finden, so sich dermahlen noch bedencken machen.«[80]

Zugleich musste er die Erfahrung machen, dass der Markt zu klein war, um zwei ähnliche – eigentlich nur ähnlich scheinende – Werke zu gleicher Zeit zu verkraften. An Scheuchzer schrieb er in einem eiligen Postscriptum: »Eben empfange von regenspurg 5 praenumer[ationen] mit vermeldung, es wurden mehr erfolget seyn, wann nicht in Tübingen auf ein bibl[isches] Werck auf gleiche arth der Zeith liebhaber gesuchet würden.«[81] Gemeint ist Pfaffs kommentierte Bibel, für die die Gebrüder Cotta Pränumeranten warben.[82] Auch wenn Scheuchzers und Pfaffs Ausgaben sachlich in gar keiner Konkurrenz zueinander standen, musste sich der Interessent vielleicht aber doch für eine von beiden entscheiden, ging es doch um viel Geld.[83]

Dann geschah, was sich bei fast allen Pränumerationsprojekten (nicht nur) der Frühzeit beobachten lässt. Weil zu wenige Bestellungen eintrafen, verlängerte man die Zeichnungsfrist. Fünf Monate nach dem Versand der Zirkulare und drei Monate vor dem angekündigten Erscheinen der ersten Lieferung teilte Pfeffel seinem Autor mit:

»Aus Ew[e]r Excell[enz] Werthesten Schreiben vom 29ten Maij hatte vergnügend ersehen, wie neml[ich] sich in Zürch eben sovil Liebhaber zu dem

80 Pfeffel an Scheuchzer, Augsburg, 25. Mai 1727.

81 Pfeffel an Scheuchzer, Augsburg, 25. Mai 1727.

82 Vgl. Neue Zeitungen von Gelehrten Sachen, Leipzig, 8. Mai 1727, S. 381–384.

83 Ausdrücklich als preiswerte Konkurrenz zu Scheuchzers Werk verstand sich Johann Jacob Schmidts *Biblischer Physicus* (Leipzig: Jacob Schuster, 1731). Schmidt begründete die Herausgabe seines Werkes damit, »wo man in einem alles beysammen haben kan, so ist solches gar zu kostbar und zu theuer, wie man solches an dem neuesten Werck der Scheuchzerischen Kupffer-Bibel, oder Physica Sacra genannt, erfähret.« (Vorrede, S. [3]; Hinweis bei Müsch: Geheiligte Naturwissenschaft (wie Anm. 5), S. 84)

bibl[ischen] Werck finden, als alhier. Wie nun seither meinem lezten von einigen orthen sich noch mehrere gezeiget haben, als getröste mich, es werden sich nach und nach ferners einige ereignen, und folglich alles hierinnen noch wohl anlassen; da aber gleichwohl noch nichts erklecklich seyn will, so gebe gerne zu, daß der termin biß künfttige ostern verlängert und ein kurtzer advis nechstkommende Michaeli gegeben werde, daß nehmlich sodann [d.i. danach] keine praenumer[ationen] angenommen werden.«[84]

Während das außergewöhnlich große Interesse in Augsburg und Zürich sicherlich mit der persönlichen lokalen Vernetzung von Pfeffel bzw. Scheuchzer zusammenhing und in der Schweiz zusätzlich angefacht war durch die vorausgegangenen Auseinandersetzungen mit der Zürcher Zensur,[85] waren die Zahlen aus Frankfurt am Main und Leipzig, also von den beiden Messorten, enttäuschend: »von Leipzig ist mir durch Hn Weidemann[86] dortigen buchhandlern noch eine Nachricht eingegangen, daß Er einige praenumerat[ionen] erhalten hätte, von Franckfurt weiß hingegen, daß allein nur auf 2 Exempl[are] dieselbe derfolget seyn.« Immerhin hatten sich inzwischen doch einige Interessenten für die lateinische Ausgabe gefunden, sodass Pfeffel zum Druck Anstalten machte: »Weilen von Wien und Lübeck sich einige gezeiget, welche auf den Latein[ischen] text denen dortigen buchhändlern praenumeriret haben, als muß unumgänglich darauf bedacht seyn, daß auf zukünfttige Michaeli gel[iebts] Gott das Werck auch dergestalt heraus kommen möchte. Wie dann bereits H[err]n Wagner in Ulm solches zu drucken und zwar in 500 Exempl[aren] bestellet habe.«[87] Während Pfeffel auch später noch einmal die Auflagenhöhe von 500 Exemplaren für die lateinische Version nannte, gibt es keine entsprechende Angabe für den deutschen Text. Seine Auflage dürfte aber ebenfalls mindestens 500 Stück betragen haben.

Im Sommer kamen keine neuen Pränumerationen hinzu. Ende Juli 1727 berichtete Pfeffel in einer Art Zwischenabrechnung: »Seithero meinem lezten ist von mehrern Subscript[ionen] nicht eingegangen, und habe demnach der Zeith in allem nicht mehr als 224. worunter H[err]n Geßners 39 mit begriffen seyn, wo mir die bezahlung kaum vor den ½ theil einkommen ist«.[88]

84 Pfeffel an Scheuchzer, Augsburg, 6. Juli 1727.

85 Vgl. Müsch: Geheiligte Naturwissenschaft (wie Anm. 5), S. 41–45. Scheuchzer machte aus seinen Schwierigkeiten gegenüber Freunden kein Geheimnis und erntete klare Reaktionen: »Pater meus, dum libri tui fata nunciassen[?], respondit: entweder muß man die Pfafen mit Frieden laßen od[er] gar tödten«, Johann Rudolf Iselin an Scheuchzer, Basel, 11. Februar 1727, ZBZ, Ms H 340, S. 521.

86 Moritz Georg Weidmann d. J., Buchhändler in Leipzig.

87 Pfeffel an Scheuchzer, Augsburg, 6. Juli 1727.

88 Pfeffel an Scheuchzer, Augsburg, 16. Juli 1727.

Die Hauptursache für die Zurückhaltung des Publikums sah Pfeffel in der Sprache des deutschen Textes. Bereits im Januar hatte Daniel Bartholomäi, wie erwähnt, empfohlen, den vor alemannischen Dialektwörtern und Satzkonstruktionen strotzenden Text des Schweizer Autors mit Blick auf ein gesamtdeutsches Publikum zu »reinigen« und in ein »gutes Deutsch« zu bringen. Pfeffel und Scheuchzer hatten diese Empfehlung aber nur auf das Pränumerationszirkular bezogen, nicht auf den Text des Werkes selbst. Da Pfeffel mit dem (sprachlich »gereinigten«) Zirkular aber auch einen Bogen des (unverändert gebliebenen) Textes versandt hatte, hagelte es jetzt Kritik von allen Seiten. Gegenüber Scheuchzer zeigte er sich überzeugt, »wo ich neulich mit denen herausgegebnen Avertissements den teutschen text bogen nicht hätte mitgehen lassen, ich wurde iezo von viel mehreren praenumer[ationen] wissen. Ich wuste von unterschiedl[ichen] buchhändlern briefe Ew[e]r Excell[enz] zu zeugen, worinnen dieselbe mich erinnern, solches [eine gereinigte Sprachfassung] zu veranstalten, welches auch alhier von Gelehrten als auch Kauffleuthen geschehen ist. Es seyn einige die um deßwegen auf den teutschen text nicht, und lieber auf den Lateinischen haben praenumeriren wollen. Wann bey unterlassung dessen nicht in gefahr stünde, an statt des verhoffenden Nuzen, Schaden zu haben, wurde ich um die Einwilligung Ew[e]r Excell[enz] nicht ansuchen und beschwehrlich fallen, weßwegen mich gn[ädi]gl[ich] zu pardonniren, beynebens aber mir hierinnen zu willfahren, nochmahls ausbitte.«[89]

Bartholomäis Anregung, von Pfeffel und seinen Pränumeranten wirkungsvoll verstärkt, den Text in ein »gutes Deutsch« zu bringen, damit das Werk in ganz Deutschland verkauft werden könne, ist ein eindrucksvoller Beleg für die kulturelle Vormachtstellung der von Luther benutzten und geprägten Meißnischen Kanzleisprache, die sich in den zurückliegenden zwei Jahrhunderten zur hochdeutschen Normsprache entwickelt hatte und die durch die Mechanismen des sich immer mehr deutsch-national[90] ausprägenden Buchmarktes zunehmend auch in Randgebiete wie die deutschsprachige Schweiz vordrang. »Sachsen« meinte schon lange nicht mehr das Kurfürstentum, sondern das Gebiet der Hochsprache. Freilich entbehrt es nicht einer gewissen Ironie, dass es just ein ausgewanderter Sachse war – Bartholomäi stammte aus der Luther-Stadt Wittenberg, lebte aber schon seit mehr als zwei Jahrzehnten in Schwaben –, der diesen Ratschlag erteilte.

Tatsächlich nahm Scheuchzer diesen Rat an und »beugte« sich auch in dieser Hinsicht dem »Druck« der Pränumeranten. Ein echter Schwabe, der von dem

89 Ebd.

90 Im Gegensatz zu den bislang dominierenden deutsch-regional oder lateinisch-international geprägten Buchmärkten.

Ulmer Buchdrucker Christian Ulrich Wagner vermittelte Leipheimer Pfarrer Johann Martin Miller (1693–1747), Großvater des gleichnamigen »Siegwart«-Dichters, unterzog in den folgenden Jahren den Text einer grundlegenden sprachlichen Revision, wie sich anhand der überlieferten Briefe Millers nachvollziehen lässt. Über seine Grundsätze schrieb Miller: »Daß ich den Verstand vollkommlich behalten, bin gänzlich versichert, daß ich aber nicht nur die bey uns unübliche Worte, sondern auch redarten und constructiones geändert, achte ich Dero vorhaben und intention gemäß zu seyn, inmaßen solches, ohne den Stilum ungleich und unförml[ich] zu machen nicht anderst seyn kan; Ihro HochEdel Magnific[enz] H[err] D[oktor] Scheuchzer wird es in G[naden] vermerken, nachdem Er einmal die ausmusterung des Schweizerischen dialects der delicaten Welt zu gefallen und dem vortrefl[ichen] Bibelwerk zur Beförderung gestattet.«

Miller befand sich in einer schwierigen Mittlerposition. Einerseits meinte er: »Deßen [Scheuchzers] deutscher Text ist in wahrheit mehr als leicht und deutlich aber nach Landesart geschrieben, weßen die Mode-Teutschen zu spotten pflegen, denen man sich accomodiren muß, so man anderst bey Verachtung der Schale sie nicht auch des Kerns berauben will.« Andererseits bevorzugte er selbst den lateinischen Text, nicht zuletzt, weil er ihn brauchte, um Scheuchzers oftmals unverständliche oder ungeschickte deutsche Formulierungen korrigieren zu können. Aufschlussreich ist auch Millers Bemerkung zur Interpunktion, die mehr noch als die Orthografie ungeregelt war: »So ich im interpungiren und abtheilung der commatum und semi-commatum nicht des H[errn] Autoris oder Dero Drukerey gewohnheit habe, will gerne erinnerung annehmen« – an diesen Stellen »möchte d[er] H[err] Setzer und Corrector den Fehl verbeßern.«[91]

Dem begeisterten Engagement Millers hatte Scheuchzer es zu verdanken, dass sein Manuskript nicht, wie üblich, einfach in die Druckerei durchgereicht, sondern regelrecht lektoriert wurde, denn Miller nahm sich nicht nur des deutschen Textes an, sondern prüfte auch den lateinischen Text und alle auf den Kupferstichen untergebrachten Texte, Ziffern, Verweise usw. Er reiste sogar nach Augsburg zu Pfeffel, um Probleme zu besprechen, und übernahm die Schlusskorrektur des gesetzten Textes. Ob er dafür auch nur einen Heller Honorar erhielt, geht aus den überlieferten Briefen nicht hervor.

---

91 Johann Martin Miller an Christian Ulrich Wagner d. Ä. in Ulm, Leipheim, 7. Juli 1727, ZBZ, Ms H 303, S. 27–28, von Pfeffel am 16. Juli 1727 an Scheuchzer übersandt.

Um den Erscheinungstermin der ersten Lieferung zu Michaelis, d.h. zur Leipziger Herbstmesse 1727 einhalten zu können, ließ Pfeffel zunächst einmal eine kleinere Anzahl von Exemplaren der Kupfertafeln drucken, schwankte aber, wohl je nach Tagesstimmung, in der Festlegung der Auflagenhöhe – 300 (28. August), 400 (10. September) oder 350 (2. Oktober). Zugleich kam er auf die Idee einer Fristverlängerung zurück: »unterdessen gehet meine absicht dahin, um den termin, die praenumer[ationen] anzunehmen, biß nach nechstkommende ostern Franckfurt- und Leipziger Meß zu verlängern, derhalben erachte nöthig zu seyn, hievon ein besonder Avertissement drucken zu lassen, um solches bey ehest-ausgebenden 1.ten theil publique zu machen«. Scheuchzer möge ihm einen entsprechenden Text übersenden.[92]

Da Pfeffel erst nach dem 2. Oktober die zunächst benötigten Kupfertafeln drucken ließ, dürfte die erste Lieferung von Scheuchzers Kupfer-Bibel wohl erst Ende Oktober oder im Laufe des November 1727 ausgeliefert worden sein, jedenfalls nicht mehr zur Leipziger Michaelismesse, die von Ende September bis Mitte Oktober lief. Zumindest die für Zürich bestimmten Exemplare – andere erwähnte Pfeffel nicht – wurden erst kurz vor dem 29. Oktober verschickt.[93] Offenbar wollte Pfeffel um jeden Preis den angekündigten Erscheinungstermin zu Michaelis (29. September) wenigstens annähernd einhalten und verzichtete daher darauf, die Auslieferung um ein halbes Jahr auf die Termine der Frühjahrsmessen in Frankfurt am Main und in Leipzig zu verschieben, was wirtschaftlich und logistisch viel vernünftiger gewesen wäre, freilich aber auch das bereits investierte Kapital ein halbes Jahr hätte brachliegen lassen.

Dass er den Messtermin im Herbst verpasst hatte, bedauerte Pfeffel außerordentlich. Als er Ende November 1727 über den Stand der Arbeiten für die zweite Lieferung berichtete, betonte er, er sei darauf »bedacht daß unter Gottes Seegen diser theil etl[iche] Wochen vor künfftige ostern heraus kommen möchte, um in gehöriger Zeith die Exempl[are] derselben auf die vorstehende Meß nach Franckfurt und Leipzig zu verschaffen, dan die neulich beschehene verweilung des 1.ten theils mir viles geschadet hatt.«[94] Tatsächlich aber ist keine einzige Lieferung pünktlich zu den Messen erschienen, jedenfalls nicht bis zum Ende der überlieferten Briefe von Pfeffel im Dezember 1731.[95]

92 Pfeffel an Scheuchzer, Augsburg, 28. August 1727.

93 Pfeffel an Scheuchzer, Augsburg, 29. Oktober 1727.

94 Pfeffel an Scheuchzer, Augsburg, undatiert [Ende November 1727], ZBZ, Ms H 303, S. 291–294, falsch eingeordnet.

95 Anfang September 1730 hoffte er noch, die 7. Lieferung zur Frankfurter Messe senden zu können. Wenn er die fehlenden sechs Kupfertafeln rechtzeitig erhalte, »so bin ich im stande diesen

Gemeinsam mit der ersten Lieferung erschien auch ein gedrucktes Zirkular, und so geschah es auch in den folgenden Jahren bei jeder Lieferung, wie aus Pfeffels Briefen hervorgeht. Leider sind nur die Rundschreiben zur zehnten Lieferung (Frühjahr 1732),[96] zur 14. Lieferung (Frühjahr 1734)[97] sowie zur 15. und letzten Lieferung (15. Januar 1735)[98] nachweisbar, auch in den Gelehrten Zeitungen sind nur wenige von ihnen referiert worden – offenbar verfügte Pfeffel über keine Beziehungen zu deren Herausgebern. Immerhin berichteten die Leipziger *Neuen Zeitungen von Gelehrten Sachen* wenigstens über das erste dieser Zirkulare. Es hätten sich einige Interessenten »Bedencken gemacht, auf ein so kostbahres Werck Geld voraus zu zahlen, ehe sie eine Probe von den Erklärungen des Herrn autoris zu sehen bekommen; weßwegen man dienlich befunden, den Termin der Subscription biß auf nächstkünfftige Franckfurter und Leipziger Ostermesse [1728] zu verlängern.« Weil es auch einige Käufer gebe, die neben dem deutschen auch gern den lateinischen Text erwerben, aber natürlich die Kupfertafeln nicht zweimal kaufen wollten, biete der Verleger an, den Text separat für 1 fl. zu liefern. Wer aber das Werk in Regal-Format beziehen wolle, der könne es für einen Aufschlag von 1 fl. 30 kr. bekommen.[99]

In den folgenden Jahren war in den überlieferten Briefen von Pfeffel nur noch ausnahmsweise vom Fortgang der Pränumerationen die Rede, sodass sich nichts Genaues sagen lässt über die Gesamtzahl der Pränumeranten. Im Februar 1728 meldete der Verleger, dass alle Exemplare »weggegangen« seien,[100] was sich auf die Abzüge der Kupfertafeln bezog, also auf die mutmaßlich 350 Stück, die er im Oktober des Vorjahres hatte drucken lassen.

Ein Sorgenkind war und blieb die lateinische Ausgabe. Hier hoffte Pfeffel ganz besonders auf das englische Publikum, zumal in London Scheuchzers Sohn Johann Caspar lebte, ein enger Vertrauter von Hans Sloane (1660–1753), dem frisch gewählten Präsidenten der Royal Academy. Nachdem er ein Exemplar nach London gesandt hatte, schrieb Pfeffel: »bin demnach begierig zu vernehmen, wie in Engelland die Phys[ica] Sacra möchte aufgenommen, und ob dahin nicht mehrere Exempl[are] verlanget werden; dann weilen noch gar wenige

theil annoch auf die Franckfurter Meß zu verschaffen, so noch niemahls mit vorhin herauß gegebenen theilen erfolget ist«. (Pfeffel an Scheuchzer, Augsburg, 3. September 1730) Doch auch diesmal schaffte er weder den Frankfurter noch den unmittelbar anschließenden Leipziger Termin.

96 ZBZ, NNN 32/01, nicht datiert.

97 Stadtarchiv Ulm, S2883/2020/H/Wagner/3, Bl. 46, nicht datiert.

98 Stadtarchiv Ulm, S2882/2020/H/Wagner/3, Bl. 44; ZBZ, Ms. Z VIII 27, fol. 26.

99 Neuen Zeitungen von Gelehrten Sachen, 22. Januar 1728, S. 65–66.

100 Pfeffel an Scheuchzer, Augsburg, 15. Februar 1728.

Exempl[are] des Lateinischen Text abgesezt habe, als wünsche, daß dahin eine gute partie gelangen möge.«[101]

Die Hoffnungen erfüllten sich nicht, und auch im übrigen Europa interessierte man sich kaum für die lateinische Ausgabe. Im Juni 1728 war von den 500 Exemplaren noch nicht einmal ein Bruchteil verkauft, wie Pfeffel klagte: »daß die Engelländer bedencken tragen, auf die Physica Sacra zu praenumeriren, bedaure ich, dieweilen wohl gewünschet, daß von der Latein[ischen] Edition wovon 500 Exempl[are] habe auflegen lassen, und noch nicht 100 stück davon abgesezet, dahin kommen weren.«[102]

Hatten die Wünsche der Pränumeranten schon mehrfach direkt oder indirekt Einfluss auf das Werk genommen, so setzte sich dies jetzt fort, als Pfeffel den Text zur zweiten Lieferung empfing und feststellen musste, dass er noch kürzer als der ohnehin kurze Text zur ersten Lieferung ausgefallen war, und schon diese hatten viele Interessenten als viel zu teuer empfunden. Als Beleg leitete Pfeffel das Schreiben eines ungenannten Pränumeranten aus Steyr in Oberösterreich weiter: »den text schlagen sie auf 50 blatten p[er] 1 fl. an,[103] welches wohl recht excessiv theur ist; wie dann überhaupt an disem Werckh alles vil zu hoch kommet, da doch an einigen blatten gar nichts besonders zu beobachten, und der text fast durchgehends zimmlich mager heraus kommet. Ich zweiffle sehr, ob ich künfttig noch einmahl subscribiren werde, und glaube sicherlich, daß die ienige, so nicht subscribirt haben, dises Werck wohlfeiler bekommen werden, als es denen subscribenten kommet.«[104]

Höchst beunruhigt wandte sich der Verleger an Scheuchzer: »Wie nun von unterschiedl[ichen] orthen zu vernehmen hatte, daß sich manche beschwehreten, daß der Preiß Phys[ica] Sacr[a] zu theur wäre, und um deßwegen zu Heidelberg und Straßburg sich einige gefunden, welche derhalben ihr praenumer[ations] geld wider zu sich genommen, als beförchte ich, es dörftten, wo dieser nachfolgende theil heraus kommet, sich noch mehrere dergleichen vernehmen lassen, zumahlen da der 1e theil biß auf 17 bogen sich belauffet, folglich urtheilen möchten, daß ich einigen vortheil hierinnen suchen.« Pfeffel schlug daher vor, den Text wenigsten noch um zwei bis drei Bogen zu verlängern. Scheuchzer möge bitte schnell entscheiden, »dann wo hierinnen keine änderung erfolgete, wäre kein Zweiffel, daß mir nicht verdriesliche Worthe deßwegen vorkommen wurden, zumahl dörftte mir wohl solches auch zu schaden geschehen, da mir

101 Pfeffel an Scheuchzer, Augsburg, 28. Dezember 1727.

102 Pfeffel an Scheuchzer, Augsburg, 6. Juni 1728.

103 Aus einem späteren Brief Pfeffels geht hervor, dass er auch Exemplare des Textes ohne die Kupferstiche verkaufte, und zwar für 1 fl., Pfeffel an Scheuchzer, Augsburg, 25. Mai 1729.

104 ZBZ, Ms H 303, Bl. 179, Abschrift, Beilage zum Brief von Pfeffel an Scheuchzer, Augsburg, 15. Februar 1728, im Konvolut falsch eingeordnet.

noch kaum die helftte vor die gelifferte Exempl[are] des 1.en theils durch die buchhandler bezahlt worden, und also leicht geschehen könnte, daß hiedurch vile Exempl[are] dises theils mir möchten ligen bleiben«.[105]

Pfeffel hatte also auch vier Monate nach Auslieferung des ersten Teils kaum die Hälfte der Einnahmen erhalten – und zwar nicht, weil die Pränumeranten nicht bezahlten, sondern weil die Kollekteure das bezahlte Geld nicht weiterleiteten. Der Augsburger Verleger erklärte dieses Verhalten seiner Kollegen nicht, dabei muss man nicht viel über die Gründe spekulieren. Wer als Kollekteur Geld für einen Dritten annahm, bürgte vielleicht nicht de jure, aber wohl de facto für die Gegenleistung. Erfolgte diese Gegenleistung nicht oder nicht zum vereinbarten Termin oder nicht in der versprochenen (oder auch nur erwarteten) Qualität, konnten Kunden ihr Geld zurückfordern, wie dies offenbar in Heidelberg und Straßburg geschehen war. Und das taten sie beim Kollekteur, der zwar nur als Mittelsmann agierte, »seinen« Kunden vor Ort aber ganz anders verbunden und verpflichtet war als ein weit entfernt lebender, nicht greifbarer Pränumerationsunternehmer. So nimmt es nicht Wunder, dass manche Buchhändler-Kollekteure die eingenommenen Gelder bei sich »parkten«, statt ein Risiko einzugehen. (Ob es außerdem den einen oder anderen gegeben haben mag, der die Einnahmen zur zeitweiligen Verbesserung der eigenen Liquidität missbrauchte, sei dahingestellt.[106])

Auch nach acht Monaten sah es nicht viel besser aus. »Es gehen die Gelder für die Phys[ica] Sac[ra] so gemach und langweilig ein, daß vil zu thun habe, meine ausgaben zu bestreitten, ich were vergnügt, wo solche allein vor den 1.ten theil schon eincassirt hätte, und wolte gerne mit dem 2.ten noch in gedult stehen«, berichtete Pfeffel im Juni 1728.[107]

In der Zwischenzeit arbeiteten Scheuchzer und der von ihm beauftragte Zeichner, Johann Melchior Füßli, unverdrossen weiter. Wie sich erst jetzt herausstellte, beruhten alle bisherigen Angaben zum Umfang des Gesamtwerkes auf reinen Vermutungen. Als Pfeffel im Mai 1728 neue Zeichnungen von Füßli zur Weitergabe an die Kupferstecher erhielt, dräute ihm, dass die Zahl der Kupfertafeln die angekündigten 400 deutlich übersteigen werde, »welchem nach zu

105 Pfeffel an Scheuchzer, Augsburg, 15. Februar 1728.

106 Noch Schlimmeres berichtete Pfeffel über Moritz Georg Weidmann d.J. in Leipzig, allerdings nur gerüchteweise: »Weidemann alda, ist noch übler beschaffen, welcher unterschiedl[iche] praenumer[ations] Gelder solle angenommen haben, und keine Exempl[are] derselben geliffert hatt«, Pfeffel an Scheuchzer, Augsburg, 6. Juni 1728. Da Pfeffel später nicht mehr darauf zurückkommt, muss offen bleiben, ob an dem Gerücht etwas dran gewesen ist.

107 Pfeffel an Scheuchzer, Augsburg, 30. Juni 1728.

besorgen habe, daß es denen Praenumeranten oder Liebhabern nicht gefällig seyn dörftte.«[108]

In seiner Not wandte sich Pfeffel an Johann Jacob Brucker (1696–1770), Pfarrer und zugleich Rektor der Lateinschule in Kaufbeuren, nachmals berühmt geworden als Verfasser der ersten umfassenden, bis in die Gegenwart reichenden Geschichte der Philosophie, mit dem der Augsburger Verleger verschwägert war. Wie Pfeffel war auch Brucker über den wachsenden Umfang erschrocken, »dann ich sehe nur gar zu wohl, daß Verleger und Käuffer dabey zieml[ich] zu kurz kommen werden. Jener, weil ihm nicht mehr wird bezahlt werden wollen, als fl. 40. – Wie dann mein H[er]r Vetter selbst erkennen wird, daß sie durch die gegebne avertissemens sich verbindlich gemacht, Ihnen N[ota] B[ene] über die ganze bibel um fl. 40. – praenumeration zuliefern, wann auch gleich mehr als 400. blatten dazu kommen sollten. Bey diesen Versprechen werden Sie die Käufer halten, [von] denen den wenigsten anständig seyn wird, sich in ein noch größers Capital einzulaßen. Mit 400. Kupfern aber mitten Werk abbrechen, hieße auch nicht parole gehalten, und würden die Käuffer das größte Recht haben, hierüber Satisfaction zufordern.« Brucker riet daher, Scheuchzer solle sich auf das Notwendigste konzentrieren und sein Detailwissen für spätere Supplementbände aufsparen.[109]

An einer entscheidenden Stelle hatte Brucker Unrecht – Pfeffel hatte, soweit wir wissen, niemals versprochen, das Werk für 40 fl. zu liefern, »wann auch gleich mehr als 400. blatten dazu kommen sollten«. Vielmehr hatte er im ersten Zirkular ausdrücklich darauf hingewiesen, dass die Anzahl der Abbildungen »wie leicht zu erachten, noch nicht bekannt [sei], doch wenigst auf 400. Kupffer-Blatten steigen wird«.[110] Zumindest in dieser Hinsicht konnte Pfeffel seine Hände also in Unschuld waschen, was freilich sein Problem nicht wesentlich kleiner machte.

Da Scheuchzer mitgeteilt hatte, dass er bereits die Entwürfe für 500 Kupfertafeln formuliert habe, dabei aber lediglich bis zum Buch Hiob gekommen sei, konnte sich Pfeffel leicht ausrechnen, dass der Gesamtumfang auf 700 oder mehr Tafeln anwachsen dürfte. Die Konsequenzen standen ihm sofort vor Augen, und in seiner Panik bestärkt durch Brucker, der nur formuliert hatte, was der Verleger ohnehin wusste, schlug er bei Scheuchzer Alarm:

---

108 Pfeffel an Scheuchzer, Augsburg, 6. Juni 1728.

109 Johann Jacob Brucker an Pfeffel, Kaufbeuren, 21. Juni 1728, ZBZ, Ms 302, S. 339–342.

110 Stadtarchiv Ulm, Bestand Wagnersche Buchdruckerei, Bd. III, 43; Müsch: Geheiligte Naturwissenschaft (wie Anm. 5), S. 186. Auch diese entscheidende Formulierung ging auf einen Rat von Daniel Bartholomäi zurück: »H. Bartholmäi buchführer in Ulm erachtet besser zu seyn, wann in das project an statt *villeicht 400 gesezet würde, wenigst 400 Kupferblatten*«, Pfeffel an Scheuchzer, Augsburg, 5. Januar 1727.

»Ich besorge demnach, es dörftte mir vil verdrießliches hieraus entstehen, und die liebhaber von mir, es möchten auch die Kupfer noch sovil werden, das Werck gleichwohl nur vor 40 fl. praetendiren. Solte ich mit 400 Kupferbl[atten] den Schluß machen, gleichwie Ew[e]r Excell[enz] mir frey stellen, gehet noch weniger an, dieweil hiemit das Werck nicht complet und geschlossen wird, wodann folglich mir vile Exempl[are] widrum zurück möchten gegeben werden. Es kan auch das Werck A[nn]o 1731. gleichwie das Avertiss[ement] lauth hat, nicht in stande kommen, welches ebenfals nicht wohl wird aufgenommen werden, daß demnach, wie schon bereits vile Klagen geschehen, wie nemlich der Kupferbl[atten] sovil und hingegen des gedruckten texts so wenig ist, dergestalt künfttigs sich hierüber noch mehrere ereignen werden.«[111]

Da Pfeffel ohne gewaltigen Schaden nicht zurück konnte, musste er sehen, wie er vielleicht vorwärtskam. Daher erklärte er sich zur weiteren Zusammenarbeit bereit, »und solten auch 1000 Kupferbl[atten] werden«, verlangte aber von Scheuchzer, dass dieser in einem neuen Zirkular, das ohnehin bei Lieferung der dritten Tranche erforderlich sein würde, das Publikum über die Situation aufkläre und zugleich versichere, dass die folgenden Lieferungen mehr Text als bisher enthalten würden. Außerdem schlug er vor: »Ich glaube es dörftten bey dem anwachsenden Werck die Liebhaber am besten zu befriedigen seyn, wo denenselben den lezten theil gratis zu erlassen versprechen wurde, wozu aber sowohl Ew[e]r Excell[enz] als auch H[err] Füßli das ihrige zu contribuiren hätten«,[112] will sagen: wenn Scheuchzer und Füßli für diese Gratislieferung auf ihr Honorar verzichteten.

Es erschließt sich nicht auf den ersten Blick, warum Pfeffel meinte, mit mehr Text ein Publikum besänftigen zu können, das nach seiner Befürchtung auf einem Gesamtpreis von 40 fl. Und einem Schlusstermin 1731 bestehen würde. Doch unlogisch war der Gedanke nicht. Denn während bei einer Pränumeration der Verleger fürchten musste, dass Kunden abspringen könnten, musste umgekehrt das Publikum bei einem Fortsetzungswerk fürchten, auf einem Fragment sitzen zu bleiben. Ergo: Je attraktiver die einzelnen Lieferungen, desto größer der psychologische Druck, das Werk vollständig zu erwerben, auch wenn die Kosten stiegen und der ursprüngliche Zeitrahmen gesprengt wurde. Natürlich bedeutete dies für den Verleger ein erhöhtes wirtschaftliches Risiko, doch konnte er äußerstenfalls immer noch die Notbremse ziehen und das Werk unvollendet lassen, bevor er sich gänzlich ruinierte.

Bestätigung erhielt Pfeffel durch Brucker, der nach längerem Nachdenken seine Meinung änderte und nun das Gegenteil empfahl – nämlich »die H[erren]

111 Pfeffel an Scheuchzer, Augsburg, 30. Juni 1728.

112 Pfeffel an Scheuchzer, Augsburg, 30. Juni 1728.

Subscribenten abel modo zubegütigen, daß Sie sich in ein größeres Capital einzulaßen gefallen ließen«. Zwar sei unbestreitbar, dass die Pränumeranten bei einem Anwachsen des Umfangs »für Ihr Geld Wahre genug kriegen«, dennoch dürfe man nicht vergessen, dass es »doch manchen (zumahl wer mehr eine Augen- als Gemüths-Weide dabey zu suchen gemeint, wie v[erbi] g[ratia] [zum Beispiel] Kaufleute und andere ungelehrte) hart ankommen [würde], von fl. 40. biß 60.– oder wohl noch mehr hinauf zusteigen, und eine resp[ective] so große Summa in ein von den meisten par curiosité allein angefasstes Buch zu wenden«. Brucker riet zu einem offensiven Vorgehen. Scheuchzer solle öffentlich in einem Zirkular und in den Gelehrten Zeitungen des In- und Auslandes erklären, »wie daß die Menge herrlicher Anmerkungen d[en] H[errn] auctorem nebst dem Verleger encouragirt, das Werk durch unzeitiges Abbrechen nicht manquant [unvollständig] zu machen, sondern soviel als die Nothwendigkeit und Würde der Sache erfordert, zu continuiren«. In geradezu rabulistischer Manier meinte Brucker, es handle sich ja eigentlich um ein neues Werk oder, genauer gesagt, um eine Fortsetzung, die man erneut für 5 fl. à 50 Kupfertafeln liefern würde. »Es würden sich auch die Subscribenten darüber nicht beschwehren können, weil ihnen doch der preiß, der gemacht worden, auch bey solcher Continuation gehalten würde, da man doch mit 400. blatten abbrechen, u[nd] die Continuation, (die sich doch ein jeder a part schaffen müste, der sein Werk nicht defect haben wollte,) in ordinari preiß erkaufen könnte.« Ob Pfeffel den letzten Teil gratis liefern wolle, wie er angeregt hatte, sei dessen Entscheidung, aber: »Nur das könnte ich durchaus nicht rathen, mit d[en] 400. blatten in der Praenumeration abzubrechen, indem nicht nur ein starker risico zu besorgen wäre, ob auch soviel Exemplaria, als Dero Conto erfordert, debitirt werden könnten, sondern sich auch die Subscribenten beschwehren würden, daß sie gefährt worden, und anstatt eines gantzen ein halbes Werk bekommen hätten.«[113]

Wie es scheint, taten Scheuchzer und Pfeffel erst einmal – nichts. Erst als zwei Jahre später, im Sommer 1730, das Erscheinen der siebten und eigentlich vorletzten Lieferung bevorstand, konnten Autor und Verleger nicht mehr umhin, die Pränumeranten zu informieren. Scheuchzer schlug vor, die Pränumeration ganz und gar aufzuheben, erntete aber Pfeffels Widerspruch: »der 3te punct [des neuen Zirkulars] dörffte aber mir mehr schädlich als nutzlich seyn, da Ew[er] Excell[enz] vermeynen, daß die praenumerat[ion] aufgehebt werden solle, dann ich urtheile, die liebhaber dörfften eher von dem Werck abstehen, um so mehr aber solches continuiren, weilen Sie den vorschuß a f. 2. 30 kr. nicht gerne verliehren wurden; Es würde auch in meinem Conto Buch, als auch derer Buchhändler unordnung geben, wo solche aufgehebt wurde, da hingegen die

113 Johann Jacob Brucker an Pfeffel, Kaufbeuren, 18. Juli 1728, ZBZ, Ms 302, S. 331–338.

excuse warum das Werck also angewachsen, beygebracht werden kan, wodann nicht zweifle, daß wo dem Publico versichert wird, es werde [mit der achten Lieferung] der Titul, Frontispicium, Praefation mit dem vollständigen Indicem herauß kommen, es werde wohl so vil fruchten, daß die meiste Liebhaber die nachfolgende theile ebenfalls gerne an sich ziehen werden.«[114]

Längst war klar, dass sich der Umfang nahezu verdoppeln und auf 15 Lieferungen hinauslaufen würde. Mit einem Seufzer reagierte Pfeffel auf die Aussicht, »daß ich hiemit meines Lebens Ende mit saurer Mühe und arbeit zu beschliessen haben werde; Gott helffe es zu seiner Ehre und unß zur Freude glücklich zu vollenden«.[115]

Im Oktober 1730 meldete Scheuchzer, er habe das Manuskript abgeschlossen, die Anzahl der Kupfertafeln werde 718 betragen.[116] Damit konnte der Verleger natürlich nicht arbeiten, weshalb er dem Autor schrieb: »Nun seyn aber die 18 über die 700 zu keinem theil anzuwenden, als wünschete demnach, daß hiezu noch 32 Tafeln möchten können außzufinden seyn, folgl[ich] das Werck in 15 theile bestehen möchte, zu welchen vermuthe, daß Ew[er] Excell[enz] wohl noch so vil materie werden finden können«.[117] So geschah es dann auch.

Das Publikum war erwartungsgemäß nicht sehr glücklich mit der Verdoppelung des Umfangs und damit der Kosten. Als im Herbst 1731 die neunte, d.h. die erste »überschüssige« Lieferung herauskam, war Pfeffel noch neugierig auf die Reaktionen und fragte sich, »ob sich nicht manche H[err]n Praenumeranten, welche die Phys[ica] Sac[ra] abgesagt zu continuiren, ein anders resolviren werden.« Allerdings musste er Scheuchzer auch berichten: »Ich habe sehr viele Klagen vernehmen müssen, daß das Werck, da solches anfangs in 8 theilen außgestellet war, nunmehro in 15 bestehen solle, und meldet Einer sogar, daß solches zur Last werde, wo mehrers dergleichen expressiones anmercken wolte, wurde dieses blatt davon anzufüllen, nicht erklecklich seyn.« So blieb ihm nur die Hoffnung, »daß weilen nun das Werck kan eingebunden werden, es solle die Zahl derer ienigen so hievon abstehen, durch neue Liebhaber ersezet werden, so die Zeith lehren wird«.[118]

Wie es scheint, versuchte Scheuchzer seinen Verleger zu trösten und aufzumuntern, doch es half nichts. Der letzte Brief Pfeffels nach Zürich, der erhalten ist, kulminiert in einer Klage: »ob nun wohl Ew[er] Excell[enz] neulich gemeldet haben, daß Sie verhoffen, es werde iedermann durch die Außgab des

114 Pfeffel an Scheuchzer, Augsburg, 16. Juli 1730.

115 Ebd.

116 Das heute noch vorhandene Manuskript Scheuchzers nennt den 10. Oktober 1730 als Datum des Abschlusses, vgl. Müsch: Geheiligte Naturwissenschaft (wie Anm. 5), S. 56.

117 Pfeffel an Scheuchzer, Augsburg, 5. November 1730.

118 Pfeffel an Scheuchzer, Augsburg, 23. September 1731.

9.ten theils vergnügen gegeben worden seyn, so seyn mir aber dieser tagen, so nachdrückl[iche] Worthe eingelauffen, daß ich nöthig erachte solche in Original Ew[er] Excell[enz] zu communiciren, so mit Gelegenheit widrum zu remittiren bitte. Es seyn ebenfals von andern Orthen gleichmässige Klagen mir eingegangen auch etliche Continuationes abgestellet worden, welches ich geschehen lassen muß, wobey doch in Hoffnung stehe, es möchten sich seiner Zeith noch andere Liebhaber finden.«[119]

Ungeachtet aller Sorgen und Klagen: Pfeffels Entscheidung, das Werk fortzusetzen, erwies sich als richtig. Obwohl es auf nahezu das Doppelte des angekündigten Umfangs anwuchs und statt 1731 erst vier Jahre später abgeschlossen war, spricht die Tatsache, dass es vollendet wurde, dafür, dass auch eine hinreichende Anzahl von Pränumeranten bei der Stange blieb oder neue hinzutraten.

Zum Erfolg des Unternehmens trug maßgeblich bei, dass Pfeffel die Einzeichnungsfrist immer wieder verlängerte. Als Anfang 1730 die fünfte Lieferung erschien, berichteten die Leipziger *Neuen Zeitungen von Gelehrten Sachen* (auf der Grundlage eines von Pfeffel verbreiteten Zirkulars): »Weil aber der Herr Verleger wahrgenommen, daß die Zeit zu der Subscription zu kurz eingeschrencket ist, so hat er bekannt gemacht, daß er denselbigen[!] biß Pfingsten 1730 gegen den gewöhnlichen Preiß von 5 Gulden Reichs-Wehrung jeden Theil extendiren, und dafür auch die bißher fertig gewordene lassen wolle.«[120] Indem Pfeffel auch nach zweieinhalb Jahren das Buch zum Pränumerationspreis anbot, entwertete er in gewisser Weise das gesamte Verfahren – denn warum sollte man noch pränumerieren, wenn man das Buch auch Jahre später zu dem angeblichen Vorzugspreis kaufen konnte? Allerdings hatte er nur so die Möglichkeit, neue Käufer zu gewinnen, und das war natürlich wichtiger als die Einhaltung eines früher gegebenen Versprechens.

5. *›Lizenzausgaben‹*

Wichtiger noch als die ständige Verlängerung der Pränumerationsfrist war, dass es Pfeffel gelang, ›Lizenzen‹ ins Ausland zu vergeben. Eigentlich hatte er damit gerechnet, mit der lateinischen Ausgabe den internationalen Markt erreichen zu

119 Pfeffel an Scheuchzer, Augsburg, 2. Dezember 1731.

120 Neue Zeitungen von Gelehrten Sachen, 2. März 1730, S. 157. Dies ist die letzte Erwähnung der »Kupfer-Bibel« in den *Neuen Zeitungen von Gelehrten Sachen*. Eigenartigerweise ist kein einziger Teil dort jemals rezensiert worden.

können, doch weder in England noch in Frankreich oder in Holland interessierte man sich dafür. Stattdessen taten sich ganz neue Möglichkeiten auf.

Bereits unmittelbar nach Erscheinen der ersten Lieferung im Oktober 1727 berichtete Pfeffel: »Es zeiget sich einige Gelegenheit, daß villeicht der bibl[ische] text in Holländischer Sprache dörftte auch aufgelegt werden, als wozu, wo mit dem Freund einig werden kan, nur allein die Exempl[are] der Kupfer zu lieffern habe.«[121] Wirklich traf Pfeffel Anfang 1728 mit dem berühmten Kunstverleger Peter Schenk d. J. in Amsterdam eine Übereinkunft, derzufolge dieser den Text ins Holländische übersetzen ließ und dazu von Pfeffel die benötigte Anzahl von Drucken der Kupfertafeln erhielt; im April 1728 wurde bereits der erste Teil gedruckt.[122] Pfeffel lieferte jeweils 160 Kupfertafeln und erhielt sechs Exemplare des holländischen Textes, von denen er eines an Scheuchzer weiterleitete.[123]

Über seinen mit Schenk geschlossenen »accord« berichtete Pfeffel etwas später im Detail: »es bezahlet mir derselbe vor 1 Exempl[ar] von 50 Kupferbl[atten] oder iegl[ichen] heraus kommenden theilen fl. 3. 30 kr. und da wegen gleichförmikeit[!] des Papirs nöthig ist, daß mir derselbe eben das ienige holländische Papir zu denen Kupfern überschicket, wie Er solches zu dem text anwendet, so übernehm ich den ballen oder 10 riß desselben franco biß Franckfurt geliffert, vor 40 fl. an; und liffere Ihme hingegen die Exempl[are] widrum franco nach Franckfurt, wobey mir noch 6 Exempl[are] des holländischen texts zu verschaffen, mit bedungen habe. mithin habe mich H[err]n Schenck obligirt die abdruck bestermassen und gefällig zu liffern, dergestalt daß Ihme bereits die meiste Exempl[are] des 1.ten theils übersandt habe, mit welchen er sehr vergnüget ist; hiezu hatt aber geholffen, daß ich alle derselben Kupfer zuvor renovirt habe, und weilen das holländisch Papir von besserer Substanz und schöner ist, als das wo ich das Werck darauff abdrucken lasse, so seyn die abdruck vil besser und gefälliger als meine eigene, so vor mich habe drucken lassen, ausgefallen.«[124]

Pfeffels Zahlenangaben sind aufschlussreich. Während er den Pränumeranten einen Teil mit 50 Tafeln (ohne Text) für 4 fl. lieferte, erhielt Schenk die Lieferung für 3 fl. 30 kr. Im Folioformat können auf einen Bogen nur zwei Kupfertafeln gedruckt werden (weil die Rückseiten unbedruckt bleiben müssen). Für die Lieferung von 50 Kupfertafeln à 160 Stück benötigte Pfeffel 4.000 Bogen. Da der von Schenk gelieferte Ballen mit zehn Ries 5.000 Bogen enthielt, konnte Pfeffel den (von ihm ja bezahlten) Überschuss für andere Zwecke verwenden. Doch kalkulatorisch verteilten sich die Papierkosten von 40 fl. (2.400 kr.) – die Trans-

121 Pfeffel an Scheuchzer, Augsburg, 29. Oktober 1727.

122 Pfeffel an Scheuchzer, Augsburg, 25. April 1728.

123 Pfeffel an Scheuchzer, Augsburg, 6. Juni 1728 und 30. Juni 1728.

124 Pfeffel an Scheuchzer, Augsburg, 25. August 1728.

portkosten sind unbekannt – auf 160 komplette Exemplare, machten also 15 kr. pro Exemplar aus. Pfeffel erhielt von Schenk also de facto 3 fl. 15 kr. pro Exemplar (zuzüglich des überschüssigen Papiers und abzüglich der Transportkosten).

Da Pfeffel hiermit immer noch einen Gewinn erwirtschaftete – sonst hätte er kaum den Vertrag mit Schenk abgeschlossen –, lässt sich vermuten, dass die gesamten Kosten für ein Exemplar mit 50 Kupfertafeln (ohne Text) bei vielleicht 3 fl. gelegen haben. Wenn Pfeffel mit einem Gesamtabsatz von 1.000 Exemplare gerechnet hat (je 500 deutsche und lateinische Ausgaben), hätten die Kosten pro Kupfertafel (Stich,[125] Papier und Druck) höchstens 60 fl. betragen dürfen, um kostendeckend zu sein. In seinen Briefen an Scheuchzer erwähnt Pfeffel nur einmal das Honorar für einen Kupferstecher – für die doppelseitige Tafel Nr. I zahlte er an Jacob Andreas Fridrich 70 fl.[126] Es lässt sich also vermuten, dass bei einer regulären, einseitigen Abbildung zwischen 35 und 40 fl. an den Stecher bezahlt wurden.

Grob geschätzt, kostete die Herstellung einer Lieferung (ohne Text) also vielleicht 2.500 fl. (50 Tafeln à 50 fl.). Bei einem Pränumerationspreis von 4 fl. (ohne Text) lag der »break even« folglich bei etwa 625 Exemplaren. Da Pfeffel aber am Anfang gerade einmal 224 Pränumeranten hatte, deren Geld noch nicht einmal zur Hälfte in seine Hände gelangt war, musste er das Werk zu einem sehr großen Teil aus eigener Tasche vorfinanzieren. Wenn es stimmt, dass er vor Erscheinen des ersten Teils nur von etwa 110 Pränumeranten das Geld tatsächlich empfangen hatte, dann machten diese etwa 440 fl. weniger als ein Fünftel der durch die Kupferstiche verursachten Kosten aus!

Auch 1730 klagte Pfeffel immer noch über den schlechten Zahlungseingang: »Da mir aber die geld[er] so gar unrichtig eingehen, und zwar dergestalt, daß wo durch andren meinen Verlag mir nicht hülffe geschehete, die Phys[ica] Sac[ra] in stande zu bringen, schwehr fallen wurde, weilen alle und iede so mir bey diesem Werck an handen gehen, accurat und gleich wollen bezahlt seyn, wo ich hingegen denen jenigen, so solches von mir empfangen, alle commodité zustehen muß.«[127] Nur die Möglichkeit der innerbetrieblichen Quersubventionierung erlaubte es Pfeffel, das Werk fortzusetzen.[128] Dazu kamen nun, modern gespro-

125 In keinem von Pfeffels Briefen findet sich ein Hinweis, dass er für die Zeichnungen von Füßli ein Honorar bezahlt hat. Wie es scheint, übernahm Scheuchzer die Honorierung des Künstlers selbst.

126 Pfeffel an Scheuchzer, Augsburg, 2. Oktober 1727.

127 Pfeffel an Scheuchzer, Augsburg, 2. Juli 1730.

128 Müsch hat darauf hingewiesen, dass Pfeffel außerordentlich wohlhabend war. Einen großen Teil seines Reichtums verdankte er Devotionalienbildern, die massenhaft auf Jahrmärkten vertrieben wurden. Müsch zitiert aus dem Brief eines Augsburger Kupferstechers, »daß Künstler was Er nur e:g: umb eine dublonen v:g: nur wie H. Pfäffels brevier bildlen etc. anwendt, darauß

chen, die Einnahmen aus Zweitverwertungen wie der holländischen Mitdruck-Ausgabe, die zunächst einmal für bessere Liquidität sorgte.

Die holländische Ausgabe erschien in 15 Lieferungen von 1728 bis 1738 unter dem Titel *Geestelyke natuurkunde*, aus dem Lateinischen übersetzt von Florentinus H. J. van Halen, bei »Petrus Schenk, konst- en kaartverkooper in de Warmoestraat, op den hoek van de Visteeg, in den Visschers-Athlas«, wie es auf dem Titelblatt heißt.

Natürlich profitierte Pfeffel von einer Besonderheit des Kunsthandels mit Reproduktionsgrafiken. Kupferstiche konnten international vermarktet werden, ohne dass es eines Neustichs bedurfte. Während Texte in Nationalsprachen übersetzt werden mussten, konnte man die Kupferplatten entweder unverändert oder mit nur geringem Zusatzaufwand wiederverwenden. Dies war zudem preiswerter als die Anfertigung von Nachstichen, jedenfalls bei qualitativ hochwertigen und großformatigen Arbeiten. Es zeugt von der erstaunlichen Modernität des Verlagsbuchhandels im frühen 18. Jahrhundert, dass derartige grenzüberschreitende Kooperationen gedacht und verwirklicht wurden.

Auch ein ungenannter englischer Verleger hatte die Idee einer Übernahme der Kupferdrucke für eine von ihm zu veranstaltende Ausgabe in seiner Muttersprache und wollte sogar 500 bis 750 Exemplare von Pfeffel beziehen.[129] Offenbar setzte Scheuchzer, der dieses Angebot an Pfeffel weitergeleitet hatte, große Hoffnungen auf seinen in London lebenden Sohn Johann Caspar. Doch als dieser 1729 im Alter von nur 27 Jahren verstarb, war damit auch das Ende dieses Projektes verbunden. In seinem Kondolenzbrief schrieb Pfeffel: »Ich muß gestehen, daß diser traurige Fall mir sehr zu herzen gehet, weilen solcher mein gehabtes concept ganz verrücket hat, indeme ich in Hoffnung gestanden, es möchte vermittelst des Seel[igen] Herren Sohnes die Phys[ica] Sac[ra] in Engl[ischer] Sprache annoch zum vorschein gebracht werden, da hingegen mich dessen nunmehro nicht mehr getrösten darff.«[130]

1730 meldete sich der aus der Frühgeschichte des deutschen Pränumerationswesens gut bekannte Thomas Lediard in Hamburg bei Pfeffel, der nur knapp darüber berichtete: »Es hat sich neulich auch einer Nahmens Thomas Lediard in Hamburg hervor gethan, welcher die Phys[ica] Sac[ra] in Englischer Sprache translatiren will, Er verlanget aber solche conditiones mit Ihme einzugehen, so

---

50 fl. gwinn erhollen kann, in grössern Sachen, gibts auch grössern gwin«, Müsch: Geheiligte Naturwissenschaft (wie Anm. 5), S. 48. Müsch löst dies nicht auf: Da 1 Dublone 640 Kreuzer entsprach und 1 Gulden 60 Kreuzer, entsprach 1 Dublone 10 2/3 Gulden. Der Gewinn lag also (angeblich) bei etwa 400 Prozent!

129 Pfeffel an Scheuchzer, Augsburg, 25. August 1728.

130 Pfeffel an Scheuchzer, Augsburg, 18. Mai 1729.

nicht zu acceptiren seyn.«[131] Das war das Ende der Bemühungen, eine englischsprachige Ausgabe zu veröffentlichen.

Mehr Erfolg hatte Pfeffel dagegen mit der französischen Ausgabe, auch wenn es wesentlich länger dauerte, bis sie erscheinen konnte. Schon vor Erscheinen der ersten Lieferung hatten Scheuchzer und Pfeffel darüber nachgedacht, doch der Verleger setzte alle seine Hoffnungen auf die lateinische Version: »Mit übersezung dises Wercks in die francösische Sprache kan es noch anstand haben, dan allem ansehen nach dörftte solches den grösten abgang unter denen Gelehrten, folglich bey der Lateinischen Edition finden, die teutsche aber hingegen um so weniger.«[132] Dies erwies sich, wie erwähnt, schon bald als ein Irrtum.

Nach der Veröffentlichung des Pränumerationszirkulars meldete sich ein Offenbacher Buchhändler, und Pfeffel berichtete: »Es hat sich auch H[err] Joh[ann] Ludwig Bischoff in offenbach in besonderen conditiones erbotten, eine partie Exempl[are] allein von Kupfern zu übernehmen, wozu Er eine francösische Version durch ein Gelehrten der Math[ematischen] Physical[ischen] und Medicinischen Wissenschafften geübten Mann in Paris zu besorgen auch so gar alldorten trucken und als sein eignes Werck daraus machen wolle.« Pfeffel reagierte jedoch auf das Angebot nicht, sondern entschied sich stattdessen, die lateinische Ausgabe in 500 Exemplaren zu drucken.[133]

Ein Jahr später kam er wieder auf die Angelegenheit zu sprechen. »Wo mir recht ist, so habe schon verwichnes Jahr an Ew[e]r Excell[enz] berichtet, daß H[err] König buchhandler in Offenbach die Physica Sacra in francösischer Sprache zu Paris zu vertiren lassen sich erbotten, und gleichsam sein eigen Werck daraus zu machen. wie aber damahls nicht zu vil in einander anfangen wolte, und so gnugsam mit meiner Sache zu thun hatte, so habe Ihme erst vor etlichen Wochen hirauf meine Gedancken eröffnet, gibt aber keine Nachricht, ob Er hierinnen fortzufahren, Sinnes ist.«[134]

Während aus Offenbach nichts mehr zu hören war, überlegte Pfeffel 1729, selbst eine Übersetzung ins Französische – ebenfalls auf Pränumerationsbasis – zu veranstalten, und bat Scheuchzer um Hinweise auf einen geeigneten Übersetzer.[135] Allerdings schreckte er dann doch davor zurück, aber nicht, weil er ver-

131 Pfeffel an Scheuchzer, Augsburg, 24. Dezember 1730.

132 Pfeffel an Scheuchzer, Augsburg, 4. Oktober 1726.

133 Pfeffel an Scheuchzer, Augsburg, 16. Juli 1727. Ein Johann Ludwig Bischoff ist in der Buchhandelsgeschichte nicht bekannt. Vermutlich handelte es sich um einen Irrtum. Im nächsten zitierten Brief nennt Pfeffel den Offenbacher Verleger-Sortimenter Rudolf Emanuel König. Dessen Sohn und ab 1730 Geschäftsnachfolger hieß mit Vornamen Johann Ludwig. Von ihm dürfte 1727 die Anfrage gekommen sein.

134 Pfeffel an Scheuchzer, Augsburg, 6. Juni 1728.

135 Pfeffel an Scheuchzer, Augsburg, 25. Mai 1729.

triebliche Probleme voraussah, sondern einmal mehr wegen des Papiers: »Eine francösische Edition ausgehen zu lassen, were ich schon resolvirt, wo nur das hiezu erforderliche francös[ische] oder Holländische Papir haben könnte, dann weilen ich weiß, daß die nation gar zu vil auf schön Papir sihet, so möchte nicht gerne von unsern Land Papir hiezu gebrauchen.« Dagegen zeigte sich nun Peter Schenk in Amsterdam interessiert: »H[err] Schenck hatt mir neulich zu verstehen gegeben, als ob Er fast Lust hätte eine francösische Edition vorzunehmen, welchen ich demnach um so mehr hiezu animiren werde, indem er sich besser als ich das Papir hiezu anzuschaffen wüste.«[136]

Inzwischen hatte Pfeffels Bruder Johann Conrad, der in Colmar lebte, wo er Stättmeister und königlich-französischer deutscher Secretarius war, angeboten, bei seiner nächsten Dienstreise nach Paris bei den dortigen Verlegern nachzufragen. Allerdings warnte er schon im Vorfeld vor den Pariser Buchhändlern, die »durchgehends ärgerliche Juden seyn«, weshalb man sich besser an Verleger in Genf wenden solle, die zuverlässig seien und das schönste Papier aus Lyon verwenden würden. Sollte dies zu nichts führen, erklärte der Augsburger Verleger, so wolle er in Basel Papier kaufen und einen von Scheuchzer benannten Übersetzer in Neuchâtel beauftragen, um »den Verlag in Gottes Nahmen unter subscript[ion] oder praenumeration, gleichwie es bey der teutsch- und Lateinischen Edition geschehen ist vorzunehmen«.[137]

Schließlich griff Pfeffel aber doch auf Peter Schenks Angebot zurück und bat seinen Bruder, keine weiteren Verhandlungen in Paris zu führen, da er lieber mit Schenk zusammenarbeiten wolle, »obwohl jener wegen der Zahlung nicht also hält, daß ich mit Ihme zu frieden seyn kan«.[138] Tatsächlich erschien die französische Ausgabe unter dem Titel *Physique Sacrée, ou histoire-naturelle de la Bible* von 1732 bis 1737 in acht Bänden bei Pierre Schenk und Pierre Mortier in Amsterdam.

Grenzüberschreitende Kooperationen deutscher Verleger in der Frühen Neuzeit sind ein wohl noch nie systematisch untersuchtes Feld der Buchgeschichtsschreibung. Zweifellos waren sie selten – aber es gab sie, wie die holländischen und französischen Ausgaben von Scheuchzers Werk in einem holländischen Verlag unter Benutzung der in Augsburg hergestellten Kupferstiche belegen.

136 Pfeffel an Scheuchzer, Augsburg, 29. Juni 1729.

137 Pfeffel an Scheuchzer, Augsburg, 15. Februar 1730 mit Auszug aus dem Brief von Johann Conrad Pfeffel an Johann Andreas Pfeffel, Colmar, 18. Dezember 1729.

138 Pfeffel an Scheuchzer, Augsburg, 14. April 1730.

6. *Bilanz*

Mit dem letzten überlieferten Brief von Pfeffel enden im Dezember 1731 die aus Scheuchzers Briefnachlass verfügbaren Hintergrundinformationen.[139] Bei Erscheinen der zehnten Lieferung im Frühjahr 1732 verwies der Verleger in einem Zirkular noch einmal auf das enorme Risiko, das er auf sich genommen habe und weiterhin nehme, das Werk trotz des nahezu verdoppelten Umfangs zu liefern: »Hiedurch leistet er mit Hinansetzung seiner Kosten und Vortheilen nicht allein seinem Versprechen Genüge, sondern dienet auch noch mit mehrern, als er verbunden ist.«[140]

Die Auslieferung des vorletzten Teils im Herbst 1734 nutzte Pfeffel, um säumige Pränumeranten aufzufordern, »sie wolten belieben, [...] denen hiezu erbettenen Herren Collectoribus die etwa restirende Praenumerations-Gelder zu Handen zu stellen, damit mir, der ich mit Aufwendung grosser Speesen mich bey meinem einmal gegebenen Worte pünctlich finden lasse, gleiche Billigkeit wiederfahren möge«. Immerhin hatte er ein nun recht wirksames Druckmittel in der Hand, das er auch einzusetzen beabsichtigte. Wer nämlich nicht bezahle, werde den letzten Theil samt dem umfangreichen Register zum Gesamtwerk nicht nur nicht erhalten, sondern müsse auch, wenn er ihn später verlange, die letzten fünf oder sechs Teile um ein Drittel höher (also zum Normalpreis) bezahlen! Wer allerdings jetzt noch neu hinzukomme, solle bis zum Ende der Michaelismesse das Gesamtwerk zum Pränumerationspreis bekommen – danach steige der Preis »unnachbleiblich« um 25 Prozent auf 100 fl.[141]

Wie hoch die tatsächlich verkaufte Auflage gewesen ist, entzieht sich unserer Kenntnis. Nimmt man die bekannten Zahlen von ursprünglich 224 Pränumeranten und 160 Exemplaren für die holländische Ausgabe und ergänzt weitere mutmaßliche 160 Exemplare für die französische Edition, kommt man mit 584 Exemplaren bereits in die Nähe der vermuteten Deckungsauflage von 625 Exemplaren. Indem Pfeffel die Kosten für die Kupferstiche, die etwa 80 Prozent der Gesamtkosten verursachten, auf nicht weniger als vier Parallelausgaben, einen Zeitraum von acht Jahren und ein dank der ›Lizenzausgaben‹ wesentlich erweitertes Vertriebsgebiet verteilen konnte, war er in der Lage, das Werk erfolgreich zum Abschluss zu bringen, auch wenn er vermutlich keinen allzu großen finanziellen Gewinn erzielen konnte. Die Bedeutung des Pränumerationsverfahrens wird man jedenfalls nicht überschätzen dürfen – vielleicht hat Pfeffel dies von

139 Auch die Briefe des »Lektors« Johann Martin Miller sind nur bis zum 28. November 1731 erhalten geblieben.

140 ZBZ, NNN 32/01, nicht datiert.

141 Stadtarchiv Ulm, S2883/2020/H/Wagner/3, Bl. 46.

Anfang an geahnt und sich daher so lange gegen Scheuchzers an sich gut klingende Idee gewehrt.

Als 1735 die 15. und letzte Lieferung erschienen war, wandte sich Johann Andreas Pfeffel ein letztes Mal an das Publikum, um es über den weiteren Verkauf nach Ablauf der Pränumeration zu informieren: »Wenn dann die meiste Exemplarien von denen Herren Praenumeranten zwar bereits zu Handen gezogen, so seyn doch noch einige übrig, womit denen Herren Liebhabern kan gedienet werden, denen hiedurch der Preiß des völligen Werckes mit Kupffern, Text und Registern auf Median-Papier unveränderlich zu 100. fl. auf Regal-Papier [d. h. in größerem Format] aber auf 125. fl. gemeldet und angesetzt seyn solle; und weilen man zugleich die kräfftigste Versicherung giebet, daß diß Werck künfftighin niemahls wieder aufgelegt, noch die Kupffer neu gestochen werden; so wollen die Herren Besitzere, Vorsteher und Aufseher schöner und vollständiger Bibliothequen, auch andere Liebhaber von solcherley schätzbarer Arbeiten sich belieben lassen, bey guter Zeit und ohne sondern Anstand entweder bey dem Verleger selbsten und unmittelbar, oder per ordre und Addresse nahmhaffter und sichrer Herren Buchhändler gegen baare Bezahlung Forderung zu thun, wogegen sie sich ungesäumter Willfahrung zu vergewissern haben.«[142]

Pfeffel hielt sein Versprechen, das Werk nur zu einem deutlich höheren als dem Pränumerationspreis abzugeben. Wer 15 Lieferungen à 5 fl. erworben hatte, hatte also 25 Prozent gegenüber dem Buchhandelspreis gespart. Entgegen den Gepflogenheiten des Buchhandels seiner Zeit verkaufte Pfeffel die Restexemplare ausschließlich gegen Barzahlung, was nur konsequent war, da er als Kunstverleger ja keinen Sortimentshandel betrieb, also nicht am Tauschhandel der Buchhändler teilnehmen konnte.

142 Gedrucktes Rundschreiben von Johann Andreas Pfeffel, Augsburg, 15. Januar 1735, Stadtarchiv Ulm, S2882/2020/H/Wagner/3, Bl. 44; ZBZ, Ms. Z VIII 27, fol. 26. Theophil Georgi: Allgemeines Europäisches Bücher-Lexicon, Bd. 4, Leipzig: Georgi 1742, S. 38 gibt als Preis für das Gesamtwerk (sowohl für die lateinische als auch für die deutsche Ausgabe) jeweils 65 rt. an. Dies entsprach knapp 100 fl.

CARSTEN ZELLE

Frontispiz, Vignette und Tabelle in Johann Gottlob Krügers *Träume-Sammlung* (1754/1785) – ein buchgeschichtlicher Beitrag zum *hors d'œuvre* des Werks

1. Einleitung

Obwohl die Ausstattung von Büchern mit Kupferstichen »den wohl mit Abstand wichtigsten Faktor der Buchgestaltung in der zweiten Hälfte des 18. Jahrhunderts« darstellt, stand es um dessen Erforschung, wie Frithjof Lühmann in seiner grundlegenden, aber nur als Dissertationsdruck publizierten Arbeit zur Buchgestaltung in Deutschland 1770–1800 die Forschungslage einleitend resümierte, lange Zeit schlecht.[1] Die seinerzeit geforderte Inangriffnahme einer »›neue[n]‹ Geschichte der Buchillustration«[2] steht bis heute aus. Zwar hat der ›material turn‹ in der Philologie inzwischen einen »rege[n] Forschungsdiskurs« über die visuellen Elemente des Buchs jenseits der Schrift in Gang gesetzt,[3] auch hat zuletzt ein »anderer Blick auf das 18. Jahrhundert«[4] die Aufmerksamkeit auf die »konstitutive Funktion«[5] der Bilder für die Denkform des Aufklärungszeitalters überhaupt gelenkt – an Lühmanns vor 40 Jahren konstatierten Forschungslage hat sich seither jedoch kaum Entscheidendes geändert. Trotz einer Reihe einzelner Studien zur pikturalen Dimension von Büchern und Zeitschriften im 18. Jahrhundert bestätigt gerade die für die Thematik wichtigste Neupublikation der letzten Jahre den alten Befund, insofern gerade sie »kein Ersatz [...] für eine immer noch fehlende aktuelle Übersichtsdarstellung zum Buch im

1 Frithjof Lühmann: Buchgestaltung in Deutschland 1770–1800. Phil. Diss. München 1981, bes., Kap. 2. 5: Zur Buchillustration im 18. Jahrhundert. Zur Einführung, S. 73–82, hier S. 73.

2 Ebd., Kap. 1. 1: Zur Forschungslage, S. 5–14, hier S. 13.

3 Stefan Laube: Wissen auf den ersten Blick. Illustrierte Buch-Anfänge in der Frühen Neuzeit. Herzog August Bibliothek, Wolfenbüttel, 01.–03.04.2019. Tagungsbericht. In: H-Soz-Kult, 04.06.2019, <https://www.hsozkult.de/conferencereport/id/tagungsberichte-8305> [11.06.2021], gez. 5 S., hier gez. S. 1. Der Tagungsband hierzu ist für Ende 2021 annonciert.

4 So der Untertitel des Sammelbandes von Daniel Fulda (Hg.): Aufklärung fürs Auge. Ein anderer Blick auf das 18. Jahrhundert. Halle: Mitteldeutscher Verlag 2020.

5 Daniel Fulda: Einleitung. Vom Nutzen der Bilder für unser Bild von der Aufklärung. In: Ders. (Hg.): Aufklärung fürs Auge (wie Anm. 4), S. 7–29, hier S. 19: »Diese Aufklärungs-Bilder hatten keine substitutive, sondern eine konstitutive Funktion.«

18. Jahrhundert, die den typographischen und buchillustrativen Tendenzen und Veränderungen gleichermaßen Rechnung trüge«,[6] sein könne.

Angesichts dieser Forschungslage bieten auch die folgenden Ausführungen über Frontispiz, Vignette und Tabelle in Krügers *Träumen* nur einen weiteren Baustein, der die pikturalen Elemente dieser *Träume*-Sammlung beschreibt und ihre Bedeutung im Ensemble des Buchganzen zu akzentuieren versucht. Im Zuge dieser Einzelbeobachtungen stellen sich Fragen nach der Autorschaft eines solchen Text/Bild-Mediums und seiner Interpretierbarkeit.

Im Werk des ›vernünftigen Arztes‹ Johann Gottlob Krüger (1715–1759) nimmt seine mehrmals aufgelegte *Träume*-Sammlung (1. Auflage 1754; 2. Auflage 1758; 3. Auflage 1765; 4. Auflage 1785, herausgegeben von Johann August Eberhard) eine besondere Stellung ein, insofern darin die vielfältigen literarisierenden Elemente seines naturwissenschaftlichen Œuvres durch die Aufnahme des frühneuzeitlichen Genres der dichterischen Traumsatire nochmals potenziert erscheinen und sich Literatur dadurch als genuines Reflexionsmedium wissenschaftlicher Erkenntnisansprüche erweist.[7] In diesem Rahmen zielt der Aufsatz darauf, die Ikonographie der Titelvignette, die in den ersten drei Auflagen gleich bleibt, sowie des Frontispiz' und einer Tabelle zu Krügers 105. Traum, die in der zweiten (und dritten) Auflage ergänzt sind, zu interpretieren und zu klären, inwieweit den Bildern zu den Träumen eine eigene, die diskursive Darstellungsform übersteigende Bedeutung zukommt. Deren eigensinniger ›Witz‹ geht in der von Johann August Eberhard (1739–1809) besorgten 4., »verbesserten« Auflage von 1785 verloren, da Frontispiz und Tabelle entfallen und die Titelvignette ihre mythologische Dimension zugunsten einer eher realistisch gestalteten Szene

6 Peter-Henning Haischer, Charlotte Kurbjuhn, Steffen Martus, Hans-Peter Nowitzki: Vorwort. In: Dies. (Hgg.): Kupferstich und Letternkunst. Buchgestaltung im 18. Jahrhundert. Heidelberg: Winter 2017, S. VII–XII, hier S. VIII. Vgl. u.a. auch Demetrius L. Eudell, Dominik Hünniger (Hgg.): Lichtenbergs MenschenBilder. Charaktere und Stereotype in der Göttinger Aufklärung. Göttingen: Göttinger Verlag der Kunst 2018; Daniel Berndt, Lea Hagedorn, Hole Rößler, Ellen Strittmatter (Hgg.): Bildnispolitik der Autorschaft. Visuelle Inszenierungen von der Frühen Neuzeit bis zur Gegenwart. Göttingen: Wallstein 2018.

7 Diese Dinge habe ich seit dem von mir herausgegebenen Sammelband »Vernünftige Ärzte«. Hallesche Psychomediziner und die Anfänge der Anthropologie in der deutschsprachigen Aufklärung. Tübingen: Niemeyer 2001 mehrmals thematisiert, zuletzt Carsten Zelle: Johann Gottlob Krügers ethnologische Träume. In: Stefan Hermes, Sebastian Kaufmann (Hgg.): Der ganze Mensch – die ganze Menschheit. Völkerkundliche Anthropologie, Literatur und Ästhetik um 1800. Berlin, Boston: de Gruyter 2014, S. 37–56. Zu den vielfältigen literarisierenden Elementen von Krügers naturwissenschaftlichem Œuvre siehe Carsten Zelle: Literarische Schreibweise ›Vernünftiger Ärzte‹ – Johann Gottlob Krüger (1715–1759). In: Jahrbuch Literatur und Medizin 6 (2014), S. 35–55. Die Unterscheidung zwischen ›Opus‹ (im Sinn eines Einzelwerks) und ›Œuvre‹ (im Sinn eines Gesamtwerks) folgt Carlos Spoerhase: Was ist ein Werk? Über philologische Werkfunktionen. In: Scientia Poetica 11 (2007), S. 276–344, bes. S. 286 f.

eines träumenden Knaben verliert – die ›verbesserte‹ Auflage ist durch diesen Sinnverlust in Wirklichkeit eine ›verschlechterte‹ Auflage. Das Werk wird seiner pikturalen Darstellungsformen beraubt und tritt gleichsam in diskursiver Nacktheit vor die Augen des Lesers. Um diese Aussage zu veranschaulichen, stelle ich zunächst den Autor und sein Œuvre kurz vor und konzentriere mich anschließend auf Krügers Werk *Träume*, insbesondere auf dessen verschachtelte Werkgestalt, die durch Frontispiz, Titelvignette und eine dem 105. Traum beigegebene, illustrierte Tabelle zusätzlich verdichtet wird und dadurch einen weiter gesteigerten Komplexitätsgrad erreicht.

2. *Krügers ›Träume‹*

Der Autor der *Träume*, Patensohn des berühmten Mediziners Friedrich Hoffmann (1660–1742), war zunächst ab 1743 außerordentlicher Professor an der Medizinischen Fakultät der preußischen Reformuniversität in Halle, ab 1751 ordentlicher Professor für Medizin und Philosophie an der Landesuniversität für das Herzogtum Braunschweig-Wolfenbüttel in Helmstedt. Er ist Verfasser eines umfangreichen naturwissenschaftlichen Œuvres, das u.a. neben einer vierbändigen, vielmals aufgelegten und gerne gelesenen *Naturlehre* (1740 ff.) ein umfangreiches Werk zur *Diät* (1751, 2. Auflage 1763) und eine *Experimentalseelenlehre* (1756), die die von Christian Wolff (1679–1754) begründete empirische Psychologie (1732, 2. Auflage 1738) weiter ausbaut, umfaßt.

Erschienen sind die hier genannten Bücher alle im Verlag von Carl Heinrich Hemmerde (1708–1782). Er ist in der Buch- und Buchgestaltungsgeschichte nicht nur als »Verleger des ›Messias‹«[8] notorisch bekannt geblieben, sondern mit der Verbreitung der Schriften Krügers, Alexander Gottlieb Baumgartens (1714–1762), Georg Friedrich Meiers (1718–1777) und Johann Salomo Semlers (1725–1791) hat er an der Ausprägung des signifikanten Profils der Halleschen Ästhetik, Philosophie und Theologie wohl doch stärker mitgewirkt, als ihm das seine Biographen, die ihm absprechen, daß er seinem Verlag »ein charakteristisches Gesicht zu geben«[9] verstanden hätte und er »vom Profil her nicht festgelegt«[10] gewesen sei, zugestehen wollen.

8 Erich Neuß: Der Verleger des »Messias«: Carl Hermann Hemmerde. 1737–1782. In: Ders.: Gebauer-Schwetschke. Geschichte eines deutschen Druck- und Verlagshauses 1733–1933. Halle: Gebauer-Schwetschke 1933, Kap. 4, S. 77–90. Neuß zählt insgesamt 29 Werke Krügers, 14 Baumgartens, 72 Meiers und 36 Semlers, die bei Hemmerde verlegt wurden.

9 Neuß: Der Verleger des »Messias« (wie Anm. 8), S. 86.

10 Hans-Joachim Kertscher: Hallesche Verlagsanstalten der Aufklärungsepoche. Die Verleger Carl

Bis auf Krügers *Experimentalseelenlehre* enthalten alle seine genannten Werke interpretationswürdige Bildertitel.[11] Aufklärungsforscher kennen vor allem das Frontispiz zu Krügers *Diät*, das nicht nur zur Covergestaltung von Wolfram Mausers Aufsatzsammlung *Konzepte aufgeklärter Lebensführung* wiederverwendet wurde,[12] sondern auch der Zeitschrift *Das achtzehnte Jahrhundert* für Jahrgang 26, Heft 1, 2002 als Frontispiz diente. Ich hatte den Abbildungsnachweis zu diesem Bild geselliger Aufklärung damals mit dem Hinweis versehen, daß dieses Frontispiz »einer eingehenden ikonographischen Interpretation« bedürfe[13] – leider hat seinerzeit kein Leser diesen Appell aufgegriffen.

Gegenüber Krügers naturwissenschaftlichem Werk sind seine *Träume* ein genuin literarisches, genauer ein »bastardisches«, d.h. vielfältige, ganz verschiedene Bereiche vermischendes Werk[14] im Grenzbereich von Fiktionalität und Faktualität, Wissenschaft und Literatur. Diese hybride Machart der kurzen Traumtexte hatte seinerzeit schon Lichtenberg im Auge, als er sie mit den Worten lobte: »Krügers Träume sind die Wahrheiten in ihren schönsten Schlaf-Röcken.«[15] Lichtenberg übernimmt diese Charakteristik wörtlich aus Johann August Unzers medizinischer Wochenschrift *Der Arzt*, worin Unzer mehrmals

---

Hermann Hemmerde und Carl August Schwetschke. Halle: Hallescher Verlag 2004, Kap. 1, S. 9–34, hier S. 33.

11 Zum Frontispiz der Pathologie, Krügers drittem Band der *Naturlehre* siehe Carsten Zelle: Modellbildende Metaphorik im Leib-Seele-Diskurs der ›vernünftigen Ärzte‹. In: Elena Agazzi (Hg.): Tropen und Metaphern im Gelehrtendiskurs des 18. Jahrhunderts. Hamburg: Meiner 2011, S. 209–224, bes. S. 220 f. Das Frontispiz ist wiederabgedruckt in: Das achtzehnte Jahrhundert 34 (2010), H. 1, S. 2. Frontispize zieren diese Zeitschrift seit Jahrgang 4 (1980), H. 1. Die ersten Hefte enthielten lediglich eine Titelvignette.

12 Wolfram Mauer: Konzepte aufgeklärter Lebensführung. Literarische Kultur im frühmodernen Deutschland. Würzburg: Königshausen & Neumann 2000.

13 Das achtzehnte Jahrhundert 26 (2002), H. 1, S. 4. Zur Sitzordnung in ›bunter Reihe‹, zu der mich mein Bochumer Kollege Uwe-Karsten Ketelsen mit der kulturhistorischen Frage konfrontierte, seit wann eine solche, geschlechtlich gemischte Tischrunde eigentlich üblich geworden sei, siehe Julius Bernhard von Rohr: Einleitung zur Ceremoniel-Wissenschafft der Privat-Personen. Berlin: Rüdiger 1728, II. Tl., 6. Kap. »Von dem Umgang mit Frauenzimmer«, §§ 17 ff., S. 377 ff.

14 Hans-Walter Schmidt-Hannisa: Johann Gottlob Krügers geträumte Anthropologie. In: »Vernünftige Ärzte« (wie Anm. 7), S. 156–171, hier S. 161.

15 Georg Christoph Lichtenberg: Schriften und Briefe. Bd. II: Sudelbücher II. München: Hanser 1994, S. 70 (= KA 192). Vgl. Jutta Müller-Tamm: »Wahrheiten in ihren schönsten Schlaf-Rökken«. Johann Gottlob Krügers »Träume« (1754). In: Jahrbuch der deutschen Schillergesellschaft 48 (2004), S. 19-35, hier S. 30, Anm. 41.

Krügers Traumbuch seiner Popularität wegen ›plündert‹, d.h. einzelne Träume bedenkenlos nachdruckt und so zu ihrer Popularität beiträgt.[16]

Die Traumtexte Krügers behandeln eine Vielzahl seinerzeit umstrittener Themenfelder. Krüger ›träumt‹ über theologische, medizinische, naturwissenschaftliche, psychologische und weitere zeitgenössische Kontoversen, er deckt Vorurteile auf, verspottet Forschungspositionen, relativiert ihre Erkenntnisansprüche und bringt dadurch seinerseits einen überaus skeptischen Standpunkt zur Geltung. Die Träume führen auf das Feld des »Ioco-Seriösen«,[17] auf dem brisante Themen zur Diskussion gestellt werden können, ohne daß der Autor für seine Aussagen zu belangen wäre, weil alles in einem »Schwebezustand«[18] ironisch-skeptischer Rede belassen wird. Sie ist im Medium der Traumsatire sogar doppelt vermittelt, nämlich sowohl als entpragmatisierte, literarische Rede im allgemeinen als auch als Traumrede, d.h. als von den Regularien der Vernunft befreite Rede der Einbildungskraft im besonderen. Die frühaufklärerische Traumsatire eröffnet den Raum für eine »Polemik gegen den intellektuellen Feind«, sie ermöglicht das »Einschmuggeln von unliebsamen Gedanken« und erlaubt das »Experimentieren mit ungewohnten Thesen«.[19] Krügers Traum-Werk bietet darüber hinaus auch metapoetische Texte, die das Traumgenre und seine Möglichkeiten reflektieren, insofern der literarische Traum in Hinsicht auf die bildhafte Gestaltung philosophischer Wahrheiten zwar als ein fabelanaloges Genre aufgefaßt wird, ihm aber zugleich im Unterschied zur aesopischen Fabel,

16 Johann August Unzer: Der Arzt, Teil I, 1759, 17. St., S. 266: »Denn, man träumet oft mehr Wahrheiten in einer Nacht, als man in 14 Tagen gedacht hat; und *Krügers* Träume sind überhaupt nichts anders, als Wahrheiten in ihren schönsten Schlafröcken.« Im Anschluß druckt Unzer Krügers 16. Traum (nach der identischen Zählung in allen vier Auflagen). Unzer übernimmt in seiner Zeitschrift mehrmals einzelne von Krügers Traumtexten und begründet den unautorisierten Nachdruck aus Krügers Werk lapidar: »Ich tue, wie man weiß, zuzeiten dem Professor Krüger die Ehre, ihn zu plündern. Weil man ihn gerne lieset, so plündere ich ihn« (Unzer: Der Arzt, Teil V, 1761, 119. St., S. 237). Im Anschluß hieran werden der 28. (S. 238 f.) und 45. Traum (S. 240) eingerückt (die Zählung für den 28. Traum ist in allen vier, diejenige für den 45. Traum in den ersten drei Auflagen identisch, in der von Eberhard besorgten 4. Auflage ist dieser Traum gestrichen). Der Nachweis der nachgedruckten Träume in Unzers *Arzt* wird durch die noch völlig im Dunkeln liegende Varianz zwischen den verschiedenen Auflagen erheblich erschwert.

17 Auf das ›wilde Denken‹ der ›ioco-seria-Kultur‹ macht Martin Mulsow: Die unanständige Gelehrtenrepublik. Wissen, Libertinage und Kommunikation in der Frühen Neuzeit. Stuttgart, Weimar: Metzler 2007, aufmerksam (das Zitat, S. IX).

18 Ebd., S. 93.

19 Ebd., S. 87.

die einer vernünftigen Wahrscheinlichkeit unterworfen wird, die Freiheiten einer ›struppigen‹, d.h. einer ungezügelten Einbildungskraft eingeräumt werden.[20]

Es sollte aus dem bisher Gesagten schon deutlich geworden sein, daß es sich bei Krügers Träumen nicht um Traumprotokolle handelt, wie sie im Zuge der Empirisierung der Psychologie, etwa im *Magazin zur Erfahrungsseelenkunde*, in Kurs geraten sollten. Sie schreiben sich vielmehr in die Gattungsgeschichte der gelehrten Traumsatire ein, die in der Frühneuzeit zu einem populären literarischen Genre geworden war[21] und in der Frühaufklärung vor allem in den *Moral weeklies* zu Lasterkritik und Tugendlehre in moraldidaktischer Absicht eingesetzt wurde. Gegenüber der ›Flut‹ solcher allegorisch-satirischen Träume, die die Moralischen Wochenschriften über ihre Leser ergoß,[22] urteilte schon die zeitgenössische Literaturkritik: »Herr Professor Krüger ist unter den Gelehrten unsers Jahrhunderts […] der einzige, welcher am glücklichsten geträumet hat.«[23] So bieten Krügers *Träume* keinen Königsweg zur Kenntnis des Unbewußten im

20 Vgl. Johann Gottlob Krüger: Träume. Halle: Hemmerde 1754 (Vorrede, unpag. [= a2r–<c4v>]; 1–656 [1.–157. <recte: 160.> Traum]; Beurtheilung der Träume, unpag. [= Ttr–<Tt4r>]; Druckfehler [= <Tt4v>]; [Jean Frédéric Bernard:] Abhandlung Von dem Gottesdienste [separate Pag. <1>–79 und separate Bogensignaturen [A1^{r}]–[E8^{v}]]), hier 148. Traum, S. 609–619 (die Numerierung 148 ist fälschlicherweise zweimal vergeben), vgl. die metapoetisch angelegten Träume 125, 129 und 157.

21 Ingrid A. R. De Smet: Menippean Satire and the Republic of Letters 1581–1655. Genf: Droz 1996, bes. Kap. ›Somnium satyricum‹. The Literary Development and Socio-Political Function of the Dream-Framework, S. 87–116.

22 So die immer noch einzige Monographie zur aufklärerischen Traumsatire von Heinz Klammroth: Beiträge zur Entwicklungsgeschichte der Traumsatire im 17. und 18. Jahrhundert. Bonn: Eisele 1912. Obwohl Klammroth festhält, daß »die *Wochenschriften* […] gleich von ihrem ersten Erscheinen an eine wahre Flut von Träumen über ihre Leser [ergießen]«, fehlt bisher eine neuere Arbeit, die dieses Textkorpus sichtet. Einen neueren Überblick bietet Wilhelm Graeber: »Ces songes méthodiques qu'on ne trouve que dans les livres«. Le rêve dans les hebdomadaires moraux. In: Bernard Dieterle, Manfred Engel (Hgg.): The Dream and the Enlightenment. / Le Rêve et les Lumières. Paris: Honoré Champion 2003, S. 207–223. Der Aufsatz von Françoise Dervieux: Les songes satiriques. In: Dix-huitième siècle 40 (2008), H. 1, S. 683–701, beschränkt sich im wesentlichen auf französischsprachige Texte von Louis-Sébastien Mercier und Boyer d'Argens und klammert den Gattungsbezug zur gelehrten Traumsatire so gut wie aus. Eine Gattungsgeschichte der menippeischen Traumsatire ist bis auf weiteres Desiderat.

23 Franckfurtische Gelehrte Zeitungen Jg. 23, Nr. 81, Dienstags, den 10. October 1758, Doctor Joh. Gottl. Krügers, Träume, zwote vermehrte Auflage. Verlegt von C. H. Hemmerde 1758. In Octav 2 Alphab. 5 Bogen; S. 436. Die Besprechung wird von den Freymüthige Nachrichten von neuen Büchern und andern zur Gelehrtheit gehörigen Sachen (15. St., Mittwochs, am 11. April, 1759, S. 119–120) nachgedruckt.

Seelenleben,[24] sondern vielmehr die Via regia zur Kenntnis der philosophischen, theologischen und naturwissenschaftlichen Kontroversen in der intellektuellen Welt der Zeit um 1750.

Die erste Auflage der *Träume* erschien 1754 mit 160 Träumen. Die zweite Auflage 1758 und die dritte, 1765 postum herausgebrachte Auflage waren um acht Träume vermehrt. Johann August Eberhard, der Nachfolger Georg Friedrich Meiers auf der philosophischen Lehrkanzel in Halle, gab 1785 aufgrund der »Nachfrage« auf Veranlassung des Verlags, der nach dem Tod Hemmerdes von dessen Witwe, Johanna Friederica, geb. Zehner (1746–1798), weitergeführt wurde, eine »Neue verbesserte Auflage« heraus, die nur noch 140 Traumtexte zählte.[25]

Die seinerzeit sehr erfolgreichen, mehrmals wieder aufgelegten und gerne gelesenen Traumtexte Krügers sind im Verlauf des 19. Jahrhunderts, wie 1866 der Herausgeber der *Volksbibliothek Deutscher Classiker*, in der einige von Krügers satirischen Träumen nochmals abgedruckt wurden, beklagte, »trotz ihrer ehemaligen großen Beliebtheit und ihrer wiederholten Auflagen mit Unrecht ganz in Vergessenheit gerathen«.[26] Die hybride Machart, die Fiktion und Wirklichkeit um 1750 zur Ununterscheidbarkeit mischt, sperrt sich gegen eine einfache Lektüre. Das Verständnis der satirisch-gelehrten Traumtexte Krügers setzt vielmehr weitreichende Kenntnisse der Aufklärungs- und Wissenschaftskultur ihrer Entstehungszeit voraus. Erst die Kenntnis der gelehrten Streitfälle, die in Krügers Traumerzählungen angespielt und aufgespießt werden, bringt das dem heutigen Leser verborgene Spottpotential zur Explosion und eröffnet die Einsicht für den im literarischen Traumtext camouflierten philosophischen oder wissenschaftlichen Gehalt.

Hinzu kommt, das die Werkgestalt eigentümlich verschachtelt ist. Das eigentliche Traumtextkorpus wird von einer Faktualität heischenden, die Psychologie von Schlafen und Träumen thematisierenden »Vorrede« und einer selbstkritisch daherkommenden »Beurtheilung der Träume« gerahmt. Die durchnumerierte Folge der einzelnen Träume selbst wird zwischen dem 16. und 17. Traum

24 *»Die Traumdeutung aber ist die Via regia zur Kenntnis des Unbewußten im Seelenleben.«* Sigmund Freud: Die Traumdeutung [Leipzig, Wien: Deuticke 1900]. Nachwort: Hermann Beland. Frankfurt a.M.: Fischer 1991, S. 595 (Hervorhebung im Original).

25 Johann Gottlob Krüger: Träume. Halle: Hemmerde 1754, Zwote vermehrte Auflage. Halle: Hemmerde 1758; Dritte vermehrte Auflage. Halle: Hemmerde 1765; [4.,] Neue verbesserte Auflage. Mit einer Vorrede von Johann August Eberhard. Halle: Hemmerde 1785. Da Krüger 1759 starb, bietet die zweite Auflage die ›Ausgabe letzter Hand‹.

26 Hermann Kletke (Hg.): Volksbibliothek Deutscher Classiker. Deutschlands Dichter und Denker von Lessing bis Heine. Bd. 7. Berlin [ca. 1866], hier Joh. Gottl. Krüger: satirische Träume, S. 1–24, hier S. 2. Abgedruckt werden der 15., 34., 82., 155., 158. und 165. Traum nach der 2. Auflage 1758 unter Beigabe redaktioneller Titel.

ihrerseits nochmals durch eingeschaltete »Gedanken von philosophischen Märtyrern« unterbrochen, in denen des Physikers Georg Wilhelm Richmann (1711–1753) gedacht wird, der im Zuge seiner gewitterelektrischen Experimente vom Blitz getroffen und erschlagen wurde. Überdies ist eine separat paginierte »Abhandlung Von dem Gottesdienste« angehängt.[27] Dabei handelt es sich um die Übersetzung der religionskritischen und kulturrelativistischen *Dissertation sur le Culte Religieux* des hugenottischen Amsterdamer Verlegers Jean Frédéric Bernard (1680–1744), die dem in dessen Verlag 1723 publizierten Tafelwerk *Ceremonies et Coutumes Religieuses de tous le Peuples du Monde* von Bernard Picart (1673–1733) vorangestellt war. Krügers zahlreiche ethnologische und religionskritische Traumsatiren werden durch diesen Anhang auf ihren seinerzeit aktuellen kontroverstheologischen Diskussionskontext hin durchsichtig, insofern Bernard darin die Vielfalt der religiösen Manifestationen ritual- und priesterkritisch als Degenerationsformen einer ursprünglichen Vernunftreligion deutet. Diese Auffassung greift Krüger auf und gestaltet sie namentlich im 86. Traum in Form einer geträumten Parabel, in der die vielen Söhne eines Vaters nicht um Tugendhaftigkeit eifern, sondern sich vielmehr in grausamen Ritualen zu überbieten trachten, um die Gunst ihres Vaters zu erhalten.[28] Die geträumten Grausamkeiten aztekischer Opferpraktiken lassen Krüger aus dem Traum aufschrecken und in der Absicht, sich zu beruhigen, zu dem besagten »Buch von den Gebräuchen der Völker« greifen. Er schlägt jedoch ausgerechnet die Kupfertafel auf, »woraus ich sahe, daß mein Traum etwas würkliches zum Gegenstande« hatte.[29] Der Traum entpuppt sich als diskursiv inszeniertes Kupferstück aus Picarts berühmtem religionsvergleichenden Pionierwerk. Da ich dieser Interpikturalität einzelner Träume Krügers an anderer Stelle ausführlich nachgegangen bin, will ich auf solche nach Bildvorlagen geträumte Traum-Texte hier nicht weiter eingehen, sondern mich nun den tatsächlichen Kupferstücken zuwenden, die die ohnehin schon parergonale Strukturiertheit des Werks ergänzen und dadurch ein weiteres Mal supplementieren.

Zugleich wechsele ich damit von der Beobachtung eines performativen intermedialen Bezugs, bei dem ein Text, wie im Falle des 86. Traums, einen Kupferstich literarisch inszeniert, zur Untersuchung einer Medienkombination, in

---

27 In der von Eberhard besorgten 4. Auflage fallen ›Vorrede‹, ›Beurtheilung‹ und angehängte ›Abhandlung‹ weg, nicht aber die ›Gedanken‹ an Richmanns naturkundliches Martyrium.

28 Den Zusammenhang zwischen der Gottesdienst-Abhandlung und dem 86. Traum hatte schon der zeitgenössische Rezensent der 2. Auflage erkannt (Franckfurtische Gelehrte Zeitungen Jg. 23, Nr. 81, Dienstags, den 10. October 1758, S. 436; vgl. Freymütige Nachrichten [...], 15. St., Mittwochs, am 11. April, 1759, S. 119 f.).

29 Johann Gottlob Krüger: Träume. Halle: Hemmerde 1754, 86. Traum, S. 324–327. Vgl. hierzu Zelle: Johann Gottlob Krügers ethnologische Träume (wie Anm. 7).

der Kupferstücke in Form von Titelvignette, Frontispiz und illustrierter Tabelle zu den literarischen Traumtexten in eine emblematisch zu deutende, materielle Beziehung hinzutreten.[30]

Mit der Hinwendung zur Medienkombination wird nach Einsicht der französischen Buchgeschichte, daß Autoren keine Bücher, sondern Texte schreiben, die zu gedruckten Objekten werden,[31] die alleinige Autorschaft Krügers verlassen. Es öffnet sich damit ein gleichermaßen theoretisch wie methodologisch schwer zu fassender Raum, der überdies die Kompetenz des Literaturwissenschaftlers auf eine harte Probe stellt: »An dieser Waare arbeiten viele Leute, ehe sie zu Stande kommt, und zu einem eigentlichen Buche in diesem Verstande wird. Der Gelehrte und Schriftsteller, der Papiermacher, der Schriftgiesser, Setzer und Buchdrucker, der Corrector, der Verleger, der Buchbinder, bisweilen auch der Goldschlager und Gürtler etc.«[32] Innerhalb eines solchen komplex verzahnten Kreislaufs der Buchherstellung[33] ist die »Frage nach dem verantwortlichen Gestalter eines Buchs schwer und manchmal gar nicht zu beantworten.«[34] Der Einfluß des Autors beschränkte sich in der Regel auf wenige Aspekte des Buchs, vielmehr blieb dessen Ausstattung Sache des Verlegers. Ob und inwieweit der

30 Zur intermedialen Begrifflichkeit, mit der Text/Bild-Beziehungen beschrieben werden, siehe Frauke Berndt, Lily Tonger-Erk: Intertextualität. Eine Einführung. Berlin: Erich Schmidt 2013, S. 162–176. Daß das Verhältnis zwischen Frontispiz (= pictura), Titel (= inscriptio) und Text (= subscriptio) emblematisch gedeutet werden kann, liegt auf der Hand und ist durch einen Vortrag auf der von Laube referierten Tagung jetzt bestätigt worden, insofern darin gezeigt wurde, »daß Frontispize vornehmlich Embleme sind, weil sie Text und Bild – mitunter rätselhaft – vermischen. Erst aus dem Inhalt des gesamten Buches als *Subscriptio* ergebe sich eine komplette Erklärung.« Laube: Wissen auf den ersten Blick (wie Anm. 3), S. 1. Christiane Holm: Das Bild als Beweis. Das archäologische Frontispiz in Mythopoesien von Amor und Psyche um 1800. In: Fulda: Aufklärung fürs Auge (wie Anm. 4), S. 209–227, hier S. 210, beobachtet in der Gestaltung des Frontispiz' im 18. Jahrhundert generell die »Tendenz weg von der voraussetzungsreichen Chiffrierung hin zu verständlichen, weniger allegorischen als vielmehr realistischen Darstellungen.« Das emblematische Frontispiz wird durch ein Autorenportrait oder eine szenische Darstellung, die eine Stelle des Textes illustriert, abgelöst. In Krügers Œuvre werden alle erwähnten Optionen ausgeschöpft – die Allegorie in der *Diät* und im ersten (= Physik) und dritten (= Pathologie) Band der *Naturlehre*, das Autorportrait im zweiten Band der *Naturlehre* (= Physiologie) und die Szene – freilich durchsetzt mit allegorischen Bezügen – in den *Träumen*.

31 Roger Chartier: Einleitung. In: Ders.: Lesewelten. Buch und Lektüre in der frühen Neuzeit. Frankfurt a.M., New York 1990, S. 7–24, hier S. 12.

32 Georg Heinrich Zinck: Allgemeines Oeconomisches Lexicon. Leipzig: Gleditsch 1744, S. 442. Für den Hinweis auf dieses Zitat danke ich Hole Rößler (HAB Wolfenbüttel) herzlich.

33 Hierzu bes. Hans-Peter Nowitzki: Die materialen, technischen und technologischen Grundlagen der Buchgestaltung im 18. Jahrhundert. Eine Skizze. In: Kupferstich und Letternkunst (wie Anm. 6), S. 95–164.

34 Peter-Henning Haischer, Charlotte Kurbjuhn: Faktoren und Entwicklung der Buchgestaltung im 18. Jahrhundert. In: Kupferstich und Letternkunst (wie Anm. 6), S. 13–93, hier S. 14.

Autor daran beteiligt war, ist im Einzelfall schwer abzuschätzen – der Buch- bzw. Literaturhistoriker ist hier gänzlich der Gunst der Quellenüberlieferung ausgeliefert. Angesichts der »Kontingenz und Komplexität [...] frühneuzeitlicher Buchherstellung« ist daher davor gewarnt worden, »die Gestaltung eines Buches als eine gesicherte Interpretationskategorie hinzuzuziehen«.[35] In der Tat stellt uns die Komplexität frühneuzeitlicher Buchherstellung, zumal wenn den Büchern Kupferstücke beigegeben sind, und die oft dunkle Quellensituation vor manche »Schwierigkeiten«.[36] Doch einen unvermittelten Schluß von der Produktions- auf die Rezeptionsseite halte ich für einen intentionalen Fehlschluß.[37] In der Lektüre schließt sich die Buchgestalt zu einem Ganzen, wie zerklüftet sie auch sein mag und wie kompliziert auch ihre Herstellung gewesen ist.[38]

3. Das ›hors d'œuvre‹ der Träume

Ein Paratext, das hat Gérard Genette (1930–2018) herausgestellt, bezeichnet die Schwelle, über die wir ein Werk betreten und die dadurch, daß sie einen bestimmten Erwartungshorizont öffnet, die weitere Lektüre steuert[39] – wobei

35 Nowitzki: Grundlagen der Buchgestaltung (wie Anm. 33), S. 140.

36 Ebd.

37 Über die hermeneutische Rolle der Autorintention ist der Streit bis heute nicht abgeebbt – er soll hier nicht entschieden werden. Die von Nowitzki genannten »Schwierigkeiten« stellen sich m.E. nur dann ein, wenn man Autorintentionalität bei der Interpretation bzw. Lektüre als unabdingbar voraussetzt. Eine solche Präsupposition ist freilich nicht erst seit dem proklamierten ›Tod des Autors‹ umstritten.

38 Daß sich selbst das ›offene‹ Werk in der unhintergehbaren zeitlichen Rahmung seiner Apperzeption, d.h. in jedem individuellen Rezeptionsakt schließt, macht geltend: Carsten Zelle: »The Disintegration of Form in the Arts«. Zur Topik konservativer Literatur- und Kunstkritik bei Erich von Kahler. In: Ralph Kray, Kai Luehrs-Kaiser (Hgg.): Geschlossene Formen. Würzburg: Königshausen & Neumann 2005, S. 94–109.

39 Gérard Genette: Paratexte. Das Buch vom Beiwerk des Buches [frz. 1987 u.d.T.: Seuils]. Frankfurt a.M., New York: Campus 1992, S. 10. Ernst Osterkamp (Unvollkommene Gedanken über die Illustrationen zu Albrecht von Hallers *Versuch Schweizerischer Gedichte*. In: Kupferstich und Letternkunst (wie Anm. 6), S. 257–277) hat kürzlich in formelhafter Wiederholung die wichtige rezeptionssteuernde Wirkung, Kraft bzw. Funktion der Illustrierung betont und sie als »zentrales Medium der Rezeptionssteuerung, das erstaunlicherweise bisher nicht die Aufmerksamkeit der Forschung auf sich gezogen hat« (ebd., S. 259), bezeichnet – das gilt um so mehr für Titelvignette oder Frontispiz. Obwohl Osterkamp einerseits feststellen muß, daß sich Hallers »Intentionen«, die mit der Illustrierung des Buches verbunden waren, »unserer Kenntnis« (ebd., S. 260 f.) entziehen, erscheint ihm andererseits das Zusammenspiel zwischen Autor und Verleger als »offensichtlich« (ebd., 261). Für die Geltung von Osterkamps Interpretation ist die

bei Genette ironischerweise die Thematisierung pikturaler Paratexte völlig unter den Tisch fällt, sei es, weil sein Textbegriff nur schriftliche Zeichen umfaßt, sei es, weil sein Strukturalismus historisch blind ist, insofern pikturale Paratexte, glaubt man den kurzangebundenen Informationen des *Lexikon des gesamten Buchwesens*, vorwiegend im 17. und 18. Jahrhundert verbreitet waren und ihren »Höhepunkt« im 18. Jahrhundert erlebten.[40] Frontispize oder Titelvignetten werden von Genette jedenfalls genau dort, wo er die paratextuellen Signale des Titelbogens, namentlich des Titelblatts mit den Angaben von Autor, Titel, Untertitel, Gattungsangabe und so weiter liebevoll durchdekliniert, übergangen.[41] Dabei sind es gerade die Kupferstücke, die das »›Vestibül‹«[42] bilden, über die man im 18. Jahrhundert die Bücher der Aufklärung betritt. Sie tragen in hohem Maß zur Rhetorik des Buches bei. Die vertrackte hermeneutische Kraft (*energeia*) solcher Kupfer, die nicht einfach als Zierat, Bei- oder Nebenwerk (*parergon*) zum Werk (*ergon*) es verzierend oder illustrierend hinzutreten, hat Jacques Derrida gemäß einer ›Logik des Supplements‹ im Blick, wenn er wortspielerisch deren Schwellenposition, sich weder einfach außerhalb, noch einfach innerhalb eines ›Werks‹ zu befinden, zur Geltung bringt. Als »Supplement außerhalb des Werkes (*ce supplement hors d'œuvre*)« komme dem Beiwerk eine wirkende Kraft zu, die einen Mangel innerhalb des Werks behebt und ausgleicht, wodurch ein strukturelles Band entsteht, das *œuvre* und *hors d'œuvre* »zusammenschweißt«.[43]

---

in seinem Aufsatz mit unterschiedlichen rhetorischen Mitteln suggerierte Unterstellung, daß von einer »Mitwirkung Hallers am jeweiligen Illustrationsprozeß *auszugehen*« (ebd., S. 261; Hervorhebung vom Verfasser, C.Z.) sei, überhaupt nicht nötig.

40 Lexikon des gesamten Buchwesens (LGB). 2., völlig neu bearb. Aufl. Hg. v. Severin Corsten, Stephan Füssel, Günther Pflug, Friedrich Adolf Schmidt-Künsemüller. 9 Bde. Stuttgart 1987–2016, s.v. »Frontispiz« (C. Weismann), Bd. 3 (1991), S. 68, und s.v. »Titelvignette« (H. Wendland), Bd. 7 (2007), S. 449. Die ›Kurzangebundenheit‹ der beiden Artikel unterstreicht nochmals die eingangs beklagte Forschungslage.

41 Vgl. Genette: Paratexte (wie Anm. 39), S. 37 und S. 59. Das gilt auch für Spoerhase: Was ist ein Werk? (wie Anm. 7), in dessen Aufzählung »der materiellen Dimensionen des Buchs« die »paratextuellen Momente« auf Anmerkungen, Titel oder Indizes u.ä. beschränkt bleiben (ebd., S. 318), obwohl er die philologische Wahrnehmung lenkende Funktion des Frontispiz' in Erstpublikationen von Gesamtausgaben anmerkt (ebd., S. 319, Anm. 171).

42 Genette: Paratexte (wie Anm. 39), S. 10. Genette greift hier einen Ausdruck Jorge Luis Borges' auf.

43 Jacques Derrida: Parergon [frz. 1974]. In: Ders.: Die Wahrheit in der Malerei [frz. 1978]. Wien: Passagen-Verlag 1992, S. 31–176, bes. Kap. II. Das Parergon, S. 56–104, hier S. 74 f. und S. 80. Ausgangspunkt Derridas, der ihn zwingt, die »supplementäre Komplikation«, mit der das Beiwerk bzw. Parergon konfrontiert, neu zu durchdenken (ebd., S. 71), ist die Ordnung in Kants *Kritik der Urteilskraft* (1790), d.h. eine dispositorische und keine medien- oder buchhistorische Fragestellung. Die Erinnerung an diese Derrida-Passage verdanke ich der Lektüre des einschlägigen Aufsatzes von Holm: Das Bild als Beweis (wie Anm. 30), worin in den »Vorüber-

3.1 *Titelvignette*

Das Titelblatt der ersten Auflage nennt akademischen Grad, Autornamen, Ort, Verlag und Jahr und bietet über einer Zierleiste eine Titelvignette, die in den ersten drei Auflagen, die binnen elf Jahren erscheinen, gleich bleibt. Erst die vierte, von Eberhard herausgegebene Ausgabe von 1785 ersetzt die aufwendige

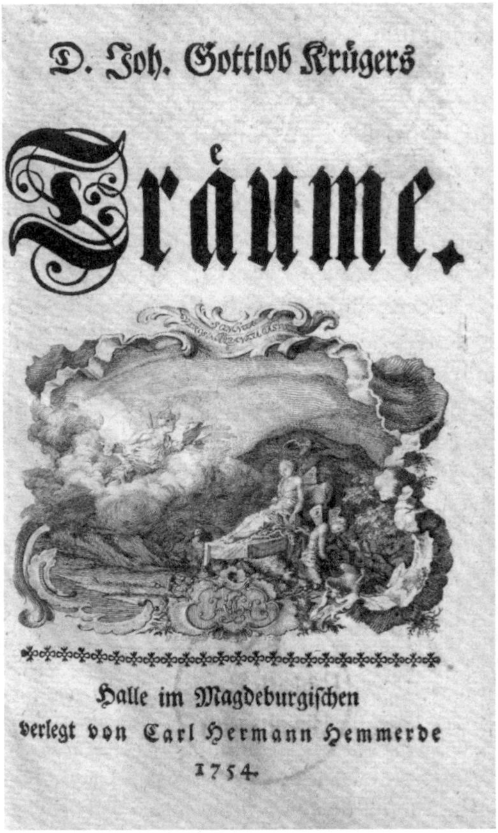
D. Joh. Gottlob Krügers
Träume.
Halle im Magdeburgischen
verlegt von Carl Hermann Hemmerde
1754.

Inscriptio: »somnia veros narrantia casus« (ein Traumbild, das das wahre Geschick kund tut), nach Ov. met. XI 588 (Ceyx und Alcyone): somnia ad Alcyonen veros narrantia casus.

Verlegersignet: »H^{C}H«
»G. L. Crusius fec. 1754« (Gottlieb Leberecht Crusius)

Abb. 1: Titelblatt mit Titelvignette zu: Johann Gottlob Krüger: Träume. Halle: Hemmerde 1754, Staatsbibliothek zu Berlin – Preußischer Kulturbesitz, Yy 5011 (VD18 11688734).

legungen zum literarischen Frontispiz im 18. Jahrhundert« nicht nur das »Fehlen« monographischer Überblicksdarstellungen zum literarischen Frontispiz konstatiert, sondern auch Derridas Parergon-Begriff gegenüber Genettes Begriff des Paratextes »bevorzugt« (ebd., S. 210–211) wird – letzteres m.E. zu Unrecht, da auch bei Genette durch die Metaphorik des französischen Titels *Seuils* gerade die Dialektik der Schwelle, d.h. das Ineins von Trennung (außerhalb) und Verbindung (innerhalb), akzentuiert wird.

und nicht einfach zu lesende Vignette durch einen profanen, seinen Traum notierenden, etwas aus dem Leim geratenen Knaben, den man, hätte er Flügel, für einen Putto halten könnte (s.u.). Die Vignette dieser späteren Ausgabe wurde von Johann Christoph Nabholz (1752–1796),[44] der zeitweise in Leipzig arbeitete, ausgeführt.

Die Inscriptio der Titelvignette (Abb. 1) weist den Weg, sie zu deuten. Sie lautet: »somnia veros narrantia casus« (ein Traumbild, das das wahre Geschick kund tut) und zitiert einen Vers aus dem 11. Buch der *Metamorphosen* Ovids (»somnia ad Alcyonen veros narrantia casus«, Ov. met. XI 588), in dem die Geschichte von Ceyx und Alcyone (ebd., 410–749) geschildert wird. Ceyx muß um das Orakel zu befragen auf eine Schiffsreise gehen, vor der ihn seine Frau Alcyone, Tochter des Windgottes Aiolos, aus Furcht, er werde im Sturm ertrinken, zurückhalten will. Sie kann jedoch nur erwirken, daß Ceyx verspricht, binnen zwei Monaten zurück zu sein. Erwartungsgemäß kommt ein Sturm auf, in dem Ceyx ertrinkt. Während dessen opfert Alcyone im Tempel der Himmelsgöttin Juno (griech. Hera), der Beschützerin der Ehe, damit ihr Mann wohlbehalten zurückkehre. Juno erträgt es nicht, daß Alcyone für einen Toten opfert, und bittet ihre Botin Iris, die Göttin des Regenbogens, ihr einen Traum in Gestalt des toten Ceyx zu schicken, der ihr sein wahres Schicksal erzählt: »somnia ad Alcyonen veros narrantia casus«. Ich hatte zunächst gedacht, es sei diese Szene, die auf der Titelvignette, die von Gottlieb Leberecht Crusius (1730–1804), einem der besten Leipziger Stecherillustratoren des 18. Jahrhunderts, stammt, dargestellt ist, da ich in der Figur, die man auf einem Bett, halb liegend, halb sitzend, gelagert sieht, zunächst die im Schlaf aufschreckende Ehefrau zu sehen glaubte, der Iris, links oben, gerade den retrognostischen Traum in Gestalt des Traumgottes Morpheus, rechts unten neben dem Bett, sendet. Irritiert hatte mich aber, warum der schlafenden Figur aus der Schulter Flügel wachsen. Hier führt nun ein Blick auf die Illustrationsgeschichte der *Metamorphosen* weiter, insofern sich hierin seit dem 16. Jahrhundert eine mehr oder weniger feste Bildtradition herausgebildet hatte, in der die Ceyx-und-Alcyone-Episode in fünf Szenen festgehalten worden ist. Das dritte Blatt stellt dabei Iris in der Höhle des Schlafgotts dar, nach der Crusius die Titelvignette entworfen hat. Als Vorlage wird ihm eine ursprünglich vom Straßburger Graphiker Johann Wilhelm Baur (1607–1640) radierte Stichfolge (entstanden 1639/40; ED Nürnberg ca. 1645) gedient haben, die bis weit ins 18. Jahrhundert in immer wieder neu gedruckten Ausgaben verbreitet war.[45]

44 Für die Entzifferung der flüchtigen, schwer lesbaren Signatur danke ich Anett Lütteken (ZB Zürich) herzlich.

45 Siehe Edmund Wilhelm Braun: Ceyx und Alcyone. In: Reallexikon zur Deutschen Kunstgeschichte. Bd. 3 (1952), S. 403–405. In: RDK Labor <https://www.rdklabor.de/w/?oldid=95614> [17.05.2021].

Die Hallesche ULB hält ein Exemplar von 1709, das via VD 18 leicht greifbar ist. Hier abgebildet ist das entsprechende Blatt der schärferen Darstellung wegen nach einem Druck von ca. 1770 (Abb. 2).

Abb. 2: Ovid: Metamorphoseon Libri XV. [...] Ehemahls durch den berühmten Wilhelm Bauer in Kupfer gebracht, nun aber [...] allen Mahlern, Kupferstechern, Goldschmieden, Bildhauern, und anderen [...] zu Dienst und Nutzen von neuem verbessert und ausgefertiget. o.O. [1770?], Ovidische Verwandlungen, 11. Buch. 109. Vorstellung, Iris kommt zu dem Schlafgott, Bl. [110]a, Universitätsbibliothek Erlangen-Nürnberg, 2 SLG.RICKLEFS B 1.

Das göttliche Meldesystem ist denkbar vermittelt. Juno beauftragt Iris, die hier in der finsteren Grotte dem Schlafgott Somnus (gr. Hypnos), der schlaftrunken auf seinem schwarzen Bettgestell liegt, den Auftrag weitergibt. Zur Ikonographie Somnus' gehören die aus der Schulter wachsenden Flügel. Entscheidend für die Funktion als Titelvignette zu Krügers Traumsammlung ist m.E. jedoch, was wir auf der nach Baur radierten Ovid-Illustration in der Höhle um Somnus ringsherum liegend gestapelt sehen und was ich im Dunkel der Titelvignette sich verlierend zu sehen vermeine. Es ist, wie es bei Ovid heißt, das »Volk seiner tausend Söhne«, d.h. »wesenlose Träume, die allerlei Gestalten nachbilden: Träume, soviel wie Ähren, soviel der Wald Blätter und soviel angespülten Sand die

Küste hat«.[46] Durch dieses gewissermaßen prästabilierte Traumreservoir muß sich Iris erst ihren Weg bahnen, um zu Somnus zu gelangen, der wiederum aus dem Lager seiner Traumsöhne den Geschicktesten, den Traumgott Morpheus, aufweckt und ihn beauftragt, der schlafenden Alcyone im Traum ihren ertrunkenen Mann vor Augen zu stellen.

Das also sieht man auf der Vignette – was aber bedeutet dieser Befund für die Traumsammlung, die auf sie folgt? Anders als das Frontispiz, das, wie wir gleich sehen, sich auf einen bestimmten Traum der Sammlung bezieht, gibt es eine solche Zuordnung bei der Vignette nicht. Keiner der Träume thematisiert, soweit ich das überblicke, das auf der Vignette dargestellte Geschehen. Als Verbildlichung der Traumdeutung ist die Vignette anachronistisch. Die alte prognostische Traumvorstellung, die hier bebildert wird, verfällt bei den vernünftigen Ärzten in Halle zugunsten des Konzepts des natürlichen Traums scharfer Kritik. Die Frage, »ob die Träume etwas bedeuten?«, quittiert die empirische Psychologie nur noch mit einem Achselzucken.[47] Das Traumgeschehen wird um 1750 vollständig naturalisiert. Träume entwickeln eine von Tagesresten und anderen Eindrücken äußerer und innerer Sinne angestoßene, metonymische Eigenlogik der Einbildungskraft. Um ruhig und erholsam zu schlafen, wird daher abendliche Schlafdiät empfohlen, nichts Aufregendes zu lesen und nichts Schweres zu essen. Es bleibt wohl nur die Option, die Vignette als Allegorie zu lesen, bei der das rings um Somnus in der Höhle gelagerte Traumreservoir für die Traumsammlung selbst steht, die auf die Vignette mit gut 650 Seiten folgt. Bleibt noch die Frage, was die Eule, die über dem Kopf des Schlafgottes aufsteigt, zu sagen hat. Auch hier finde ich keinen Traum, der zugeordnet werden könnte. Wollte der Künstler die Klugheit und Weisheit, mit der Krüger seine anspielungsreichen Texte geschriebenen hat, damit symbolisieren? So reizt die Vignette den Witz des Lesers zuallererst an, sie zu enträtseln und über mögliche Bezüge zu spekulieren.

46 Ov. met. XI 634 und 613 ff. Die Übersetzung nach: Ovid: Metamorphosen. Lateinisch/Deutsch. Übers. v. Michael von Albrecht. Stuttgart: Reclam 1994, S. 607 und S. 605.

47 [Johann August Unzer:] Gedancken vom Schlafe und denen Träumen, nebst einem Schreiben, daß man ohne Kopf empfinden könne. Halle: Hemmerde 1746, § 24, S. 56 (ein Nachdruck, herausgegeben von Tanja van Hoorn, erschien St. Ingbert: Röhrig 2004). Zum physiologischen Traumverständnis Unzers siehe Carsten Zelle: Johann August Unzers »Gedanken vom Träumen« (1746) im Kontext der Anthropologie der ›vernünftigen Ärzte‹ in Halle. In: Jörn Garber, Heinz Thoma (Hgg.): Zwischen Empirisierung und Konstruktionsleistung: Anthropologie im 18. Jahrhundert. Tübingen: Niemeyer 2004, S. 19–30. Vgl. auch Johann Gottlob Krüger: Versuch einer Experimental=Seelenlehre. Halle, Helmstädt [!]: Hemmerde 1756 [Textband], Kap 6: Von Wachen, Schlafen und Träumen, S. 180–211, bes. S. 205 ff.

3.2 Frontispiz

Im Unterschied zur Titelvignette nimmt das Frontispiz, das ihr in der zweiten und dritten Auflage vorangestellt wird, auf einzelne Träume Bezug (Abb. 3). Es kann geradezu als Illustration des 13. Traums angesehen werden. Gerade dieser Traum war schon in den Rezensionen der 1. Auflage als Einstieg in die Lektüre von Krügers Traumsammlung empfohlen worden: »Denen, die das hier angezeigte Buch selbst in die Hand nehmen, rathen wir, zur Probe den 13ten Traum zu lesen, und entweder verstehen wir das Prophezeyen nicht, oder sie werden hiedurch Lust bekommen, alles übrige auch zu lesen.«[48] Auch die Aufnahme der zweiten Auflage fiel überaus günstig aus, insofern der Rezensent sich noch einen zweiten Band zu lesen wünschte.[49] Die um Frontispiz und Tabelle erweiterte Ausstattung findet dagegen ebensowenig wie der Preis des Buchs Erwähnung.[50] Die Frage, wer das Frontispiz initiiert hat, muß offen bleiben. Anders als im Fall der Hallischen *Messias*-Ausgaben, über deren Druckgeschichte die Korrespondenz zwischen Klopstock und Hemmerde informiert[51] und den

48 Franckfurtische Gelehrte Zeitungen Jg. 19, Nr. 47, Freytags, den 7. Junius 1754, Hemmerde hat verlegt: D. Johann Gottlieb [!] Krügers Träume. In Octav; überhaupt 2. Alphabeth 2 Bogen. 1754, S. 246–248, hier S. 248. Die Besprechung wird von den Freymüthigen Nachrichten von neuen Büchern und andern zur Gelehrtheit gehörigen Sachen (18. St., Mittwochs, am 30. April 1755, S. 140–142, hier S. 142) nachgedruckt. Ein erneuter Abdruck erfolgt in derselben Zeitschrift zwei Monate später (ebd., 26. St., Mittwochs, am 25. Brachmonat [= Juni], 1755, S. 202–204). Die Freymüthigen Nachrichten werden dem Zürcher Bodmerkreis zugerechnet.

49 »Bey verschiedenen Träumen wird man wünschen, daß es dem Verfasser beliebt hätte etwas länger zu träumen. Ein zweyter Band könnte dieses vollkommen ersetzen.« Franckfurtische Gelehrte Zeitungen Jg. 23, Nr. 81, Dienstags, den 10. October 1758, S. 436; vgl. Freymütige Nachrichten [...], 15. St., Mittwochs, am 11. April, 1759, S. 119.

50 Georgi (2. Suppl.) gibt für die 1. Auflage 1754 den Preis von 20 Groschen, Heinsius und Kayser geben für die (freilich weniger umfangreiche) 4. Auflage 1785 ebenfalls den Preis von 20 Groschen an. Das entspricht dem Preis, den auch der Rezensent der Allgemeinen Literatur-Zeitung (1785, Bd.2, Nr. 141, Sonnabends, den 18. Juni 1785, S. 270 f.) für diese Ausgabe nennt. In der Online-Datenbank zum Verlagsarchiv der Firma Gebauer-Schwetschke <http://www.gebauer-schwetschke.halle.de/gs/home/> [18.05.2021] findet sich in einer Rechnungsaufstellung von 1780 (es müßte sich um die 3. Auflage von 1765 handeln) ein Verkaufspreis von 22 Groschen. Hinweise zur Ausstattung fehlen. Für Krügers dreibändige Naturlehre (mit zahlreichen Kupfern nach der neuesten Ausgabe) wird 1760 ein Preis von 4 Reichstalern, 8 Groschen genannt. Zu den Bücherpreisen in der zweiten Hälfte des 18. Jahrhunderts vgl. die Listen bei Lühmann: Buchgestaltung (wie Anm. 1), S. 343–347.

51 Hierzu Ludwig Sickmann: Klopstock und seine Verleger Hemmerde und Bode. Ein Beitrag zur Druckgeschichte von Klopstocks Werken mit Einschluß der Kopenhagener Ausgabe des »Messias« [Phil. Diss. Münster 1957]. In: Archiv für Geschichte des Buchwesens 3 (1961), Sp. 1473–1610. Vgl. Dominik Hünniger: Bilder machen – Charaktere, Stereotype und die Konstruktion menschlicher Varietät bei Johann Friedrich Blumenbach. In: Lichtenbergs Menschen-

Saturn (Blei)
Jupiter (Zinn)
Mars (Eisen)
Venus (Kupfer)
Merkur (Quecksilber)
(zunehmender) Mond (Silber)/Vollmond
Sonne (Gold)
Rauch- bzw. feuerspeiender Vulkan
Komet von 1744

Jupiter
Apollon Musagetes

neun als Tirolerinnen drapierte Musen mit Kiepe

»Mylius del.« (Carl Heinrich Mylius), »J. C. G. Fritsch sc.« (Johann Christian Gottfried Fritzsch)

Abb. 3: Frontispiz zu: Johann Gottlob Krüger: Träume. Zwote vermehrte Aufl. Halle: Hemmerde 1758, Niedersächsische Staats- und Universitätsbibliothek Göttingen, DD2008 A 31 (VD18 11024100).

Kampf des Autors mit seinem Verleger um die »Werkherrschaft«[52] minutiös dokumentiert, schweigen die Quellen hier. Wie Krüger an der illustrativen Ausstattung seines Werks beteiligt war, bleibt im Dunkeln, daß er daran beteiligt gewesen ist, geht aus seinem Anteil an der ebenfalls erst in der zweiten Auflage

Bilder (wie Anm. 6), 65–77, der u.a. die genauen Anweisungen Blumenbachs verfolgt, die er Chodowiecki im Hinblick auf die Anfertigung von fünf Vignetten für seine Beyträge zur Naturgeschichte (Thl. I. Göttingen: Dieterich 1790) gab.

52 Den Begriff hat Heinrich Bosse: Autorschaft ist Werkherrschaft. Über die Entstehung des Urheberrechts aus dem Geist der Goethezeit. Paderborn, München: Fink 1981, geprägt.

1758 hinzugefügten Tabelle zum 105. Traum (s.u.) hervor. Man mag überdies aus einer freilich unter dem Vorbehalt satirisch gebrochener Traumfiktion stehenden Stelle im metapoetischen 157. Traum ein besonderes Geschäftsinteresse Hemmerdes an Krügers Traum-Werk herauslesen, da in dem Augenblick, als der Autor beschloß, sich »das beschwerliche Träumen vom Halse zu schaffen« und zu träumen aufhören wollte, sein Verleger erschien, ihm »Wiegenlieder vorsang, und sich alle Mühe gab, mich wiederum einzuschläfern«.[53]

Von wem auch immer die Initiative ausging, Krügers *Träume* erhalten durch das Frontispiz eine prunkvolle Schwelle, über die der Leser zur Lektüre schreitet. Entworfen hat die Titelvignette der frühverstorbene Leipziger Zeichner und Maler Carl Heinrich Mylius (1734–1758), als Stecher fungierte, wie schon im Fall des Frontispiz' zur *Diät*, Johann Christian Gottfried Fritzsch (1720–1802). Im Vordergrund sieht man einen im Gras liegenden Schläfer, der, worauf der rechts davon stehende Putto weist, das Geschehen im Mittelgrund träumt. Man sieht neun Frauen mit großen Hüten den Hang heruntersteigen. Jede von ihnen trägt eine Kiepe auf dem Rücken. In der rechten oberen Ecke befinden sich die damals bekannten fünf Planeten mit ihren alchemistischen Bedeutungen, ein zunehmender und ein voller Mond sowie die Sonne. Diese Motive spielen teils auf Krügers geträumte Reisen durch die Galaxis an, die vor allem in den Träumen 18 bis 22 geschildert sind, teils auf die Thematik der Goldmacherkunst, auf die insbesondere der 105. Traum, dem die noch zu behandelnde Tabelle beigegeben ist, zugespitzt wird. Darunter ganz am rechten Bildrand der große Komet von 1744, dessen apokalyptische Erscheinung zu abergläubischen »Cometenpredigten« Anlaß gab, die der 109. Traum satirisch aufspießt.[54] Wiederum darunter erblickt man einen feuer- bzw. rauchspeienden Vulkan. Ein Traumtextbezug wie in den anderen Fällen liegt hierfür offenbar nicht vor. Auch die ikonographische Vorlage ist unklar. Hat der Zeichner Mylius einen bestimmten Vulkanausbruch vor Augen oder folgt er einer Expeditionsbeschreibung?[55] Mit

53 Johann Gottlob Krüger: Träume. Halle: Hemmerde 1754, 157. Traum, S. 653–656, hier S. 655. Davor, daß man Krügers Träume hermeneutisch nicht allzusehr als Quellen (und auch nicht als Aussagen über die Psychologie des Traumes) belasten sollte, warnt gleich der Anfang dieser »Betrachtung über das Träumen«, insofern »man im Traume eine Welt sehen kann, die doch nicht ist, und die vielleicht gar nicht möglich ist« (ebd., S. 653). Mit dieser metapoetischen »Betrachtung« schließt die erste Auflage 1754 die numerierte Folge der Träume ab; in der zweiten (1758) und dritten (1765) Auflage sind Träume 158 bis 165 neu angefügt.

54 Johann Gottlob Krüger: Träume. Halle: Hemmerde 1754, 109. Traum, S. 406–413, hier S. 411.

55 Ein vergleichbares Motiv zeigt später die Titelvignette sowie die ausklappbare Kupferstichtafel mit der Unterschrift »Der Feuerspeiende Berg Kamtschatka genant« in Georg Wilhelm Steller (1709–1746): Beschreibung von dem Lande Kamtschatka. Frankfurt, Leipzig: Fleischer 1774, zwischen S. 44/45, Berliner Exemplar). Die Tafel in der posthum publizierten Beschreibung Stellers, der an der Großen Nordischen Expedition teilnahm, folgt der einschlägigen Abbildung

Ausnahme des Vulkans, dessen Sinn sich noch verbirgt, nehmen alle anderen Bilderzeichen Themen einzelner Träume vorweg. Indem das Frontispiz Themen einzelner Träume antizipiert, ersetzt es gewissermaßen das Inhaltsverzeichnis, das man in den Ausgaben vermißt. Initiiert wird dadurch ein Suchspiel, das den Leser aktiviert, die bildnerischen Signifikanten zu deuten und mit den folgenden Texten in einen Bezug zu setzen. Es geht hierbei dem seinerzeitigen Leser nicht anders als dem heutigen Interpreten.

Im Zentrum des Frontispiz' stehen die herabsteigenden Frauen. Die Vermutung, daß neun Frauen nicht einfach neun Frauen sind, sondern die Musen bezeichnen, die vom Musenführer Apollon geschickt werden, der auf der Spitze des Berges sitzt, den man nun als Parnaß ansprechen kann, und offenbar den Befehlen einer höheren, links oben auf einer Wolke stehenden, personifizierten Macht gehorcht, bestätigt sich, wenn man die entsprechende Traumsatire im Inneren des Werks gefunden hat und zu lesen beginnt. Unter dem vorangestellten Motto »O cives, cives, querenda pecunia primum! Virtus post nummos.« (Hor. epist., I, 1, 54: »O Bürger, Bürger, für euch ist der Gelderwerb das Wichtigste, die Tugend kommt erst nach den Talern.«) wird im 13. Traum das Traumbild erzählt, Jupiter habe Apollo angewiesen, die Menschen glücklich zu machen, weil er sie unter den Tieren am meisten liebe. Ich lasse diese prädarwinistische Provokation Krügers beiseite und verfolge nur das weitere Schicksal des göttlichen Beglückungsunternehmens. Apollo schickt sieben seiner neun Musen aus, die jeweils einen Kasten auf dem Rücken tragen, worin sie die Mittel zur menschlichen Beglückung – Verstand, Tugend, Gesundheit, langes Leben, sinnliches Vergnügen, Ehre und Gold – verstaut hatten. »Sie giengen zugleich von ihrem Berge herab, und begaben sich in eine Stadt, da eben Jahrmarkt gehalten wurde.«[56] Zwei Musen behielt Apollo bei sich, um nicht ohne alle Gesellschaft zu sein. Es ist dieser Abstieg, den das Frontispiz festhält.

Die weitere Handlung dieses Krügerschen Traumtextes, der der genrehaften Machart sittensatirischer Träume der moralischen Wochenschriften mit am nahesten kommt, wird man sich denken können. »Jedermann sah die Musen für Tyroler=Mädgen an, und es fand sich eine große Menge von Käufern bey ihnen

in der Kamtschatka-Beschreibung von Stepan Petrowitsch Krascheninnikow (1711–1755): Opisanije Zemli Kamčatki. 2 Bde. Sankt Petersburg: Akademija Nauk 1755, hier Bd. 1, zwischen S. 174/175). Krüger hatte Auszüge aus Stellers einschlägigen Meerestierbeschreibungen, die 1753 einzeln im Hamburgischen Magazin und im gleichen Jahr gesammelt als Monographie in Halle bei Kümmel erschienen waren, im Anhang seiner Experimental-Seelenlehre abgedruckt. Die Georg-Wilhelm-Steller-Gesellschaft zeigt beides, Stellers Vulkan und Stellers Seekuh in ihrem Signet. Herrn Dr. Wieland Hintzsche (Halle/Saale) danke ich für wichtige Hinweise.

56 Johann Gottlob Krüger: Träume. Halle: Hemmerde 1754, 13. Traum, S. 61–70, hier S. 62. Weitere Nachweise aus diesem Traum im folgenden in ( ) im Text.

ein […]« (S. 62). Die Musen beginnen, ihre Waren anzupreisen, doch die erste Muse mit dem Verstand im Angebot, bleibt auf ihm sitzen, mehr noch, beim verzweifelten Von-Haus-zu-Haus-Verkauf wird sie davongejagt und der Torschreiber greift sie schließlich auf und konfisziert ihre Ware, um zu prüfen, »ob der Verstand nicht unter die Contrebande gehörtet«. Endlich wird die Tyrolerin aus der Stadt geschafft, und ihr bedeutet, »niemals wieder zu kommen« (S. 64) Der zweiten Muse mit der Tugend im Warenkasten ergeht es nicht viel besser. Sie wird für verrückt gehalten und ihr bedeutet, daß ihre Ware »nicht mehr im Commercio« und ganz aus der Mode gekommen sei (S. 64 f.). Die dritte Muse mit der Gesundheit fand zwar einige Käufer, aber nur solche, die sich selbst durch eine unordentliche Lebensführung um die Gesundheit gebracht hatten, kein »Brunnen=Wasser« trinken und keine »Lebensordnung« halten wollten (S. 65). Der vierten Muse dagegen wurden für ein langes Leben hohe Geldsummen geboten. Die kapitalkräftigen Käufer waren sogar bereit, Verstand, Tugend und Gesundheit, ohne die ein langes Leben nicht zu erhalten sei, noch hinzuzukaufen, doch die Verkäuferinnen dafür waren verschwunden: »Die Capitalisten ließen Haussuchung anstellen, man schickte Boten aus, sie auf den Dörfern zu suchen. Aber sie waren nirgends zu finden.« (S. 67) Der fünften, sechsten und siebten Muse erging es genau umgekehrt. Um die sinnlichen Vergnügen rissen sich insbesondere die jungen Leute beiderlei Geschlechts so sehr, daß der Warenkasten zu Boden fiel und zerbrach (S. 67 f.). Um die Ehre hub ein Hauen, Stechen und Morden an (S. 68 f.), und die Muse mit dem Gold fand man halbtot, nachdem die Menschen wie »tausend Wölffe« über sie hergefallen waren und ihr auf der Suche, ob sie noch Geld in den Taschen versteckt hätte, alle Kleider vom Leibe gerissen hatten (S. 69 f.). Den Schluß des Textes bildet genregemäß ein Epimythion. Nachdem die Götter davon Kenntnis erhalten hatten, »wie begierig die Menschen nach Ergetzlichkeiten, Ehre und Reichthum wären, so beschlossen sie, diese drei Stücke künftig nur denen zu geben, welche Verstand und Tugend besäßen« (S. 70).

Man versteht den Text, namentlich einige der Anzüglichkeiten, mit denen vor allem die Muse mit dem »Verstand-Kasten« konnotiert wird, und das darauf bezügliche Frontispiz besser, wenn intertextuelle bzw. interpikturale Bezüge durchschaut werden. Vor allem, warum werden die Musen »für Tyroler=Mädgen« gehalten und auf dem Frontispiz auch als solche dargestellt? Die Bevölkerung Tirols galt als arm, da das gemeine Volk außer in Bergwerken, in denen Quecksilber und Salz abgebaut wurde, schreibt Zedler, nichts verdienen konnte, und daher gezwungen war, »ausserhalb Landes durch Handlung, oder Arbeit ihr

»Brühl sc. Lips.[iae]« (Johann Benjamin Brühl [1691–1763])

Abb. 4: Frontispiz zu: Jacques Le Pensif [d.i. M. Deer in Leipzig]: Merckwürdiges Leben Einer sehr schönen und weit und breit gereiseten Tyrolerin. Nebst vielen andern anmuthigen Lebens- und Liebes-Geschichten. Frankfurth und Leipzig [d.i. Langensalza: Martini] 1744, Staatsbibliothek zu Berlin – Preußischer Kulturbesitz, 2 in: Yv 1106 (VD18 11860154).

Brot zu suchen«.[57] Das bildet den sozialen Hintergrund für einen frivolen, 1744 erschienenen Roman, in dem das merkwürdige »Leben einer sehr schönen und

57 Johann Heinrich Zedler (Hg.): Grosses vollständiges Universal=Lexicon aller Wissenschaften und Künste. 64 Bde., 4 Suppl.-Bde. Halle, Leipzig: Zedler 1732–1754, Bd. 45 (1750), s.v. Tyrol, hier Sp. 2286.

»Wer Tyroler Mädgen kennt, wird auch diese nicht verschlagen;
Denn sie führet feine Waare, u: wird uns viel neues sagen.«

Abb. 5: Frontispiz zu: Die witzige Tyrolerin. Eine Wochenschrift. Nürnberg: Bauer 1765, Bayerische Staatsbibliothek München, Per. 265 d-1765 (VD18 9028433X).

weit und breit gereisten Tyrolerin. Nebst vielen andern anmuthigen Lebens- und Liebes-Geschichten« auf relativ eintönige, einschlägig serielle Art und Weise erzählt wird.[58] Hierin finden sich auf dem Frontispiz (Abb. 4) mit rundem Hut, Kiepe und Tracht diejenigen Attribute,[59] die auf dem Frontispiz der *Träume*

58 Jacques Le Pensif [d.i. M. Deer in Leipzig]: Merckwürdiges Leben Einer sehr schönen und weit und breit gereiseten Tyrolerin. Nebst vielen andern anmuthigen Lebens- und Liebes-Geschichten. Frankfurth und Leipzig [d.i. Langensalza: Martini] 1744. Vgl. Hugo Hayn, Alfred N. Gotendorf (Hgg.): Bibliotheca Germanorum erotica & curiosa […]. Bd. 4. München: Georg Müller 1913, S. 60 f., und Richard Rosenbaum: Die Tirolerin in der deutschen Literaturgeschichte des 18. Jahrhunderts. In: Zeitschrift für Kulturgeschichte 5 (1895), S. 43–61.

59 Auch als Meißner Porzellanfigur war die Tyrolerin, d.h. Frauenfigurinen mit Kiepe, um 1750 präsent.

die Musen zu Tyrolerinnen machen. Erst die durch illustrative Bezüge gelenkte Einsicht in die Mehrfachcodierung des Traumtextes läßt die Gründe verstehen, warum darin die ihre Verstandesware anpreisende Muse zunächst vor allem von einer sehr großen »Anzahl junger Mannspersonen« umringt wird, die sie für ein »lustig Mädgen« halten, jedoch bedauern, »daß sie nicht mehr jung ist« (S. 62). Auch die Abwehrhaltung einer Hauswirtin, die sie mit dem Pantoffel zu verjagen trachtet, wird dem Leser nun auf die in diesen Passagen enthaltene Doppelbödigkeit durchsichtig.

Neben der ›schönen Tyrolerin‹ findet sich auch eine »witzige Tyrolerin«, und zwar als fingierte Autorin einer im Jahr der dritten Auflage der Träume publizierten Moralischen Wochenschrift, die auf dem Frontispiz jene Marktsituation zur Darstellung bringt (Abb. 5), die Krügers 13. Traum phantasiert hatte. Die Inscriptio lautet: »Wer Tyroler Mädgen kennt, wird auch diese nicht verschlagen; / Denn sie führet feine Waare, u: wird uns viel neues sagen.« Der Warenkasten der witzigen Tyrolerin enthält sechs Fächer, deren Inhalte nur schwer entzifferbar sind, aber, schaut man genau hin, die Gattungen bezeichnen, die die fingierte Verfasserin der Wochenschrift feilbietet. Neben Auszügen, Geschichten, Einfällen, Erdichtungen und »Raisonnements« enthält der Warenkasten oben rechts eben auch jene »Satyren« im Angebot, die in der Einleitung der Schrift von der witzigen Tyrolerin als zukünftige Lektüre der Wochenschrift in Aussicht gestellt werden.[60]

Was machen aber die beiden Musen, die Apollo zu seiner geselligen Unterhaltung auf dem Parnaß zunächst zurückgehalten hatte? Die achte Muse erscheint im 43. Traum als »eine Weibsperson, welche einen großen Korb voller Brillen« trägt, die die Fähigkeit haben, demjenigen, der durch sie schaut, »ein eingebildetes Glück zu verschaffen«, indem alle Dinge vervielfältigt erscheinen. Denn nach dem Verkaufsdesaster der sieben Musen beschlossen die Götter, die Menschen zwar weiterhin zu lieben, ihnen aber statt wahrer Glückseligkeit, zu der die Menschen sich als unfähig erwiesen hatten, ein scheinbares Glück zu verschaffen. So sieht etwa der Liebhaber von Essen und Trinken 100 Schüsseln auf seinem Tisch und der junge Gelehrte, der darüber entzückt ist, sein erstes Buch publiziert zu haben, sieht vermittelst einer solchen Brille »eine ganze Bibliothek, davon er der Verfaßer ist«.[61] Die neunte Muse schlichtet im 46. Traum

60 Die witzige Tyrolerin. Eine Wochenschrift. Nürnberg: Bauer 1765. Der Warenkasten enthält im Uhrzeigersinn »Auszüge« (unten links), »Geschichten« (?) (Mitte links), »Einfälle« (oben links), »Satyren« (oben rechts), »Raisonnements« (Mitte rechts) und »Erdichtungen« (unten rechts). Vgl. die Vorrede an »Geehrteste Leser!«, S. [5]–[10]. Für die Allgemeine deutsche Bibliothek, Bd. 10 (1769), 1. St., S. 305, gehört die ›witzige Tyrolerin‹ »unter die niedrigste Classe der Wochenblätter«.

61 Johann Gottlob Krüger: Träume. Halle: Hemmerde 1754, 43. Traum, S. 178–180.

zusammen mit Apollo, der mit einer Leier in der Hand vom Parnaß heruntergefahren kommt, den Streit zwischen zwei musikalischen Parteien, von denen die eine den Takt, aber immer im gleichen Tone schlägt, die andere dagegen wunderbare musikalische Wendungen erzeugt, aber ganz ohne Takt. Offenbar spielt diese Traumkonstellation, was musikhistorisch genauer herausgearbeitet werden müßte, auf den Buffonistenstreit zwischen dem Melodiker Rousseau und dem Harmoniker Rameau an. Anders als zuvor im 13. und 43. Traum geht es hier nicht um Moral-, sondern Gelehrtensatire. Solche gelehrten Träume sind oft nicht leicht zu kontextualisieren, sie bieten, wenn das gelingt, aber auch größeren intellektuellen Lustgewinn. Apollo stellt die Parteien neu auf, positioniert »immer einen Tactschläger neben einem Tonkünstler« und läßt sie ein Stück zur Ehre Jupiters, das der Musenführer selbst komponiert hatte, so annehmlich musizieren, daß es Krüger verdrießt, aufzuwachen, statt länger zu träumen.[62]

Interpikturalität und Intertextualität beziehen sich in der Traumsammlung Krügers aufeinander, verdichten sich gegenseitig und sind ihrerseits wieder eingesponnen in ein dichtes Netz interpikturaler und intertextueller Bezüge, das eine immer komplexere Semantik erzeugt. Der Peritext, d.h. das im »Umfeld des Textes« bzw. das »innerhalb ein und desselben Bandes« Gedruckte,[63] wie Frontispiz, Titelvignette und Tabelle, franst in ein letztlich nicht mehr einholbares Außerhalb solcher peritextuellen Grenzen aus. Die Aussage ist sicherlich trivial: Das, was man die Topik der Aufklärung nennen könnte, in diesem Fall etwa der konnotative Resonanzraum der Bezeichnung »Tyrolerin«, wird durch einen sich kumulierenden Effekt von Schrift- und Bildmedium erzeugt.

Vielleicht überschätzen wir aber auch die Eigenlogik und Kraft der Bilder. Die überaus instruktive zeitgenössische Rezension der zweiten Auflage erwähnt die nun beigegebenen Kupfer mit keinem Wort. Umgekehrt merkt niemand an, daß sie in der vierten Auflage fehlen.[64] Sind die Kupferstücke für die Zeitgenossen womöglich doch nur bloßer Zierat – Schmuck, der das Buch unnötig verteuert[65] und des Aufhebens nicht wert ist?

---

62 Johann Gottlob Krüger: Träume. Halle: Hemmerde 1754, 46. Traum, S. 183–186.

63 Genette: Paratexte (wie Anm. 39), S. 12. Daß die »Paratextualität vor allem eine Fundgrube von Fragen ohne Antworten« ist, sieht Genette (Palimpseste. Eine Literatur auf zweiter Stufe [frz. 1982]. Frankfurt a.M.: Suhrkamp 1993, S. 13) später selbst.

64 Neben der Rezension in der Allgemeinen Literatur-Zeitung (1785, Bd. 2, Nr. 141, Sonnabends, den 18. Juni 1785, S. 270 f.) vgl. die Kurzbesprechungen in Allgemeine deutsche Bibliothek Bd. 88 (1786), S. 439–440, und Göttingische Anzeigen von gelehrten Sachen 1785, Bd. 3, 139. St., den 3. Sept. 1785, S. 1392. Rezensent ist Christian Gottlob Heyne (1729–1812), der sich angesichts seines Alters und seiner Funktion als Universitätsbibliothekar (ab 1764) an die vorangegangenen Auflagen hätte erinnern können.

65 »Man hört oft, daß sich deutsche Gelehrte, und zumal Recensenten über alle Verzierungen der Bücher und über allen guten Druck beschweren, weil die Bücher etwas theurer dadurch

Neben dem Frontispiz wird die zweite (und dritte) Auflage um einige Traumtexte ergänzt sowie der Text des 105. Traums ausgetauscht und in ihn eine Tabelle integriert.[66] Daß die Tabelle einen neugeschriebenen Text begleitet, verweist darauf, daß Autor und Illustrator bei der Ausstattung des Buchs kooperiert haben müssen. In der Adresse der Tabelle ist nur der Stecher genannt. Von wem die Vorlage stammt, muß offenbleiben.

Im 105. Traum liest Krüger, bevor er einschläft, zunächst eine Stelle aus einer Lebensbeschreibung Leibniz',[67] in der es darum geht, daß dieser Gelehrte an einer »allgemeine[n] Bezeichnungskunst« gearbeitet habe, deren Entwurf man nach seinem Tod unter seinen Papieren fand (S. 367 f.). Eine solche ›characteristica universalis‹ hätte wenigstens unter den Gelehrten eine gemeinsame »Sprache der Vernunft« eingeführt und eine Verständigung erlaubt, »so wie es vor der Zerstörung eines unglücklichen Thurmes war« (S. 369 f.). Darüber schläft der Autor ein und findet sich im Traum in ein Laboratorium versetzt, in dem er den Wunsch verspürt, auch »in der Chymie eine allgemeine Zeichenkunst« (S. 373) zu erfinden. Dabei muß man wissen, daß es seinerzeit noch keine allgemeinverbindliche chemische Zeichensprache gab, sondern eine solche erst Anfang des 19. Jahrhunderts von Jakob Berzelius (1779–1848) eingeführt wurde. Noch in Krügers 1774 posthum publizierten Chymie heißt es, daß sich die »Chymisten

---

werden.« Heinrich Matthias Marcard: Beschreibung von Pyrmont. Erster Band. Mit Kupfern. Leipzig: Weidmanns Erben und Reich 1784, Anhang des Ersten Bandes. Erklärung der Kupfer, S. 306–323, hier S. 306. Für den Hinweis auf diese Bemerkung danke ich Lea Hagedorn (TU Dresden).

66 Johann Gottlob Krüger: Träume. Zwote vermehrte Auflage. Halle: Hemmerde 1758, 105. Traum, S. 367–380 (inc.: Ich las ehe ich einschlief aus dem Leben des). Weitere Nachweise aus diesem Traum im folgenden in ( ) im Text. Vgl. Johann Gottlob Krüger: Träume. Halle: Hemmerde 1754, 105. Traum, S. 384–388 (inc.: Glaphirens Reitzungen bezaubern den Anton). Hierin macht sich Krüger über Leibniz' Begriff der prästabilierten Harmonie lustig, insofern die Ehe des Träumers als eine »vorherbestimmte Harmonie« erscheint, in der sich der Mann in eine Maschine verwandelt, in der die Frau die Triebfeder ist. Als Motto vorangestellt sind Verse, die Fontenelles Totengespräch (frz. 1683) zwischen Helena und Fulvia (Gespräche der Todten. Übers. Johann Christoph Gottsched. Leipzig: Breitkopf 1727, 2. Thl., 4. Gespräch, Helena und Fulvia, S. 108–112, hier S. 109) entnommen sind und in von Gottsched besorgten Ausgaben bei unterschiedlichen Gelegenheiten wiederabgedruckt wurden (Pierre Bayle: Historisches und Critisches Wörterbuch [frz. 1697]. Thl. 3. Leipzig: Breitkopf 1743, s.v. Lykoris, S. 106, Anm. (F); Fontenelle: Auserlesene Schriften. Leipzig: Breitkopf 1751, S. 269). Die Verse entsprechen einem Epigramm Martials (XI 20), das bereits von Fontenelle, dem Gottsched folgt, ad usum Delphini entschärft worden war. Warum gerade dieser Traum ausgetauscht wurde, bliebe zu klären.

67 Krüger folgt dem Werk von Jakob Friedrich Lamprecht: Leben des Freyherrn Gottfried Wilhelm von Leibniz an das Licht gestellt. Berlin 1740, bes. S. 74 f.

und Alchymisten« gewisser Zeichen bedient hätten, »theils um sich kürzer als durch die gewöhnlichen Sprachen auszudrucken, theils aber ihre Kenntniße dadurch vor anderen zu verbergen«.[68] Krügers geträumtes Projekt ist 1758 also durchaus innovativ. Vor diesem Hintergrund muß man den »philosophischen Eifer« verstehen, mit dem der träumende Krüger einen ganzen Bogen Papier »mit Figuren, die einem Zauberspruche vollkommen ähnlich sahen«, bemalt. Die so entstandene »Metaphysik der Chymie« (S. 378) wird auf der Tafel, die dieser Stelle zugeordnet ist, vor Augen gestellt und im weiteren Traum durch einen langen Kommentar erläutert, von dem ich nur soviel verstanden habe, daß das Notationssystem mathematische Zeichen beibehält und mit der Konvention beginnt, mit einem Punkt die glasartige (»vitrescib.«), mit zwei Punkten die verbrennliche (»inflam̄ab:«) und mit drei Punkten die merkurialische oder metallische (»metallic.«) Erde sowie mit einem Strich das Wasser zu bezeichnen (S. 375). Alles andere möchte ich der Kompetenz eines Chemiehistorikers anheimstellen. Die Pointe des Traums besteht darin, daß es Krüger mit Hilfe der auf der beigegebenen Tafel veranschaulichten »algebraischen Chymie« (S. 379) beinahe gelingt, die Formel zur Goldsynthese zu finden, wenn es nicht kurz zuvor an der Stubentüre geklopft hätte, weil ein Kranker ihn rufen läßt, Krüger aufwacht und er dadurch »unglücklicherweise um die Kunst gebracht [wird], Gold zu machen« (S. 380).

68 Krüger: Naturlehre Vierter Theil, welcher die Chymie enthält. Halle: Hemmerde 1774, § 35, S. 53. Tatsächlich hatte Krüger in Helmstedt regelmäßig öffentliche Vorlesungen zur Chemie gehalten und im WS 1758/59 die Ankündigung seiner Chemievorlesung mit dem Zusatz »nach dem Grundrisse, welchen er davon herausgeben wird« versehen (Braunschweigische Anzeigen 1758, 75. St., Mittwochs, den 20. September, Vorlesungen auf das bevorstehende Winterhalbjahr bey der Julius-Carls-Universität zu Helmstädt, hier Sp. 1203). Die zeitgenössischen Rezensionen zweifeln an Krügers Autorschaft, loben aber den Bearbeiter, der es verstanden habe, nach Krügers Tod gemachte chemische Entdeckungen »sorgfältig zusammen getragen und genuzt zu haben« (Auserlesene Bibliothek der neuesten deutschen Litteratur 1775, Bd. 7, Nr. 104, S. 629–632, hier S. 630; die anonyme Rezension ist mit der Ziffer »34« signiert). Vgl. Jenaische Zeitungen von gelehrten Sachen 41. St., Montags den 23. May 1774, S. 337–340; Wöchentliche Nachrichten von gelehrten Sachen auf das Jahr 1774, 32. St., S. 250; Allgemeine deutsche Bibliothek 1775, Bd. 25, Lieferung 2, S. 528–530. Eine Tabelle der damals üblichen chemischen Zeichen bietet Johann Juncker: Conspectus Chemiae Theoretico-Practicae [lat. 3 Bde., 1730–1754; frz. 1757]. Vollständige Abhandlung der Chemie nach ihrem Lehr-Begriff und der Ausübung. Bd. 1. Halle: Waisenhaus 1749, S. 58–63. In Junckers Werk, das als das beste Chemie-Handbuch seiner Zeit gilt, wird angemerkt, daß viele Zeichen der Alten heute unbekannt seien und über ihre Auslegung Streit bestehe, die Zeichen darüber hinaus immer wieder undeutlich und unleserlich geschrieben würden, so daß ihre Bedeutung unklar bliebe und man sich daher in diesem Werk ihrer nicht bediene, »weil es vielen Lesern verdrießlich wird, und es demjenigen, der solche zu wissen nöthig hat, an Gelegenheit, sie kennen zu lernen, nicht fehlen wird« (S. 63).

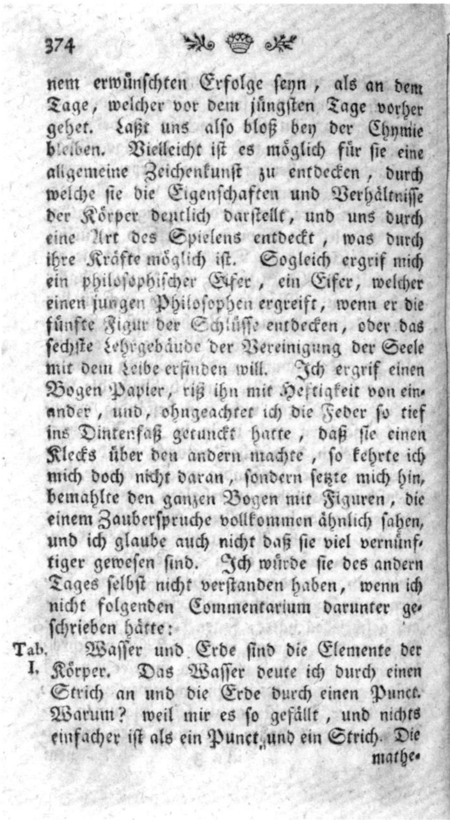

374

nem erwünschten Erfolge seyn, als an dem Tage, welcher vor dem jüngsten Tage vorher gehet. Laßt uns also bloß bey der Chymie bleiben. Vielleicht ist es möglich für sie eine allgemeine Zeichenkunst zu entdecken, durch welche sie die Eigenschaften und Verhältnisse der Körper deutlich darstellt, und uns durch eine Art des Spielens entdeckt, was durch ihre Kräfte möglich ist. Sogleich ergrif mich ein philosophischer Eifer, ein Eifer, welcher einen jungen Philosophen ergreift, wenn er die fünfte Figur der Schlüsse entdecken, oder das sechste Lehrgebäude der Vereinigung der Seele mit dem Leibe erfinden will. Ich ergrif einen Bogen Papier, riß ihn mit Heftigkeit von einander, und, ohngeachtet ich die Feder so tief ins Dintenfaß getunckt hatte, daß sie einen Klecks über den andern machte, so kehrte ich mich doch nicht daran, sondern setzte mich hin, bemahlte den ganzen Bogen mit Figuren, die einem Zauberspruche vollkommen ähnlich sahen, und ich glaube auch nicht daß sie viel vernünftiger gewesen sind. Ich würde sie des andern Tages selbst nicht verstanden haben, wenn ich nicht folgenden Commentarium darunter geschrieben hätte:

Tab. I. Wasser und Erde sind die Elemente der Körper. Das Wasser deute ich durch einen Strich an und die Erde durch einen Punct. Warum? weil mir es so gefällt, und nichts einfacher ist als ein Punct und ein Strich. Die mathe-

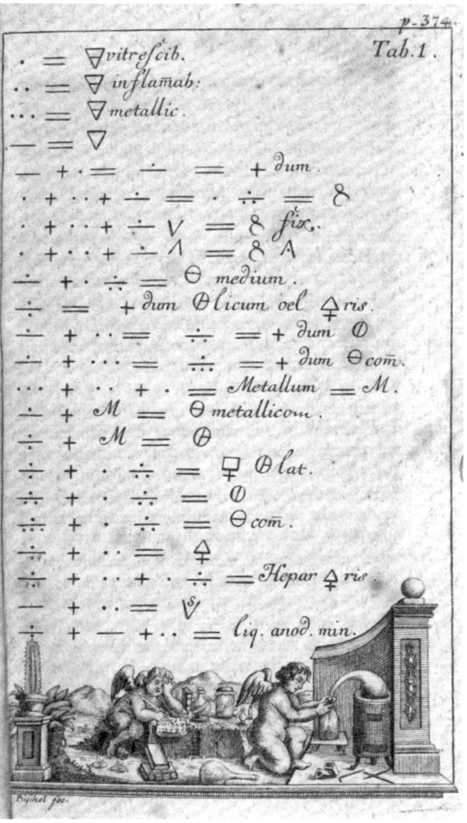

»Püschel fec.« (Johann Christian Püschel)

Abb. 6: Tab. I zum 105. Traum. In: Johann Gottlob Krüger: Träume. Zwote vermehrte Aufl. Halle: Hemmerde 1758, zwischen S. 374 und S. 375, Niedersächsische Staats- und Universitätsbibliothek Göttingen, DD2008 A 31 (VD18 11024100).

Der Leipziger Kupferstecher Johann Christian Püschel (1718–1771), über den wenig bekannt ist, begnügt sich nun nicht, allein die geträumte chemische Zeichenkunst zu fixieren, er scheint das innovative Unternehmen am Fuß der Tafel zugleich ironisch kommentieren zu wollen, indem er zwei Putti im Labor experimentieren läßt. Der eine destilliert mit der Retorte, der andere protokolliert das Experiment mit chemischen Zeichen auf einem Papierbogen. Es entsteht eine Art metapikturales Dreieck zwischen dem Traumtext und der Zeichentabelle im oberen Bereich, die den Text ernsthaft illustriert, sowie dem Putti-Ensemble am unteren Tabellenrand, das die Text/Bild-Kombination ironisch kommentiert. Als Gegensatzfigur zum träumenden Autor, der seinen Eifer mit dem eines »jungen

Philosophen« vergleicht, der eine wichtige Entdeckung zu machen glaubt[69] und daher vor lauter innovativer »Heftigkeit« mit der Tinte »einen Klecks über den andern machte« (S. 374), scheint der linke, zeichenproduzierende Putto eine ruhige, nach Maßgabe seines aufgestützten Kopfes allerdings melancholisch gebrochene Ruhe auszustrahlen.

Die Position der Tabelle ist sowohl im Traumtext auf der Seite 374 eigens durch eine Marginalie als »Tab. I« markiert, als auch auf dem Kupferstück der Tabelle rechts oben als »Tab. 1« bezeichnet und der entsprechenden Seite »p. 374.« zugeordnet. Im Göttinger Exemplar (Abb. 6) ist die Tabelle vom Buchbinder entsprechend zwischen den paginierten Seiten 374 und 375 eingebunden worden, im Münchener Exemplar (8 Misc. 1132) ist die Tafel dagegen erst am Ende des Buchblocks eingefügt, und ein Antiquar, der die dritte Auflage anbot, meinte sogar, daß die eingebundene alchemistische Tafel, wie es in seiner Beschreibung heißt, anscheinend gar nicht zum Buch gehört.[70]

Trotz eindeutiger textueller Markierungen, die Text und Tafel einander zuordnen, fällt der materiale Befund der benutzten Exemplare unterschiedlich aus. Wird der Interpret der Text/Bild-Kombination dadurch den Kontingenzen ausgeliefert, die sich aus seinerzeitigen Verlags-, Druck-, Buchbindungs- und späteren Bibliothekspraktiken sowie aus Buchhandels- oder Antiquariatsroutinen, zu Büchern gehörige Stiche womöglich separat zu verkaufen, ergeben?[71] Was jeweils als materialer Befund vorliegt, unterliegt mancherlei Zufällen. Sie müssen bedacht sein, doch schließen solche produktions- und distributionsseitigen Unsicherheiten die rezeptionsseitige Deutung nicht aus.

In der vierten, von Eberhard besorgten Auflage wird auf die Tafel zwar weiterhin im Text an der entsprechenden Stelle mit der Marginalie verwiesen, auf die Beigabe der Tabelle selbst aber ist, wie auch auf Frontispiz und Titelvignette, verzichtet worden. Als einziger Bildschmuck fungiert nun auf dem Titelblatt ein unter schattigem Baum gelagerter, dicklich geratener Knabe, der offenbar gerade einen seiner Träume notiert (Abb. 7). Seine liegende, den Kopf aufstützende Position erinnert an die Stellung des schreibenden Puttos auf der Tabelle,

69 Der geträumte Einfall einer ›allgemeinen chemischen Zeichenkunst‹ wäre, heißt es an dieser Stelle ironisch, der Entdeckung der »fünfte[n] Figur der Schlüsse« oder der Erfindung des »sechste[n] Lehrgebäude[s] der Vereinigung der Seele mit dem Leibe« vergleichbar (S. 374).

70 Versandantiquariat Hans-Jürgen Lange, Wietze, Deutschland, »Die eingebundene alchemistische Taf. gehört anscheinend nicht zum Buch.« <https://www.abebooks.de/Joh-Gottlob-Krügers-Träume-verm-Aufl/19006270434/bd> [22.05.2021]. Das annoncierte Buch wurde zwischenzeitlich verkauft. Die Annonce stand im September 2020 mit der zitierten Beschreibung auch noch im ZVAB, wurde dort aber zwischenzeitlich entfernt.

71 Zu solcher Kontingenz vgl. Lühmann: Buchgestaltung (wie Anm. 1), S. 79 f. Allein der Schritt vom rohen zum gebundenen Buch öffnete, wie Nowitzki: Grundlagen der Buchgestaltung (wie Anm. 34), S. 110 ff., detailliert zeigen kann, zahlreiche Fehlerquellen.

Ouroboros (die sich selbst beißende Schlange)

»J. C. Nabholz fec.« (Johann Christoph Nabholz)

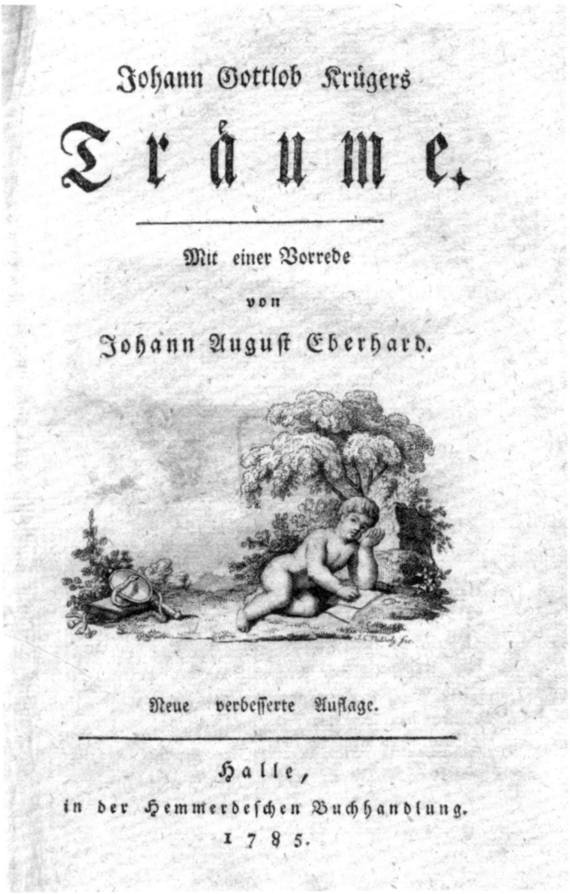
Johann Gottlob Krügers

Träume.

Mit einer Vorrede

von

Johann August Eberhard.

Neue verbesserte Auflage.

Halle,

in der Hemmerdeschen Buchhandlung.

1785.

Abb. 7: Titelblatt und Titelvignette zu: Johann Gottlob Krüger: Träume. Mit einer Vorrede von Johann August Eberhard. Neue verb. Aufl. Halle: Hemmerde 1785, Bayerische Staatsbibliothek München, P.o.germ. 777 d (VD18 15332489).

die nun jedoch im Inneren des Buchs fehlt. Der Ouroboros, der sich im linken Buschwerk schlängelt, ist eine Anspielung auf das Verlagssignet Hemmerdes, auf dessen unterschiedlichen Ausformungen eine sich um einen Quader windende Ewigkeitsschlange dargestellt ist.[72]

72 Vgl. zum Beispiel auf dem Titelblatt von Johann Gottlob Krüger: Gedancken vom Caffee, Thee, und Toback. Halle: Hemmerde 1743.

4. *Fazit*

Wer ist eigentlich Autor einer Medienkombination, zu der Künstler Bilder, Schriftsteller Texte (im engeren Sinn) beitragen? Der Verleger? Ist er der Schöpfer der »ästhetische[n] Sinnbildung« ›Werk‹, in dem er die materiellen Arbeitsergebnisse zweier Urheber zusammenfügt?[73] In diesem Fall Hemmerde, über den jedoch »nicht viel bekannt geworden ist«.[74] Und wie muß man sich, sofern es Kooperation zwischen den drei Instanzen gab, solche vorstellen? Hatte Krüger Einfluß darauf, daß Curtius das Traumreservoir in der Höhle des Schlafgottes Somnus mit seiner Traumsammlung in Zusammenhang brachte oder auf welche Art Mylius den 13. Traum ins Frontispiz setzte? Und wie stand es um Krügers Kooperation mit Püschel zum 105. Traum, wenn jener in Helmstedt und dieser in Leipzig ansässig war? Darf man weiterhin metonymisch verkürzt überhaupt von den *Träumen* als einem Werk Krügers sprechen, solange solche Fragen nicht geklärt sind? Wegen des ohnehin fragilen Werkbegriffs spricht Steffen Martus jetzt latourgemäß von »literarischen Dingen«[75], die einer Unterscheidung zwischen Text, Werk, Ausgabe und Fassung vorangehen. Semantik verdichtende Text/Bild-Kombinationen als bzw. im Buch gehen – zumal, wenn sie von verschiedenen Urhebern stammen –, das sollte deutlich geworden sein, freilich darüber hinaus. Es ist aber ja auch egal, wer spricht. Auch wenn auf theoretischer Ebene geistige Konstrukte wie Autor oder Werk erodieren, und, wie die unterschiedliche Anbindung der Tabelle zum 105. Traum in verschiedenen Buchexemplaren zeigen sollte, materialphilologische Befunde einer Ausgabe variieren – dem Leser bleibt es vorbehalten, Ikonographie und Textinterpreta-

---

73 Die Unterscheidung zwischen konzeptionellem Schöpfer bzw. Autor eines Werks und dem Urheber eines Gegenstands, die Spoerhase: Was ist ein Werk? (wie Anm. 7), S. 292 f. trifft, hilft im Blick auf die hier thematisierte Medienkombination nicht weiter.

74 Kertscher: Hallesche Verlagsanstalten (wie Anm. 10), S. 20.

75 Steffen Martus: Die Praxis des Werks. In: Lutz Danneberg, Annette Gilbert, Carlos Spoerhase (Hgg.): Das Werk. Zum Verschwinden und Fortwirken eines Grundbegriffs. Berlin: de Gruyter 2019, S. 93–130, bes. S. 94 f. Unterschieden werden ›literarische Dinge‹ (eine Begriffsvorgabe der Wissenschaftstheorie Bruno Latours) nach Maßgabe syntaktischer (Text), semantischer (Werk) und materialitätsbezogener (Ausgabe) Kriterien; Fassung vermittele »unidirektional« zwischen den drei genannten Begriffen, d.h., wie Martus erläutert, daß z.B. Texte und Ausgaben »Fassungen eines Werks sein« oder Ausgaben »Fassungen eines Texts präsentieren« können. Solche Unterscheidungen werden von der parergonalen Dynamik, die zwischen zwei Buchdekkeln (auch sie sind freilich eine buchgeschichtlich kontingente Erscheinung) statthat, unterlaufen. Vorstehender Beitrag bietet die für den Druck überarbeitete Fassung eines Vortrags auf der Jahrestagung der Deutschen Gesellschaft für die Erforschung des 18. Jahrhunderts (DGEJ) »Die Bilder der Aufklärung / Pictures of Enlightenment / Les Images des Lumières«, die vom 16. bis 18. September 2020 in Halle (Saale) stattfand. Christina Haug (LMU München) danke ich herzlich für entscheidende buchgeschichtliche Hinweise.

tion zueinander in Bezug zu setzen und immer neue Ein- und Durchblicke zu entdecken. Wieweit das so hermeneutisch geflochtene Bedeutungsnetz über der Materialität des Buches ›schwebt‹, könnte allenfalls der Positivismus einer historischen Rezeptionsanalyse genauer ausmessen, die freilich ihre Quellen, so es sie gäbe, zuvor auch lesen und interpretieren müßte.

WIEBKE HELM

»Sorgfältige Auswahl und größte Mannichfaltigkeit der Illustrationen«

Das Bildrepertoire des Otto Spamer Verlages

1. Geschichte und Bedeutung des Otto Spamer Verlages – ein Überblick

»Wer sein Kind lieb hat, der kauft ihm Spamer's illustrirte Bücher«,[1] lautete 1862 der Aufruf in einer pädagogischen Fachzeitschrift. Zu diesem Zeitpunkt waren die Kinder- und Jugendbücher aus dem Leipziger Otto Spamer Verlag in aller Munde. Besonders ihre großzügige Ausstattung mit Bildern und der relativ moderate Anschaffungspreis sorgten für eine breite Käuferschaft und eine Abnahme durch öffentliche Institutionen zum Aufbau und zur Erweiterung von Schulbibliotheken.[2] Mehrfache Auflagen und ein umfangreiches Titelangebot,[3] vor allem zu populärwissenschaftlichen Themen, hatten den Verlag in der zweiten Hälfte des 19. Jahrhunderts zu einem Förderer der literarischen Wissensvermittlung gemacht, dessen Einfluss auf die Entwicklung gerade des Kinder- und Jugendsachbuches kaum zu überschätzen ist.

Nach Lehr- und Wanderjahren durch die Buchhäuser verschiedener deutscher Städte kam der gebürtige Darmstädter Otto Spamer (1820–1886) im Dezember 1842 nach Leipzig und fand im Frühjahr 1843 eine Anstellung beim »Illustrirten Weber«.[4] In dessen Verlag erwarb er in den folgenden vier Jahren wesentliche

1 Prämien-Katalog. Verzeichniß illustrirter zu Preisbüchern und für Schulbibliotheken geeigneter Tugend- und Bildungsschriften. Unterrichtswerke und Festgeschenkbücher aus dem Otto Spamer Verlag. Leipzig: Otto Spamer [1879], S. 29, das Eingangszitat aus einer Rezension Adolf Diesterwegs (1790–1866), die der Otto Spamer Verlag mehrfach zur Eigenreklame in seinen Verlagsprospekten einsetzte. Adolph Diesterweg: Beurtheilungen und Anzeigen. In: Rheinische Blätter für Erziehung und Unterricht 9 (1862) 1, S. 265.

2 Vgl. die Ankündigung und Empfehlungen in: Prämien-Katalog (wie Anm. 1), S. [1–3].

3 Der Ausstoß an Verlagsneuerscheinungen aufgrund von Mehrfachwertungen veranlasste Gustav Wustmann 1873 zu der Äußerung, Spamer betreibe eine »Bücherfabrik«. Gustav Wustmann an Unbekannt, 16. März 1873, Universitätsbibliothek Leipzig, ASL 2628.

4 Carl Berendt Lorck: Die Druckkunst und der Buchhandel in Leipzig durch vier Jahrhunderte. Bremen: Europäischer Hochschulverlag 2011 (Reprint der Ausgabe von 1879), S. 57. Gemeint ist Johann Jakob Weber (1803–1880), der nach beruflichen Stationen in Genf, Paris und Freiburg i.Br. 1834 in Leipzig ein Verlagsunternehmen eröffnete. Mit bildreichen Druckerzeugnissen revo-

Kenntnisse, die ihn zur Gründung einer eigenen Verlagsbuchhandlung befähigten. Ende März 1847 zeigte Spamer dann die Eröffnung seines Unternehmens an und versuchte, im Buchgewerbe Fuß zu fassen.[5] Das war aufgrund der herrschenden äußeren Umstände zunächst nicht leicht. Nach Startschwierigkeiten gelang ihm zu Beginn der 1850er-Jahre der Durchbruch mit *Das illustrirte goldene Kinderbuch*, einer Reihe für jüngere Kinder. Daneben war es vor allem der gutgehende Absatz von Fachbüchern, der die pekuniäre Basis für weitere Projekte des kreativen Verlegers und Buchautors Otto Spamer sicherte.[6]

Im Verlauf der nächsten drei Jahrzehnte stellte sich nach zahlreichen Rückschlägen allmählich der Erfolg ein, und das Unternehmen wie das Verlagsprogramm wuchsen stetig. Spamer-Bücher standen für aktuelle Wissensvermittlung in Natur und Technik, Geografie und Geschichte, Musik und Kunst in veranschaulichendem und unterhaltendem Format, sie trugen zur Popularisierung lexikografischen Wissens ebenso bei wie zur Verbreitung von Fachwissen. Der außergewöhnlich hohe Anteil an Textabbildungen machte die Publikationen nicht nur besonders attraktiv, sondern trug auch zur Präzisierung des Dargestellten auf visueller Ebene bei. Aufgrund der unterschiedlichen Ausstattungsoptionen war ein Buchtitel für die Geldbeutel verschiedenster Adressatengruppen erschwinglich. Die Aufteilung des Verlagsprogramms nach inhaltlichen und adressatenspezifischen Gesichtspunkten in Abteilungen, Reihen und Serien sprach Mädchen und Jungen vom Vorschulalter bis zum Studienbeginn ebenso an wie die (kleinbürgerliche) Familie, Studierende oder fachspezifisch interessierte Laien. Schöngeistige Literatur bildete im Verlagsprogramm eher die Ausnahme, stattdessen dominierten Sach- und Fachthemen, die mit Hilfe des technischen Holz-, Ton- und Faksimilestichs visuell beschrieben wurden.

Eine der Schattenseiten der wechselhaften Verlagsgeschichte ist, dass der Verleger und sein Verlag heute kaum noch bekannt sind. Die Gründe hierfür sind vielfältig. Mit dem Tod des Unternehmensgründers, der Wiederauflage von bewährten Titeln statt von Neuerscheinungen sowie der Umstrukturierung des

---

lutionierte der gebürtige Schweizer den deutschen Buch- und Pressemarkt und setzte sich für eine professionelle Xylografen-Ausbildung ein.

5 Geschäftsrundschreiben von Otto Spamer: Errichtung einer Verlagsbuchhandlung, 31. März 1847, Deutsches Buch- und Schriftmuseum der Deutschen Nationalbibliothek Leipzig, Buchhandelsarchiv des Börsenvereins der Deutschen Buchhändler zu Leipzig, Bö-GR/S/2240.

6 Herauszuheben ist hierfür *Rothschild's Taschenbuch für Kaufleute*. Bis zum Verkauf der Titelrechte 1882 wurde es in 26 Auflagen über 180.000 Mal verkauft. Illustrirter Verlags-Bericht. Jubiläums-Katalog von Otto Spamer in Leipzig. Leipzig: Otto Spamer 1872, S. 40. Hierzu auch Patricia F. Blume, Wiebke Helm: Lesen zwischen Haus und Schule. Die Verlagsbuchhandlung Otto Spamer. In: Dies. (Hgg.): Die Bücherfabrik. Geschichte des Leipziger Otto Spamer Verlages. Beucha, Markkleeberg: Sax-Verlag 2020, S. 13–78, hier S. 25 f.

Verlages durch eine neue Geschäftsleitung[7] verlor der Name Spamer Ende des 19. Jahrhunderts im Bereich der Kinder- und Jugendliteratur zunehmend an Bedeutung und seinen Platz als einer der wichtigsten deutschen Verlage in diesem Programmsegment. Durch den Verlust des Firmenarchivs im Zweiten Weltkrieg fehlen all die Dokumente, die über Pläne, Geschäftsbeziehungen und -kontrakte, personelle und technische Ausstattung sowie über die finanzielle Aufstellung des Unternehmens Auskunft geben könnten. Auch mag die Außenseiterposition, die Otto Spamer im Buchhandels- und Verlagsgewerbe innehatte,[8] dazu geführt haben, dass er wie auch sein Unternehmen schnell in Vergessenheit gerieten und bisher in der einschlägigen Literatur zur Buch- und Verlagsgeschichte selten erwähnt wurden, geschweige denn eine ausführlichere Vorstellung erfuhren.[9]

Die Jugend- und Volksschriften des Otto Spamer Verlages wie auch dessen populärwissenschaftliche Werke kennzeichnen eine hohe Bilddichte, für deren Auswahl und Anordnung der Verleger oft selbst sorgte. Die Illustrationen sind ein Markenzeichen[10] des Unternehmens und sollen im Folgenden vor dem Hintergrund zeitgenössischer Tendenzen und lokaler Gegebenheiten näher betrachtet werden. So richtet sich der Fokus zum einen auf die Herstellungstechnik, zum anderen auf die Herkunft und Produktion der Bilder sowie auf ihre Verbreitung. Darüber hinaus interessieren die Rolle Otto Spamers und sein Einfluss auf die Gestaltung des illustrierten Verlagsprogramms. Damit soll eine erste Annäherung an das Bildrepertoire des Otto Spamer Verlages erfolgen.

2. Die Xylografie und der Buchmarkt Mitte des 19. Jahrhunderts

Die Ausstattung eines Buches mit Illustrationen war in der zweiten Hälfte des 19. Jahrhunderts zu einem wichtigen Merkmal für die Akzeptanz eines Titels ge-

7 Nachdem keiner von Spamers Nachkommen sich in der Lage sah, den Verlag langfristig weiterzuführen, wurde dieser 1891 an den bereits als Teilhaber im Unternehmen tätigen Josef Petersmann (1864–1942) übertragen. Blume, Helm: Lesen zwischen Haus und Schule (wie Anm. 6), S. 73–76.

8 Dies belegen verschiedene Angaben des Verlegers, der infolge eines mehrjährigen Gerichtsstreits mit Rufschädigung zu kämpfen hatte – mit dem Resultat, dass er sich enttäuscht u.a. aus dem Branchenverband ins Private zurückzog und sich fortan ganz auf seine Arbeit konzentrierte. Blume, Helm: Lesen zwischen Haus und Schule (wie Anm. 6), S. 41 f.

9 Erste Anstrengungen, diese Wahrnehmung zu ändern, unternimmt der Sammelband Blume, Helm: Die Bücherfabrik (wie Anm. 6).

10 Vgl. den Verlagseintrag Otto Spamer. In: Brockhaus' Konversations-Lexikon. Band 15: Social – Türken. 14. Aufl. Leipzig, Berlin, Wien: F. A. Brockhaus 1895, S. 79.

worden. Sie war Verkaufsfaktor, schlug sich aber auch auf den Buchpreis nieder, denn die Herstellung von Bildern für den Buchdruck war nach wie vor ein beachtlicher finanzieller Posten. Umso interessanter waren deshalb Titel, die nicht nur einen lesenswerten Inhalt auswiesen und zur Erhöhung der Allgemeinbildung beitrugen, sondern dabei eine solide Aufmachung mit umfangreichem, veranschaulichendem Bildmaterial zu einem moderaten Preis boten. Die Zunahme von Abbildungen war durch den Einsatz neuer reprografischer Techniken und Druckmaschinen möglich geworden. Mit der Umstellung auf eine industrielle Produktion kam es nicht nur zu einer Steigerung, sondern auch zu einer Qualitätsveränderung und einer »Verbilligung« in der Herstellung.[11]

Um 1830 hatten in Deutschland erste Verleger damit begonnen, die Xylografie für den Bilddruck in Büchern, Journalen und Kalendern zu verwenden. Sie löste neben der Lithografie die bis dahin vorherrschenden Reproduktionsverfahren des Kupferstichs und des Stahlstichs ab und wurde zum Inbegriff der Illustration.[12] Besonders Weber engagierte sich für die Verbreitung und Etablierung des xylografischen Verfahrens in Deutschland. Er verantwortete 1833 die Herausgabe der ersten illustrierten deutschen Wochenschrift nach englischem Vorbild, des *Pfennig-Magazins*.[13] Ebenfalls in Leipzig verlegten in unmittelbarer Folge die Verlage Baumgärtner und F. A. Brockhaus ähnliche, mit Xylografien bestückte Magazine.[14] Für einen jüngeren Adressatenkreis gab Otto Wigand (1795–1870) ab 1834 das *Pfennig-Magazin für Kinder* heraus. Auch er verwendete hierbei das Holzstich-Verfahren.

Weber trieb die Entwicklung des Holzstiches durch die Produktion weiterer illustrierter Druckerzeugnisse nachhaltig voran. Hierzu trugen die in seinem Verlag erschienene Biografie über Friedrich II.[15] sowie verschiedene Zeitungsprojekte bei. Vor allem die *Illustrirte Zeitung* (ab 1843), an deren Herausgabe

---

11 Vgl. Ulrich Kreidt: Bilder in der Kinder- und Jugendliteratur. In: Otto Brunken u.a. (Hgg.): Handbuch zur Kinder- und Jugendliteratur. Von 1850 bis 1900. Stuttgart: Metzler 2008, Sp. 95.

12 Vgl. hierzu den Eintrag im »Brockhaus«: »Illustrationen heißen jetzt die Holzschnittbilder zur Erläuterung und Veranschaulichung eines gedruckten Textes, in welchen sie eingeschaltet werden.« Illustrationen. In: Allgemeine deutsche Real-Encyklopädie für die gebildeten Stände. Conversations-Lexikon. Bd. 8: Höfken – Kirchenbann. 10. Aufl. Leipzig: F. A. Brockhaus 1853, S. 195.

13 Katrin Löffler: Das Leipziger *Pfennig-Magazin*. Die Anfänge der illustrierten Presse in Deutschland. In: Leipziger Jahrbuch zur Buchgeschichte. Bd. 24. Wiesbaden: Harrassowitz 2016, S. 313–340. Schon im Herbst 1834 ging das Periodikum an den F. A. Brockhaus Verlag (ebd., S. 318).

14 Eva-Maria Hanebutt-Benz: Studien zum deutschen Holzstich im 19. Jahrhundert. Frankfurt a.M.: Buchhändler-Vereinigung 1984, Sp. 699.

15 *Zur Geschichte Friedrichs des Großen* (1840) von Franz Kugler und Adolph Menzel vgl. ebd., Sp. 773–781, sowie Dorothee Entrup: Adolph Menzels Illustrationen zu Franz Kuglers *Ge-*

Spamer beteiligt war, machte auf diesem Gebiet Furore. Im Bereich des Kinderbuches war es Wigands Bruder Georg (1808–1858), der sich 1834 in Leipzig mit einer Verlagsbuchhandlung selbstständig gemacht hatte und seinen Märchenbüchern Xylografien beigab, die im Umfeld des Dresdner Künstlerkreises um Julius Schnorr von Carolsfeld (1794–1872), Ludwig Richter (1803–1884) und Hugo Bürkner (1818–1897) entstanden waren. »Für die Entwicklung des illustrierten Kinderbuches der Spätromantik besaß Georg Wigand [...] eine kaum zu überschätzende Bedeutung«,[16] fasst Sabine Knopf in ihrem Überblick zu Leipziger Kinderbuchverlagen des 19. Jahrhunderts die Verdienste des jung verstorbenen Verlegers zusammen.

Um 1850 waren damit die Voraussetzungen für die Errichtung eines Verlages in Leipzig, der sich auf die Produktion von illustrierten Büchern im xylografischen Verfahren spezialisieren wollte, nahezu ideal. Denn zur Jahrhundertmitte bestanden bereits mehrere künstlerische Ateliers und Druckereien in der Stadt, die diese Technik anboten, auch waren ausreichend Fachkräfte, die das Zeichnen auf und das Schneiden von Holz beherrschten, vertreten. Längst hatte die Messestadt den Ruf, ein Zentrum der Xylografie zu sein.[17] Und Spamer wusste diese Bedingungen zu schätzen und zu nutzen. Viele seiner Aufträge gingen an lokale Werkstätten und Künstler.

Was aber machte die Xylografie so attraktiv für den Buchdruck? Das in England weiterentwickelte Hochdruckverfahren erlaubte das Bedrucken von angefeuchteten Papierbögen mit Text und Bild in nur einem Arbeitsschritt. Dadurch konnten der Herstellungsprozess von illustrierten Büchern und Zeitungen verkürzt und die Produktionskosten reduziert werden, wenngleich die Anfertigung sowie die Montage der Holzplatten in den Druckstock noch lange Zeit anspruchsvoll blieben. Zudem konnten die Holzstöcke bzw. deren Abgüsse in Blei (Polytypen) bzw. Kupfer (Galvanotypen) weitaus häufiger eingesetzt werden als die Platten für den Kupferdruck, der über ein Jahrhundert das Reproduktionsverfahren für Bilder schlechthin gewesen war. Statt der bisher üblichen 1.000 bis 1.800 Abzüge[18] von einer gestochenen Kupferplatte konnten von einem robusten Holzstock bis zu 50.000 Kopien gefertigt werden, von dessen metallischen

---

schichte Friedrichs des Grossen. Ein Beitrag zur stilistischen und historischen Bewertung der Kunst des jungen Menzel. Weimar: VDG 1995.

16 Sabine Knopf: Leipziger Kinderbuchverlage im 19. Jahrhundert. In: Börsenblatt für den Deutschen Buchhandel, Nr. 77, 27. September 1991, A347–A355, hier A348.

17 Hanebutt-Benz: Studien zum Deutschen Holzstich (wie Anm. 14), Sp. 750.

18 Ulrich Kreidt: Bilder in Kinder- und Jugendbüchern 1800–1850. In: Otto Brunken, Bettina Hurrelmann, Klaus-Ulrich Pech (Hgg.): Handbuch zur Kinder- und Jugendliteratur. Von 1800 bis 1850. Stuttgart, Weimar: J. B. Metzlersche Verlagsbuchhandlung 1998, Sp. 116–166, hier Sp. 118.

Abgüssen sogar mehrere Millionen.[19] Dem massenhaften Bilderdruck stand nun nichts mehr im Weg.

Ihm voraus ging aber der mühevolle Übertrag einer Zeichnung auf den Holzstock. Es war eine zeitaufwendige und herausfordernde Arbeit, wie die selbstreferentielle Beschreibung in einem Spamer-Jugendbuch, das über hundert xylografische Textabbildungen enthält, sehr anschaulich vor Augen führt:

> »Die von den Kunstmitarbeitern eingesandten Originalzeichnungen bestehen theils aus Holzzeichnungen, theils aus Photographien oder Aquarellen, theils aus Skizzen, seltener aus völlig ausgeführten bereits auf Holz übertragenen Zeichnungen, welche nach der Natur an Ort und Stelle aufgenommen worden sind. Diese Zeichnungen müssen nun von geschickter Hand auf Holzplatten aus Buchsbaum erst übergezeichnet, und wenn die Originale mangelhaft oder bloße Skizzen sind und sich daher zu unveränderter Uebertragung auf Holz nicht eignen, vorher auf Papier zu einem guten Bilde umgezeichnet und dann erst auf das Holz in einer bestimmten Größe (Format) gebracht werden. Zu diesem Behufe legt man auf die Zeichnung ein Stück Pflanzenpapier (Pausglaspapier) und ›paust‹ das Original, d.h. man zieht mit einem Bleistift die Umrisse derselben genau nach; hierauf ›grundiert‹ man eine Buchsbaumholzplatte im Formate der Zeichnung, d.h. man überzieht sie mit einer Mischung von Blei- oder Zinkweiß und aufgelöstem Gummi arabicum. [...] Ist die Zeichnung vollendet, so beginnt die Thätigkeit des Holzschneiders oder Xylographen. [...] Die Aufgabe des Holzschneiders besteht darin, daß er alle unbezeichneten, also weiß gebliebenen Stellen der Holzplatte vertieft

19 Die Angaben beruhen auf den Ausführungen zur Buchdruckkunst in Louis Thomas (Hg.): Das Buch wunderbarer Erfindungen. In Erzählungen für die reifere Jugend. 2. Aufl. Leipzig: Otto Spamer Verlag 1854, S. 17. In der überarbeiteten vierten Auflage spricht Thomas (1815–1878) sogar von bis zu 100.000 möglichen Abzügen von einem bearbeiteten Holzstock. Vgl. ders. (Hg.): Das Buch wunderbarer Erfindungen. In Schilderungen für die reifere Jugend. 4. Aufl. Leipzig: Otto Spamer Verlag 1860, S. 18. Spätere Auflagen geben hierüber aber keine Auskunft mehr. Bereits anhand des Kapitels »Erfindung der Buchdruckerkunst« lässt sich die Verlagspraxis der stetigen Überarbeitung und Aktualisierung belegen, die für die Spamerschen Titel typisch und ein Anliegen des Verlegers waren. Sowohl Thomas als auch Franz Luckenbacher, Theodor Schwartze (geb. 1829) und Gustav R. Pieper, die nach Thomas' Tod beide *Erfindungs*-Bände betreuen, passen den Artikel an die technischen Fortschritte im Druckgewerbe an und liefern neues Bild-, Daten- und Zahlenmaterial. Wilke begründet das Vorgehen des permanenten Angleichens in Bezug auf die Illustrationen mit dem Argument der Qualitätssicherung. Hans-Jörg Wilke: Die Geschichte der Tierillustration in Deutschland 1850–1950. Rangsdorf: Basilisken Presse 2018, S. 31.

> ausarbeitet, so daß das ganze Bild sich über den Grund wie die Lettern der Druckerei heraushebt.«[20]

Die Bearbeitung der Holzplatte verlangte Präzision, denn jeder falsche Schnitt oder Stich schlug sich unmittelbar auf das Bildergebnis nieder. Im ungünstigsten Fall konnte eine Ausbesserung nur durch den Austausch der fehlerhaften Stelle durch einen neuen Holzpflock erfolgen. Das Zeichnen und Schneiden waren eine Angelegenheit, die Zeit beanspruchte.[21] Da jedoch die Zeit bei der Produktion neuer Titel oft drängte, wurden beispielsweise großformatige Bilder von mehreren Xylografen gleichzeitig bearbeitet. Dazu zerschnitt man die geschliffene und polierte Holzplatte in kleine Quadrate, verteilte sie zur Bearbeitung an verschiedene Arbeitskräfte und fügte sie anschließend mit Leim wieder zusammen.[22]

Die Anstrengungen, die bis zur Jahrhundertmitte mit der Herstellung illustrierter Druckwerke verbunden waren, verdeutlicht der Rückblick eines Zeitzeugen:

> »Wer jetzt sieht, mit welcher Leichtigkeit die bedeutendsten illustrirten Werke in den vorzüglich eingerichteten Druckereien auf Schnellpresse herunter gedruckt werden, kann sich wohl kaum eine rechte Vorstellung von den Schwierigkeiten machen, die damals überwunden werden mußten, wo man weder das in der Fabrik geglättete Papier, noch eine Satinirmaschine hatte, wo feine Illustrationsfarbe in Deutschland noch nicht in Gebrauch, die künstlerische Zurichtung noch unbekannt und der Druck von Illustrationen auf der Schnellpresse vollends unerhört war.«[23]

---

20 Louis Thomas (Hg.): Das Buch denkwürdiger Erfindungen bis zu Ende des 18. Jahrhunderts. 6., verm., gänzl. umgearb. Aufl. Leipzig: Otto Spamer 1877, S. 59. Nicht einmal zwanzig Jahre später wird erklärt, dass beispielsweise die Fotografie zu wesentlichen Verbesserungen geführt hat und den Xylografen das aufwendige Abpausen erspart. Louis Thomas: Das Buch denkwürdiger Erfindungen bis zu Ende des 18. Jahrhunderts. 10., neu bearb. Aufl. Leipzig: Otto Spamer 1895, S. 59.

21 Oft arbeitete ein Reproduktionsgrafiker wochenlang an einem Bild. Hanebutt-Benz, Studien zum deutschen Holzstich (wie Anm. 14), Sp. 850–852, hat die Arbeitszeit beispielhaft für die Kinderbibel aus dem Verlag von Georg Wigand erfasst.

22 Thomas: Das Buch denkwürdiger Erfindungen 1895 (wie Anm. 20), S. 59.

23 Lorck: Die Druckkunst und der Buchhandel in Leipzig (wie Anm. 4), S. 58.

3. Spamers Ruf nach anschaulichen, belehrenden und unterhaltenden Bildern

Otto Spamer wusste um die Faszinationskraft, die Bilder auf die Menschen des 19. Jahrhunderts ausübten. Sie waren inzwischen »ein vielfältiges Bücherzubehör und ein fast unumgängliches Erforderniß geworden für Schriften, die eine ansehnliche Abnahme finden«[24] sollten. Deshalb stand es für den Jungverleger außer Frage, dass die Bücher, die einmal seine Verlagsbuchhandlung verlassen sollten, Abbildungen enthalten mussten – und zwar viele, »weil zwei Sinne mehr fassen als einer, und das Auge oft ein eben so guter Weg zum Verstande ist«.[25] Statt einer klaren Trennung von Text und Bild, wie sie mehr als ein halbes Jahrhundert in der Wissen vermittelnden Kinder- und Jugendliteratur typisch und durch die Beigabe von Kupfertafeln zwangsläufig vorgegeben war, gelang es Spamer mit dem xylografischen Verfahren, das veranschaulichende und unterstützende Bildmaterial in unmittelbarer Nähe der entsprechenden Sacherläuterung zu platzieren und damit eine sinnzusammenhängende Darstellungsweise zu präsentieren.[26]

Schon frühzeitig hatte Spamer abbildungsreiche Buchprojekte geplant, die diesen Ansatz verfolgten, denn bereits 1846 hatte er die Idee zu einem illustrierten Konversationslexikon. Er stellte sie jedoch erfolglos seinem damaligen Arbeitgeber Weber vor. Erst zwanzig Jahre später, als er mit dem eigenen Unternehmen wirtschaftlich solide und auch entsprechend technisch aufgestellt war, wagte er sich selbst an die Umsetzung dieses ambitionierten Projektes.[27]

Wenngleich noch in geringerem Umfang, aber dennoch ungewöhnlich hoch startete Spamer ab 1847 mit einer illustrationslastigen Verlagsproduktion, die zunächst noch keiner klaren Ausrichtung folgte. Als Jungunternehmer kam er dem großen Interesse an Bildern nach, als er 1851 mit der Serienproduktion von Kinderliteratur begann. Schon sein Erstling auf diesem Gebiet, *Der illustrirte Kinderfreund*, herausgegeben vom Leipziger Lehrer Louis Thomas, wies

24 Illustrationen. In: Allgemeine deutsche Real-Encyklopädie für die gebildeten Stände (wie Anm. 12), S. 195.

25 Prämien-Katalog (wie Anm. 1), S. [38].

26 Zur Text-Bild-Position in der historischen Kinder- und Jugendsachliteratur vgl. Bernard Fassbind-Eigenheer, Ruth Fassbind-Eigenheer: Was sagt der Text – was zeigt das Bild? Vom Orbis Pictus zum Photobilderbuch – Text und Bild in der historischen Entwicklung des Sachbilderbuchs. In: Librarium 33 (1990) 3, S. 158–167. Kupferstiche wurden im Tiefdruckverfahren vervielfältigt und konnten nicht zusammen mit dem Textblock, der als Hochdruck reproduziert wurde, gedruckt werden. Zudem erforderte der Druck unterschiedliche Papiersorten.

27 Zum Bildinventar des Lexikons vgl. Thomas Keiderling: Otto Spamer als Lexikonverleger. In: Blume, Helm: Die Bücherfabrik (wie Anm. 6), S. 121–132, hier S. 127 f. u. 130.

mit der Konkretisierung der Abbildungszahl auf dem Titelblatt die Bedeutung des Bildes aus. Spamers Anstrengungen waren groß gewesen, 565 Textabbildungen für den Druck zu beschaffen und ein koloriertes Titelbild beizufügen. Der zur Subskription angebotene 180-seitige Band kostete in der einfach gehefteten Ausstattung 22 ½ Silbergroschen, konnte aber auch kartoniert mit illustriertem Umschlag für 25 Silbergroschen bezogen werden. Für die Schmuckausgabe im goldgeprägten Einband mussten interessierte Käufer:innen dann bereits einen Taler vorstrecken.[28] In Anbetracht des sehr hohen Bildanteils, seiner mühsamen Beschaffung und aufwendigen Herstellung war dies dennoch günstig.

Die Kombination von Text und Bild war dem Verleger ein besonderes Anliegen, denn auf diese Weise gelinge eine echte Vermittlung und Veranschaulichung von Themen, die der Schulunterricht nur anreiße, begründet Spamer im Prospekt zur *Illustrirten Jugend- und Hausbibliothek* sein Konzept:

> »Die heranwachsende Jugend hat den unbewußten Drang stetiger geistiger Erfrischung, die nur durch die rechte Lektüre d.h. durch eine solche erreicht wird, bei welcher mittels Vereinigung von Bild und Wort Anschaulichkeit, Lebendigkeit, Anregung, Unterhaltung und Belehrung sich gegenseitig stützen.«[29]

Darüber hinaus sollte die Verbindung zu einem besseren Verständnis der Gegenwart führen und bei den jungen Leser:innen Interesse »an der Entwicklung des Lebens in Haus, Natur, Staat und Welt [...] fördern«.[30] An anderer Stelle betont Spamer, dass »eine gut ausgeführte sachliche Information lange, ermüdende Abhandlungen entbehrlich macht und andererseits der betreffenden Abhandlung erst den wahren Werth verleiht, wie bei der Technik, Maschinenkunde, Heral-

---

28 Illustrirter Verlagsbericht von Otto Spamer. Weihnachten 1852, Deutsches Buch- und Schriftmuseum der Deutschen Nationalbibliothek Leipzig, Buchhandelsarchiv des Börsenvereins der Deutschen Buchhändler zu Leipzig, Bö-VK/Spamer. Die meisten Titel des Verlagsprogramms erschienen in der genannten Ausstattung: Sofern sie nicht als Broschur angeboten wurden, waren sie, wie für die Gründerzeit typisch, in Leinen gebunden und mit Lettern und Vignetten in Goldprägedruck gestaltet. Die Kinderbücher wurden hingegen häufig in Halbleinen gebunden und mit einem farbig illustrierten Buchdeckel versehen, der auf den Inhalt des Buches neugierig machen sollte. Eine üppige, goldgeprägte Kombination von Schrift und Bild zierte zudem den Buchrücken. Diese Prägungen fertigte u.a. die Graveuranstalt von G. F. Laschky in Berlin an. Anfang der 1860er-Jahre wurden ca. 60 Prozent der Verlagstitel als gebundene Ausgaben ausgeliefert, wie im Sendschreiben von Otto Spamer an seine Geschäftsfreunde, Leipzig: Otto Spamer 1864, S. 4, angegeben wird.

29 Illustrirter Verlags-Bericht. Jubiläums-Katalog (wie Anm. 6), S. 11.

30 Ebd., S. 40.

dik, Numismatik, Anatomie und den Völkertypen«.[31] Eine Illustration könne dabei oft mehr aussagen als eine seitenlange Beschreibung.[32]

Zu Beginn der Verlagsproduktion war die Anordnung von Text und Bild noch nicht ideal und das Verhältnis noch unausgewogen, doch mit zunehmender verlegerischer Erfahrung konnte dieser »Uebelstand«[33], wie ihn Spamer im Rückblick auf seine »Erstlinge«[34] bezeichnete, behoben werden.

Der Bildreichtum im Verlagsprogramm von Otto Spamer speiste sich aus verschiedenen Quellen, worauf ich im Folgenden genauer eingehen werde: Zum einen trugen Einkäufe von Klischees aus anderen Verlagen und xylografischen Anstalten zum wachsenden Bildbestand des Unternehmens bei. Zum anderen handelte es sich um Auftragsarbeiten, die an freischaffende Zeichner und Xylografen vergeben wurden. Ein Jahrzehnt nach Firmengründung waren es dann auch Xylografien, die in der verlagseigenen Artistischen Anstalt als Originalillustration bzw. als Nachzeichnungen entstanden. Diese wurden dann häufig in diversen Verlagsartikeln wiederverwendet – eine durchaus übliche Praxis. Inwieweit außerdem Übernahmen und Nachdrucke von Bildern erfolgten, kann im Detail nicht belegt werden. Jedoch ist zumindest ein Verfahren bekannt, in dem ein derartiger Vorwurf gegenüber dem Verleger erhoben wurde. Spamer wurde in diesem Fall jedoch freigesprochen.[35]

4. *Xylografien aus dem Hause Spamer*

Wie man an Holzstiche herankam, wusste Spamer, denn während seiner Anstellungszeit bei Weber hatte er verschiedene Buchprojekte betreut und mit den involvierten Autoren und Reproduktionsgrafikern in schriftlichem und persönlichem Kontakt gestanden. So oblag ihm u.a. die Aufsicht über Eduard Poep-

31 Ebd., S. 106.

32 Ebd., S. 24.

33 Illustrirter Verlags-Bericht. Jubiläums-Katalog (wie Anm. 6), S. 16.

34 Ebd.

35 Es handelt sich um das Gerichtsverfahren gegen den Buchhändler Hermann Costenoble (1826–1901), das Spamer ab 1858 über mehrere Jahre und Instanzen führte und das maßgeblich zu seiner Rufschädigung in der Verlagsbranche beigetragen hat. Grundlage des Streits bildete die Übersetzung eines Reiseberichts. Der bei Spamer erschienene Band *Livingstone der Missionär. Erforschungsreisen im Innern Afrikas* (1858) sei eine unautorisierte Übernahme von Texten und Bildern, lautete die Anschuldigung. Die zweibändige Prozessakte legt detailliert die Vorwürfe in Bezug auf die Illustrationen und Spamers Stellungnahme dazu dar. Stadtarchiv Leipzig, II. Sekt. C 842 u. S 5365.

pigs (1798–1868) *Illustrirte Naturgeschichte des Thierreichs*, deren Erstauflage 1847 erschien. Das zoologische Werk enthält über 4.000 in den Text gedruckte Abbildungen. Ein Großteil davon wurde von den Xylografen des Weber'schen Unternehmens nach Originalzeichnungen angefertigt oder aus Buch- und Zeitschriftenvorlagen kopiert. Spamer hatte hierbei zwischen dem Herausgeber und den Zeichnern der Illustrationsabteilung zu vermitteln.[36]

4.1 Der Verleger als Bildarrangeur

Als Verleger behielt er diese Praxis bei und brachte sich aktiv in die inhaltliche und gestalterische Anlage des illustrierten Verlagsprogramms ein. Er gab seinen Autor:innen häufig nicht nur inhaltliche Anstöße, sondern übernahm auch die Textredaktion und griff in die Auswahl beizufügender Illustrationen ein. Sophie Traut (geb. 1826), Verfasserin von *Lieschens kleine und große Welt*, blickt im Vorwort auf die Entstehung ihres Buches zurück:

> »Mein Bestreben, durch Wort und Darstellung zu wirken und anzuregen oder zu erläutern, ist in anerkennendster Weise durch den Herrn Verleger unterstützt worden, der nicht nur die erste Anregung zu diesem Büchlein gegeben, sondern auch die Einordnung der vorgesehenen Illustrationen besorgte, unter denen eine größere Anzahl Bilder und Bilderklärungen in vorzüglicher Zeichnung neu hergestellt worden sind.«[37]

Das betreffende Kinderbuch, das sich an acht- bis neunjährige Mädchen wendet, enthält den typischen Schnitt von 123 einfarbigen Abbildungen, die von verschiedenen Illustratoren stammen. Namentlich erschließbar, sofern eine Signatur erkennbar ist, und vertreten mit mehreren Abbildungen sind Hermann Ludwig Heubner (1843–1915), Georg Nestel (1845–1927) und Fedor Flinzer (1832–1911), Illustratoren, die vor allem Zeichnungen für die Kinderbücher des Verlages gestalteten. Ein unsigniertes Frontispiz in Buntdruck, ein Tondruck, den der Xylograf Jahn gefertigt hat, sowie ein ebenfalls im Farbdruck hergestelltes Einbandbild runden das visuelle Repertoire dieses Bandes ab. Insbesondere

36 Der kundige Zoologe Poeppig verweist in einem Brief auf mehrere Abbildungen aus den *Illustrated London News* sowie Zeichnungen verschiedener Künstler, die sich seiner Ansicht nach für die Reproduktion eigneten. Brief von Poeppig an Sparmer [sic!] vom 16. Mai 1846. Stadtgeschichtliches Museum Leipzig 94/299 A/2 5Y6/2006. Zu weiteren Vorlagen für Poeppigs Naturgeschichte äußert sich Wilke: Geschichte der Tierillustration in Deutschland (wie Anm. 19), S. 18.

37 Sophie Traut: Lieschens kleine und große Welt. Unterhaltende Büchlein für kleine Mädchen. Bd. 1: Aus dem Elternhaus. 2. Aufl. Leipzig: Otto Spamer 1876, S. VI.

das Cover und die Kapiteleingangsvignetten sind adressatenorientiert gestaltet und zeigen realistische Szenen aus dem Kinderalltag.

Auch Heinrich Schwerdt (1810–1888), Pädagoge und Herausgeber des *Centralblatts für die deutsche Jugend- und Volkslitteratur*, berichtet schon 1857, dass der Verleger sich an der Beschaffung der Abbildungen mit »hoher Consequenz«[38] beteiligt habe. Deshalb seien viele der »Bücher, gleich den Weber'schen, wie aus einem Gusse und selbst die Holzschnitte, die in den ersten Bänden noch viel zu wünschen übrig lassen, vervollkommnen sich von Jahr zu Jahr«.[39]

Spamer, der im ersten Unternehmensjahrzehnt noch nicht über eine eigene künstlerische Verlagsabteilung und technische Infrastruktur verfügte, um alle Illustrationen im eigenen Haus zu fertigen, musste Klischees bei anderen Verlagen und Druckereien einkaufen, um das selbstgesteckte Ziel des Bildreichtums halten zu können. In den frühen Verlagsveröffentlichungen sind deshalb ein Großteil der Xylografien noch englischen bzw. französischen Ursprungs. Sie wurden entweder direkt aus Londoner oder Pariser Ateliers beschafft oder stammten von englischen und französischen Xylografen, die seit den 1840er-Jahren in Leipzig ansässig waren.[40] Spamer griff für die ersten Ausgaben des *Illustrirten goldenen Kinderbuchs* und der *Illustrirten Jugend- und Hausbibliothek* u.a. auf Arbeiten aus den Werkstätten von William Alfred Nicholl (1816–1876) und John Allanson (ca. 1800–1859) zurück.[41] Darüber hinaus bezog der Verlag Reproduktionen aus der Werkstatt von Theodor Knesing (1840–1927) in München sowie aus den Leipziger Ateliers von Wilhelm Aarland (1822–1906), H. Gedan und August Müller. Nicht auszuschließen ist, dass der Verleger auch Bildstöcke bei Verlagen und Druckereien mit eigener xylografischer Abteilung und reichem Bildbestand wie F. A. Brockhaus oder Weber erwarb, doch lässt sich dies aufgrund der Quellenlage nicht mehr belegen.[42]

38 Heinrich Schwerdt: Spamer's illustrirte Jugend- und Hausbibliothek. In: Centralblatt für deutsche Volks- und Jugendlitteratur. Ein kritischer Wegweiser für Lesevereine, Volks- und Jugendbibliotheken, Geistliche, Lehrer und Familienväter 1 (1857), S. 255-257, hier S. 257..

39 Ebd.

40 Hanebutt-Benz: Studien zum deutschen Holzschnitt (wie Anm. 14), Sp. 734–737.

41 Wenngleich die verwendeten Abbildungen kaum Künstlersignaturen aufweisen, so sind Einzelbilder in *Der illustrirte Kinderfreund* (1852) sowohl Nicholl als auch dem Maler Adelbert Müller (1820–1881) zuzuordnen, *Das Buch der Arbeit* (1854) von Leo Bergmann, *Das illustrirte Seemannsbuch* (1855) von Louis Thomas und *Schilderungen der Jagd und des Fanges der Thiere; ihr Wanderleben und ihre Zähmung* von Anton B. Reichenbach sind mit dem Schriftzug Allanson gekennzeichnet.

42 Zumindest für andere Verlagspublikationen traf dies zu, wie z.B. für den Band *Wohnungen, Leben und Eigenthümlichkeiten in der höheren Thierwelt* (1869) der Brüder Adolf und Karl Müller. Hierfür fanden Abbildungen aus Tschudis *Das Thierleben der Alpenwelt* Verwendung,

Projekte, die dem Verleger besonders am Herzen lagen, wie beispielsweise die Geschichtserzählungen seines Darmstädter Lehrers Wilhelm Wägner (1800–1886),[43] betreute er intensiv. So heißt es im Vorwort des ersten Bandes von *Hellas*, er habe wesentlichen Einfluss auf die Illustrierung genommen und die Abbildungen

> »fast allein besorgt, die passenden Vorlagen ermittelt, die Ausführung und den Schnitt eingeleitet. Er ging dabei mit äußerster Sorgfalt zu Werke und bemühte sich mit einer fast peinlichen Gewissenhaftigkeit, die tauglichsten Vorlagen herbeizuschaffen, die richtigsten Auffassungen selbst zu erlangen und sie dabei den beschäftigten Künstlern klar zu machen.«[44]

Die wichtigsten Bildquellen und -vorlagen, darunter verlagseigene Titel, werden in der Einleitung ebenso genannt wie die ausführenden xylografischen Ateliers. Neben der Anstalt von Wilhelm Aarland war das die Darmstädter Werkstatt von Wolfgang Pfnor (1826–1886), auch in Spamers neu gegründeter bildkünstlerischer Abteilung waren einige Holzzeichnungen angefertigt worden.[45]

Darüber hinaus konnte der Verleger bei der Suche nach passenden Xylografen für seine Projekte auf ein Netzwerk zurückgreifen, das er sich in seiner Angestelltenzeit aufgebaut hatte. Zu diesen Kontakten zählte u.a. die Bekanntschaft zum Tiermaler Robert Kretschmer (1818–1872), dem Spamer in späteren Jahren freundschaftlich verbunden war und dessen Zeichnungen in zahlreichen naturwissenschaftlichen Verlagstiteln vertreten sind.[46]

---

das 1853 bei Weber erschienen war. Vgl. Wilke: Geschichte der Tierillustration in Deutschland (wie Anm. 20), S. 32.

43 Spamer besuchte ab 1827 die damals neu gegründete Realschule in Darmstadt. Ab diesem Zeitpunkt war auch Wägner dort als Lehrer tätig und unterrichtete den schreibtalentierten Jungen. Als Autor verfasste er für den Otto Spamer Verlag Jugendbücher, die sich geschichtlichen Themen widmeten, und war damit überaus erfolgreich.

44 Wilhelm Wägner: Hellas. Das Land und Volk der alten Griechen. Bd. 1. Leipzig: Otto Spamer Verlag 1859, S. VI.

45 In der dritten, überarbeiteten Auflage der *Hellas*-Ausgabe von 1873 wird hingegen angeführt, dass inzwischen alle Xylografien im eigenen Unternehmen entstanden seien.

46 Zwar war Kretschmer erst ab April 1849 als Nachfolger des Malers Johann Jakob Kirchhoff (1796–1848) mit der Leitung des Zeichnungswesens der *Illustrirten Zeitung* betraut, doch hatte er zuvor schon Aufträge für Weber ausgeführt. Aufgrund von Dissonanzen verließ Kretschmer 1857 das Unternehmen. Brief von R. Kretschmer an Illustrirte Zeitung vom 18. Oktober 1858, Stadtgeschichtliches Museum, Leipzig, A/5790/2006.

Abb. 1: Xylografen bei der Arbeit in der Artistischen Anstalt von Otto Spamer, Louis Thomas: Das Buch denkwürdiger Erfindungen bis zum 18. Jahrhundert. 6. Aufl. Leipzig: Otto Spamer Verlag 1877, S. 60.

4.2 Das Artistische Institut von Otto Spamer

Otto Spamer hatte mit Leipzig einen Standortvorteil in Bezug auf die Bildbeschaffung, denn die Messestadt wies deutschlandweit bis ins erste Jahrzehnt des 20. Jahrhunderts die größte Dichte xylografischer Ateliers auf, gefolgt von Berlin und Stuttgart. Im Jahr 1860 gab es in der Stadt 15 künstlerische Werkstätten,[47] eine davon gehörte zur Verlagsbuchhandlung Otto Spamer. Das »Atelier zur Herstellung von Holzschnitt-Illustrationen« war am 1. Juli 1858 eröffnet worden.[48] Es befand sich anfangs in Mieträumen der Firma Gieseke & Devrient in der Nürnberger Straße 59.[49] Zwei Dutzend Holzzeichner und

47 Hanebutt-Benz: Studien zum deutschen Holzstich (wie Anm. 14), Sp. 793–796.

48 Diese Angabe laut Geschäftsanzeige des Artistischen Instituts in: Otto Spamer's Illustrationen- und Clichés-Katalog. Verzeichniss der Illustrationen, Vignetten, Initialen u.s.w. Leipzig: Otto Spamer 1858, o. S. Vgl. dagegen das Gründungsdatum in: Illustrirter Verlags-Bericht. Jubiläums-Katalog (wie Anm. 6), S. 59. Hier heißt es, »hat schon zu Anfang des Jahres 1858 (1. Februar) die Errichtung einer, hauptsächlich nur für die eignen Verlags-Zwecke thätigen *Artistischen Anstalt* (für Xylographie und Holzzeichnung) stattgefunden«.

49 Im Januar 1861 kam es zum Brand in diesen Räumen. Es entstand ein Schaden in Höhe von 95.000 Talern, den Spamer größtenteils selbst zu tragen hatte. Die Versicherung übernahm nur

-schneider waren hier beschäftigt,[50] sie standen zu Beginn unter der Leitung Richard Illners (1831–1895)[51], um 1870 für drei Jahre unter Carl Ferdinand Obermann (1823–1910)[52], dem August Müller[53] folgte.

Im verlagseigenen xylografischen Atelier entstanden nicht nur Originalzeichnungen, sondern vor allem Zeichnungen nach Vorlagen, die für den Druck mit dem Signet AA v. O.SPR gekennzeichnet wurden. Über diese Praxis gibt beispielsweise die Verlagsredaktion der Serie *Das Buch der Reisen und Entdeckungen* Auskunft und erläutert die Zusammenstellung der Illustrationen zu Richard Andrees *Abessinien, das Alpenland unter den Tropen* (1869):

> »Zur ganz besonderen Freude gereicht es uns, mittheilen zu können, daß der bei Weitem größere Theil der Illustrationen dieses Werkes nach an Ort und Stelle aufgenommenen Originalen gezeichnet ist. Zwei Künstler, die das Land bereisten, haben dieselben geliefert: Robert Kretschmer, der den Herzog von Koburg als Maler begleitete, und Eduard Zander, dessen werthvolle Federzeichnungen, weit über hundert an der Zahl, die landschaftlichen, architektonischen und ethnographischen Verhältnisse Abessiniens ungemein gut charakterisiren. Sie befinden sich gleichfalls im Besitze Sr. Hoheit des Herzogs von Anhalt und werden hier, mit dessen hoher Erlaubniß, als wesentlicher Schmuck unsres Buches, wiedergege-

---

einen Bruchteil davon. Vgl. C. Michael: Ein Deutsches Buchhändlerheim. Leipzig: Otto Spamer 1880, S. 22.

50 Vgl. dazu die Geschäftsanzeige des Artistischen Instituts in: Otto Spamer's Illustrationen- und Clichés-Katalog (wie Anm. 48), o. S. Ob jedoch, wie im Inserat angegeben, alle hierin mitwirkenden Xylografen – L. Hofmann, G. Kühn, F. C. Klimsch, L. Löffler, H. Leutemann und A. Toller – feste Mitarbeiter waren, lässt sich nur schwer nachvollziehen. Für L. Hofmann und Ferdinand Carl Klimsch (1812–1890), beide nicht in Leipzig sesshaft, und Heinrich Leutemann (laut Selbstauskunft; 1824–1905) ist sie jedenfalls zu bezweifeln. Als Xylografen »im Hause« und damit Angestellte werden in einem fragmentarisch erhaltenen Geschäftsfreundeverzeichnis (vermutlich aus dem Jahr 1872) folgende Personen erwähnt: Richard Busch, Emil Illner, Hermann Marx, Gustav Röber, Emil Rockstroh (ca. 1843–1908). Verzeichniss von Geschäftsfreunden des Hauses Otto Spamer, um 1872, Deutsches Buch- und Schriftmuseum der Deutschen Nationalbibliothek Leipzig, Fachbibliothek, Bö C V 2074/4.

51 Illner war u.a. Teilhaber der Xylografischen Anstalt von Johann Gottfried Flegel (1815–1881) in Leipzig, fertigte Xylografien für die Familienzeitschrift *Die Gartenlaube* sowie für das *Illustrirte Thierleben* von Alfred Edmund Brehm, hier nach den von Robert Kretschmer gezeichneten Vorlagen. Vgl. Hanebutt-Benz: Studien zum deutschen Holzstich (wie Anm. 14), Sp. 1071.

52 Obermann hatte im Xylografischen Atelier von Eduard Kretzschmar (1806–1858) gelernt und nach seiner Lehre für Hugo Bürkner in Dresden gearbeitet. Nach beruflichen Stationen in Düsseldorf und Stuttgart folgte er ca. 1869 dem Ruf Otto Spamers nach Leipzig und übernahm das Direktorat von dessen Artistischer Anstalt. Vgl. ebd., Sp. 1118.

53 Wie lange Müller für Otto Spamer tätig war, ist nicht bekannt. Allerdings gründete er in Leipzig vor 1883 ein eigenes xylografisches Atelier.

ben. Die übrigen Illustrationen, bei denen die Quelle stets angegeben ist, wurden den Werken von H. Salt, E. Rüppell, W. C. Harris, Bernatz, G. Lejean u.a. entlehnt.«[54]

Wie in nur wenigen vergleichbaren Fällen werden in den Bildunterschriften dieses Buches zudem fast alle Bildquellen genannt, was eine Vorsichtsmaßnahme gewesen sein könnte, um sich nicht wieder dem Vorwurf des Plagiats auszusetzen. Zeichner und Xylografen sind darüber hinaus gut über ihre Signaturen zu eruieren, ein Großteil der Arbeiten wurde von Richard Illner ausgeführt. Das Anfertigen detailreicher Holzstiche nach Originalzeichnungen bedurfte künstlerisch geschulter Arbeiter. Sie mussten die Technik beherrschen, Halbtöne und Übergänge mit dem Stichel in druckbare Flächen zu zerlegen und die Farbigkeit des Originals wie auch dessen Spezifik wiedergeben.[55] Illner war hierin erfahren. Er hatte die Kunst des Xylografierens im Atelier von Eduard Kretzschmar[56] gelernt, war anschließend nach Dresden gegangen, um seine Technik zu verfeinern, und trat seine Stelle bei Spamer als erfahrener Xylograf an.

Darüber hinaus waren zahlreiche »Heimarbeiter«[57] für das Unternehmen tätig, die sich heute jedoch nicht mehr vollumfänglich ermitteln lassen, da vielen Illustrationen die Künstlersignets fehlen.[58] Sie traten teilweise eigeninitiativ an den Unternehmer heran und hofften auf Anstellung, denn inzwischen galt der Name Spamer in der Branche etwas, wie das Schreiben eines Vaters aus dem Jahr 1869 zeigt. Gustav Effenberger empfahl seinem Sohn Hermann (1842–1911) nach dem Kunststudium an der Dresdner Akademie, entweder Leipzig wieder zu verlassen, da hier aufgrund der großen Konkurrenz kein Aus-

54 Richard Andree: Abessinien, das Alpenland unter den Tropen. Leipzig: Otto Spamer 1869, S. VIII. Bei den genannten Referenzwerken handelt es sich um einschlägige Reiseberichte.

55 Vgl. Otto Krüger: Die Illustrationsverfahren. Eine vergleichende Behandlung der verschiedenen Reproduktionsarten, ihrer Vorteile, Nachteile und Kosten. Leipzig: F. A. Brockhaus 1914, S. 30–32.

56 Kretzschmar hatte sein Handwerk in Berlin unter Anleitung von Friedrich Ludwig Unzelmann (1797–1854) gelernt. Nach seiner Rückkehr nach Leipzig arbeitete er u.a. für die Offizin F. A. Brockhaus. 1840 gründete er mit Unterstützung Webers eine eigene Werkstatt und versorgte in erster Linie dessen *Illustrirte Zeitung* mit Bildmaterial. Zeitweilig beschäftigte er über 40 Gehilfen, die später auch andernorts als Holzstecher tätig waren. Vgl. Hanebutt-Benz: Studien zum deutschen Holzstich (wie Anm. 14), Sp. 1078 f. Nach Kretzschmars frühem Tod 1858 gliederte Weber das xylografische Atelier in sein eigenes Unternehmen ein.

57 Zu den Arbeitsverhältnissen freischaffender Xylografen ausführlich ebd., Sp. 843–854.

58 Die Unklarheit der Urheberschaft beklagten die Künstler selbst, beispielsweise Obermann: »Viele, viele Blätter habe ich seit jener Zeit unter den Händen gehabt, man kann aber immer nur sehr wenige von den Werken, für welche man arbeitet, sein nennen, ja die meisten bekommt man nicht einmal zu sehen.« Carl Friedrich Obermann zitiert nach Johann Friedrich Hoff: Adrian Ludwig Richter Maler und Radierer. Verzeichnis seines gesamten graphischen Werkes. Hrsg. von Karl Budde. 2. Aufl. Freiburg i. Br.: G. Ragoczy's Universitäts-Buchhandlung 1922, S. 427.

kommen als Porträt- und Geschichtsmaler zu finden sei, oder aber sich bei Spamer zu bewerben, denn hier seien bekannte Professoren und tüchtige Künstler beschäftigt. Ein Buch für diesen Verlag zu illustrieren, könnte ihm dabei helfen, beruflich voranzukommen.[59] Der Endzwanziger Effenberger, ein ehemaliger Schüler Schnorr von Carolsfelds, hatte Glück: Der Verlagskatalog zum Firmenjubiläum 1872 nennt ihn neben Fedor Flinzer, Robert Kretschmer, Wilhelm Heine (1845–1921), Oswald Rostosky (1839–1868) und Friedrich Waibler (1862–1922)[60] als Urheber der Textabbildungen und Tonbilder der Reihe *Das illustrirte goldene Kinderbuch*.[61]

Innerhalb von zwei Jahrzehnten entstanden im Artistischen Atelier des Verlages »über 60.000 Holzstöcke für Bilder, Karten und sonstige Darstellungen«.[62] Es wurden neben Voll- und Titelbildern, auch Porträt- und Gruppentableaus, Titel-, Abteilungs- und Anfangsvignetten, Initialen, Bildleisten, Karten und Schnittmusterbögen angefertigt. Sie fanden Eingang in verschiedene Titel des Verlagsprogramms,[63] wurden aber auch für Werbezwecke eingesetzt, u.a. für den Druck illustrierter Kataloge, von Werbeanzeigen und Bestellzetteln. Doch dieser Vorrat reichte bei Weitem immer noch nicht, um das Bildprogramm für alle Neuerscheinungen abzudecken – und so mussten weiterhin Klischees erworben werden.

Auch Otto Spamer beteiligte sich inzwischen am Handel von Abgüssen, wie ein *Illustrationen- und Clichés-Katalog* der Verlagsbuchhandlung belegt. Dieser empfiehlt »den Zeitungs- und Kalenderverlegern, den Buchdruckereien, überhaupt allen in- wie ausländischen Herren Verlegern bei Herausgabe ähn-

59 Brief von Gustav Effenberger an Hermann Effenberger vom 1. Februar 1869. Stadtgeschichtliches Museum Leipzig, A/4978/2006.

60 Waibler leitete zwischen 1870 und 1901 das Xylografische Institut der *Illustrirten Zeitung* von Weber.

61 Illustrirter Verlags-Bericht. Jubiläums-Katalog (wie Anm. 6), S. 3. Zeichnungen von Effenberger und anderen enthält z.B. aus dieser Reihe Ernst Lauschs *Buch der schönsten Kinder- und Volksmärchen, Sagen und Schwänke* (1871).

62 Wilhelm Eule: Spamersche Buchdruckerei Leipzig. Berlin: S. Hirzel 1930 (= Musterbetriebe deutscher Wirtschaft. Bd. 15: Das Großdruckhaus), S. 66. In ihrem Verlegerporträt wirft C. Michael (d. i. Marianne Wolf, 1837–1886) auch einen Blick in das Magazin von Spamers Hof, dem 1878 bezogenen Sitz des Verlages, und erwähnt die von Eule genannte Zahl an Holzstöcken. Michael: Ein Deutsches Buchhändlerheim (wie Anm. 49), S. 32.

63 Dazu gehören die meisten Bilder in Louis Thomas' *Buch denkwürdiger Erfindungen bis zum 18. Jahrhundert*, im *Buch der Erfindungen, Gewerbe und Industrien*, im *Illustrirten Konversations-Lexikon für das Volk* sowie in vielen anderen Volks- und Jugendschriften, wie eine Textpassage im Kapitel »Buchdruck« in: Thomas: Das Buch denkwürdiger Erfindungen 1877 (wie Anm. 20), S. 60, verrät. Besonders ist an dieser Auskunft, dass sie sich nur in dieser Auflage findet.

licher volksthümlicher Unternehmungen«[64] Abbildungen, Anfangs- und Schlussvignetten, Initialen und Umschlagbilder aus Werken des Verlages.

4.3 Wiederverwendung und Mehrfachdruck von Bildern

Der große Bedarf an Abbildungen führte aber auch dazu, dass Holzstöcke, die ursprünglich für ein Buch gefertigt wurden, mehrfach im Gebrauch waren und in verschiedenen Verlagstiteln wiederholt auftauchten – eine Praxis, die zwar gängig war, aber von Rezensenten des Öfteren kritisch angemerkt wurde. Zugleich diente die Wiederverwendung der Minimierung der Herstellungskosten, denn diese betrugen für die Illustrationen immerhin 17 Prozent (ohne Honorare für Bildkünstler) der Gesamtausgaben bei der Spamerschen Buchproduktion.[65] So konnte es vorkommen, dass ein Bild in unterschiedlichen Kontexten und

Der abgerichtete Elephant.

Abb. 2: Ein beliebtes Motiv und Beispiel für Mehrfachverwendungen von Abbildungen, Louis Thomas: Der illustrirte Jugendfreund. Leipzig: Otto Spamer 1852, S. 53.

64 Otto Spamer's Illustrationen- und Clichés-Katalog (wie Anm. 48), o. S.

65 Georg Jäger: Die kaufmännische Führung des Verlages: Buchführung, Kalkulation, Herstellungskosten. In: Ders. (Hg.): Geschichte des deutschen Buchhandels im 19. und Jahrhundert. Das Kaiserreich 1870–1918. Band 1. Teil 1. Frankfurt a.M.: Buchhändler-Vereinigung 2001, S. 281–310, hier S. 298.

mit verschiedenen Bildunterschriften sowohl in einer Jugendschrift, aber auch in Nachschlagewerken, Lehr- und Handbüchern des Verlages montiert wurde. Zwei Beispiele seien hierfür angeführt. Ein von Adalbert Müller gestochenes Frontporträt des österreichischen Herrschers in Franz Schneidawinds *Buch vom Erzherzog Carl* (1847) erschien fünf Jahre später in der Erstausgabe von Thomas' *Illustrirtem Jugendfreund* (1852). Hier eröffnete es ein Kapitel, das in komprimierter Form auf 13 Text- und Bildseiten jüngeren Leser:innen die kurz gefasste Lebensgeschichte des Heerführers vermittelt. In diesem Jugendbuchtitel, der neben geschichtlichen Ereignissen einen weiten thematischen Bogen von der Religion über die Tierwelt und Sternenkunde bis hin zur Geologie spannt, ist die Abbildung eines dressierten Elefanten enthalten, die sich noch in mehreren Auflagen weiterer Jugendschriften des Verlages wiederfindet, so u.a. in Anton Benedikt Reichenbachs *Buch der Thierwelt* (1855, Bd. 2, 1. und 2. Aufl.) und Hermann Pösches *Unsere lieben Hausfreunde in Heimat und Fremde* (1872, Bd. 2, 1. und 2. Aufl.). Die Urheber der Bilder profitierten von der Praxis der Wiederverwendung allerdings nicht, auch nicht von den Einnahmen, die der Verlag über den Verkauf von Klischees ihrer Zeichnungen erzielte.

Georg Nestel, der wie Spamer aus Darmstadt stammte, hatte 1871 seinen Wohnsitz nach Leipzig verlegt und war über zehn Jahre für den Verlag als Holzschneider tätig.[66] Zu seinen häufigsten Motiven zählten Kinderszenen. Sie zeigen typische Situationen aus dem Kinderalltag, vor allem Mädchengruppen, die in verschiedene Spiele und Beschäftigungen vertieft sind. Begebenheiten, die u.a. in Hermann Wagners *Entdeckungsreisen in Haus und Hof*, Sophie Trauts *Lieschens kleine Welt* und in verschiedenen Puppen- und Spielbüchern des Verlages erschienen. Im Juni 1878 lieferte er für eine Neuauflage von Marie Leskes *Illustrirtes Spielbuch für Mädchen* mehrere Abbildungen unterschiedlicher Größe. Für eine ganzseitige, aus fünf Einzelbildern mit reichem Rankenwerk bestehende Zeichnung (10 x 15 cm) im Biedermeierstil, die er vor Abgabe bereits auf den Holzstock übertragen hatte, erhielt er 26 Reichsmark – ein niedriges Honorar, denn andere Verleger zahlten durchaus mehr.[67] Nestels Kinderdarstellungen lö-

66 Nestel hatte bei Wolfgang Pfnor, einem Geschäftsfreund Spamers, eine Ausbildung zum Holzschneider absolviert und war im Anschluss an seine Lehre in verschiedenen deutschen Städten sowie in Amsterdam tätig. Bevor er nach Leipzig kam, war er Stipendiat der Münchner Kunstakademie. Während seiner Leipziger Zeit illustrierte er auch für die Familienblätter *Daheim* und *Gartenlaube* sowie für die Verlage Velhagen & Klasing und Braun & Schneider. Nach mehr als einem Jahrzehnt verließ er um 1883 die Messestadt und ging nach Berlin, kehrte aber Anfang der 1890er-Jahre nach Darmstadt zurück, wo er bis zu seinem Tod lebte. Alexa-Beatrice Christ: Nestel, Georg, URL: https://www.darmstadt-stadtlexikon.de/n/nestel-georg.html [zuletzt: 4.7.2021].

67 Zum Vergleich: Für die Zeichnung *Das Bratwurstglöckle in Nürnberg* (22,8 x 15,7 cm), veröffentlicht in der *Gartenlauben*-Nummer 33 (1878), erhielt Nestel 100 Reichsmark. Georg Nestel,

Fig. 289. Schulhalten (zu Seite 194). — Wie viel Finger? (zu Seite 193). — Der König und sein Gefolge (zu Seite 194). — Der Glücksbeutel (zu Seite 198). — Die Thronhuldigung (zu Seite 195).

Abb. 3: Zeichnung Georg Nestels zur Rubrik »Gesellschaftsspiele«, Marie Leske: Illustriertes Spielbuch für Mädchen. 9. Aufl. Leipzig: Otto Spamer 1884, S. 197.

sten ab der siebten Auflage, die »in neuer eleganterer Druckeinrichtung und zum Theil ganz neu illustrirt«[68] erschien, die Zeichnungen von Julius Vogel ab, die bisher die bildkünstlerische Ausstattung des Beschäftigungsbuches dominiert hatten. Die neuen Illustrationen wurden teilweise auch in nachfolgende Auf-

Verzeichnis »Gefertigte Arbeiten« (1877–1889), DIN-A-5 Heft, 31 Blätter, Stadtarchiv Darmstadt, Sign. StA DA 55 nestel/007. Für diesen aufschlussreichen Hinweis danke ich Klaus Pohl.

68 Prämien-Katalog (wie Anm. 1), S. [45].

lagen übernommen und über die Jahrhundertwende hinaus wiederverwendet. Allerdings wurden die ursprünglich als ganzseitige Abbildungen angelegten fünfteiligen Zeichnungen aufgelöst und einzeln abgedruckt. Der Künstler selbst dürfte davon nicht profitiert haben, denn mit dem Verkauf der Originalzeichnung an den Verlag wird er, was seinerzeit keineswegs unüblich war, zugleich auch seine Rechte daran abgetreten haben.[69] Spamer konnte damit das einmal erworbene Bildmaterial auch für die Ausstattung anderer Verlagstitel verwenden, Klischees von diesem verkaufen oder es mit anderen Verlegern austauschen.

4.4 Schattenseiten der Bildproduktion

Zuverlässig lieferte auch Heinrich Leutemann (1824–1905)[70] Illustrationen für die Spamer'schen Verlagstitel. Seine Spezialität waren Tiermotive nach der Natur und kulturhistorische Darstellungen vor allem zur antiken Mythologie und zum Altertum. Er gestaltete ab der zweiten Hälfte der 1850er-Jahre für den Otto Spamer Verlag und war über drei Jahrzehnte ein gefragter Produzent und Lieferant für dessen Kinder- und Jugendschriftenreihen. Ein Großteil der Illustrationen zu Wilhelm Wägners historischen Sacherzählungen *Hellas* und *Rom* tragen seine Handschrift, ebenso einige *Entdeckungsreisen*-Bände von Hermann Wagner. Auch für den Verlagserfolg *Rulaman* von David Friedrich Weinland, einem Jugendroman über die Steinzeitmenschen, fertigte der »treffliche H. Leutemann«[71] die Originaltierzeichnungen. Zusammen mit dem auch als Autor unter dem Pseudonym Franz Otto wirkenden Verleger gab er das kurzweilige und anekdotenreiche Bändchen *Thiergärten und Menagerien mit ihren Insassen* (1868) heraus. Es gewährt Einblick in die zoologischen Gärten

---

69 Vgl. zu den Vertragsrechten zwischen Zeichnern und Verlegern Heinrich Henneberg: Die Rechtsstellung des Verlegers nach modernem Recht. Berlin: J. Guttentag 1908, S. 40.

70 Leutemann, Sohn eines Kupferstechers, erhielt seine Ausbildung an der Leipziger Kunstakademie und arbeitete ab den 1850er-Jahren u.a. für die *Illustrirte Zeitung* und *Die Gartenlaube*. Bekanntheit erlangte er durch seine Tierzeichnungen, die er z.B. für Kinderbücher der Stuttgarter Verlage Thienemann und Loewe, aber auch für verschiedene andere Verlagsanstalten gestaltete. Darüber hinaus bestand ein intensives Arbeitsverhältnis mit dem Verlag Braun & Schneider, für den er mehrere Blätter der *Münchner Bilderbogen* anfertigte. Zudem entstanden nach 1880 Schulwandbilder für den Leipziger Wachsmuth Verlag. Reinhard Stach: Heinrich Leutemann. In: Alfred Clemens Baumgärtner u.a. (Hgg.): Kinder- und Jugendliteratur: ein Lexikon. Autoren, Illustratoren, Verlage, Begriffe. Bd. 6. Teil 2. Meitingen: Corian 3. Erg.-Lfg. Februar 1997, S. 1–7.

71 David Friedrich Weinland: Rulaman. Naturgeschichtliche Erzählung aus der Zeit des Höhlenmenschen und des Höhlenbären. Leipzig: Otto Spamer 1878, S. VI.

Europas, die Leutemann ab Ende der 1840er-Jahre regelmäßig besucht hatte,[72] und versammelt die kuriosesten Begebenheiten in Wort und Bild, so auch eine Situation, in die der Illustrator selbst involviert war.

Dieser Band weist ausschließlich Illustrationen von Leutemann auf und zeigt komische Mensch-Tier-Szenen, das Verhalten von verschiedenen Tierarten in ihren Gehegen sowie nach der Natur gezeichnete Tierkopfporträts und Detailstudien von tierischen Gliedmaßen.[73] Die künstlerische Einheit der Buchillustration stellt eine große Ausnahme dar, denn nur wenige Titel des Spamer Verlages sind durchgängig von einem Bildschöpfer gestaltet.[74] Stattdessen überwiegen Schriften, die reich an Abbildungen unterschiedlicher Herkunft sind. Häufig sind mehr als ein Dutzend verschiedener Künstler an der illustrativen Ausgestaltung eines Buchtitels beteiligt. Hin und wieder dominieren jedoch einzelne Künstler einen Band. Neben Leutemann sind das vor allem Kretschmer, dessen lebendige Tierzeichnungen die Jugendschriften zum Thema Natur prägen, Ludwig Burger (1825–1884), der sich auf Porträtdarstellungen verstand und eine Vielzahl von Bildern für *Das Buch der Erfindungen, Gewerbe und Industrien* schuf, und Oskar Mothes (1828–1903), der architektonische Zeichnungen zur Kunstgeschichte fertigte und wesentlich das Bildinventar des *Illustrirten Bau-Lexikons* bestimmte.

Leutemann übertrug seine Bleistiftzeichnungen auf Buchsbaumholzplatten, bevor er sie in die Hände von Xylografen gab. Das war mühsam und erschöpfend, zumal er kurzsichtig war und bei ihm schon seit frühen Jahren die Veranlagung zur Augenschwäche bestand. Die technischen Entwicklungen von Fotografie und Tondruck, die eine mühevolle Übertragung des Bildes auf die Holzplatte

72 H. E.: Ein vergessener Leipziger Maler. In: Leipziger Tageblatt Nr. 137 (Sonntags-Ausgabe), 30. März 1919, S. 17. Eine handschriftliche Notiz im Stadtgeschichtlichen Museum Leipzig gibt Auskunft, dass der Maler 1849 den Zoologischen Garten in Berlin, 1860 in Dresden und Köln, 1863 in München, 1865 in Breslau und 1867 in Frankfurt am Main besuchte und ab 1852 mehrfacher Gast bei Hagenbeck in Hamburg war. Handschriftliche Notiz zu Heinrich Leutemann, Stadtgeschichtliches Museum Leipzig, A/65/2002.

73 Zwei Abbildungen aus diesem Jugendbuch – Figur 14 (Schwermuths-Bär) und 23 (Duckmäuser) – erlangten einige Jahre nach ihrem Erscheinen Berühmtheit. Sie standen im Zusammenhang eines 1876 aufgedeckten Fälschungsskandals zu vermeintlich prähistorischen Funden im Kesslerloch im schweizerischen Kanton Schaffhausen. Ein Realschüler aus Schaffhausen hatte sie kopiert und als Vorlagen für seine *Artefakte* eines Bären und Eisfuchses verwendet. Vgl. Lena Kugler: Die Zeit der Tiere. Zur Polychronie und Biodiversität der Moderne. Konstanz: University Press 2021, S. 122.

74 In welchem Umfang Leutemanns Bildvorlagen im Artistischen Institut xylografiert wurden, kann nicht mehr nachvollzogen werden. Gewiss ist jedoch, dass sie teilweise auch anderswo entstanden und übernommen wurden. So tragen einige Abbildungen die Signets der xylografischen Anstalten von Otto Roth und Friedrich & Heue aus Leipzig.

„Victor Emmanuel“, der Hutliebhaber.
Welt der Jugend. IV. 1. S. 33.
Leipzig: Verlag von Otto Spamer.

Abb. 4: Ein Papagei stört den Künstler beim Zeichnen, Heinrich Leutemann: Thiergärten und Menagerien mit ihren Insassen. Für die Jugend bearbeitet von Franz Otto. Leipzig: Otto Spamer 1868, Frontispiz.

und den Faksimileschnitt ersetzten, kamen für sein Augenlicht zu spät.[75] Obwohl Heinrich Leutemann für seine Illustrationen geschätzt war und über einen

75 Vgl. die fragmentarische handschriftliche Lebensbeschreibung des Tiermalers Heinrich Leutemann, gestaltet von seinem ältesten Sohn Paul, Stadtgeschichtliches Museum Leipzig, I 0 999/2.

langen Zeitraum volle Auftragsbücher hatte, reichte sein Einkommen nicht, um Rücklagen für Notlagen zu bilden. Wie schwer es für freiberufliche Künstler war, ihre Versorgung und die ihrer Familie im Krankheitsfall sicherzustellen, bekam der Tierzeichner im Alter von 56 Jahren zu spüren, als sich bei ihm wegen Überanstrengung akute Augenprobleme einstellten, er deswegen keine Illustrationsaufträge mehr annehmen und dem Verlag keine neuen Zeichnungen mehr anbieten konnte. Zwar besserte sich sein Gesundheitszustand noch einmal kurzzeitig, doch 1895 war er dann vollständig erblindet und als Vollinvalide auf Unterstützung angewiesen. In dieser Situation fühlte er sich von seinen jahrelangen Auftraggebern, u.a. auch dem Otto Spamer Verlag, im Stich gelassen. Die Bitternis darüber kommt in einem Schreiben deutlich zum Ausdruck:

> »Mit Buchhändlern mag ich nichts mehr zu thun haben, seitdem ich mich habe von diesen Leuten bis zum Krüppelende ausquetschen lassen, und z.B. die großen Firmen, für die ich ein Vierteljahrhundert lang mit Darbringung meines Besten gearbeitet hab, Braun & Schneider in München, Otto Spamer u. Ernst Keil in Leipzig nicht einen Funken von Theilnahme für mich gezeigt haben.«[76]

Wie schon am Beispiel des Zeichners Nestel zeigt sich auch hier, dass der Bildreichtum der Spamer-Bände zu Lasten der Zeichner und Xylografen ging. Um die massenhafte Bildproduktion effizient zu halten, wurden fleißige, zuverlässige und qualifizierte Illustratoren beschäftigt, jedoch vergleichsweise schlecht bezahlt. Die relativ niedrigen Buchhandelspreise für reich illustrierte Titel waren somit nur aufgrund mehrfach verwendeter Bildstöcke und prekärer Beschäftigungsverhältnisse möglich.

4.5 Experimente im Farbholzstich

Seit der Jahrhundertwende hatte sich eine spezifische Ausstattung bei Kinder- und Jugendbüchern durchgesetzt. Dazu gehörten der Typensatz, ein lithografierter Umschlag und kolorierte Kupferstiche als Bildbeigaben. Farbige Illustrationen waren zu einem wichtigen Element der Buchgestaltung geworden,[77] denn sie erfreuten sich großer Beliebtheit beim Publikum. Deshalb stand es für Spamer

76 Brief von Heinrich Leutemann an Herrn Schott vom 22. August 1883. Deutsches Buch- und Schriftmuseum, Historisches Archiv des Börsenvereins des Deutschen Buchhandels e.V. Frankfurt am Main, Autografensammlung, HA/BV 3, 477.

77 Helmut Müller, Brigitte Nottebohm: Ausstattung des Kinder- und Jugendbuches. In: Klaus Doderer (Hg.): Lexikon der Kinder- und Jugendliteratur. Bd. 1: A–H. 2. Aufl. Weinheim, Basel: Beltz 1977, S. 85-90, hier S. 85.

außer Frage, seinem Kinder- und Jugendbuchprogramm nicht nur Schwarzweiß-Bilder in großer Zahl beizugeben, sondern auch das ein oder andere Farbbild auf dem gestalteten Buchdeckel oder als Frontispiz. Auch die Konkurrenz in Stuttgart, Berlin und München spezialisierte sich auf kolorierte Abbildungen. Kinderbuchverlage wie Schreiber und Winkelmann & Co. nutzten dafür jedoch das Verfahren der Lithografie. Per Hand oder Schablone wurden diese dann nachträglich koloriert. Erst das Aufkommen und der häufigere Einsatz der Chromolithografie lösten die mühevolle Handarbeit ab.

Dagegen wurde bereits ab 1853 im Hause Spamer mit Farbholzstichen experimentiert, zunächst jedoch mit wenig befriedigendem Ergebnis.[78] Auch wurde des Öfteren die Technik des Tonholzstichs[79] angewandt. Unterschiedlich dicht gestochene Linien erzeugen den Eindruck von Hell-Dunkel-Kontrasten und damit von verschiedenen Tonstufen. So entsteht der Anschein eines mehrfarbigen Bildes. Die industriell gefertigten Buntdrucke hingegen, die einzelnen Titel beilagen, konnten, wie es in einer kritischen Bemerkung noch Ende der 1850er-Jahre heißt, »mit dem Colorit der Nürnberger und Berliner Anstalten noch nicht concurriren«.[80]

Zufriedenstellende Farbdrucke auf der Schnellpresse stellten sich erst nach über zehnjährigem Erproben ein. Diese brauchten dann nach Selbstauskunft des Firmengründers den Vergleich mit Chromolithografien nicht mehr zu scheuen.[81] Um den Bedarf zu decken, erteilte das Unternehmen aber weiterhin auch Aufträge außer Haus. Farbige Einbände und Titelbilder wurden bei Rudolf Loes und der Offizin B. G. Teubner geordert. Letztere verstand sich auf den Congrèvedruck, bei dem in der Presse einzelne Teile einer Metallplatte von separaten Farbwalzen unterschiedlich eingefärbt werden,[82] ein Verfahren, das vor allem beim Druck von Wertpapieren und Etiketten eingesetzt wurde.

Als sich in der zweiten Hälfte des 19. Jahrhunderts die technischen Möglichkeiten des Bilddrucks wiederum wandelten und sich Verfahren wie Autotypie und Chemiegrafie durchgesetzt hatten, hielt man im Otto Spamer Ver-

---

78 Auch der Regensburger Pustet Verlag erprobte Literatur mit Farbholzstichen. Bei Pustet hatte sich Spamer nach Ende seiner Lehrzeit vergebens um eine Anstellung bemüht. Brief von Otto Spamer an Johann Leonhard Schrag vom 12. September 1842, Bayerische Staatsbibliothek München, Schragiana I.

79 Der Tonholzstich als besondere Stilform des Holzstichs wird ausführlicher betrachtet von Hanebutt-Benz: Studien zum deutschen Holzstich (wie Anm. 14), Sp. 947–954.

80 Schwerdt: Spamer's illustrirte Jugend- und Hausbibliothek (wie Anm. 39), S. 257.

81 Illustrirter Verlags-Bericht. Jubiläums-Katalog (wie Anm. 6), S. 19.

82 Eckhard Schaar: Zu den Bilddruckverfahren in Deutschland während des 19. Jahrhunderts. In: Regine Timm (Hg.): Buchillustration im 19. Jahrhundert. Wiesbaden: Harrassowitz 1988, S. 189–211, hier S. 199.

lag weiterhin an der Xylografie und am Buntdruck fest.[83] Nur wenige Titel des Verlages wiesen Stahlstiche[84] und die ein oder andere Chromolithografie sowie Naturselbstdrucke[85] auf. Erst lange nach Spamers Tod erweiterte die 1877 eröffnete Druckerei ihre Produktion um zusätzliche reprografische Verfahren und stellte vom Hand- auf den Maschinensatz um.[86] Josef Petersmann ließ dafür technisch nachrüsten und neue Pressen anschaffen. Zudem übernahm der neue Inhaber die Chemigrafische Kunstanstalt von Rudolf Loes. Ab 1919 konnten dann sowohl Lithografien als auch Klischees im eigenen Unternehmen hergestellt werden. Auf das Kinder- und Jugendbuchprogramm hatte das jedoch keinen Einfluss mehr – es war zu diesem Zeitpunkt bereits an andere Verlage (u.a. an Neufeld & Henius, Berlin) verkauft. Der Fokus des Unternehmens lag nun vielmehr auf dem Verlag von Zeitschriften und enzyklopädischen Werken sowie auf der Ausführung von externen Druckaufträgen, u.a. für Eugen Diederichs, S. Fischer, den Insel Verlag, Albert Langen und den Piper Verlag.[87]

5. Spamer und die Bilder

Im Hinblick auf die Masse illustrierter Literatur befand sich die Verlagsbuchhandlung in ihren Anfangsjahren auf der Höhe der technischen Entwicklung im Buchdruck. Sie war Vorreiter für die Ausstattung von Wissen vermittelnder Literatur mit Bildern gewesen und hatte damit für das Genre eine Norm

83 Kurioserweise bewerben aber mehrere Kataloge aus den ersten beiden Verlagsjahrzehnten Fachbücher und Zeitschriften, in denen Fortschritte auf dem Gebiet der Fotografie vorgestellt und erläutert werden. Darüber hinaus werden weitere Drucktechniken u.a. in Leo Bergmanns *Die Schule des Zeichners*, Louis Thomas' *Das Buch der denkwürdigsten Erfindungen* und im Supplementband zur 4. Auflage von *Das Buch der Erfindungen, Gewerbe und Industrien* vorgestellt.

84 Diese wurden insbesondere für Porträtdarstellungen bedeutender Zeitgenossen verwendet. So beinhalten *Alexander von Humboldt's Leben und Wirken, Reisen und Wissen* (1851), *Das Buch von Feldmarschall Radetzky* (1859) und *Fürst Bismarck, der deutsche Reichskanzler* (1876) jeweils ein Stahlstich-Bildnis des Naturforschers, österreichischen Heerführers bzw. Politikers.

85 Beispielhaft ist hierfür der Band *Entdeckungsreisen im Wald und auf der Heide* von Hermann Wagner anzuführen, der in seinen frühen Ausgaben zwei Naturselbstdrucke enthält, die in späteren Auflagen durch Farbdrucke ersetzt werden.

86 Wilhelm Eule: Otto Schaffer und die Spamersche Buchdruckerei zu Leipzig. In: Imprimatur NF 1 (1956/57), S. 182–184, hier S. 182.

87 Ebd., S. 183.

gesetzt.[88] Als aber ab den 1880er-Jahren kaum noch Neuerscheinungen den Verlag verließen und nun hauptsächlich Wiederauflagen erfolgreicher Titel das Programm bestimmten,[89] verlor er mehr und mehr an Bedeutung, und andere Verlage übernahmen seine ehemals herausragende Position im Segment der Kinder- und Jugendliteratur.

Das illustrierte Verlagsprogramm des Otto Spamer Verlages kam über drei Jahrzehnte hinweg mit der inhaltlichen Fokussierung auf populärwissenschaftliche Themen dem Leseinteresse weiter Bevölkerungsschichten nach und setzte mit einem neuen Verhältnis von Text und Bild Akzente. Aus buchillustratorischer Sicht enthalten die Kinder- und Jugendschriften des Verlages alle wesentlichen künstlerischen Stile, die für das 19. Jahrhundert prägend gewesen sind. Vertreten sind neben architektonischen, naturwissenschaftlichen und technischen Darstellungsweisen der Biedermeierstil, der deutsche romantische Linearstil[90] wie auch der Historismus. Alltägliche Kinderszenen begegnen einem vor allem in der Reihe *Das illustrirte goldene Kinderbuch*. Spannende und den Betrachter fesselnde Momentdarstellungen von u.a. Bergstürzen, Schiffsunglücken, Jagd- und Kampfszenen sind in der *Illustrirten Jugend- und Hausbibliothek* und den *Malerischen Feierstunden* ebenso zu entdecken wie die barocke Herrscherapotheose, die der Heroisierung und Propagierung nationaler Heldenfiguren sowie der Generierung eines nationalen Ursprungsmythos diente. Der allgemeinen Tendenz des Buch- und Zeitschriftenmarktes nach 1870/71 folgend, finden sich auch im Programm des Otto Spamer Verlages Titel, die in Wort und Bild zur Gestaltung eines nationalen Selbstbildes beitragen. Hervorzuheben sind in diesem Zusammenhang die Schriften des Alt-Verlegers, der sich als Herausgeber unter seinem Schriftstellernamen »Großen Menschen und denkwürdigen Ereignissen

88 Über 80 Prozent der Wissen vermittelnden Kinder- und Jugendliteratur, die in der zweiten Hälfte des 19. Jahrhunderts erschien, enthielten Illustrationen. Davon wurden 62 Prozent xylografisch hergestellt. Kreidt: Bilder in der Kinder- und Jugendliteratur (wie Anm. 12), Sp. 96. Dem Otto Spamer Verlag kommt hierbei ein besonders großer Anteil zu. Klaus-Ulrich Pech: Sachlich belehrende und ratgebende Literatur. In: Otto Brunken u.a. (Hgg.): Handbuch zur Kinder- und Jugendliteratur. Von 1850 bis 1900. Stuttgart: Metzler 2008, Sp. 779–878, hier Sp. 786. Neben den auf Kinder- und Jugendliteratur spezialisierten Leipziger Verlagen von Georg Wigand und Otto Spamer verwendeten ab 1853 der Verlag A. Dürr und ab 1873 Ferdinand Hirt & Sohn sowie Velhagen & Klasing ebenfalls Holzstich-Illustrationen.

89 So wurden Bestseller und Serien wie beispielsweise die verkaufsstarken Titel von Hermann Wagner und Marie Leske weiterhin aufgelegt und ihr Layout dem Zeitgeschmack angepasst. Mit August Dressel und Franz Schmidt-Glinz trat dabei eine neue Illustratorengeneration hervor, die älteren Titeln und Reihen des Verlages ein neues Erscheinungsbild gab, das zudem auch typografisch eine Verjüngungskur erfuhr.

90 Diese Bezeichnung geht zurück auf Kreidt: Bilder in Kinder- und Jugendbücher 1800–1850 (wie Anm. 18), Sp. 144–148.

aus der Geschichte aller Völker und Zeiten«[91] zugewendet und ihnen mit der Serie *Pantheon* ein literarisches Denkmal gesetzt hat, das durch die beigegebenen Illustrationen effektvoll inszeniert wurde.[92]

So breit gefächert wie die behandelten Sachthemen sind auch die Bildmotive, die in den Titeln des Spamer Verlages zu finden sind. Wenngleich die ein oder andere Abbildung in unterschiedlichen Kontexten wiederaufgenommen wurde, weist der Bildbestand doch insgesamt eine große thematische Bandbreite, eine facettenreiche Gestaltung, diverse Stile und künstlerische Handschriften auf und spiegelt aufgrund des permanenten Bestrebens nach Aktualisierung den jeweiligen Stand des dargestellten visuellen Wissens wider. Trotz der Maxime, Bücher mit einer größtmöglichen Fülle an Bildern herauszugeben, wurde jede einzelne Illustration umsichtig von Verleger und Redaktion ausgewählt und für den Druck arrangiert. Hierbei spielte die Qualität eine wichtige Rolle. All dies prägte die Bücher aus dem Otto Spamer Verlag, machte sie leicht erkennbar und bei mehreren Generationen von Leser:innen so beliebt.

91 Zugleich Untertitel der Serie *Pantheon*.

92 Vgl. Kreidt: Bilder in der Kinder- und Jugendliteratur (wie Anm. 11), Sp. 118. Beachtenswert sind hierbei Franz Ottos Darstellungen über den preußischen König, denen ganzseitige Abbildungen und Einschaltbilder zur Seite stehen, die einen Bezug zu Kuglers und Menzels *Geschichte Friedrichs des Großen* aus dem Verlag von J. J. Weber nahelegen und in einem Rezeptionskontext zu lesen sind.

SVEN KUTTNER

Anfangen im Trümmerfeld

Schlaglichter auf den Wiederaufbau des westdeutschen Bibliothekswesens nach dem Zweiten Weltkrieg

Mein lieber Freund, mein lieber Freund, die alten
Zeiten sind vorbei.
Ob man da weint, ob man da lacht, die Welt geht
weiter, eins, zwei, drei.

Karl Berbuer,
Wir sind die Eingeborenen
von Trizonesien (1948)

Die alten Zeiten waren endgültig vorbei. Als der 1948 in München unter Federführung der Bayerischen Staatsbibliothek wiederbegründete Verein Deutscher Bibliothekare[1] im März 1949 erneut »die alte Tradition« aufnahm und sein Vorsitzender Gustav Hofmann »alle deutschen Kollegen« zur Tagung nach Rothenburg ob der Tauber in der Fronleichnamswoche einlud,[2] klaffte nicht nur eine zeitliche Distanz von zehn Jahren zwischen der Einladung und dem letzten Bibliothekartag in Graz 1939 – zwischen Graz und Rothenburg lag ein singulärer Zivilisationsbruch. Der von den Nationalsozialisten zu verantwortende Weltkrieg hatte über Kontinente hinweg Tod, Not und Elend gebracht und die deutschen Städte in Trümmerlandschaften verwandelt; Millionen waren ums Leben gekommen, Millionen hatten für immer ihre Heimat verloren. Die Bibliotheken »waren von dieser politischen Katastrophe im Kern mitbetroffen«.[3] Sie hatten einen Bücherverlust von rund 25 Millionen Bänden zu beklagen, viele ihrer Gebäude waren vollständig oder teilweise zerstört, die Kataloge häufig

1 Margrit Bornhöft: Entwicklungstendenzen des wissenschaftlichen Bibliothekswesens in der Bundesrepublik Deutschland bis 1960. Aachen: Mainz 1996, S. 106–109. Ulrike Eich: Der Verein Deutscher Bibliothekare in der Nachkriegszeit. In: Engelbert Plassmann, Ludger Syré (Hgg.): Verein Deutscher Bibliothekare 1900–2000. Festschrift. Wiesbaden: Harrassowitz 2000, S. 124–129.

2 Verein Deutscher Bibliothekare e. V. In: Nachrichten für wissenschaftliche Bibliotheken 2 (1949), S. 39.

3 Georg Leyh: Die deutschen Bibliotheken von der Aufklärung bis zur Gegenwart. In: Georg Leyh (Hg.): Handbuch der Bibliothekswissenschaft, Bd. 3, 2: Geschichte der Bibliotheken. 2. Aufl. Wiesbaden: Harrassowitz 1957, S. 478.

verbrannt. Konnte der Direktor der im November 1918 in französische Verwaltung übernommenen, ehemaligen Kaiserlichen Universitäts- und Landesbibliothek Straßburg, Georg Wolfram, auf dem 16. Deutschen Bibliothekartag in Weimar 1920 noch behaupten, dass die Niederlage Deutschlands 1918 nicht zuletzt dem »Gift der Verleumdung und Lüge, das von draußen und drinnen in seine Adern geflossen«[4] sei, ursächlich geschuldet war, blieb in der deutschen Bibliothekswelt nach dem völligen Zusammenbruch 1945 nur das Schweigen oder die selbstreferentielle Interpretation des Untergangs aus der bibliothekarischen Scheuklappenperspektive.[5] Georg Leyh, das bibliothekarische Urgestein aus Tübingen, sprach 1947 von einer »Katastrophe, die in der Geschichte der Bibliotheken und in der Geschichte der Wissenschaften keinen Vergleich« habe; vom beispiellosen Vernichtungskrieg in Osteuropa, von der schamlosen Fledderei, vom gezielten Raub und von der blindwütigen Verwüstung der dortigen Bibliotheken sprach er indes nicht, wohl aber vom unbeugsamen Nutzungs- und Arbeitswillen in den deutschen Bibliotheken, »gleichgültig ob der Feind schon an den Grenzen oder auch schon vor den Toren stand«.[6]

Dass die militärische Niederlage und der Untergang des nationalsozialistischen Verbrecherregimes im Frühjahr 1945 zwar eine sehr tiefe Zäsur, keineswegs aber einen absoluten Bruch deutscher Geschichte markierten, darf mittlerweile als »Gemeinplatz«[7] der historischen Forschung gelten: In sozial-, mentalitäts- und erfahrungsgeschichtlicher Perspektive überspannten vielfältige Kontinuitäten die letzten Jahre der NS-Diktatur und die Jahre der unmittelbaren Nachkriegszeit. Die Zeit von der Niederlage der 6. Armee in Stalingrad Anfang 1943 bis zur Währungsreform im Sommer 1948 lässt sich als eine zusammenhängende »Katastrophen- und Transformationsphase«[8] begreifen, in der eine »Gesellschaft in der Katastrophe«[9] den Weg in ein geordnetes, demokratisches Staatswesen mit funktionierender Infrastruktur mühsam zu bewältigen hatte. Das vorherrschende Signum der Zeit vor dem Kriegsende war Gewalt – eine

4 16. Versammlung Deutscher Bibliothekare in Weimar am 26. und 27. Mai 1920. In: Zentralblatt für Bibliothekswesen 37 (1920), S. 195.

5 Günther Pflug: Die wissenschaftlichen Bibliotheken in Deutschland von 1945 bis 1965. In: Peter Vodosek, Joachim-Felix Leonhard (Hgg.): Die Entwicklung des Bibliothekswesens in Deutschland 1945–1965. Wiesbaden: Harrassowitz 1993, S. 13–30, S. 13.

6 Georg Leyh: Die deutschen wissenschaftlichen Bibliotheken nach dem Krieg. Tübingen: Mohr 1947, S. 5 u. 12.

7 Christoph Kleßmann: Die doppelte Staatsgründung. Deutsche Geschichte 1945–1955. 5. Aufl. Bonn: Bundeszentrale für Politische Bildung 1991, S. 37.

8 Klaus-Dietmar Henke: Die amerikanische Besetzung Deutschlands. München: Oldenbourg 1995, S. 25.

9 Bernd-A. Rusinek: Gesellschaft in der Katastrophe. Terror, Illegalität, Widerstand – Köln 1944/45. Essen: Klartext-Verlag 1989.

physische, existentiell bedrohliche, omnipräsente Gewalt. Das Gewaltcrescendo 1944/45 prägte wesentlich die Zusammenbruchsgesellschaft als eine völlig aus den Fugen geratene Welt mit chaotischen Lebensbedingungen und nicht mehr kalkulierbaren Daseinsrisiken; die einerseits gewalttätige, andererseits von Gewalt massiv betroffene Gesellschaftsordnung der letzten Kriegsmonate lässt sich als ein kollektiv wirksamer, erfahrungsbestimmender Faktor deutlich ausmachen.[10] Ratlosigkeit und die Suche nach Anknüpfungspunkten für eine Zivilgesellschaft jenseits der Gewaltorgie dominierten die Zeit nach dem Kriegsende – auch im westdeutschen Bibliothekswesen.

Anfangen im Trümmerfeld: Das hieß zunächst, den Folgen der Zerstörung Herr zu werden; dies geschah nicht selten mit ungewöhnlichen, im Augenblick und für den Augenblick erfundenen Methoden, denn was zumeist am Anfang stand, war oftmals »nicht viel mehr als ein auf verschiedene Lagerungsplätze verteilter Bücherhaufen«.[11] So schrieb Emil Gratzl, der ehemalige Erwerbungsleiter der Bayerischen Staatsbibliothek, in einem Brief vom 3. Dezember 1945 an Georg Leyh:

> »Wir werden auch hier ganz klein wieder anfangen müssen, mit kleinern Mitteln, mit kleinerm Personal, unter Verzicht auf weitausgreifende Organisationen, unter Verzicht auf manche Zusammenarbeit zunächst einmal wieder jede Bibliothek ganz für sich (kein ›deutsches Bibliothekswesen‹[,] unter dem ich mir nie viel vorstellen konnte, sondern ganz schlicht wieder die Bibliothek in A und die in B usw.) unter Verzicht auch für jeden einzelnen auf jeden gelehrten und organisatorischen Eigennutz und Größenwahn: es gilt, nicht nur mit dem Kopf und der Feder, sondern zunächst auch einmal mit den Armen wieder Ordnung zu schaffen und dann wieder zu lernen, daß neben dem Kaufen und dem Ausleihen der Bücher die erste Aufgabe des Bibliothekars das Katalogisieren der Bücher ist, nicht das Warten, ob und wann ein paar Dutzend Sekretärinnen in Berlin ihm diese seine eigenste Arbeit abnehmen.«[12]

Die fraglos gegebenen Kontinuitätslinien sollten indes nicht darüber hinwegtäuschen, dass die personelle Zäsur des Zusammenbruchs 1945 für das

10 Sven Keller: Volksgemeinschaft am Ende. Gesellschaft und Gewalt 1944/45. München: Oldenbourg 2013, S. 1 f.

11 Werner Kayser: 500 Jahre wissenschaftliche Bibliothek in Hamburg. Von der Ratsbücherei zur Staats- und Universitätsbibliothek. Hamburg: Hauswedell 1979, S. 173.

12 Michael Knoche: »Es ist doch einfach grotesk, dass wir für die Katastrophe mitverantwortlich gemacht werden.« Die Einstellung von deutschen wissenschaftlichen Bibliothekaren zu ihrer Vergangenheit im Nationalsozialismus. In: Klaus Kempf, Sven Kuttner (Hgg.): Das deutsche und italienische Bibliothekswesen im Nationalsozialismus und Faschismus. Versuch einer vergleichenden Bilanz. Wiesbaden: Harrassowitz 2013, S. 203–220, hier S. 207.

wissenschaftliche Bibliothekswesen in Deutschland einen »beispiellosen Kontinuitätsbruch«[13] implizierte. 150 wissenschaftliche Bibliothekare waren gefallen oder galten als vermisst – mehr als ein Drittel der noch 1942 im Dienst befindlichen Personen. Von 414 damals besetzten Stellen waren 1950 nur noch 140 mit denselben Personen besetzt, von 63 Direktoren verblieben lediglich acht im Amt. Ein Generationenwechsel dieser Dimension war einmalig in der deutschen Bibliotheksgeschichte, er stand aber nur zu einem kleinen Teil im Zusammenhang mit der politischen Belastung der Protagonisten, denn nur gut ein Drittel der Bibliotheksdirektoren hatte der NSDAP angehört.[14] Dass dieser Themenkomplex gleichwohl nicht nur rein administrative Fragen der Personalverwaltung bei den Unterhaltsträgern berührte, sondern auch die Entnazifizierung in den Blickpunkt rücken ließ, verdeutlicht die Entstehung der beim Sekretariat des Vereins Deutscher Bibliothekare angesiedelten und damit über die Bayerische Staatsbibliothek in München betriebenen Meldestelle für stellungsuchende Bibliothekare, denn es galt, »Hemmnisse, die mitunter in der Person liegen« könnten, ins Kalkül zu ziehen. So musste bei den Meldungen »eine eventuelle politische Belastung detailliert mitgeteilt« werden, eine einfache Angabe zum Spruchkammerbescheid genügte nicht. Die erste Liste mit fünf Personen brachten die Nachrichten für wissenschaftliche Bibliotheken in ihrem Oktoberheft, ihr folgte eine Übersicht mit sieben Bibliothekaren im November 1949.[15] In die Novemberausgabe der Meldestelle hatte sich auch Jean Pierre Des Coudres aufnehmen lassen, der der NSDAP bereits 1930 beigetreten war. Der ehemalige Leiter der SS-Bibliothek auf der Wewelsburg bei Paderborn, Verfasser des 1936 publizierten Pamphlets *Die Schutzstaffel als geistiger Stoßtrupp* und Direktor der Landesbibliothek in Kassel von 1939 bis 1945 hatte seinen Vornamen wieder französisiert: Aus dem SS-Sturmbannführer und promovierten Juristen Hans Peter Des Coudres, der ab 1953 die Bibliothek des Max-Planck-Instituts für ausländisches und internationales Privatrecht in Tübingen leiten sollte, wurde für kurze Zeit erneut Jean Pierre Des Coudres. Mit dem Fähnchen nach dem braunen Wind und Ungeist beziehungsweise der flexiblen Anpassung

13 Ebd., S. 205.

14 Hans-Gerd Happel: Das wissenschaftliche Bibliothekswesen im Nationalsozialismus. Unter besonderer Berücksichtigung der Universitätsbibliotheken. München u.a.: Saur 1989, S. 28.

15 Heinrich Middendorf: Der Bibliothekartag 1949 in Rothenburg o. d. T. und Erlangen. Bericht über seinen Verlauf und seine Verhandlungen. In: Nachrichten für wissenschaftliche Bibliotheken 2 (1949), S. 131. Gustav Hofmann: Meldestelle für stellungsuchende Bibliothekare. In: Nachrichten für wissenschaftliche Bibliotheken 2 (1949), S. 143 f.; 1. Liste stellungsuchender Bibliothekare. In: Nachrichten für wissenschaftliche Bibliotheken 2 (1949), S. 158; 2. Liste stellungsuchender Bibliothekare. In: Nachrichten für wissenschaftliche Bibliotheken 2 (1949), S. 174 f.

an die Zeitumstände von Persilscheinfabrik und Spruchkammerlatein war man vor wie nach 1945 vertraut.[16]

Eine Auseinandersetzung mit der personifizierbaren Schuld konnte die deutsche Bibliothekswelt zunächst weitgehend umschiffen, denn sie war nach Kriegsende buchstäblich verschwunden und damit einer unmittelbaren persönlichen Konfrontation entzogen. Die NS-Diktatur und ihre Folgen vermochten sich im bibliothekarischen Gedächtnis der Nachkriegszeit allenfalls partiell und dann vorzugsweise als Kriegsschicksal oder -schaden zu plazieren. Der »Schauder« und das »wachsende Entsetzen« dominierten, die sich nach »diesem großen Büchersterben, dieser grausamen Bücherentwurzelung, [...] der Verschüttung der Überlieferung« in die Erinnerung unauslöschlich einbrannten, wie es Hermann Tiemann 1946 für »die Bibliothekare unseres Landes und Bücherliebhaber unserer Stadt« formulierte. Die »Verbindung bösen Machtgelüstes mit der Fesselung der politischen und geistigen Freiheit« habe in den Feuerstürmen des Bombenkrieges ihre letzte Konsequenz gezeitigt, »die für uns, unsere Aufgabe und unser Schaffen im Untergang zu bestehen schien«. Damit ermöglichte jedoch die Erinnerungskultur der Bibliothekare in der Nachkriegszeit, Gewaltherrschaft und Weltkrieg im Prinzip aus der Opferperspektive zu rezipieren und »einem bösen Stern, dessen Herrschaft unser Schicksal bedeutete«,[17] Schuld sowie Verantwortung aufzubürden. Diese mit einem nebulös-astrologischen Vokabular operierende Exkulpationsstrategie korrespondierte mit der memorialen Diskurskultur der Zunft und verlieh ihr eine nahezu unwiderstehliche Attraktivität, da sie ebenso bequem wie konfliktarm Täter und Schuld, Opfer und Scham zu verdrängen vermochte – mit »Ekliptik«, »Aspekt des Mars« und »Unstern« waren Ursachen und Folgen der NS-Gewaltherrschaft in den Weiten

---

16 Happel: Bibliothekswesen (wie Anm. 14), S. 28. Ernst Klee: Das Kulturlexikon zum Dritten Reich. Wer war was vor und nach 1945. Frankfurt a.M.: Fischer-Taschenbuch-Verlag 2009, S. 98 f. Im Jahrbuch der Deutschen Bibliotheken für 1936 ließ sich Des Coudres noch mit seinem Vornamen Jean Pierre eintragen, ab 1937 mit Hans Peter Des Coudres; dabei beließ er es auch im ersten Nachkriegsband des Jahrbuches 1950. Jahrbuch der Deutschen Bibliotheken 26/27 (1936), S. 181. Jahrbuch der Deutschen Bibliotheken 28 (1937), S. 102. Jahrbuch der Deutschen Bibliotheken 34 (1950), S. 163. Exemplarisch für die Universitätsbibliothek München: Louisa Gemma Wickert: Die Persilscheinfabrik. Entnazifizierung und Personal am Beispiel der Universitätsbibliothek München. In: Michael Knoche, Wolfgang Schmitz (Hgg.): Bibliothekare im Nationalsozialismus. Handlungsspielräume, Kontinuitäten, Deutungsmuster. Wiesbaden: Harrassowitz 2011, S. 183–189.

17 Hermann Tiemann: Vom Sein des Buches. Vortrag beim Empfang der Tagungsteilnehmer und Hamburger Mitglieder der Maximilian-Gesellschaft im Gästehaus des Senats der Hansestadt Hamburg. In: Probleme des Wiederaufbaus im wissenschaftlichen Bibliothekswesen. Aus den Verhandlungen der 1. Bibliothekartagung der britischen Zone in Hamburg vom 22.–24. Oktober 1946. Hamburg: Hansischer Gildenverlag 1947, S. 12.

des Universums entsorgt.[18] Die verbale Verweigerungshaltung, das gemeinsam eingehaltene Diskurstabu, wenn es um die bibliothekarischen Verstrickungen in die Abgründe der braunen Vergangenheit ging, ließ zum einen einer Auseinandersetzung mit dem Nationalsozialismus nur in gelegentlichen Andeutungen Raum, ebnete gleichwohl zum anderen dem rückwärtsgewandten Pfad auf die Zeit vor dem Zivilisationsbruch des nationalsozialistischen Verbrecherregimes den Weg: Tradition, Wiederanknüpfung, Wiederaufnahme, Wiederaufleben – sie sind die zentralen Lemmata des bibliothekarischen Diskurses der unmittelbaren Nachkriegszeit.

Vor allem zwei Hauptmerkmale lassen sich als Metaebene anhand der bibliothekarischen Publizistik identifizieren. Zum einen ist die große Freude über die Rückkehr in den Kreis der internationalen Bibliothekswelt mit Händen zu greifen; alle ausländischen Tagungsteilnehmer, von den Vertretern der amerikanischen Militärregierung bis zum Direktor der Universitätsbibliothek Basel, Karl Schwarber, erwähnt beispielsweise der Bericht über »den ersten ordentlichen Bibliothekartag der Nachkriegszeit«[19] namentlich und führt auch die Grußadressen des Auslands auf. Der einstimmigen Wiederaufnahme des Vereins Deutscher Bibliothekare in den Weltverband IFLA am 9. Juni 1949, eine Woche vor dem Rothenburger Bibliothekartag, kam für das Selbstverständnis und -bewusstsein eine enorme Bedeutung zu; als die zentrale Nachricht aus Oslo schlechthin prägte sie die euphorische Aufbruchstimmung der Konferenz.[20] Nach Auffassung der IFLA, an deren Tagungen in Oslo 1947 und London 1948 deutsche Vertreter nicht teilnehmen durften, sollte die internationale Bibliothekswelt »not act as mere onlookers, but help lift the Germans out of their intellectual isolation and bring them once more into European society and the realm of Western thought«.[21] So schrieb auch der Vorsitzende des Vereins Deutscher Bibliothekare, Gustav Hofmann, zwei Wochen nach Tagungsende an den Präsidenten der IFLA, Wilhelm Munthe, »daß diese Tagung, man kann wohl

18 Jürgen Babendreier: Kollektives Schweigen? Die Aufarbeitung der NS-Geschichte im deutschen Bibliothekswesen. In: Sven Kuttner, Bernd Reifenberg (Hgg.): Das bibliothekarische Gedächtnis. Aspekte der Erinnerungskultur an braune Zeiten im deutschen Bibliothekswesen. Marburg: Universitätsbibliothek 2004, S. 28–32. Jürgen Babendreier: Das magazinierte Gedächtnis. Anmerkungen zum bibliothekarischen Erinnerungsdiskurs. In: Auskunft. Zeitschrift für Bibliothek, Archiv und Information in Norddeutschland 28 (2008), S. 337–355, S. 339 f.

19 Eich: Verein Deutscher Bibliothekare (wie Anm. 1), S. 129.

20 Sven Kuttner: »Manches Wiedersehen nach vielen Jahren zu erleben …«. Der Nachkriegsbibliothekartag in Rothenburg ob der Tauber 1949. In: Felicitas Hundhausen, Daniela Lülfing (Hgg.): 100. Deutscher Bibliothekartag – Festschrift. Hildesheim u.a.: Olms 2011, S. 81–98, hier S. 87.

21 Joachim Wieder: An outline of IFLA's history. In: Willem R. H. Koops, Joachim Wieder (Hgg.): IFLA's first fifty years. Achievement and challenge in international librarianship. München: Verlag Dokumentation 1977, S. 11–55, hier S. 28.

sagen zum erstenmal seit dem Kriege, vor allem im Zeichen der Wiederanknüpfung unserer beruflichen und persönlichen Beziehungen zu den ausländischen Kollegen stand«.[22] Unter diesen Auspizien verwundert es nicht, dass der Hamburger Bibliotheksdirektor Hermann Tiemann mit seinem Reisebericht durch schwedische Bibliotheken die Konferenz auch eröffnete. Seinen Aufenthalt in Schweden stellte der gebürtige Bremer in den Kontext einer »auf altem Grund« stehenden bibliothekarischen Tradition, die die Weltläufigkeit des Bibliothekars erst ermögliche; und der Traditionsaspekt zieht sich wie ein roter Faden durch seine Schilderungen. Vor allem betonte der Hanseat das »ungebrochene bibliothekarische Leben« seines skandinavischen Gastlandes, lobte »Ruhe, Sicherheit und Selbstverständlichkeit der Organisation«, deren Arbeit »ihren traditionellen Gang in Gelassenheit« bewahren konnte und deren Arbeitsrhythmus man »erst wieder lernen« müsse. Die schwedische Bibliothekswelt repräsentierte für ihn ein anzustrebendes Ideal, »wo die grausamen Wunden zweier Weltkriege fehlen«.[23]

Zum anderen artikuliert sich ein ausgesprochenes Harmoniebedürfnis der deutschen Bibliothekare in der unmittelbaren Nachkriegszeit; »harmonisch« firmiert als zentrales Epitheton, »gesellig«, »in angeregter Feststimmung« und »zwanglos« scheinen die Abende der über 100 Tagungsteilnehmer während des Bibliothekartages in Rothenburg verlaufen zu sein, die Gelegenheit boten, »manches Wiedersehen nach vielen Jahren zu erleben, alte berufliche und menschliche Beziehungen wieder aufleben zu lassen und neue zu stiften«. An die Stelle des »Kameradschaftsabends« im Puntigamer Brauhaus mit Gesang- und Tanzvorführung der Südmarkgruppe des Volksbunds für das Deutschtum im Ausland und einem separaten Programm für die Damen beim letzten Bibliothekartag 1939 in Graz war die semiprogressive, gleichwohl ohne jeden Zweifel bildungsbürgerliche Abendveranstaltung einer bibliothekarischen Zivilgesellschaft getreten, die sich am zweiten Rothenburger Abend André Obeys Drama *Rückkehr von den Sternen* zu Gemüte führte. Ob die Mehrheit der Anwesenden mit der Inszenierung der Studio-Bühne der Universität Erlangen unter Hannes Razum im alten Kaisersaal des Rothenburger Rathauses etwas anfangen konnte, steht auf einem anderen Blatt, aber »reicher und warmer Beifall« war den »neuen Kräften der heutigen Studentenschaft« vergönnt. Die Sehnsucht nach innerer Geschlossenheit war groß, potentiellen Störenfrieden gedachte sie keinen Raum zu geben; die »Ostzone« war schlicht und ergreifend »offiziell«, aber

22 München, Bayerisches Hauptstaatsarchiv: Generaldirektion Bayerische Staatliche Bibliotheken 1418. Schreiben von Gustav Hofmann an Wilhelm Munthe in Oslo vom 28. Juni 1949.

23 Hermann Tiemann: Reise durch schwedische Bibliotheken (August–September 1948). In: Zentralblatt für Bibliothekswesen 63 (1949), S. 439–456, hier S. 440 u. 443 f.

namenlos vertreten.[24] Als es Monate später an die Planungen des Marburger Bibliothekartages 1950 ging, zögerte Gustav Hofmann, Georg Leyh den Festvortrag zum 50jährigen Jubiläum des Vereins Deutscher Bibliothekare anzutragen. In einem Brief an Hermann Tiemann gab er seiner Sorge Ausdruck, »daß bei dem Unterschied der Generationen und der Meinungen damit die Gefahr von Reibungen gegeben ist, die ich nicht gerne in unserem im allgemeinen doch recht erfreulichen Zusammenarbeiten entstehen lassen möchte«.[25] Leyh hielt am Ende den Jubiläumsvortrag,[26] aber Hofmanns Zögern offenbart die Dimension der Harmoniesehnsucht; Friede und Eintracht sollten das innere wie äußere Erscheinungsbild der deutschen Bibliothekare prägen, nicht der streitbare Diskurs, für den der Tübinger Direktor im Ruhestand jederzeit zu haben war.[27] Dem gebürtigen Ansbacher, einer international auch unmittelbar nach dem Krieg respektierten, ja mitunter verehrten Persönlichkeit, einer ausgewiesenen Größe im deutschen Bibliothekswesen des 20. Jahrhunderts, konnten nur sehr wenige Bibliothekare das Wasser reichen. Gleichwohl war zumindest der Münchner Generaldirektor anfänglich bereit, den wortmächtigen »Bibliothekar par passion«[28] um des lieben Friedens willen in, aber nicht vor das Marburger Auditorium zu lassen.

Grund für Streit und Hader gab es indes kaum, der Arbeitsalltag der unmittelbaren Nachkriegszeit in den deutschen Bibliotheken gestaltete sich – von ganz wenigen Ausnahmen abgesehen – gleichermaßen prekär. Den Alltag des zumeist improvisierten Bibliotheksbetriebes nach 1945 bestimmten Raumzuweisungen und permanente Verlagerungen, Instandsetzungsarbeiten, Bestandsrückführungen und Revisionen der noch erhaltenen sowie der Neuaufbau verlorener Kataloge. Die Beschaffung der deutschen Literatur bereitete die wenigsten Sorgen, 1945/46 erschienen gerade einmal 2.409 Titel, und nie waren Neuerscheinungen in Deutschland so rasch vergriffen gewesen wie zwischen 1945 und 1948. Der Erwerb ausländischer Literatur war zunächst völlig aussichtslos, die alten Tauschbeziehungen aus der Zeit vor dem Zweiten Weltkrieg kamen erst allmählich wieder in Gang. Die erste unmittelbare Begegnung nach Kriegsende mit

24 Middendorf: Bibliothekartag (wie Anm. 15), S. 113 f., 123, 132–134.

25 München, Bayerisches Hauptstaatsarchiv: Generaldirektion Bayerische Staatliche Bibliotheken 1418. Schreiben von Gustav Hofmann an Hermann Tiemann in Hamburg vom 20. Januar 1950.

26 Clemens Köttelwesch: Der Bibliothekartag 1950 in Marburg/Lahn, 30. 5.–2. 6. 1950. Bericht über den Verlauf und die Verhandlungen. In: Nachrichten für wissenschaftliche Bibliotheken 3 (1950), S. 97–121, hier S. 99 f.

27 Jürgen Babendreier: Diskurs als Lebensform. Georg Leyh und seine Schrift »Die Bildung des Bibliothekars«. In: Wolfenbütteler Notizen zur Buchgeschichte 35 (2010), S. 81–97, hier S. 84.

28 Horst Kunze: Georg Leyh zum 80. Geburtstag. In: Zentralblatt für Bibliothekswesen 71 (1957), S. 169–174, hier S. 169.

ausländischer Literatur dürfte für viele deutsche Bibliothekare die Ausstellung von rund 1.800 ausgewählten Bänden Schweizer Literatur gewesen sein, die auf Initiative der Stadt Schaffhausen von Schweizer Verlegern gestiftet, ab November 1946 in Stuttgart, Tübingen und anderen deutschen Städten gezeigt und schließlich an Bibliotheken verteilt wurden. Die Schweizer Bücherhilfe brachte insgesamt 38.000 Bände nach Deutschland, das Hilfswerk für das geistige Deutschland in Zürich sogar 250.000 Werke.[29] Doch die Janusköpfigkeit der Zeit manifestiert sich auch hier: Der maßgebliche Initiator des Hilfswerks, der Schweizer Physiologe Emil Abderhalden, trat nach der Machtergreifung der Nationalsozialisten 1934 dem NS-Lehrerbund bei und setzte sich auch öffentlich für die Gesundheitspolitik des NS-Staates ein. Nachdem er zur Zeit der Weimarer Republik bereits die Sterilisationen von Erbkranken gefordert hatte, begrüßte der Biochemiker das nationalsozialistische Gesetz zur Verhütung erbkranken Nachwuchses von 1933.[30]

Dass angesichts der Devisenbeschränkungen nur die Gesamtheit des deutschen Bibliothekswesens die Vollständigkeit der einschlägigen Literaturproduktion des Auslands ansatzweise werde erwerben können, lag als Fait accompli somit auf der Hand; es entsprach ohnehin der bibliothekspolitischen Zielsetzung der im Januar 1949 wiederbegründeten Notgemeinschaft der deutschen Wissenschaft mit Sitz in Bad Godesberg.[31] Im Zentrum der bibliothekarischen Alltagsdiskussion stand vor allem der Leihverkehr, dessen Probleme sich vorrangig in den Zulassungsvoraussetzungen, der regionalen Aufgliederung, einer neuen Leihverkehrsordnung sowie der Kostenfrage manifestierten.[32] Gerade letztere erwies sich als eine sehr umstrittene, da sich viele Bibliotheken außerstande sahen, angesichts ihrer mehr als mageren Haushaltsmittel den Bücherversand zu finanzieren. Ferner stand die dringend notwendige Entlastung der Bibliotheken zur Debatte, die den Bombenkrieg weitgehend unbeschadet überstanden hat-

---

29 Gisela von Busse: Struktur und Organisation des wissenschaftlichen Bibliothekswesens in der Bundesrepublik Deutschland. Entwicklungen 1945 bis 1975. Wiesbaden: Harrassowitz 1977, S. 19 u. 21 f.

30 Ernst Klee: Das Personenlexikon zum Dritten Reich. Wer war was vor und nach 1945. 2. Aufl. Frankfurt a.M.: Fischer-Taschenbuch-Verlag 2005, S. 9.

31 Wilhelm Hoffmann: UNESCO – Notgemeinschaft – Zentrale Tauschstelle. In: Heinrich Middendorf: Der Bibliothekartag 1949 in Rothenburg o. d. T. und Erlangen. Bericht über seinen Verlauf und seine Verhandlungen. In: Nachrichten für wissenschaftliche Bibliotheken 2 (1949), S. 117. Wilhelm Hoffmann: Die Erwerbung ausländischer Literatur. In: Heinrich Middendorf: Der Bibliothekartag 1949 in Rothenburg o. d. T. und Erlangen. Bericht über seinen Verlauf und seine Verhandlungen. In: Nachrichten für wissenschaftliche Bibliotheken 2 (1949), S. 118–119, hier S. 118 f.

32 Clemens Köttelwesch: Fragen des deutschen Leihverkehrs. In: Zentralblatt für Bibliothekswesen 64 (1950), S. 14–20.

ten und den Leihverkehr maßgeblich stützten. Grundsätzliche Selbstverständlichkeiten wurden eingefordert, darunter die Rückkehr zur bibliographischen Genauigkeit und die Einhaltung von Fristen beim Leihverkehr. Die im Prinzip der Not gehorchende Orientierung an der Tradition bildete gleichwohl die gemeinsame Basis, »wieder zu der alten Vorkriegsregelung zu gelangen«,[33] das war der unangefochtene Konsens.

Die heterogene Bibliothekspolitik der alliierten Besatzungsmächte bereitete dem restaurativen Gesamtkonzept und der Dezentralisierung des westdeutschen Bibliothekswesens den Boden. Die Erwartungshaltung, wie sie Georg Leyh in seinen letzten Lebensjahren äußerte, dass vor allem die USA bei ihrer Förderung Bedingungen für Modernisierung und Kooperation der Universitätsbibliotheken hätten stellen sollen, entsprach nicht den vom Prinzip her liberalen Zielsetzungen amerikanischer Kulturpolitik.[34] Von einer konsequenten Bibliothekspolitik in der Britischen Besatzungszone kann ebenso wenig die Rede sein, es sei denn, dass Geschehenlassen als passive Ausdrucksform eines Gestaltungswillens angenommen werden darf.[35] Die im Rahmen der Buchpolitik der französischen Besatzungsmacht getroffenen Maßnahmen im Sinne einer *Expansion de la culture française* blieben hinter den Erwartungen und Wünschen zurück, was sicherlich auch dem Umstand geschuldet war, dass sie die französische Militärregierung anordnete, aber die Finanzierung auf die deutschen Kommunen abgewälzt wurde.[36] Im östlichen Teil Deutschlands entwickelte sich wiederum unter den Fittichen der sowjetischen Besatzungsmacht im Kontext einer erneuten Diktatur stufenweise ein systemkonformes Bibliothekswesen, das den absoluten Führungsanspruch der SED in allen Bereichen von Staat und Gesellschaft widerspiegelte; doch auch der Umbruch in der Bibliothekslandschaft der SBZ verlief nicht ohne Widerstände und war bis 1949 keineswegs schon abgeschlossen.[37]

---

33 Middendorf: Bibliothekartag 1949 (wie Anm. 15), S. 129.

34 Antje Bultmann Lemke: Kultur- und Bibliothekspolitik der Besatzungsmächte: USA. In: Vodosek, Leonhard: Die Entwicklung des Bibliothekswesens (wie Anm. 5), S. 327–338, hier S. 337.

35 Peter A. Hoare: Bibliothekspolitik und Bibliothekspraxis in der Britischen Besatzungszone, mit besonderer Berücksichtigung der Jahre 1945–1949. In: Vodosek, Leonhard: Die Entwicklung des Bibliothekswesens (wie Anm. 5), S. 339–352, hier S. 351.

36 Monique Mombert: Französische Kulturpolitik in der FBZ unter Einbeziehung der Bibliotheksentwicklung. In: Vodosek, Leonhard: Die Entwicklung des Bibliothekswesens (wie Anm. 5), S. 353–368, hier S. 365.

37 Alexander Greguletz: Der Beginn der stalinistischen Weichenstellung für das DDR-Bibliothekswesen. Legende und Realität 1945–1949. In: Vodosek, Leonhard: Die Entwicklung des Bibliothekswesens (wie Anm. 5), S. 221–250, hier S. 222 f. Stefan Altekamp: Der Umbruch der Bibliothekslandschaft in SBZ und früher DDR im Spiegel einer kleinen Spezialbibliothek. In: Bibliotheksdienst 54 (2020), S. 374–389. Christian Rau: »Nationalbibliothek« im geteilten Land. Die Deutsche Bücherei 1945–1990. Göttingen: Wallstein 2018, S. 90–190.

Die organisatorische Zersplitterung des Bibliothekswesens ging mit der Teilung Deutschlands einher: eine Preußische Staatsbibliothek in Ost-Berlin und eine 1949 in das Königsteiner Abkommen zur gemeinsamen Finanzierung bedeutender überregionaler wissenschaftlicher Einrichtungen aufgenommene und als Westdeutsche Bibliothek firmierende Preußische Staatsbibliothek auf dem Marburger Landgrafenschloss, eine Deutsche Bücherei in Leipzig und eine Deutsche Bibliothek in Frankfurt am Main. Der dezentrale Charakter sollte sich durch den Sondersammelgebietsplan der Deutschen Forschungsgemeinschaft organisatorisch verfestigen, indem bestimmte Fachgebiete einzelnen Bibliotheken zugesprochen wurden. Die Bibliotheksneugründungen 1946 in Mainz, 1947 in Saarbrücken und 1948 mit der Freien Universität in Berlin griffen auf altfränkische Konzepte zurück. Phantasielos stellten die Planungen den Magazinbestand ins Zentrum der spartanischen Buchkasernen; um ihn herum gruppierte sie wagenburggleich die Räume der Bibliotheksverwaltung und beheimatete den Benutzungsbereich in der Peripherie des Gebäudes. Hier wehte kein neuer Wind, das war der Geist, wohl besser das Gespenst aus Kaisers Zeiten: der Benutzer als natürlicher Feind des Bibliothekars, der einem Zerberus gleich die Buchbestände hütete. Das Aufgabenspektrum der Universitätsbibliothek innerhalb des universitären Bibliothekssystems und ihr Verhältnis zu den Instituts- und Seminarbibliotheken ließen die Hochschulleitungen in ihren Satzungen zunächst nicht verankern. Die westdeutschen Hochschullehrer dachten auch nicht im Traum daran, sich an den bibliothekarischen Vorstellungen von Bescheidenheit und Einordnung zu orientieren. Geistig gefangen in einer längst überholten Bildungswelt, versunken in bibliothekstechnische und sich an einer diffusen Modernekritik orientierende Diskussionen, die außerhalb der eigenen Profession auf kein Verständnis stießen, verloren die Bibliothekare schließlich zu Beginn der 1950er Jahre in ihren Hochschulen und in einer interessierten Öffentlichkeit zunehmend an Boden. Die Führungsrolle für die Literaturversorgung der Universitäten übernahmen Instituts- und Seminarbibliotheken, die einen exorbitanten Ausbau unter professoraler, im Namen der Wissenschaft auf Autonomie pochender Vorherrschaft erlebten.[38]

Die 1960 unter insgesamt 100 Stipendiaten der Alexander von Humboldt-Stiftung veranstaltete Befragung legte die strukturellen Mängel spät, aber öf-

38 Exemplarisch für die LMU München: Sven Kuttner: »Die größte Sorge der Bibliothek aber ist die furchtbare Raumnot ...«. Die Gebäudeentwicklung der Universitätsbibliothek München im 19. und 20. Jahrhundert. In: Bibliotheksdienst 45 (2011), S. 448–450. Sven Kuttner: »Funktionär im Räderwerk des Betriebs«: Bibliothekarisches Berufsbild und Modernekritik in der späten Nachkriegszeit. In: Sven Kuttner, Klaus Kempf (Hgg.): Buch und Bibliothek im Wirtschaftswunder. Entwicklungslinien, Kontinuitäten und Brüche in Deutschland und Italien während der Nachkriegszeit (1949–1965). Wiesbaden: Harrassowitz 2018, S. 65–71.

fentlich vernehmbar dar, auch wenn ihr Urteil über die Qualität westdeutscher Hochschulbibliotheken mancher Direktor unbeachtet in der Schublade verschwinden ließ, als mit Kritik an der bürokratischen Haltung des Personals, den umständlichen und zeitraubenden Ausleihverfahren oder der eingeschränkten Zugänglichkeit der Bestände der Finger in die richtige Wunde gelegt wurde.[39] Die »unkritischen und sogar boshaften Äußerungen«[40] einiger Tageszeitungen erzürnten den damaligen Vorsitzenden des Vereins Deutscher Bibliothekare, Hermann Fuchs, heftig, aber die Unfähigkeit, auf Kritik quasi von unten konstruktiv zu reagieren, passt ins Bild: Mit auffallender Dankbarkeit registrierten beispielsweise die Tagungsberichte des Vereins Deutscher Bibliothekare das Interesse, das Würdenträger aus Staat und Gesellschaft bei den Veranstaltungen durch ihre persönliche Teilnahme oder durch Grußbotschaften bekundeten. Der wortreiche Kotau der Bibliothekare vor den an sattsam bekannten Gemeinplätzen zu Buch, Bibliothek und Bildung triefenden Reden der »höchsten Stellen unseres staatlichen und kulturellen Lebens«[41] offenbart dabei mitunter eine zutiefst obrigkeitsorientierte Gedankenwelt bis in die frühe Bundesrepublik hinein. Das paternalistisch-autokratische Gehabe mancher Bibliotheksdirektoren in der hermetischen Binnenwelt ihrer Häuser fand hier sein servil-devotes Analogon im öffentlichen Raum.[42] Wie tief ein geradezu militarisiertes Obrigkeitsdenken verankert war, verdeutlicht exemplarisch das Schmuckblatt der Magaziner der Universitäts- und Stadtbibliothek Köln anlässlich der Ernennung von Werner Krieg zum Bibliotheksrat 1951: Es firmierte als »Führerparade der Magazinsoldaten« – und das sechs Jahre nach dem Ende von Krieg und braunem Ungeist.[43]

Die drohende Marginalisierung des Berufsstandes und der sich abzeichnende Verdrängungsprozess zwangen am Ende zu einer Neuausrichtung; gefragt

---

39 Stefan Paulus: Vorbild USA? Amerikanisierung von Universität und Wissenschaft in Westdeutschland 1945–1976. München: Oldenbourg 2010, S. 475. Monika Pilz: Bibliotheken in der Kritik. Erfahrungen ausländischer Gastwissenschaftler in der Bundesrepublik Deutschland. Bonn: Alexander-von-Humboldt-Stiftung 1978, S. 8 f.

40 Bericht über die 14. ordentliche Mitgliederversammlung am 14. 6. 1962 in Darmstadt. In: Zeitschrift für Bibliothekswesen und Bibliographie 9 (1962), S. 355.

41 Hermann Fuchs: Von Gestalt und Bedeutung unserer Bibliothekartage. Vortrag auf dem Bibliothekartag 1960 in Trier. In: Zeitschrift für Bibliothekswesen und Bibliographie 7 (1960), S. 187–197, hier S. 192.

42 Sven Kuttner: Von Marburg nach Marburg – Die deutschen Bibliothekartage zwischen Kaiserreich und junger Bundesrepublik: Ein Annäherungsversuch in Zahlen. In: Ulrich Hohoff, Daniela Lülfing (Hgg.): Bibliotheken für die Zukunft – Zukunft für die Bibliotheken. 100. Deutscher Bibliothekartag in Berlin 2011. Hildesheim, Zürich, New York: Olms 2012, S. 157–166, hier S. 160.

43 Gisela Lange: Werner Krieg 1908–1989. Eine bibliothekarische Biographie. Köln: Universitäts- und Stadtbibliothek Köln 2019, S. 44 f.

waren Leistungsfähigkeit und Effizienz in den Zentralen zweischichtiger Bibliothekssysteme, um mit den Bedürfnissen des boomenden Wissenschaftsbetriebs in der bundesrepublikanischen Hochschullandschaft ansatzweise Schritt halten zu können. Die Diskussionen um die bibliotheksinternen Auswirkungen dieses Wandels sollten in der Wieder-Buzás-Kontroverse ihren Höhepunkt finden.[44] Den alternativlosen Transformationsprozess leiteten erst die Empfehlungen des Wissenschaftsrates von 1964 ein, die sich durchaus als ein Meilenstein der bibliothekarischen Zeitgeschichte begreifen lassen, da sie zum ersten Mal grundsätzliche Überlegungen zur Struktur des wissenschaftlichen Bibliothekswesens in Westdeutschland artikulierten und dem Konzept der einschichtigen Bibliothekssysteme im Zuge der Universitätsneugründungen nach 1965 den Weg ebneten. Die Verweigerungshaltung gegenüber der Realität einer modernen Massen- und Konsumgesellschaft sowie eines zeitgemäßen Wissenschaftsbetriebs durch weite Teile der Bibliothekare ließ sich auf Dauer nicht durchhalten. Hier galt es, Strukturen und Mentalitäten des deutschen Bibliothekswesens aufzubrechen und zu reformieren, die sich im Kaiserreich herausgebildet und in mehr als einem halben Jahrhundert mumifiziert hatten. Im Kern bestand der sich in den 1970er Jahren endgültig vollziehende Wandel darin, dass eine Bibliothek wesentlich durch die Benutzer und deren Bedürfnisse definiert wurde.[45]

Auch das öffentliche Bibliothekswesen war im Bewusstsein breiter Gesellschaftsschichten und der politischen Entscheidungsträger in der Nachkriegszeit nicht verankert: 1950 besaßen 77 Prozent der Gemeinden keine Öffentliche Bibliothek, 41 Prozent der westdeutschen Bevölkerung lebten in Kommunen ohne öffentliche Bibliothekssysteme. Die Forderung des Heidelberger Volksbüchereitags 1950 nach einem Büchereigesetz für Deutschland erfüllte sich nicht, die Erfolge über die Regionalplanung setzten erheblich später ein. Der Deutsche Büchereiverband wurde 1949 in Nierstein mit Unterstützung des Deutschen Städtetages gegründet und gab sich 1957 für kurze Zeit die Bezeichnung Verband deutscher Bibliotheken, musste sich aber auf den Bereich der kommunalen

44 Pflug: Die wissenschaftlichen Bibliotheken (wie Anm. 5), S. 19–21. Jingjing Wang: Das Strukturkonzept einschichtiger Bibliothekssysteme. Idee und Entwicklung neuerer wissenschaftlicher Hochschulbibliotheken in der Bundesrepublik Deutschland. München, London, New York, Paris: Saur 1990, S. 38 f. Sven Kuttner: Die Wieder-Buzás-Kontroverse 1959 bis 1962. Ein Blick hinter die Kulissen einer Berufsbilddiskussion der späten Nachkriegszeit. In: Bibliotheksdienst 43 (2009), S. 384–398.

45 Wilfried Enderle: Vom Schalter zum Servicepoint – Bibliothek und Benutzer: Störenfried, Bittsteller, König Kunde, mobiler Endabnehmer. In: Hohoff, Lülfing: Bibliotheken für die Zukunft (wie Anm. 42), S. 178–187, hier S. 182 f. Jürgen Babendreier: Von der Bibliotheks- zur Bildungskatastrophe. Wissenschaftliche Literaturversorgung am deutschen Wirtschaftswunderrand. In: Kuttner, Kempf: Buch und Bibliothek im Wirtschaftswunder (wie Anm. 38), S. 39–64, hier S. 50–52.

Öffentlichen Bibliotheken beschränken. Die spartenübergreifende Erweiterung zum Deutschen Bibliotheksverband (DBV) erfolgte erst auf der Mitgliederversammlung in Hamburg 1973 und stand im engen Zusammenhang mit der Erarbeitung des *Bibliotheksplans '73*. Die Sacharbeit des Vereins Deutscher Bibliothekare ging auf Beschluss der Vereinsmitgliederversammlung während des 63. Bibliothekartages in Hamburg 1973 an den DBV über. Die für die deutsche Bibliotheksentwicklung charakteristische Trennung von wissenschaftlichem und öffentlichem Bibliothekswesen blieb bestehen, nicht zuletzt auch, weil Bibliothekare und Volksbildungsprotagonisten wie Hans Hugelmann, Alfred Jennewein, Joseph Peters oder Werner Picht sie nicht preisgeben wollten und ein Bollwerk gegen die Gefahr der »Verwissenschaftlichung« zu stärken suchten. Die »deutsche Grundrichtung« blieb zunächst auf Kurs, gleichwohl gehörte den Anhängern einer Bibliothekskonzeption nach dem Vorbild der Public Library in den Vereinigten Staaten die Zukunft, doch diese befand sich im Trümmer-Deutschland der Nachkriegsjahre in weiter Ferne. Einzig in Duisburg erhielt die kommunale Bibliothek schon 1952 den ersten Bibliotheksneubau der Bundesrepublik in einer Parkanlage der Stadt, aber das war die Ausnahme.[46] Vor einer günstigeren Ausgangslage standen die gewerblichen Leihbüchereien, eine Bibliothekssparte, die es heute nicht mehr gibt. Die Wurzeln der gewerblichen Leihbüchereien gehen bis in das späte 18. Jahrhundert zurück. Auf ihrem Höhepunkt Mitte des 19. Jahrhunderts existierten im deutschsprachigen Raum etwa 3.000 bis 4.000 Leihbibliotheken. Gegen Ende des 19. Jahrhunderts verlor das Gewerbe zwar zunehmend an Bedeutung, erlebte aber im 20. Jahrhundert noch zweimal eine Blütezeit: Nach dem Ersten Weltkrieg in den zwanziger Jahren und nach dem Zweiten Weltkrieg in der Nachkriegszeit. So vermochte beispielsweise die Leihbücherei von Wolfgang Siegel in Hof ihr Geschäft sogar noch in den sechziger Jahren im damaligen Zonenrandgebiet des Freistaates zu erweitern. Der Verleih eines Kinderbuches kostete damals 20 Pfennig Leihgebühr; in seiner Blütezeit zählte das Unternehmen weit über 1.300 Leserinnen und Leser zum Kundenstamm. Doch allmählich drängten immer mehr Informationsmedien auf den Markt: Fernsehen, Zeitschriften, große Auflagen billiger Taschenbücher. Die Stadt- und Gemeindebüchereien, die im Gegensatz zu den gewerblichen Leihbüchereien als kommunale Einrichtungen oftmals eine kostenlose Ausleihe anboten, fanden wachsenden Zuspruch. Das Ende des kommerziellen Verleihgeschäfts war nicht mehr aufzuhalten.[47]

46 Wolfgang Thauer, Peter Vodosek: Geschichte der Öffentlichen Bücherei in Deutschland. Wiesbaden: Harrassowitz 1978, S. 136–138. Birgit Dankert: 1949-1965. Die Öffentlichen Bibliotheken im Zeichen des deutschen Wirtschaftswunders. In: Kuttner, Kempf: Buch und Bibliothek im Wirtschaftswunder (wie Anm. 38), S. 87–99.

47 Christine Haug: »Lebe wild, schnell und gefährlich« – Die industrielle Produktion von Leih-

Die Nachkriegsjahre gingen in die Geschichte des westdeutschen Bibliothekswesens als Jahre des Wiederaufbaus ein – mit einem überdeutlichen Akzent auf dem »Wieder«, wie schon Günther Pflug konstatierte. Das war nach den immensen Kriegszerstörungen und -verlusten fraglos nicht wenig, und doch bleiben »verpaßte Chancen«, die dem restaurativen Gesamtkonzept geschuldet waren.[48] Verpasst wurde nicht zuletzt die Auseinandersetzung mit dem Ursachengeflecht, das zum vielstimmigen »Wieder« der Nachkriegszeit erst geführt hatte. Das zeitigte nicht nur Konsequenzen für die bibliothekarische Erinnerungskultur, es griff auch in die praktische Alltagsarbeit ein und öffnete einem taktischen Verhältnis zur Wahrheit des Unrechtgeschehens Tür und Tor. Der zweimal im Nachrichtenorgan des Vereins Deutscher Bibliothekare publizierte Aufruf der von Hannah Arendt geleiteten Jewish Cultural Reconstruction, Eigentum jüdischer Herkunft in deutschen Bibliotheken anzuzeigen, blieb ohne spürbare Resonanz; der »Appell der Opfer an die Täter, er wird zweimal geflissentlich überhört«.[49] Als Hermann Tiemann 1951 von seiner vorgesetzten Behörde aufgefordert wurde, über das Raubgut jüdischer Herkunft in seinem Haus Auskunft zu geben, schrumpften 30.000 während des NS-Terrorregimes gestohlene Bände auf gerade einmal 300, von denen der Hamburger Bibliotheksdirektor pflichtgemäß berichtete, wiewohl der stellvertretende Vorsitzende des Vereins Deutscher Bibliothekare wusste, dass diese Zahl nicht zutraf.[50]

Der für seine innere Konsens- und Harmoniebedürftigkeit bekannte Berufsstand der deutschen Bibliothekare hüllte sich nur zu gerne in Schweigen oder beließ es bei kryptischen Andeutungen, schließlich konnte man sich noch mit einem nicht zuletzt antikommunistischen Grundkonsens in Bibliothekarskreisen generationsübergreifend sicher sein, wegen der berüchtigten zwölf Jahre nicht in Streit und Hader untereinander zu verfallen, weil Taten und Namen auch

buchromanen nach 1945. Ein Baustein zur Populärkultur der Nachkriegszeit in Deutschland. In: Christine Haug, Rolf Thiele (Hgg.): Buch – Bibliothek – Region. Wolfgang Schmitz zum 65. Geburtstag. Wiesbaden: Harrassowitz 2014, S. 71–91. Christine Haug: Leihbuchromane und Leihbuchroman-Verlage. Ein spezielles Marktsegment nach dem Ende des Zweiten Weltkriegs. In: Kuttner, Kempf: Buch und Bibliothek im Wirtschaftswunder (wie Anm. 38), S. 239–252.

48 Pflug: Die wissenschaftlichen Bibliotheken (wie Anm. 5), S. 30.

49 Meldung von Eigentum jüdischer Herkunft in deutschen Bibliotheken. In: Nachrichten für wissenschaftliche Bibliotheken 3 (1950), S. 62 u. 5 (1952), S. 220. Babendreier: Das magazinierte Gedächtnis (wie Anm. 18), S. 345.

50 Otto-Ernst Krawehl: Erwerbungen der »Bibliothek der Hansestadt Hamburg« aus ehemals jüdischem Besitz (1940 bis 1944). In: Auskunft. Zeitschrift für Bibliothek, Archiv und Information in Norddeutschland 22 (2002), S. 3–17, hier S. 3 f. Maria Kesting: NS-Raubgut in der Staats- und Universitätsbibliothek Hamburg Carl von Ossietzky. Ein Werkstattbericht. In: Regine Dehnel (Hg.): NS-Raubgut in Bibliotheken: Suche – Ergebnisse – Perspektiven. Drittes Hannoversches Symposium. Frankfurt a.M.: Klostermann 2008, S. 111–120.

nach 1945 ebenso aktiver wie angesehener Kollegen gefallen wären. Es war ein anderer, der dem Gedächtnis der westdeutschen Bibliothekare Jahre später auf die Sprünge half: Der Zeithistoriker und Politikwissenschaftler Eugen Kogon, Verfasser des bereits 1946 erschienenen Standardwerks über den SS-Staat und ehemaliger Häftling im Konzentrationslager Buchenwald, erinnerte die Zunft mit aller Deutlichkeit an einen Genius loci und dessen nationalsozialistische Gesinnung, nämlich an Joachim Kirchner und seinen Eröffnungsvortrag mit dem programmatischen Titel *Schrifttum und wissenschaftliche Bibliotheken im nationalsozialistischen Deutschland* auf dem 29. Bibliothekartag in Darmstadt im Juni 1933. Im Braunhemd trat der damalige Frankfurter Bibliothekar und spätere Direktor der Universitätsbibliothek München ans Rednerpult und feierte die Bücherverbrennungen als »notwendige Vernichtungsarbeit« sowie einen heroischen Akt gegen die Auswüchse der »Asphaltliteratur«. Kogon nannte in seiner Festansprache auf dem 52. Bibliothekartag in Darmstadt 1962 keinen Namen, um wen es ging, dürften viele Anwesende im Saal gleichwohl gewusst haben. Der von der amerikanischen Militärregierung am 12. Juli 1945 seines Amtes enthobene Direktor avancierte nach dem Zweiten Weltkrieg zu einer geachteten Koryphäe der historischen Hilfswissenschaften sowie der jungen Wissenschaft der Publizistik, die ihn zu allen runden Geburtstagen ehrte, freilich dabei über die NS-Vergangenheit des Bibliothekars generös hinwegsah.[51] Kogon zitierte aus dem unsäglichen Pamphlet munter und ausgiebig: Neuzusammenfassung der Wissenschaften unter völkischen Gesichtspunkten, Beseitigung der verbrecherischen und volksvergiftenden Art von Schrifttum, Ankauf des anerkannt Wertvollen und aus deutschem Geiste Erwachsenen, Bibliothekare, die vom nationalen Gedanken völlig durchdrungen werden müssten – die ganze Palette des braunen Ungeistes. Wer heute die unter dem Rubrum *Bibliotheken und die Freiheit* stehenden Ausführungen des ebenso angesehenen wie profilierten Politikwissenschaftlers der jungen Bundesrepublik liest, wird rasch ihre zeitlose Allgemeingültigkeit erkennen. »Wer vom Tisch des Zensors ißt,« resümierte der Buchenwald-Überlebende, »stirbt daran. Die Freiheit anderseits bekommt nur dem Charakterlosen nicht«.[52] Kogon, der »zuerst seinen Lesern, dann dem ›antifaschistischen Widerstand‹ aus dem KZ, dann den Gewerkschaften, dann

51 Sven Kuttner: Der Bibliothekar, die Universität und die Vergangenheit: Joachim Kirchner und die Universitätsbibliothek München. In: Kuttner, Reifenberg: Das bibliothekarische Gedächtnis (wie Anm. 18), S. 84–96. Andreas Lütjen: Auf dem Bibliothekartag im Braunhemd, in der Bibliotheksleitung unauffällig? Kirchner und die UB München im Nationalsozialismus. In: Bibliothek und Wissenschaft 42 (2009), S. 115–140.

52 Eugen Kogon: Bibliotheken und die Freiheit. In: Zeitschrift für Bibliothekswesen und Bibliographie 9 (1962), S. 207, 218–220 u. 224. Sven Kuttner: »Die Freiheit anderseits bekommt nur dem Charakterlosen nicht.« Eugen Kogon und der Darmstädter Bibliothekartag 1962. In:

seinen Darmstädter Studenten und schließlich seinen ›Panorama‹-Zuschauern« predigte, über den persönlichen Interessen nicht die Verantwortung für das Gemeinwesen zu vergessen und »die Bedingungen der Humanität in der Normalität zu sichern«,[53] hatte mit seiner Erinnerung an Kirchner und damit die Verstrickung deutscher Bibliothekare in die Abgründe der braunen Vergangenheit einen Tabubruch begangen. Ob seine Botschaft sie wirklich erreichte, darf bezweifelt werden. Das im Archiv des Vereins Deutscher Bibliothekare erhaltene Typoskript des Tagungsberichtes vermerkte zu seinen Ausführungen: »Ihre Einbettung in weiterreichende Erfahrungsregeln zum Problem der Geistesfreiheit und ihre eindrucksvolle Illustration mit Zitaten aus Zeugnissen freiheitlicher, nationalsozialistischer und ostzonaler Geisteshaltung kann in der gebotenen Kürze leider nicht wiedergegeben werden.«[54] – Beredtes Schweigen.

Irmgard Siebert, Dietmar Haubfleisch (Hgg.): Vom Sinn der Bibliotheken. Festschrift für Hans-Georg Nolte-Fischer. Wiesbaden: Harrassowitz 2017, S. 235–241.

53 Michael Kogon: Lieber Vati! Wie ist das Wetter bei Dir? Erinnerungen an meinen Vater Eugen Kogon: Briefe aus dem KZ Buchenwald. München: Pattloch 2014, S. 507. Hubert Habicht (Hg.): Eugen Kogon – ein politischer Publizist in Hessen. Essays, Aufsätze, Reden zwischen 1946 und 1982. Frankfurt a.M.: Insel-Verlag 1982, S. 12.

54 München, Universitätsbibliothek der LMU: Archiv des Vereins Deutscher Bibliothekare. Tagungsbericht. In: 40.10,1 <Bibliothekartag Darmstadt 1962>.

DOKUMENTATION

CHRISTOPH MACKERT

Schwerpunktthema Mikroben und (Handschriften-)Sammlung: Beiträge aus dem Verbundprojekt MIKROBIB

In den Jahren 2018–2021 förderte das Bundesministerium für Bildung und Forschung (BMBF) das Braunschweig-Leipziger Verbundprojekt *Kontamination und Lesbarkeit der Welt: Mikroben in Sammlungen zur Sprache bringen*, kurz: MIKROBIB.[1] Ziel des Vorhabens war nichts Geringeres, als das Verhältnis von Mikrobe und Sammlung neu zu denken und dabei den herrschenden Hygienediskurs, wonach Sammlungen durch Mikroben bedroht werden und entsprechend von ihnen gereinigt und freigehalten werden müssen, kritisch zu überwinden. Gerade die Beziehung von Mikrobe und Buch wurde und wird bislang als eine Geschichte der Kontamination und Zersetzung durch zerstörerische Kleinstlebewesen gesehen. Dem setzte das MIKROBIB-Projekt die Erkenntnis entgegen, dass materielle Objekte – ob nun in Sammlungen oder außerhalb von ihnen – grundsätzlich und unvermeidlich belebte Räume sind, die Mikroben an und in sich tragen: aufgrund ihrer Herstellung und/oder aufgrund ihrer Benutzung. Die keimfreie Sammlung ist eine Fiktion. Wenn Mikroben aber von Anfang an unabdingbarer Teil von Sammlungsobjekten sind, stellt sich die Frage, ob das Mikrobiom eines Objekts nicht eine interessante Informationsquelle für dessen Geschichte und Verständnis sein kann. Im MIKROBIB-Projekt wurde dafür prototypisch das Sammlungsgut »Mittelalterliche Handschriften« in den Blick genommen.

Drei Teilprojekte beforschten dabei unterschiedliche Aspekte des Mikroben-Sammlung-Komplexes:

- Das Teilprojekt A unter Leitung von Prof. Dr. Nicole C. Karafyllis war am Seminar für Philosophie der TU Braunschweig angesiedelt. Unter dem Titel *Die kontaminierte »Welt als Buch«: Zur Referenzialität der Wissensordnungen von Tot- und Lebendsammlungen am Beispiel von Bibliothek und*

1 Zum Projekt vgl. https://www.tu-braunschweig.de/philosophie/mikrobib sowie die Online-Ausstellung des Projekts (https://ausstellungen.deutsche-digitale-bibliothek.de/kontaminierte-bibliothek/) und den zugehörigen Begleitkatalog: Nicole C. Karafyllis, Jörg Overmann, Ulrich Johannes Schneider (Hgg.): Die kontaminierte Bibliothek. Mikroben in der Buchkultur. Leipzig: Leipziger Universitätsverlag 2021.

Mikrobenbank wurde hier eine theoretisch-konzeptionelle Kontextualisierung des Gesamtprojekts geleistet.

- In die praktische Arbeit mit den Handschriftenobjekten führte das Teilprojekt B *Mikroben als Sonden der Buchbiographie* unter Leitung von Prof. Dr. Ulrich Johannes Schneider, das in die Forschungen am Handschriftenzentrum der Universitätsbibliothek Leipzig eingebettet war und, wie es im Untertitel hieß, *Kulturwissenschaftliche Objektstudien zu spätmittelalterlichen Sammelbänden* im Bestand der Universitätsbibliothek Leipzig vornahm, um Methoden und Erkenntnismöglichkeiten kodikologisch-handschriftenkundlicher Analysen in die Verbundarbeit einzubringen.

- Teilprojekt C unter Leitung von Prof. Dr. Jörg Overmann wurde vom Leibniz-Institut DSMZ-Deutsche Sammlung von Mikroorganismen und Zellkulturen GmbH in Braunschweig durchgeführt. Unter dem Titel *Das Mikrobiom des Buches – archäomikrobiologische Analysen* wurden Handschriften aus dem Bestand der Universitätsbibliothek Leipzig beprobt und die so entnommenen Mikroben und mikrobiologischen Genomspuren aufbereitet und untersucht.

Im Folgenden geben vier Beiträge aus den drei Teilprojekten Einblick in die Arbeit des Projekts, stellen erste Ergebnisse vor und ziehen Zwischenresümees. Das Mikrobiom einer mittelalterlichen Handschrift als Spiegel der Entstehungs- und Besitzgeschichte lesbar zu machen, ist zwar noch ein Fernziel, doch ist ein erster Schritt auf diesem Weg begonnen. Wenn sich historische Objekte als ›Speichermedien‹ von Mikroben aus früheren Zeiten erweisen, werden sie andererseits zugleich wertvolle Lieferanten für Mikrobensammlungen. Und was das Projekt schließlich auch gezeigt hat, ist, wie skrupulös wir mit dem Ist-Zustand historischer Objekte umgehen sollten, da wir gar nicht absehen können, welche Fragen künftige Forschung an die Objekte richten wird und welche Objekteigenschaften sie dabei auswerten möchte.

NICOLE C. KARAFYLLIS und ALEXANDER WASZYNSKI

Kontaminationen, Relationen, Welten

Über Mikroben in Bibliotheken und Sammlungen überhaupt

1. Totschlag-Argumente

> »So mag es kommen, daß ein künft'ger Leser wohl
> Einmal in Klopstocks Oden, nicht ohn' einiges
> Verwundern, auch etwelcher Schnaken sich
> erfreut.«[1]

Der Dichter Eduard Mörike (1804–1875) beschreibt einen Leseaufenthalt im Wald: Ein Mensch liest selig eingebettet in den Kosmos, benutzt aber irgendwann das Buch als Tötungsinstrument gegen herumschwirrende Insekten. Schnelles Zuklappen bannt den Störenfried auf Papier.[2] Die Grenze der Natur zur Kultur besteht hier nicht im Lesen, sondern im Töten. Das Getötete, Symbol einer Grenzüberschreitung, kann nicht mehr entfernt werden. Vielmehr wird das Insekt Teil der Kultur, des gesammelten Kulturguts Buch und der vielleicht wichtigsten Kulturtechnik: des Lesens. Dies ist der Ausgangspunkt unserer philosophischen Betrachtung zur Lesbarkeit der Welt, die wir in Weiterführung des Ansatzes von Hans Blumenberg (1981) als eine immer schon kontaminierte Welt verstehen.[3] Dann würde sich ein Ganzes gerade aufgrund der Kontaminationen als sinnspendend erschließen, gerichtet gegen Ideale der Reinheit und Ordnung, die die Buchkultur wie das Konzept Kultur überhaupt begleiten. Wie können wir das Fremde im Eigenen und das Eigene im Fremden der Lesbarkeit verstehen? Und was könnten diese Relationen mit Mikroben und Büchern, mehr noch: mit Büchern in Bibliotheken zu tun haben? Was, wenn man Ernst

1 Eduard Mörike: Waldplage. In: Ders.: Sämtliche Werke, Bd. 1: Gedichte. Leipzig: Tempel-Verl. [ca. 1900], S. 165–167.

2 Die Autoren danken Jörg Graf, Leiter der Restaurierungswerkstatt der Universitätsbibliothek Leipzig, für Anregungen und kritische Durchsicht einer Vorfassung des Manuskripts, Lena Lampe, Maiko Mundt und Leonhard Thomas für Zuarbeiten, Uwe Lammers für das Korrektorat sowie dem Drittmittelgeber BMBF für die Förderung im Rahmen des Verbundprojekts »Kontamination und Lesbarkeit der Welt. Mikroben in Sammlungen zur Sprache bringen« (MIKROBIB), Teilprojekt A, Förderkennzeichen 01UO1811A.

3 Hans Blumenberg: Die Lesbarkeit der Welt. Frankfurt a.M.: Suhrkamp 1981.

machte, im ›Buch der Natur‹ lesen zu können, und zwar weil das Buch selbst ein Habitat für Lebewesen ist, also materialiter ›lebt‹ – und nicht nur metaphorisch?

Wir nähern uns diesen Fragen über Insekten. Dies nicht nur, weil sie mit bloßem Auge sichtbar sind, sondern weil das Insekt sammlungstheoretisch als Vorläufer und Paradigma der Kontamination von Sammlungen gelten kann. Bevor und noch während schon mikroskopiert werden konnte, sah man Insekten als die Hauptfeinde gelagerter Schriftdokumente an, dicht gefolgt von Schimmelpilzen. Beide galten die längste Zeit als Kleinstlebewesen – wörtlich: Mikroben. Als man Urkunden und andere Archivalien im 18. Jahrhundert mit Lupen auf mikrobiellen Befall untersuchte, war aufgrund mangelnder Auflösung gar nicht klar, worum es sich genau handelte. Auch sammelte man in Bibliotheken noch Naturkundliches wie in Büchern gepresste Pflanzen. So erschienen Pilzsporen sehr ähnlich zu Insekteneiern; man sah »kleine runde Zellen« »in alten Herbariis«, schwarz und »durch Staub zusammengehalten«, aus denen angeblich »Milben« hervortraten.[4] Der Mikrokosmos war noch ungeordnet, alles war möglich. Die Königliche Societät der Wissenschaften in Göttingen lobte bei ihrer Versammlung am 10. Juli 1773 die Preisfrage aus: Wie viele Arten von Insekten gibt es, die den Urkunden und Büchern in Archiven und Bibliotheken schädlich sind? Zu der Zeit wurden bereits massive Buchschäden verzeichnet, zum einen durch Holzdeckeleinbände, durch die sich der Holzwurm fraß und keinen Unterschied zwischen Bücherregal und Buch machte. Zum anderen verteufelte man das Papier und trauerte den Zeiten des Pergaments nach, denn es erwies sich als weitaus beständiger. Dabei hatte man schon im 17. Jahrhundert Ordnungen erlassen, die die Papiermühle strikt von der Bäckermühle trennte, damit dem Papier kein Mehl beigemischt sein sollte. Allerdings glättete man noch mit Fett, was den Speckkäfer im Buch erfreute. Er, die Bücherlaus und der Holzwurm bildeten für neuzeitliche Bibliothekare die Trinität der Verderbung. Für den Befall mit Buchschädlingen wird Ende des 18. Jahrhunderts nach Kausalitäten gesucht, ursächlich vor allem a) im Material inklusive der Textur des Papiers und der Struktur des Einbands (dies unter den Gesichtspunkten der Nahrung und des Nistplatzes bzw. der Eiablage), b) in der Aufstellung der Bücher und c) im Milieu des Lagerungsortes (Belüftung, Deckenhöhe, Feuchtigkeit).

Ratschläge waren u.a. die aufrechte Lagerung des Buches mit Lücke zum Nachbarbuch, das Wiederbedenken alter orientalischer Techniken der Schädlingsabwehr bei Papyri wie Bestreichen mit Citronell- oder Zedernöl, das Einziehen mechanischer Barrieren aus Glas oder Stanniol zwischen Buchdeckel und Vorsatz und das Ausnutzen natürlicher Gegengifte gegen die Verderber und Ver-

4 Georg Friedrich Wehrs: Vom Papier, den vor der Erfindung desselben üblich gewesenen Schreibmassen, und sonstigen Schreibmaterialien. Halle: Gebauer 1789, S. 693.

wüster, z.B. ein Einbandleder aus Rindergallenblasen und Papier aus Maiglöckchen. Die Praxis der Herrschenden, schöne Bücher lange aufgeschlagen zu präsentieren, wurde als riskant bewertet. Die Buchzerstörer beschäftigten auch die großen Systematiker und ihre aufgestellten Naturordnungen. Während Carl von Linné (1707–1778) behauptete, dass der »Zuckergast« (heute: Silberfischchen, *Lepisma saccharina* L.) Bücher »zerfresse«, hielt Étienne Geoffroy Saint-Hilaire (1772–1844) dagegen, dass er »den Büchern am geringsten schädlich sei«. Argumentiert wurde bei den im Buch gefundenen Lebewesen entlang der Schuldfrage: es gab schuldige und unschuldige. Letztere wohnten nur im Buch, verdarben es aber nicht.[5] Heute nennt man sie »domicole« Organismen. An die Welt des Buches schlossen sich weitere Ein- und Ausschlusskriterien der Zugehörigkeit an. Linné ordnete in seiner zoologischen Systematik das Silberfischchen bzw. den »Zuckerlecker« (Nr. 261) originär einer anderen und fremden Welt zu, der Neuen Welt: »Er frißt Zucker, Bücher, Kleider und dgl. und ist mit dem Zucker aus Amerika gekommen.«[6] Weitaus schlimmer bewertete er ein fremdländisches Insekt namens *Termes fatale*, den »Verwüster«, vermutlich die Termite. »Der Verwüster [...] ist das verderblichste unter allen Insecten«. Er mache durch seine Sekrete auch Eisen rosten und sei nur mit Löschkalk umzubringen.[7]

Wie der neuzeitlich, apparativ-mikroskopisch dimensionierte Mikroorganismus wird das Insekt seit alters her als ein kleines, sehr diverses Lebewesen behandelt, das in Massen auftritt und Plagen verursacht.[8] Der Fund eines einzelnen deutet konservatorisch auf größere Quantitäten hin und nährt die Furcht vor Zersetzung des Objekts. Maßnahmen der Reinigung, Abwehr und Bekämpfung sind angezeigt. Hingegen beklagt man außerhalb von Sammlungen gegenwärtig das durch Pestizide verursachte, massenhafte Insektensterben in der ›natürlichen‹ Umwelt. Diese wiederum zeigt sich als durchzogen von technischen Relationen der aggressiven Schädlingsbekämpfung, nicht mehr nur der defensiven Schädlingsabwehr. Unsere Landschaften sind zu aufgeräumt, die Äcker bestehen aus Monokulturen, die Forste zeigen jahrzehntelange Flurbereinigungen. Ordnungs- und Reinigungsmaßnahmen haben die Biodiversität quantitativ und qualitativ rapide dezimiert. Wie viele Mikrobenarten dabei ausgestorben sind, wird man nie wissen, weil man bislang erst einen kleinen Bruchteil von wahrscheinlich Milliarden Arten kennt. Auch viele der immerhin über eine Million

5 Wehrs: Vom Papier (wie Anm. 4), Kap. 15.

6 Carl von Linné: Lehr-Buch über das Natur-System so weit es das Thierreich angehet (Bd. 2). Nürnberg: Gabriel Nicolaus Raspe 1782, S. 371.

7 Linné: Lehr-Buch (wie Anm. 6), S. 374.

8 Hermann Levinson, Anna Levinson: Die Ungezieferplagen und Anfänge der Schädlingsbekämpfung im Alten Orient. In: Anzeiger für Schädlingskunde, Pflanzenschutz, Umweltschutz 63,5 (1990), S. 81–86.

Arten umfassenden Gruppe der Insekten sind noch unbekannt. Insektenkästen in Naturhistorischen Museen vermitteln einen Eindruck von der Größenordnung der Verluste. Sammeln, Einsammeln tut Not. Aus Sicht der bedrohten Spezies scheint es, als hätten sich viele aus der Natur bereits in die Welt der Kultur zurückgezogen, tot oder lebendig; in Zoologische Gärten, Museen oder Mikrobenbanken. Warum nicht auch in Bibliotheken und Bücher?

Der hygienische, bisweilen sogar militärische Hintergrund informiert den weltanschaulich geprägten Nexus von Buch, Mikrobe, Kontamination und Welt. Bei seiner Analyse ist auch zu verhandeln, wer sich wo aufhalten darf und ob »die Welt« und ihre »Umwelt« – siehe Mörikes *Waldplage* – als ein Aufenthaltsraum, ein Wohnraum oder auch gar nicht als Raum gedacht wird. Entsprechendes gilt für die Sammlung; insbesondere dann, wenn sie eine Welt repräsentieren soll, im Fall der Bibliothek die »Welt des Wissens«. Zu ihr wie zu den Wissenschaften überhaupt gehören Weltanschauungen als miteinander verbundene, sinnstiftende Ideen. Problematisch wird ihr Transfer in politische und religiöse Ideologien, die traditionell mit Reinigungsphantasien operieren. In der *Kritik der reinen Vernunft* (1781/1787) von Immanuel Kant (1724–1804), dem Reinheitstheoretiker der Philosophie, finden wir deshalb auch eine Kritik am polemischen »Vernünfteln«.[9]

Eben diesem wollen wir mit Blick auf kontaminierte Bücher, Körper und Welten im Fortgang frönen. Wir hinterfragen die verschiedenen Schemata der Urteilsbildung über Kontaminationen; wissend, dass so für die »reine Vernunft« keine Befriedigung erzielt werden kann. Aber beim Erschlagen einer störenden Mücke auch nicht, denn es gibt nie nur eine.

2. Relationen der Welterzeugung und ihrer Störfälle

Im Gedicht von Mörike wird das Buch zum Tötungsmittel, der Wald zum Tatort. Das erschlagene Insekt im Buch ist Indiz einer Tat. Es zeigt dem Leser an, dass es dort nicht hingehört; zudem, dass es nicht selbständig dorthin gelangte. Es gehört zu einer anderen Welt – der »Natur« –, aber damit nicht unbedingt in eine andere Welt, denn der Leser ist beides: Kultur- und Naturwesen. In der Welt des Buches gerät die fein säuberliche Ordnung der Schrift durch das Insekt in Unordnung. Das Insekt stört jetzt auf andere, viel spezifischere

9 Immanuel Kant: Kritik der reinen Vernunft [1781/1787], A 474 / B 502. Kant's gesammelte Schriften. Hg. von der königlich preussischen Akademie der Wissenschaften [=AA]. Berlin: Reimer 1904, Bd. 3, S. 328.

Weise das Lesen als beim vorherigen Umschwirren des Lesers. Der einst nur in seiner Aufmerksamkeit Gestörte muss nun damit leben, dass bei ungünstiger Platzierung des Kadavers die Texterkennung betroffen und damit ein Teil der Information auf der Seite nicht mehr buchstäblich lesbar ist. Selbst wenn das Insekt am Seitenrand verendete, verringert sich die Lesegeschwindigkeit. War das fliegende Insekt lediglich ein Plagegeist, so ist das tote Insekt im Buch ein Störfall beim Lesen. In der durch das Buch imaginierten Lesbarkeit der Welt fehlt nun ein Detail,[10] womöglich ein entscheidendes. Aber weil Lesen mehr ist als Informationsverarbeitung und die produktive Einbildungskraft – bis zum Interpretieren – einschließt, bleibt auch ein korrupter Text lesbar. Das gilt auch bei fragmentarischen Buchstaben. Auf nur einem einzelnen entsteht durch unzählige Mikroorganismen eine eigene Welt. Eine Lesbarkeit der Welt kann also auch bei Verschmutzung vorausgesetzt werden. Notwendig dafür sind Menschen, die lesen können.

Insekten im Buch greifen das Papier an. Dies trifft schon für seinen Rohstoff zu, die Ressource Holz, wie aus den Bemühungen von Förstern zur Bekämpfung des Borkenkäfers bekannt ist. Er steht symbolisch für Ertragsverluste. Das seit dem 18. Jahrhundert gemeinhin als Bücherlaus bezeichnete Tier war schon 1688 als »Papierlaus« bekannt, was zeigt, dass in der folgenden Betrachtung die Relation von Kontaminant und Objekt (Buch) ebenso relevant ist wie die Relation von Kontaminant und Material.[11] Entsprechend gibt es in der Sammlung nicht lediglich eine ›Sprache der Objekte‹, sondern auch eine der Materialien. Denn ein Schriftstück besteht nicht nur aus Papier oder Pergament, dem Trägermaterial von Schrift, sondern aus zahlreichen weiteren Stoffen wie Leim und Kleister zur Bindung sowie Wachs, Lack und Öl zur Oberflächenbehandlung und Imprägnierung, vom Einband ganz abgesehen.

Für heutige Bibliotheken und Archive sind Insekten generell Verschmutzer und Verweser, die es mit allen Mitteln zu vernichten gilt, bis hin zum Einsatz radioaktiver Strahlung.[12] Das in der Sammlung zu bewahrende Objekt spricht die konservatorische Sprache konstanter Bedrohung: nicht nur durch Insekten und Mikroben, sondern auch durch Nutzer, zuvorderst die Leser. Metaphorisch ›überleben‹ die Objekte der Totsammlung durch das Ideal der Reinigung vom

---

10 Blumenberg: Die Lesbarkeit der Welt (wie Anm. 3); weiterführend Alexander Waszynski: Lesbarkeit nach Hans Blumenberg. Berlin, Boston: de Gruyter 2021.

11 Heinrich Kemper: Die tierischen Schädlinge im Sprachgebrauch. Berlin: Duncker & Humblot 1959, S. 199.

12 Vgl. TRBA (Technische Regeln für Biologische Arbeitsstoffe) 240: »Schutzmaßnahmen bei Tätigkeiten im Umgang mit mikrobiell kontaminiertem Archivgut« (2010), Änderung vom 21. Juli 2015, Gemeinsames Ministerialblatt (GMBl) Nr. 29/2015.

Lebenden. Dies sei deshalb bemerkt, weil die Lebensmetaphorik in der Buchwissenschaft weit verbreitet ist, bis hin zum Konzept einer Buchbiographie.

So finden wir beim Erhalt von Kulturgut eine Spirale des Wettrüstens, in dem Konservator und Mikrobe diverse Vernichtungsmittel gegeneinander aufbieten. Denn für beide geht es um Bestandserhaltung. Paradoxerweise wird durch diesen sammlerisch gewollten Überlebenskampf zwischen Natur und Kultur und daran anschließende Reinigungsmaßnahmen das Kulturgut manchmal selbst vernichtet. Nur »im Walde deucht mir alles miteinander schön«, so Mörike.[13] Bewusst »deucht« es ihm nur, weiß der Poet sich doch in einer Zeit, in der der Wald bereits umfassend ökonomisiert und zum Produktionsstandort Forst geworden war.[14]

3. Lesen = infizieren, Erhalten = kontaminieren?

Im Rahmen des interdisziplinären Forschungsprojekts MIKROBIB (2018–2021) waren Fluginsekten für die Projektpartner der DSMZ-Deutsche Sammlung von Mikroorganismen und Zellkulturen GmbH, Braunschweig (Professor Dr. Jörg Overmann) auch mikrobiologisch von Interesse: Der Darm kann zum Nachweis von Mikroben dienen, die im Buch halb tot, halb lebend überdauert haben könnten. Ihre Spuren mischen sich mit den mikrobiellen Resten menschlicher Berührung und ergeben eine einzigartige Buchflora, die es noch zu entdecken und methodisch zu handhaben gilt. Es ist durchaus denkbar, dass mittelalterliche Bibeln Konservatorien alter Mikroben sind, insbesondere, wenn sie nicht oder, wie im Falle der beprobten Bibelhandschrift Ms 11/12 (frühes 14. Jahrhundert) aus dem Besitz der Universitätsbibliothek Leipzig, mutmaßlich lange nicht gelesen wurden.

Für die archäologische Mikrobiologie wäre ein um den Leser bereinigtes Buch der Idealfall. Denn ein Leser hinterlässt durch Berührung der Seiten, vielleicht sogar durch Speichel mikrobielle Lebensspuren. Nicht zuletzt haben die Milieus der Räume, durch die das Buch historisch gewandert ist, das Buch mikrobiell geprägt. Das Buch erscheint damit vor den semantischen Hintergründen einerseits der Kontamination, andererseits der Infektion. So wird zudem deutlich, dass die Sammlungsform der Bibliothek das Buch funktional in zwei Kategorien

13 Siehe Anm. 1.

14 Nicole C. Karafyllis: »Nur soviel Holz einschlagen, wie nachwächst« – Die Nachhaltigkeitsidee und das Gesicht des deutschen Waldes im Wechselspiel zwischen Forstwissenschaft und Nationalökonomie. In: Technikgeschichte 69,4 (2002), S. 247–273.

einteilt und grundverschiedenen Räumlichkeiten zuordnet: als ein Buch, das *gelesen* werden soll (Lesesaal, Ausleihe), und als ein Buch, das *erhalten* werden soll (Magazin, Sonderbestand, Restaurierungswerkstatt u.a.). Zwischen Lesen und materieller Bestandserhaltung bestehen bibliothekarische Spannungen, die sich auf die Formel bringen lassen: *Lesen bedeutet infizieren.*

Gilt aber auch die Formel: *Erhalten bedeutet kontaminieren*? Wir versuchen nun, das Buch selbst in den Blick zu nehmen, und verstehen es im Projektzusammenhang neu: als ein *Habitat* für Lebewesen. Dies meint wörtlich einen Wohnraum. Dabei bilden Insekten, Pilze und Bakterien Lebensgemeinschaften (Mikrobiome), die sich wie eine dritte Schicht über die Schrift und das Material legen und die im besten Falle Aufschluss über frühere Aufenthaltsorte und Nutzungen des Buches geben. Dabei zeigt sich im interdisziplinären Zugriff auf das Buch eine unterschiedliche Objektsemantik, die zu einem alternativen Erkenntnisobjekt führt: Lebt für Mikrobiologen im Buch die Mikrobe, so lebt für Bibliothekswissenschaftler das Buch selbst; es hat eine eigene Biographie. Deshalb arbeitet das bibliothekswissenschaftliche Teilprojekt von MIKROBIB (Prof. Dr. Ulrich Johannes Schneider, Universitätsbibliothek Leipzig) wissenstheoretisch nicht unter der Annahme eines infizierten, krank gewordenen Buches im Sinne einer Buchpathologie. Vielmehr geht es um *Buchforensik*. Heilung, Gesundheit und Beseitigung der mikrobiellen Spur sind hier gerade kein Anliegen, sondern es geht um buchbiographische Rückschlüsse anhand der Spur. Die gefundenen Lebewesen im Buch fungieren dabei wie der Fingerabdruck in der forensischen Daktyloskopie. Die möglichen Tathergänge versammeln Lesen, Schreiben, Binden, Transportieren, Lagern und andere. Denn alles, was einem Buch »angetan wird«, verändert »die Wertigkeit des Objekts.«[15]

Unser in der Philosophie angesiedeltes Teilprojekt (Technische Universität Braunschweig) fragt danach, welche Ordnungen und Lesbarkeiten von Welt damit verbunden sind. Dabei steht zum einen die Grenze zwischen der Welt der Kultur und der der Natur zur Debatte, zum anderen die zwischen Körper und Raum, Infektion und Kontamination. Auch Mörike, der einen Lesenden im Wald imaginiert, denkt heiter an den zukünftigen Leser, der Mücke und Schrift einmal in ihrer merkwürdigen Verbundenheit lesen wird. Mit Einsatz seiner Körperkraft hat er die Mücke auf die Buchseite gepresst, was in Naturalien-Sammlungen als Lebendabdruck gelten würde. Die Mücke wird, wenn auch nur zufällig, ähnlich bewahrt wie gepresste Pflanzen in Herbarienbüchern, die ihrerseits von mikrobieller Schädigung bedroht sind. Dies ist die naturhistorische Perspektive, die wir hier kulturalisieren und in die Zukunft wenden: Denn sitzt

15 Ulrich Johannes Schneider: Das Buch und sein Wurm. In: Ulrike Gleixner et al. (Hgg.): Biographien des Buches. Göttingen: Wallstein 2017, S. 277–290, hier S. 277.

jener zukünftige Leser Mörikes dann noch in einer Bibliothek oder im Wald, oder haben sich die Lesenden in eine neuere Welt des Sammelns und Ordnens umgesetzt und blicken aus einer anderen Perspektive auf die Bestände von Kultur und Natur? Könnte es neue Dimensionen eröffnen, aus Perspektive einer biotechnisch-experimentell geprägten Welt – einer Welt der Optimierung des Lebens – auf das Buch und seine »Feinde« zu blicken? Und wie kann man die Geschichte dieser Perspektivierung erzählen?

4. Naturkunden und die Metaphysik der Sammlung

Wir fangen mit den sichtbaren Plagegeistern, den Insekten, an und suchen nach begrifflichen Spuren, ob und wie ihnen das Buch als Wohnraum einst offen stand.[16] Darauf deuten spätestens im 18. Jahrhundert der »Bücherwurm«[17] und die »Bücherlaus« (*Liposcelis divinatorius*) hin, deren lateinischer Name einen »wahrsagenden Fettschenkler« meint. Obwohl als Ungeziefer gebrandmarkt, nahm man es als gegeben hin, sie in Büchern anzutreffen. Sie ist ein sog. Lästling, kein Schädling. Die Winzigkeit der Lebewesen markiert in Redensarten bis heute eine Belanglosigkeit, von der Laus, die über die Leber lief, bis zum Husten der Flöhe. Dies ändert sich mit dem Anspruch auf die Ewigkeit des jeweiligen Objekts, paradigmatisch im Fall heiliger Schriften. Vorschriften zur Imprägnierung von Papyri gegen Schädlingsbefall finden wir bereits im Kontext der frühjüdischen Apokalyptik im Buch *Die Himmelfahrt des Mose* (1,16–17). Dort überreicht Mose bei seiner Amtsübergabe an Josua die Schriftrollen der Tora mit dem Hinweis, sie zu »ordnen«, »mit Zedernöl« zu »salben« und in »irdenen Gefäßen« verborgen an dem Ort aufzubewahren, der am Anfang der Welterschaffung dafür vorgesehen war, mutmaßlich der Tempel in Jerusalem. Der allgemeine Auftrag heißt, »den Schutz der Bücher zu bedenken«.[18] Ordnen, Verbergen und Schutz vor Kontamination des göttlichen Weltwissens bilden hier einen notwendigen, immerfort zu bedenkenden Zusammenhang. Die Bücher sind als Besonderheit vom Gewohnten, gar dem Wohnraum, ausgeschlossen und damit auch vom gemeinen Leser. Zudem beförderte die seit dem 13.

16 Zum Spektrum der in Büchern vorkommenden Insektenarten und deren Nahrungspräferenzen vgl. Siegfried Cymorek: Schadinsekten in Büchern. In: Dag-Ernst Petersen (Hg.): Das alte Buch als Aufgabe für Naturwissenschaft und Forschung. Wolfenbüttel: Jacobi 1977, S. 33–60.

17 Schneider: Das Buch und sein Wurm (wie Anm. 15), S. 277–290.

18 Heinrich Hoffmann: Das Gesetz in der frühjüdischen Apokalyptik. Göttingen: Vandenhoeck & Ruprecht 1999, S. 213.

Jahrhundert v. Chr. in Palästina nachgewiesene Räucherzeremonie in Tempeln die Abwehr von Kontaminanten.

Aristoteles (384–322 v. Chr.) schreibt in seiner zoologischen *Naturkunde* über den Befall von Bücherrollen mit Lebewesen, die den »Maden in Gewändern« ähneln. Hier aber finden wir die Papyri in einer Ordnungsvorstellung situiert, die sich auf die humane Lebenswelt bezieht und naturwissenschaftliche Relationen zwischen befallenen Materialien und ihrer Trockenheit und Feuchte herstellt.[19] Die von gewissen Insekten bevorzugte Zellulose kann demnach sowohl in Form der Textilie wie auch des Papyrus auftreten. Welcher Art jene Maden oder Würmer waren, bleibt unklar; wahrscheinlich handelt es sich um die Larve des Brotkäfers, d.h. den sog. Bücherwurm. In Büchern, so der Grieche, finde man aber häufig ein weiteres Tier, den wenige Millimeter großen Bücherskorpion (*Chelifer cancroides*). Biologisch gehört er zu den Pseudoskorpionen. Aristoteles nutzt das Buch als beobachtbares Habitat für seine vergleichende Insektenanatomie.

> »Einige unter den Insekten haben auch Stacheln. Die einen haben die Stacheln in sich, wie die Bienen und die Wespen, andere außen, wie der Skorpion: Und einzig dieser unter den Insekten hat einen langen Stachel. Ferner hat dieser Scheren wie auch das in Büchern entstehende skorpiongestaltige (Tier) [τὸ ἐν τοῖς βιβλίοις γινόμενον σκορπιῶδες].« (Historia animalium IV 532a14-18, Übers. v. Alfred Dunshirn, Wien).

Da Aristoteles theoretisch von der Urzeugung aus dem Stoff und einer Zweckhaftigkeit der Natur ausgeht, macht es funktional Sinn, dass in einem Buch ein Wesen entsteht, das Scheren hat. Das Buch wird hier nicht als totes Objekt verstanden, sondern als Hort des wesenhaften Werdens. Ein papierschneidendes Lebewesen, aus dem Buch selbst gezeugt, spricht gemäß Aristoteles dafür, dass die Natur Zwecke verfolgt (Lehre der Entelechie). Da sich der Bücherskorpion von der Bücherlaus und der Hausstaubmilbe ernährt, können wir Aristoteles, auch wenn er dieses Räuber-Beute-Geschehen noch nicht beschreibt, als Vordenker eines Mikrobioms des Buches würdigen. Er geht davon aus, dass Kleinstlebewesen überall anzutreffen sind: »[...] generally speaking small creatures are found in almost anything, both in dry things which are turning moist and moist ones which are turning dry, anything which contains life.«[20] Das allerkleinste Geschöpf, das er *akari* (heute: Milbe) nennt, findet er bei der Vergärung der Milch im Rahmen der Frischkäseproduktion: ein mikrobieller Vorgang. Die Käsemilbe gibt noch heute z.B. der sächsisch-burgenländischen Delikatesse *Würch-*

19 Aristoteles: History of Animals (Historia animalium). Book V 32, 557b1-12. Übers. v. Arthur L. Peck. Cambridge, MA/London: Harvard University Press/Heinemann 1970.

20 Aristoteles: History of Animals (wie Anm. 19). Book V 32, 447b10-12.

witzer Milbenkäse den würzigen Geschmack. Der Käse ist in die kulinarische Sammlung bedrohter Lebensmittel aufgenommen worden, die »Arche des Geschmacks«. Zu viele heutige Menschen ekeln sich vor den lebenden Milben auf dem Käse, die man problemlos mitessen kann wie Schimmel auf Camembert.

Die Kerbtiere (lat. *insecta*) gehören zur großen Gruppe der niederen Tiere, die schon bei Aristoteles systematisch durch Mangelhaftigkeit geordnet wurden, die Kriterien sind »blutleer« und »wirbellos«.[21] Diese Naturordnung sagt aber noch nichts über die kulturelle Bedeutung der Untergeordneten aus. Die obigen Hinweise auf das Vorkommen in Brot, Gewändern und Büchern zeigen an, dass es hier um eine Welt des Gewohnten geht, die die Römer als *mundus* fassten. Es ist eine umfassende Welt der Lebensmittel, an der neben dem Menschen verschiedenste Lebewesen teilhaben, auch wenn diese stören. Sauberkeit und Gewohnheit gehören beide zur Wortbedeutung von *mundus* und haben eine Entsprechung im griechischen *kosmos*, adjektivisch *kosmios* (sauber). Von Krabbeln, Nagen, Umherschwirren und Verwesen umgeben zu sein, war normal.

Dass diese Normalität ein latentes Leiden mit sich brachte, wird in Ovids (43 v.–17 n. Chr.) Trauerbriefen *Epistulae ex Ponto* deutlich. Der exilierte Dichter, hadernd mit seinem Fehler, versammelt zur Beschreibung seines eigenen Aufgelöstseins die damals gewohnten Phänomene der Zersetzung: die der Schiffe durch den Schiffsbohrer (eine Molluske), die gelagerter Eisengegenstände durch das Rosten (ein mikrobieller Vorgang) und die des Buches. An diesem nagen die »Zähne des Wurmes«, wenn das Buch »beiseitegelegt« wird.[22] Mit Hinweis auf das Lagern und Beiseitelegen erhärtet sich unsere paradox wirkende Hypothese: Erhalten bedeutet Kontaminieren. Denn es ist das Buch, das nicht gelesen wird, die eiserne Waffe, die nicht im Einsatz ist, und das Schiff, das nicht in Fahrt ist, das von Zersetzern befallen wird. Auf das Herauslösen aus einem dynamischen Lebenszusammenhang deuten auch die Verben *setzen* (Zersetzung) und *halten* (Erhaltung) hin. Somit wird die Wertigkeit des Objekts nicht nur dadurch verändert, dass mit oder an ihm etwas »getan« wird,[23] sondern gerade dadurch, dass mit ihm *nichts* getan wird. *Das Nichtstun mit dem Objekt führt es seiner Vernichtung zu.*

Umgekehrt können Bücher, die kaum im Gebrauch sind, auch das Subjekt vernichten. Wohl einige Wissenschaftler sind in der Bibliothek durch herabfallende Folianten aus Bücherregalen erschlagen worden, so der Überlieferung

21 Zur aristotelischen Entomologie weiterführend: Wilhelm Capelle: Zur Entomologie des Aristoteles und Theophrast. In: Rheinisches Museum 105 (1962), S. 56–66.

22 Ovid: Tristia – Ex Ponto I, 1, 69-72. Übers. v. Arthur L. Wheeler. Cambridge, MA/London: Harvard University Press/Heinemann 1975, S. 269.

23 Schneider: Das Buch und sein Wurm (wie Anm. 15), S. 277–290.

nach der Tübinger Astronom Johannes Stöffler (1452–1531),[24] Lehrer von Melanchthon (1497–1560), und der in Paris forschende Hellenist Adamantios Korais (syn. Coray; 1748–1833). Er erfand die *Katharevousa*, die gereinigte griechische Volkssprache, die zur Staatsgründung um türkische Sprachelemente bereinigt wurde. Dass die Bibliothek mit ihrem verfügbaren Weltwissen ein gefährlicher Ort sein kann, wird im Gemälde von Carl Spitzweg (1808–1885) dargestellt (Anhang Abbildungen 1). Die Versionen betitelte er einmal mit »Der Bibliothekar«, ein anderes Mal mit »Der Bücherwurm«: Der Bibliothekar wird allegorisch zu seinem eigenen Schädling, der nicht nur mit Kurzsichtigkeit geschlagen ist, sondern auch fernab der wirklichen Welt des Lichts sein Dasein fristet. Die Bibliomanie und ihre zugehörige Ordnungsleistung von Welt werden hier mit der Maßlosigkeit des Lesens ins Bild gesetzt. Links unten steht ein Globus, der Bildvordergrund bleibt bewusst staubig und dunkel. Dass es schädlich sein kann, sich durch Bücher zu fressen und damit die Welt anzueignen, bezeugt auch die »Leseratte«. Der alte Mann steht übrigens vor dem Regal mit dem Ordnungstitel »Metaphysik«.

5. Das Mikroskop verändert das Gegebene

Mit dem Mikroskop ändert sich die Dimension des Sauberen, löst sich von der Gewohnheit und verschiebt sich hin zur Reinheit. Im Sinne der Wissenschaftsgeschichte scheint es Mikroben gar nicht gegeben zu haben, bevor es das Mikroskop gab. Apparative Sichtbarmachung und mikrobielle Existenz wären somit untrennbar verbunden. Für eine Kritik gilt es zunächst zu verstehen, dass das Mikroskop auch etwas mit unserer eigenen Existenz macht:

> »Eine der ungeheuerlichsten Grenzüberschreitungen, die zugleich ein sonst unerreichbares Wissen um unsere Begrenztheit bewirkt, liegt in der Erweiterung unserer Sinneswelt durch Fernrohr und Mikroskop.
>
> Zuvor hatte die Menschheit eine durch den natürlichen Sinnesgebrauch bestimmte und begrenzte Welt, die also zu ihrer ganzen Organisation harmonisch war.
>
> Seit wir uns aber Augen gebaut haben, die auf Milliarden von Kilometern hin das sehen, was wir natürlicherweise nur auf kürzeste Entfernungen hin wahrnehmen, und andere, die uns die feinsten Strukturen von Objekten in einer Ausbreitung auseinanderlegen, die in den Dimensionen

24 Carl Georg von Maassen: Der grundgescheute Antiquarius. Freuden und Leiden eines Büchersammlers. Frechen: Bartmann 1966, S. 95.

unserer natürlich-sinnlichen Raumanschauung gar keinen Platz hätte, ist diese Harmonie durchbrochen.«[25]

Das Mikroskop verändert unsere eigene Phänomenologie der Sinne, in der wir die Welt als eine wahrnehmen und uns zu ihr harmonisch in Bezug setzen. Das Verhältnis unserer Nähe und Distanz zur Welt und damit das sogenannte Gegebene wird unklar, während das Objekt klarer wird.

Der 1804 entstandene Kupferstich (Anhang Abbildungen 2) zeigt die beiden neuzeitlichen Instrumente Mikroskop und Fernrohr im privaten Gebrauch. Ihr Umgang scheint kinderleicht: Das Mädchen widmet sich der Erweiterung der Welt im Kleinen, dem Mikrokosmos, der Junge weiten Fernen. Aufbruchsstimmung und wissenschaftliche Neugier stehen thematisch im Vordergrund. Dabei bestimmt aber die Welt des Gegebenen, der Ordnung und der Sicherheit den Beobachterstandpunkt. Der behütende Vater sitzt vor einer Pergola, die die traditionelle, systematisch geordnete Welt der Pflanzen und rankend ihr ewiges Leben symbolisiert. Die zivilisierte Kulturlandschaft im Hintergrund und nicht zuletzt der Tisch, auf dem das Mikroskop platziert wird, bringen das Wohnen in die Anschauung. Das Gegebene und die instrumentelle Welterweiterung sind in ein Bild gesetzt. Bücher kommen als pädagogische Mittel der Welterschließung nicht mehr vor. Hier wird nicht gelesen, sondern gezeigt und demonstriert.

Anders noch auf der ein halbes Jahrhundert früher entstandenen Druckgrafik (Anhang Abbildungen 3), in der ein Mikroskop im Zentrum steht. Seine Vorläufer der Welterschließung sind an den linken Bildrand gerückt: Bücher und Vergrößerungsglas. Die damit einst studierten Falter sind nun frei und mit bloßem Auge gut erkennbar, werden aber als potenzielle Mikropräparate in Szene gesetzt. Wenn sie nicht schon tot sind, so doch wenigstens sediert, etwa durch Salmiakgeist. Das Augenscheinliche ist nur das Vordergründige, somit auch das Lesen im Buch. Denn mit dem Mikroskop geht es um eine neue Dimension der Kleinheit: die Sichtbarmachung des Unsichtbaren auf Basis optischer Gesetze und deren Umsetzung im Linsenbau. In der dargestellten Fortschrittsreihe der Mittel zur Welterschließung erscheinen die Bücher nur noch als Ablageort und Stütze. Wichtig ist die weiße Leinwand – eine *tabula rasa* –, auf der nichts geschrieben steht, sondern die naturwissenschaftlich-formalisierte Anschaulichkeit dasjenige ersetzt, was bislang als sinnliche Erfahrung die Wahrnehmung von Welt prägte. Hier wird bereits das vorhersehende – provisorische – Weltwissen betont, das später das wissenschaftliche Ideal der experimentellen Reproduzierbarkeit anleitet (s. Kap. 7).

25 Georg Simmel: Lebensanschauung. Vier metaphysische Kapitel (1918). In: Georg Simmel Gesamtausgabe XVI. Frankfurt a.M.: Suhrkamp 1999, S. 215.

Man mag dies zunächst wie ein bildliches Aufflackern einer möglichen Verdrängungsgeschichte des Buches durch technische Instrumente verstehen, als ein Einläuten des Zeitalters von Positivismus und moderner Technik. Messbarkeit und Skalierbarkeit von Objekten werden hier wichtiger als Text und Interpretation. Aber das Denken einer im Ganzen harmonischen Organisation, die für Mörike der Wald war, ist mit dem Mikroskop nur schwer möglich, weil es immer nur Ausschnitte mit Objekten zeigt. Entsprechend erscheint für die Imagination eines potenziell harmonischen Ganzen auf beiden Grafiken ein alles vermittelnder, offener Welthorizont, der die Neuordnung des Gegebenen erst *ermöglicht*. Der freie Himmel als unbegrenzter Möglichkeitsraum erscheint gegen die dargestellte Begrenztheit und Abseitigkeit des Buches umso mehr als Verheißung, wenn man an den angekündigten Racheplan Gottes im Buch Jesaja denkt. Dort heißt es: »der Himmel wird zusammengerollt werden wie eine Buchrolle«.[26]

Die Mikrobe in ihren Relationen zur Welt zu begreifen heißt, ihre Verbindung zu den lebensweltlichen Phänomenen wiederzuentdecken, in denen sie uns erscheint. Damit geht es um eine Lesbarkeit einer mikrobiellen Welt ohne das ›Ding‹ Mikrobe und um eine Zeit, bevor es sie als wissenschaftlich beschriebenes Kleinstlebewesen gab. Denn erst mit der biologischen Verdinglichung der Mikrobe bei ihrer gleichzeitig lebensweltlichen Unsichtbarkeit konnten zugehörige Horrorvorstellungen (Bioterror) erzeugt werden. Die poststrukturalistische Philosophie hat dafür den Ausdruck »Abjekt« geprägt, d.h. ein dem Objekt wie Subjekt Fremdes, das sich im Vorraum der symbolischen Ordnung aufhält und ständig zur Kontamination bereit zu stehen scheint.[27]

Alternativ interessieren hier die Relationen der Mikrobe zu den Dingen, *an* denen sich die Mikrobe prozesshaft zeigt. Sie macht sich lebendig sichtbar, fühlbar, riechbar. Hier kommen z.B. vergilbtes Papier, fleckiges Pergament und modriger Geruch in der Sammlung in Frage. An ihnen orientieren sich auch die Buchrestauratoren in einer Bibliothek. Denn es gilt bei großen Beständen Symptomatiken schnell einzuschätzen, um den Patient Buch rechtzeitig behandeln zu können. Für die Restauratorin und den Restaurator ist ein modrig riechendes Buch ein infizierter, schon leicht erkrankter Körper, der auf eine Isolierstation oder sogar auf den Operationstisch zu bringen ist.

---

26 Jes 34,4.

27 Julia Kristeva: Pouvoirs de l'horreur. Essai sur l'abjection. Paris: Seuil 1980.

6. *Kontamination: eine Begriffsklärung*

Wenn man das Wort Kontamination (lat. *contaminare* – verunreinigen) heute liest, denkt man intuitiv an den Reaktorunfall in Tschernobyl im Jahr 1986, und das heißt an radioaktive Strahlung und den Größten Anzunehmenden Unfall (GAU). Hier geht es um eine grenzüberschreitende, raumlose Belastung, die auch als radioaktive Verseuchung tituliert wird. Damit ist man im epidemiologischen Begriffsfeld, das zur Infektion zurückführt. Ähnliches gilt für die Kontamination gesellschaftlicher Diskurse, etwa durch die Sprache der Neuen Rechten. Im medizinischen Wörterbuch *Pschyrembel* wurden die genannten Wortbedeutungen aggregiert, bis hin zur Verbindung physischer und psychischer Krankheiten – die kontaminierte, neologistische Sprache der Schizophrenen.[28]

Auch die Linguistik kennt die Kontamination als Verunreinigung der Sprache, z.B. das Wörtchen »Jein«. Dies kann bis zur Korruption reichen, der Unverständlichkeit. Schon im lateinischen Ursprungskontext finden wir das Korrumpieren dem Kontaminieren häufig beigeordnet. Das Kontaminieren gab damals einen anthropologischen Hinweis auf die Hand, damit auch auf die Berührung, was im alten Namen für Mikrobe – dem Kontagium – aufscheint. Es ist die menschliche Hand, die etwas mit Fremdartigem in Berührung bringt, es besudelt, befleckt oder entweiht. Das Fremde ist gleichzeitig das Unreine. Dieser Konnex hat eine religiöse Dimension und zieht Fragen der Schuld und der Reinigung nach sich.[29] Die verbotene Handlung lässt Rückschlüsse auf die schlechte Gesinnung zu. Nach Augustinus (354–430) kann sogar das ganze Leben höchst schuldbefleckt sein: *vita contaminatissima*.[30] Aus heutiger, mikrobiologischer Sicht sind es aber gerade religiöse Zeremonien beim Empfang höherer Weihen, die das Buch kontaminieren. Geistliche, aber auch Politiker bei der Amtsvereidigung küssen das Buch der Bücher.

Eine Übereinstimmung von innerer Reinheit und der Reinheit des hergestellten Produkts finden wir noch in den Gebräuchen deutscher Papiermacher um 1750. Ein Lehrling, der Papierstampfer und -glätter werden wollte, durfte kein uneheliches Kind sein oder einen Vater bzw. Großvater haben, der z.B. Abdecker war. Bei Aufnahme in die Werkstatt gab es ein Aufnahmezeremoniell:

> »Dieses Ceremoniel besteht unter andern mit darin, daß die Gesellen vor dem Aufdingen die Werkstatt genau untersuchen, ob sie auch rein ist,

---

28 Pschyrembel. Klinisches Wörterbuch, 262. Aufl. bearb. v. d. Wörterbuch-Redaktion des Verlags. Berlin, New York: de Gruyter 2010, S. 262.

29 Mary Douglas: Purity and Danger: An Analysis of Concept of Pollution and Taboo. London: Routledge & P. Kegan 1966.

30 Aurelius Augustinus: Vom Gottesstaat. De civitate Dei I, 9. München: dtv 2007.

das heißt, ob kein Gescholtener oder Pfuscher darin ist, als welches dem Lehrling in der Folge an seinen Lehrjahren schaden würde.«[31]

Bei der Kontamination, anders als bei der Infektion, bilden das Wohnen, Werken und Essen den Bedeutungshintergrund. Generell besteht eine Verbindung zum Verderben von Lebensmitteln. So befällt der Lästling Bücherlaus auch gelagertes Getreide und wird in diesem Kontext zum Schädling. Das neuzeitliche Wort der Kontamination tritt häufig mit den Zuschreibungen der Vernichtung, Verwesung und Verwüstung auf. Etwas hat aufgehört zu sein, aber potenziell ein anderes hervorgebracht. Der Raum, ein Vorratsraum, ist leer und kahl geworden an Dingen, die man in ihm wertschätzte, er ist ein anderer geworden.

Philosophisch können wir den modernen Begriff der Kontamination wie folgt schärfen: (1) Bevor ein Gegenstand oder ein Raum kontaminiert werden kann, muss er konzeptuell sauber gewesen sein, in dem Sinne, dass eine Verunreinigung ihn nicht in seiner Funktion behinderte, z.B. Wohn- oder Arbeitsraum zu sein. Je nach Raumfunktion kann der Anspruch auf Sauberkeit und Ordnung gesteigert werden hin zu Reinheit, etwa in einem Reinraum im Labor oder in einem Operationssaal. Ohne das Ideal der Reinheit gibt es keine Kontamination. (2) Relevant ist zudem die angenommene Funktion des Kontaminanten. Er ist in jedem Fall ein kleiner, meist unsichtbarer (mitunter imaginativer) und partikulärer Stoff, der den Raum oder den Gegenstand verunreinigt. (3) Zum Dritten wird der Kontaminant quantifiziert, d.h. eine Dosis angegeben, der etwas ausgesetzt ist. Sie wird mit der Funktion verbunden als Dosis-Wirkungs-Beziehung, z.B. in den Alltagsausdrücken der Verstrahlung und Verpestung. (4) Die Dosis-Wirkungs-Beziehung wird in Relation zur Zeit gesetzt, wie im Begriff Halbwertszeit. Eine Dosis kann sich über die Zeit von selbst verringern oder dies durch Maßnahmen befördert werden (z.B. durch Belüften von Räumen), damit kann sich auch die Wirkung verflüchtigen. Will oder kann man nicht so lange warten, muss man den Raum oder das Objekt aktiv dekontaminieren. Streng genommen ist kein Gegenstand oder Raum ›rein‹; überall lauern potenzielle Kontaminanten. So gibt es auch natürliche, ›normale‹ radioaktive Strahlung und analog ›normale‹ Mikroben, etwa in der menschlichen Darmflora. Die Trennung von Raum und Körper und damit die von Kontamination und Infektion ist durch die Aufteilung von Welt und Umwelt – ein Begriff des frühen 20. Jahrhunderts – unscharf geworden. Parallel dazu schwindet auch die übergreifende Vorstellung von der Welt als Wohnraum und Zuhause,[32] bis hin

31 Johann Georg Krünitz: Eintrag »Papiermacherordnung«. In: Oekonomische Encyklopädie, oder allgemeines System der Staats- Stadt- Haus- und Landwirthschaft von J. G. Krünitz, Bd. 107 (1807), S. 1773ff. Digitalausgabe der Universität Trier unter http://www.kruenitz1.uni-trier.de/ [zuletzt: 25.06.2021].

32 Hannah Arendt: Vita activa oder Vom tätigen Leben. München: Piper 1960.

zur emotionalen Relation zum Artefakt: Das Haus ermöglicht das Gefühl des Nach-Hause-Kommens. Weitergeführt: *Sammlungen ermöglichen das Gefühl, sich zu sammeln.*

7. *Mikroben sammeln: rein kultivieren*

Um Bücher als Habitate für Mikroben zu untersuchen, muss man die mikrobiellen Arten und Gattungen bestimmen. Dafür benötigt man eine Referenzsammlung: die Mikrobenbank. Dort werden Mikrobenarten in Form von Reinkulturen gesammelt, die die Bank dann typenspezifisch als gefriergetrocknetes Granulat in Glasampullen bei niedrigen Temperaturen vorrätig hält. Das Isolieren und Kultivieren einer Mikrobenart, mehr noch ihre Bestandserhaltung in der Sammlung ist ein komplexer Vorgang, der die Mikrobiologie seit ihrem Beginn in Atem gehalten hat. Das Ideal der Reinheit des Objekts ist hier nicht die unterstellte Ausgangssituation im Sinne eines Originären, sondern das avisierte *Endprodukt* zahlreicher technischer Handlungen, angefangen von der Probenentnahme aus der natürlichen Umwelt oder vom Probanden, über das Aufreinigen und Isolieren bis hin zum Kultivieren und Lagern. Eine Mikrobe findet nur als Reinprodukt und eindeutig identifiziertes, taxonomisch bestimmtes Objekt wirklich Eingang in die Sammlungsordnung.

Dieser final erzeugten Eindeutigkeit der *Welt der Mikroben*,[33] die die Mikrobenbank repräsentiert, steht die ontologische Uneindeutigkeit gegenüber, was überhaupt als Mikrobe gelten kann und soll. Dabei erweist sich Kontamination als in hohem Maße relationales Konzept; womöglich sogar als unsinniges Konzept, wenn man bedenkt, dass heutige Mikrobiologen Mikroben als ›Kosmopoliten‹ fassen – d.h. als Weltbürger, denen die ganze Welt offen steht. Benötigt man in der Sammlung rein gehaltene Isolate, so denkt man die Mikrobe in ihrer Welt als Lebensgemeinschaft, womit sie auch Teil unserer Welt ist. Ein Blick in die Geschichte der Mikrobiologie zeigt, dass schon die Frage, was eine Mikrobe ist, ganz unterschiedlich beantwortet wurde: Sie kann Keim und Monade, Infusorium und Protist, Feind und Freund des Menschen sein. Die mit Augenmaß vorzunehmende Lebenderhaltung erlaubt andere Rückschlüsse auf ein mikrobielles ›Sein‹ als die unter dem Rasterelektronenmikroskop beobachtbare Zellstruktur. Mit dem ideengeschichtlichen Konzept der »Umbesetzung«, das der Philosoph Hans Blumenberg (1920–1996) eingeführt hat,[34] lassen sich Neumo-

---

33 Roger Y. Stanier: The Microbial World. Englewood Cliffs/NJ: Prentice Hall 1957.

34 Hans Blumenberg: Die Legitimität der Neuzeit. Frankfurt a.M.: Suhrkamp 1966.

dellierungen dieser Art weniger als Fortschrittsnarrativ denn als fortwährend zu leistende Arbeit an einer ontologischen Leerstelle verstehen.

In jüngerer Zeit ist die Mikrobe sogar ein sequenziertechnisch zu lesendes Quellendokument zur Geschichte der frühen Erde vor 3,5 Milliarden Jahren.[35] Auch dies ist eine maßgebliche »Umbesetzung«, denn die Platzierung der Mikrobe in eine Vorwelt meint eine unbewohnte Erde in geologischer ›Reinform‹, gekennzeichnet durch wenige elementare Kreisläufe zuvorderst von Schwefel, Wasserstoff und Eisen. Diese Erde war selbst für Pflanzen und Tiere noch unbewohnbar. Es war eine ungeordnete Welt, die nur der Mikrobe offen stand. Ihre diversen stoffwechselnden Fähigkeiten, die im anderen Kontext als Zersetzung negativ konnotiert werden, geraten in dieser an sich noch toten Welt zum Lebensvorteil. Weil in der Perspektive des Stoffwechsels nichts Bestand hat, haben darf, kann es auch keine Kontamination geben. Entsprechend zeigt sich in der mikrobiellen Genealogie des Lebens auch das Einwandern einer Mikrobe in eine andere nicht als Infektion, sondern als Assimilation und Symbiose (Endosymbiontenhypothese). Das Andere wird angeeignet, wenn es zum Überleben lohnt: So seien die Eukaryonten und damit auch wir entstanden. Wie die Mikrobe selbst geworden ist, d.h. den Status eines ersten Organismus bzw. Progenoten erlangte, verweist auf das schon bei Aristoteles zu findende Konzept der Urzeugung aus toter Materie (s.o.). Im Vergleich mit der Schöpfungsgeschichte aus dem Buch der Bücher gilt zwar auch unter dem geognostisch-ökologischen Paradigma, dass am Anfang Himmel und Erde war[36] und aus etwas Lehmartigem etwas geschöpft wurde, aber es fehlt die schöpfende Hand Gottes. Durch die Abwesenheit der Schöpferhand ist auch die Möglichkeit ausgeschlossen, dass Gott selbst die Erde und ihre Bewohner kontaminiert haben könnte.

Die Bioontologie der Mikrobe hängt von Technologien und Kultivierungstechniken ab, die in Relation zu größeren Erzählungen gesetzt werden, etwa zur Entstehungsgeschichte der Erde und ihrer für Mensch und Tier lebensfreundlichen Sauerstoffatmosphäre, zur Lebensmittelherstellung (Wein, Brot, Käse, Sauerkraut) oder zur Verursachung von Infektionskrankheiten wie Cholera, Tuberkulose (Robert Koch) und Tollwut (Louis Pasteur). Gerade mit Blick auf die Lebensmittelherstellung und Konservierung erweist sich, dass die entsprechenden Kulturtechniken auf Basis mikrobieller Phänomene schon jahr-

35 Alexander Waszynski, Nicole C. Karafyllis: Re-Collecting Microbes with Hans Blumenberg's Concept of Reoccupation (»Umbesetzung«): from Isolating/Cultivating towards Digitizing/Synthesizing. In: Zeitschrift für Medien- und Kulturforschung 11,1 (2020), S. 96–116.

36 Zum Singular vgl. Nicole C. Karafyllis: »So weit Himmel und Erde ist« (Ps. 148,13). Eine Anregung zur »Arbeit am Mythos« (Hans Blumenberg). In: Elisabeth Dieckmann, Verena Hammes, Jochen Wagner (Hgg.): Verantwortung für die Schöpfung. 10 Jahre Schöpfungstag. Freiburg: Herder 2020, S. 144–153.

tausendelang genutzt wurden, bevor man die Mikrobe als solche, d.h. isoliert und mikroskopiert, kannte. Dafür wurden Mischkulturen in der häuslichen Nachbarschaft weitergegeben, wie man sie heute noch von der Lebensgemeinschaft der Kefir-Kultur kennt. Bisweilen wird eine solche heute noch genutzt in privaten Haushalten sogar der Industrieländer, in denen das Fertigprodukt jederzeit angeboten wird. Die Mikrobe ist hier als phänomenaler Prozess relevant, nicht als apparativ zu vergrößerndes Ding.

In der modernen Mikrobiologie hängt das Ideal der Reinheit mit dem Paradigma der Infektion zusammen. Für den von Robert Koch (1843–1910) erbrachten Nachweis, dass Krankheiten wie Milzbrand oder Tuberkulose ursächlich auf ein bakterielles »Kontagium« zurückzuführen sind,[37] war die Entwicklung der Reinkulturtechnik entscheidend.[38] Koch schloss damit an die Forschungen von Jakob Henle (1840) an, der die Mikrobe einerseits als ein Berührend-Übertragendes (Kontagium), andererseits als ein Kontaminierendes fasste, das über das Milieu z.B. eingeatmet wird (Miasma) – eine Idee, die bis zu Hippokrates (ca. 460–370 v. Chr.) und damit weit vor die Zeit des Mikroskops zurückreicht. Bestimmtheit sollte nach Koch dadurch erlangt werden, dass die im Idealfall nur aus einer einzelnen Zelle oder Spore im sterilisierten Nährmedium gezogene Kultur die gleiche Krankheit in einem Tier erneut hervorrufen konnte. Reinheit war also Bedingung für experimentelle Reproduzierbarkeit, diese wiederum Bedingung zum Nachweis einer Kausalität. Die zufällige Verunreinigung, d.h. eine Kontamination der Kultur durch andere Bakterien oder Pilze (nach ihrer Entdeckung auch durch Viren) war daher strikt zu vermeiden. Koch selbst parallelisierte Reinkulturtechnik und Infektion: »Kurz, es ist fast der nämliche Vorgang wie bei Fortpflanzung einer Infektionskrankheit von einem Tiere auf ein anderes.«[39]

Unreinheit entsteht in diesem Modell dort, wo sich – wie allerorten in der Natur – mehr als eine Mikrobenart findet. Das potenziell den Tod bringende Leben muss zur Infektionsbekämpfung aus seinen Außenbezügen wie seiner Interaktion mit anderem Leben herausgelöst werden. Im Nährmedium kehrt die ehemals lebendige Außenwelt dann allerdings in konzentrierter Form wieder,

37 Robert Koch: Die Ätiologie der Milzbrand-Krankheit: begründet auf die Entwicklungsgeschichte des Bacillus Anthracis (1876). In: Ders.: Zentrale Texte, hg. v. Christoph Gradmann. Berlin, Heidelberg: Springer Spektrum 2018, S. 19–43.

38 Vgl. auch zu Vorläufern: K. Codell Carter: Koch's postulates in relation to the work of Jacob Henle and Edwin Klebs, in: Medical History 29,4 (1985), S. 353–374; Christoph Gradmann: Robert Koch – Bakteriologe, Hygieniker und Mediziner. In: Robert Koch, Zentrale Texte (wie Anm. 37), S. 1–16.

39 Robert Koch: Zur Untersuchung von pathogenen Organismen (1881). In: Ders.: Zentrale Texte (wie Anm. 37), S. 45–111, hier S. 65.

etwa als Fleischextrakt, der z.B. zur Kultivierung von *Staphylococcus aureus*, dem Verursacher von Eiter, dem Medium zugesetzt werden muss. (Bestimmte seiner Stämme sind gegenwärtig als Krankenhauskeime im Umlauf.) Das heißt: Um Infektion zu begegnen und die Vermehrung des »Kontagiums« einzudämmen, ist zunächst aktiv etwas für sein Wachstum zu tun; dies unter Ausschluss aller anderen Mikroben, mithin durch ihre Abtötung, wie beim Ausglühen der Impföse in der Bunsenbrennerflamme, bevor man einen Keim auf oder in ein Nährmedium überimpft. Die Laborantin hat sich vor Ansteckung durch Bakterien zu schützen (dafür existieren im Arbeitsschutz vier Risikostufen), während deren künstliches Habitat wiederum vor ihrer Mikroflora geschützt werden muss. Nicht nur ist der menschliche Körper potenziell Infizierter *und* Infizierender, sondern er wird im Laborkontext auch zum Störfaktor mikrobieller Reinheit: Der Mensch ist Kontaminant der Reinkultur. Mit dem Versuch, dem unkontrollierten Wachstum der vielen Mikroben(arten) entgegenzutreten – im Körper wie in der Petrischale –, erhält die Mikrobe einen neuen Eigenwert, der mit ihrer nun kontrollierten Vermehrung Identität herstellte und auf neue Weise ihre Sammlung erlaubte: lebend.[40]

Matthias Grote hat die Entwicklung von der Bakteriologie des 19. Jahrhunderts zur Mikrobiologie des 21. Jahrhunderts als Wechsel vom Paradigma der Reinheit zu dem der Diversität interpretiert.[41] Dies stützen auch Ergebnisse des MIKROBIB-Projekts.[42] In Konkurrenz zur medizinischen Bakteriologie hatte sich um 1950 eine vor allem aus den methodischen Prämissen der *Delfter Schule* gespeiste »general microbiology« entwickelt, die auf einer breiten Kenntnis von Kultivierungstechniken basierte und den Mikroben natürliche Lebensräume jenseits des menschlichen Körpers simulierte. In Deutschland war es u.a. der Göttinger Professor für Mikrobiologie Hans Günter Schlegel (1924–2013), der mit seinem Standardwerk *Allgemeine Mikrobiologie* (1969, zahlr. Aufl.) zum Aufbau des Faches maßgeblich beigetragen hat. Gemeinsam mit seinem prominenten Kollegen Norbert Pfennig (1925–2008) erforschte er mögliche Verbindungen zwischen biotechnologischen Großanwendungen und sammlerisch

40 Nicole C. Karafyllis, Alexander Waszynski: Das ganze Spektrum: Die Frühgeschichte der *Deutschen Sammlung von Mikroorganismen* DSM [eingereicht bei Acta Historica Leopoldina, in Begutachtung].

41 Matthias Grote: Petri dish versus Winogradsky column: a longue durée perspective on purity and diversity in microbiology, 1880s–1980s. In: History and Philosophy of the Life Sciences 40 (2018). Article no. 11, DOI: 10.1007/s40656-017-0175-9 [zuletzt: 14.01.2021].

42 Vgl. Nicole C. Karafyllis: Kontamination und Lesbarkeit der Welt. Die frühe Geschichte der »Deutschen Sammlung von Mikroorganismen« in Göttingen und Grundlegendes zur Sammlungsforschung. In: Jahrbuch der Braunschweigischen Wissenschaftlichen Gesellschaft 2019 (2020), S. 126–149, und Karafyllis, Waszynski: Das ganze Spektrum (wie Anm. 40).

relevanten Kultivierungstechniken, insbesondere für Mikroben, die sich – wie einige Schwefelpurpurbakterien – schwer oder gar nicht in Reinkultur bringen ließen. Pfennigs Ansatz bezog sich nicht auf die einzelne Zelle, sondern auf einen ökologischen Verbund: auf Stoffwechselwege, Lichtveränderungen, Bewegungsverläufe, Interaktionen mit dem Milieu und den Stoffwechselpartnern (Wohnen und Essen ...). Mikroben waren ihm »Prozesskeime«.[43] Er ließ sie in einer hohen, mit Wasser befüllten Glassäule (Winogradsky-Säule) als Anreicherungskultur wachsen, vermengt mit Brackwasser und Matsch, in dem zahlreiche weitere Mikroorganismen lebten. Dies simulierte ihr natürliches Habitat. Die zur Isolierung gewünschte Gattung reicherte sich dann auf einer bestimmten Höhe der Säule an, wo sie sich im spezifischen Zusammenspiel von Licht, Temperatur und Nährstoffen besonders wohl fühlte. Von dort überführte Pfennig eine Vorkultur in Reagenzgläser, aus denen er mithilfe von Verdünnungsserien die Konzentration immer weiter erniedrigte (eine Entsprechung zum Konzept der Dosis, s.o.). Weiter ging es mit der Überführung in luftdichte, geschüttelte Glasfläschchen mit speziellem Flüssigmedium, bis zum Erreichen der Reinkultur.[44] Da den isolierten Schwefelpurpurbakterien nun der Stoffwechselpartner aus dem natürlichen Schwefelkreislauf fehlte, der normalerweise Schwefelwasserstoff bereit stellte, musste Pfennig seine Lebendkulturen händisch per Pipette mit schwefelhaltiger Lösung füttern. Dadurch stieg wiederum das Risiko, die Reinkulturen zu kontaminieren. Deshalb tarierte Pfennig genau die Größe der Flaschenöffnung aus: Sie musste so klein sein, dass möglichst wenig Luft eintreten konnte, aber so groß, dass das Hantieren mit der zutropfenden Pipette noch berührungsfrei möglich war. Auch hier erweist sich unser obiger Satz als richtig: *Erhalten bedeutet Kontaminieren.*

Mit Blick auf die Anreicherungskultur ist Diversität nicht das Andere der Reinheit, sondern deren Möglichkeitsbedingung. Im Zeitalter des Mikrobiom-Transfers mit Umsiedelung der Darmflora von einem Mensch zum anderen erhält Biodiversität nicht nur einen ökonomischen Wert,[45] sondern auch eine neue Konnotation vom ›reinen Menschen‹: Es ist der indigene, ursprünglich lebende Mensch, der seinen Darm noch nicht mit falschen Essgewohnheiten und Einsatz von Antibiotika kontaminiert hat.[46] Hier finden wir die oben gezeigte Verbindung von Schuld und Lebensführung, die im Wortgebrauch von *contaminatio*

43 Norbert Pfennig: Die Welt des Wassers. In: Das Goetheanum 42 (2011), S. 10–11.

44 Norbert Pfennig: Eine vollsynthetische Nährlösung zur selektiven Anreicherung einiger Schwefelpurpurbakterien. In: Die Naturwissenschaften 48 (1961), S. 136.

45 Rebeca Cruz Aguilar, Anastasia Tsakmaklis, Maria J. G. T. Vehreschild: Fäkaler Mikrobiota-Transfer bei Clostridium-difficile-Infektionen. In: Pharmakon 5/6 (2017), S. 451–455.

46 Jose C. Clemente et al.: The microbiome of uncontacted Amerindians. In: ScienceAdvances 1,3 (2015), DOI: 10.1126/sciadv.1500183 [zuletzt: 14.01.2021].

beim Kirchenvater Augustinus aufschien. Unter biomedizinischen Vorzeichen kann die Schuld nun mit dem Transfer einer harmonischen Lebensgemeinschaft, dem Mikrobiom eines gesunden Darmes, bereinigt werden. Das scheinbar Wilde, Ungeordnete, zivilisatorisch Auszuschließende sorgt nun für Ordnung in einer Zivilisation, die sich gerade durch ihre Fortschritte in Technik und Hygiene selbst als krank empfindet. Das Innere der Kontamination wird zum Äußeren. Es wird mit Geld und Gerät veräußerlicht und im Anschluss nicht etwa mental verinnerlicht, sondern in ein Körperinneres transportiert: in den Darm als ein Organ, das wie kein anderes mit dem der Verschmutzung und Ausscheidung besetzt ist. Dort soll das Fremde zum Eigenen werden. Da das Mikrobiom des Darmes angeblich auch mit dem Gehirn interagiert, ist eine seelische Gesundung vom falschen Lebensstil zumindest nicht ausgeschlossen. Die Mikrobe ist also in der Lage, kulturelle Anatomien zu ändern und die menschliche Körperwelt neu lesbar zu machen.

8. Dekontaminations-Phantasien: Von Digitalisierung der Schrift und biologischer Schädlingsbekämpfung

Während die Kultivierung im menschlichen Körper als »Flora« neue Höhen der Aufmerksamkeit erreicht, steht die zeit- und kostenaufwändige Kultivierung der vielen einzelnen Mikrobenarten auf dem Prüfstand und damit auch die Institution der Mikrobensammlung. Maßgeblichen Anteil daran haben, vorbereitet durch die noch weitgehend analoge Molekularsequenzierung von DNA und RNA der 1970er Jahre, neue bioinformatisch gestützte Sequenzierverfahren.[47] Hier wird die Mikrobe über ihr Erbgut, dieses als codierter Text gefasst (genetischer Code). »Lesen« meint dann eine Operation des Entschlüsselns und Dechiffrierens. Mit entsprechender Rechenleistung ist es möglich, aus einer beliebigen Wasserprobe die DNA-Sequenzen aller darin vorkommenden Mikroben zu bestimmen – Diversität in virtueller Reinform?

Vielleicht nur bedingt, denn das Verfahren folgt seinerseits einem neuen Reinheitsideal: dem der Daten, die frei zu sein scheinen von Vermischungen und Unwägbarkeiten. Dass dem nicht so ist, zeigt der 2013 durch den damaligen Informatikstudenten David Kriesel (geb. 1984) entdeckte und bis heute Furore ma-

47 Insbesondere auf Basis der 16S rRNA, vgl. Waszynski, Karafyllis: Re-Collecting Microbes (wie Anm. 35).

chende Software-Fehler bei XEROX-Scankopierern.[48] Die Software vertauschte beim Scanvorgang ›eigenmächtig‹ und jahrelang unentdeckt bestimmte Zahlen und Buchstaben. Millionen damit gescannter Dokumente zwischen 2005 und 2013 erwiesen sich als wertlos, was in hohem Maße vor allem US-amerikanische Archive betrifft, die ihre papiernen Dokumente mit dieser Software in Digitalisate überführten. Ob Mikrobe oder papiernes Buch: am Materialisat führt bislang kein Weg vorbei, wenn man mit Texten wahrhaftig umgehen will.

Doch das Material ist immer auch die Instanz der Gefahr: In ihm kann sich etwas festsetzen und verborgen leben. Frühe Untersuchungen der auf Büchern vorkommenden Mikroorganismen standen unter dem Paradigma der Ansteckung, etwa bei der Untersuchung von Krankenhausbibliotheken auf Übertragungswege von Tuberkulose.[49] Da Leser vor dem Umblättern von Seiten oft ihren Zeigefinger bespeicheln, wurde das Buch zum potenziellen Tötungsmittel. Wie ein infizierter Körper geriet es unter Verdacht, Überträger zu sein und eine Inkubationszeit zu haben. Entsprechend wurden Ausleihfristen angepasst: Ein um 1920 aus einer Krankenhausbibliothek entliehenes Buch durfte nach Rückgabe etwa drei Tage nicht weiter verliehen werden, sondern musste im Regal bleiben. Danach galt es als nicht mehr infektiös. Das Tuberkulosebakterium kann mit Papier und Leim nichts anfangen. Und von den anderen Mikroorganismen im Buch wird es bestenfalls links liegen gelassen, ansonsten vertilgt.

Dass der Infektionsforscher Robert Koch sich mit den Umweltmedien Boden, Wasser und Luft auseinandersetzte, ist bekannt. Allerdings interessierte ihn auch, wie sich Insekten in Agrarökosystemen gegenseitig in Schach halten. Dies erfuhr er bei seiner Reise auf die hawaiischen Inseln von dem britischen Entomologen Robert C. L. Perkins (1866–1955), der dort die Schädlinge auf Zuckerrohrplantagen untersuchte und Koch

> »sehr interessante Mittheilungen darüber machte, wie man schädliche Insekten durch ihre natürlichen Feinde bekämpfen kann. Da sich die Erfahrungen […] möglicherweise auch für unsere Colonien verwerten und vielleicht sogar, wenigstens im Princip, auf menschliche und tierische Infektionskr. anwenden lassen, so habe ich Prof. Perkins um eine kleine Sammlung solcher Insekten und ihrer Feinde gebeten. Daraufhin hat er mir eine solche Sammlung zusammengestellt und derselben eine andere von den sehr eigentümlichen Insekten der Hawaiinseln beigefügt. Ich habe diese hoch interessanten Sammlungen direkt nach Berlin schicken

48 Devin Coldewey: Copier conundrum: Xerox machines swap numbers during scans. In: NBC News, 7. August 2013, online unter https://www.cnbc.com/id/100945451 [zuletzt: 10.12.2020].

49 Henry Kenwood, Emily L. Dove: The risks from tuberculous infection retained in books. In: The Lancet, July 10th (1915), S. 66–68.

lassen […]. Literatur und schriftliche Notizen, welche zur Erklärung der Insekten dienen, bringe ich mit.«[50]

Koch denkt hier bereits die biologische Schädlingsbekämpfung voraus, d.h. dass das Insekt – wie auch die Mikrobe – als Mittel gegen sich selbst genutzt werden kann. Dafür ist eine Kenntnis der Artenvielfalt notwendig und dafür wiederum die Sammlung. Die Differenz von Schädling und Nützling ist damit keine biologische mehr, sondern eine der kulturellen Anforderungen. So sind Insekt und Mikrobe auch nicht mehr nur das Fremde im Eigenen, sondern Teil des Eigenen. Das wirklich Fremde verbirgt sich im obigen Zitat hinter dem kulturellen Setting: den Kolonien. Die Zuschreibung der Fremdheit entsteht hier dadurch, dass nur die erzeugten Produkte interessieren (Zucker), nicht aber die Menschen, die dessen Rohstoff produzieren und die man in der Fremde aufgehoben weiß und wissen will. Die Welt als globaler Produktionsstandort und die Welt des Wissens aggregieren sich in Sammlungen, ihren Ordnungen und Objektsprachen.

Die Art und Weise, wie Mikroben sich in diesem Setting auf Bücher spezialisiert haben, könnte biotechnologisch relevant sein. Wie gezeigt, geht es hier nicht nur um den Abbau der dominanten chemischen Stoffe wie Zellulose oder die Textur, sondern um die spezifische Mixtur in einem Buch, die der Leser durch sein Lesen bereitet hat und immer weiter anreichert. Denn nur wenn das Buch verstanden wird wie Kochs Reinkultur, sind der Leser oder die Mikrobe Kontaminant; im Sinne der Anreicherungskultur kontaminieren beide nicht, sondern sie *diversifizieren*.

Ob die gewonnenen Erkenntnisse und Verfahren dann zum Schutz der Bücher beitragen, wird sich zeigen. Sie könnten aber die Ressourcen-Perspektive dahin weiten, dass die Bibliothek als Produktions- und Innovationsstandort durch ganz andere Schädigungen bedroht ist als die durch Leser und Mikroben verursachten. Sie verbergen sich hinter ökonomischen Begriffen wie Kundenprofil und Nachfrageverhalten, die zum Aussondern von Büchern führen, in der Sammlungssprache: Deakzessionieren. Bücher haben also ein ökonomisches Mindesthaltbarkeitsdatum, das durch ihre Nachfrage determiniert wird und nicht durch ihre physische Unversehrtheit, Beständigkeit oder Bekömmlichkeit wie bei Lebensmitteln.

Literatur- und Ideengeschichte hingegen kennen mit dem Topos des Bücherverschlingens den exzessiven Konsum von zu Lebensmitteln metaphorisierten

50 Brief Robert Koch, Absendeort Kamakura/Japan, an Geheimrat Wilhelm Dönitz vom 18. Juli 1908 (Transkription: Heide Tröllmich). In: Nachlass Robert Koch. Sign. as/b2/150. Digital unter *Historische Schriften aus dem Robert Koch-Institut/Briefe Robert Kochs*, DOI: 10.17886/RKI-History-0905 [zuletzt: 19.01.2021].

Büchern,[51] sogar den ›buchstäblichen‹ Verzehr von Papier. Damit ist ein letzter Berührungspunkt von Mensch und Mikrobe gefunden: Die Einverleibung von Schriftträger und Schriftzeichen schließt auch jene ›dritte Schicht‹ (s. Abschn. 3) mikrobieller Lebensgemeinschaften ein. Wenn Schriftträger gegessen werden, geht es meist ums Ganze: um das Ende der Zeiten (Offb 10, 9-10) oder vorenthaltene Prophezeiungen (Kleist: *Michael Kohlhaas*), um mittelalterliche Bibel-Lektüre,[52] besonders gründliches Verstehen oder die Füllhöhe des Verstands: »he hath never fed of the dainties that are bred in a book. / He hath not eat paper, as it were; he hath not drunk ink. His intellect is not replenished.«[53] Und wenn es ums Ganze geht, kommt die Welt ins Spiel. Alberto Manguel hat in seiner großen *Geschichte des Lesens* einen enigmatischen, bis an die Grenze lesender Selbstverzehrung heranreichenden Vorschlag unterbreitet, das Bücherverschlingen als eine Art Generalmetapher des Lesens zu fassen und sie mit der Metaphorik der Lesbarkeit der Welt zu verschmelzen: »Wie auch immer ein Leser sich ein Buch aneignet, es endet damit, daß Leser und Buch eins werden. Die Welt als Buch wird verschlungen vom Leser, der ein Buchstabe im Text der Welt ist.«[54]

9. *Lesen braucht keinen Ausnahmezustand*

Zusammenfassend erweisen sich Sammlungen keineswegs als Unorte, an denen man sich zwar aufhalten, aber nicht wohnen und wirklich *sein* kann, was Michel Foucault (1926–1984) mit »Heterotopien« bezeichnete und die Ausnahmeorte Kino, Garten und Bordell anführte.[55] *Vielmehr sind Sammlungen Orte von Heterotrophien*, Orte des gemeinsamen ›Essens‹. In der Bibliothek sind Leserin und Bibliothekarin mit der Mikrobe gemeinsam in der »Welt des Wissens« zuhause und laben sich aneinander. Man frisst sich gemeinsam durch Bücher, wenn auch auf sehr diverse Weise. Dies meint ein sinnliches Weltverstehen, das sich vom

51 Mona Körte: Essbare Lettern, brennendes Buch. Schriftvernichtung in der Literatur der Neuzeit. München, Paderborn: Fink 2012.

52 Ivan Illich: Im Weinberg des Textes: als das Schriftbild der Moderne entstand. Ein Kommentar zu Hugos Didascalion. München: C.H. Beck 2010, S. 58.

53 William Shakespeare: Love's Labours Lost. Edited with an Introduction and a Commentary by John Kerrigan. London: Penguin 2005, IV, 2, 23 ff., hier S. 45.

54 Alberto Manguel: Eine Geschichte des Lesens. Übers. v. Chris Hirte. Berlin: Volk & Welt 1998, S. 204.

55 Michel Foucault: Die Heterotopien. In: Ders.: Die Heterotopien. Der utopische Körper. Zwei Radiovorträge. Übers. v. Michael Bischoff. Berlin: Suhrkamp 2013, S. 7–22.

apparativen Welterschließen als Weltvergrößern (per Mikroskop und Teleskop) fundamental unterscheidet. Natur und Kultur sind hier nicht Antipoden, die sich gegenseitig kontaminieren und als Ideen Vernichtungsstrategien anleiten, sondern Pole einer Relation, in der Wissen erst Sinn macht.

In Blumenbergs *Die Lesbarkeit der Welt* sind das Sinnliche und der Sinn bereits aufeinander bezogen. Der Wunsch, die Welt möge sich als lesbar erweisen und einen zugänglichen Sinn bereithalten, lasse sich »nur dem einen Wunsch nach unmittelbarer Intimität vergleichen, der Gott selbst möge sich als eßbar erweisen, so daß zugleich von ihm nichts bliebe und er doch ganz einverleibt würde: die Inkarnation als Ritual«.[56] Vielleicht könnte man von den so lange im Buch überdauernden, so langsam mit dem Zahn der Zeit nagenden Mikroben neu lesen lernen: lesen anhand der Prozesse der Zersetzung und Verstoffwechslung anstatt entlang der konfliktträchtigen Alternative von Zeichen und Repräsentanz. Denn niemandem gehört das Buch ganz, ganz für sich alleine. Und vielleicht sollten wir wieder eine Lesbarkeit der Welt voraussetzen, die nicht immer schon in den Ausnahmezustand versetzt worden ist, bevor wir mit dem Lesen anfangen zu können glauben.

56 Blumenberg: Die Lesbarkeit der Welt (wie Anm. 3), S. 10.

CECILIA G. FLOCCO

Bücher lesen mit der biomolekularen Brille

Über die lebendige Welt jenseits von Texten und Bedeutungen

1. Einleitung

Das Buch als Kulturgut ist das Herzstück des interdisziplinären Verbundforschungsprojekts MIKROBIB. Im Projekt kommt ein Team von Forschenden aus Kulturgutgeschichte, Philosophie und Mikrobiologie zusammen, um fachspezifisches Wissen und Methoden auszutauschen und das Buch auf neuartige Weise zu lesen und zu befragen.

Die jüngsten technologischen Fortschritte in den Bereichen Mikrobiologie, Archäologie und biomolekulare Forschung ermöglichen es, klassische buchbiografische Studien zu ergänzen und bisher ungelöste Fragen zu Materialität, Provenienz und Geschichte der schriftlichen Kulturgüter zu beantworten. Durch die experimentelle Auswertung mit mikrobiologischen und biomolekularen Methoden wird das Buch als Lebensraum wahrgenommen und die Sammlung von Mikroben, die es beherbergt - zusammenfassend Mikrobiom genannt, - als biografisches Element erkennbar: Mikroben sind biologische Sonden, die von vergangenen Ereignissen und Bedingungen berichten. Buchbiografische und kulturhistorische Studien wiederum geben den Bezugspunkt für die Untersuchung des Buch-Mikrobioms. Diese wechselseitige und interdisziplinäre Art der Bezugnahme wird durch philosophische Methoden untermauert.[1] Das interdisziplinäre Forschungsnetzwerk fordert das traditionelle Paradigma der Erhaltung von Kulturerbe heraus, das die Mikroben als Feind der Sammlungen darstellt, indem es den biografischen Wert des Mikrobioms hervorhebt und vorschlägt, es als ›Teil‹ des schriftlichen Kulturguterbes zu betrachten.

Der folgende Text sammelt Erfahrungen und Reflexionen aus der Perspektive einer Umweltmikrobiologin, die mit der faszinierenden Welt mittelalterlicher Bücher, Kodikologie und buchbiografischen Studien in Berührung kommt. Eine einzigartige Gelegenheit, die Biowissenschaften mit der Erforschung von Geschichte, Kunst und kulturellem Erbe zu kombinieren.

1 Vgl. den Beitrag von Karafyllis/Waszynski in diesem Band.

2. Offenbarungen in der Bibliothek des Mittelalters: Das Leben eines Buches

Traditionell ist die Wertschätzung eines Buches als Kulturobjekt an immaterielle Aspekte wie Wert und Wirkung seines Inhalts, Einzigartigkeit und historischer Kontext sowie Materialität und greifbare hand- und kunstwerkliche Merkmale gebunden. Unter beiden Gesichtspunkten wird das Buch in erster Linie als inertes Objekt und die Bibliotheken als stille Tempel oder Heiligtümer wahrgenommen, die solche unbelebten oder toten Sammlungen beherbergen.

Wenn Lesende die Seiten eines alten Kodex durchgehen, wird ihre Aufmerksamkeit wahrscheinlich dem Gelesenen gelten, werden ihre Finger über eine spezielle Passage gleiten und ihre Augen sich - im Falle von luxuriös ausgestatteten Bänden - von besonders schön illuminierten Initialen und Bildern anziehen lassen. Wenn die Handschrift aus Pergament besteht, würde der Akt des Umblätterns, wahrscheinlich unbeabsichtigt, dem Durchstöbern einer Sammlung von Tieren (Kalb, Ziege, Schaf) entsprechen, die den Grundstoff für die Erstellung des Buches liefern: ihre Haut, die verarbeitet und in beschreibbares, haltbares Material umgewandelt wird. Obwohl auch andere biologische Materialien wie Holz und Fasern für die Herstellung von Büchern Verwendung finden, bewirkt die Vorstellung mittelalterlicher Handschriften als eine Sammlung von Tierhäuten sofort die Assoziation an ein lebendiges Objekt. Von Tieren, die auf dem Feld grasen, über die Hände des Schreibenden bis hin zu denen der Lesenden - über Jahrhunderte hindurch und bis heute. Die Häute der Tiere, die sonst entsorgt oder anders verwendet worden wären, entgehen diesem Schicksal, indem sie als Seiten eines Buches verewigt werden und damit zugleich die schriftlich fixierte Botschaft bewahren und dauerhaft erhalten. Durch diese Erkenntnis entsteht plötzlich der Bezug zum Leben, ausgehend von diesen leblosen Seiten. Vorstellungen und Diskurse rund um die Natur des Buches werden durch sensorische Signale wie den Geruch von Tierhaut, der in einigen Fällen noch wahrgenommen werden kann, oder sichtbare Spuren der Bearbeitung mit Messern oder Hautfollikel, die dem Glättungsprozess entgangen sind, verstärkt. Wie in einer Bibliotheksmetapher der Alchemie verschwimmt der Text des Buches und seine Bedeutung und verschwindet hinter mehreren Schichten neu erschlossener biologischer Informationen. Das Buch kann nicht mehr als inertes Objekt angesprochen werden: Es wandelt sich zu einem lebendigen, einem biotischen Objekt.

Die allermeisten mittelalterlichen Bücher in Europa wurden bis zum 14. Jahrhundert aus Pergament hergestellt. Ihr Durchblättern impliziert Hautkontakt, im engeren Sinn und auf wechselseitige Art und Weise. Die Finger von Schreibenden und Lesenden berühren die glatte Hautoberfläche der Buchseiten. Passagen heiliger Texte könnten sogar Küsse von Lesenden erhalten haben, die so dem Geschriebenen huldigen. Forschende der Geisteswissenschaften handhaben das Buch mit bloßen Händen, um einfühlsamer damit umzugehen, als es der Gebrauch von Handschuhen zulässt. Sie versuchen, keine Spuren zu hinterlassen, die das Buch modifizieren oder beschädigen könnten. Dieser sorgsame, respektvolle Umgang wird auch von den Mikrobiologen gepflegt und bei der Entwicklung von Labormethoden für die biomolekulare Probenentnahme an solch empfindlichen Objekten berücksichtigt. Man muss abwägen, wie man eine repräsentative Probe nehmen kann, ohne die Pergamentblätter zu beschädigen, Textzeilen oder feine Illustrationen zu verwischen - wie man also das berührt, was als so gut wie unantastbar gilt. Je nach Art der durchzuführenden Analysen können verschiedene Ansätze gewählt werden, um einen Codex oder ein Manuskript zu beproben. Dabei sind Tupfer eine der bevorzugten Methoden zur minimalinvasiven Erfassung von Proben für mikrobiologische Analysen (Anhang Abbildungen 4).

In diesem Sinne erinnert die Probenentnahme bei einer alten Pergamenthandschrift daran, wie man im humanmedizinischen Kontext Proben bei Menschen entnimmt. Da solche wertvollen Bücher nicht aus der Bibliothek entfernt werden können, muss die mikrobiologische Forschung in die Bibliothek kommen, um das Buch zu analysieren, und dazu alle notwendigen Instrumente und Labormaterialien mitbringen. Der erste Teil des Besuchs erinnert an die medizinische Anamnese: Forschende sprechen mit den Bestandsverantwortlichen, Handschriftenkundigen und dem konservatorischen Personal über die Geschichte des Buches, seine Reisen und schmerzvolle Erfahrungen. Sie zeichnen alle Informationen auf, die helfen, vergangene Ereignisse zu rekonstruieren und Puzzleteile zusammenzufügen. Nach der Erhebung dieser Informationen werden die Buchseiten sorgfältig inspiziert und nach Signalen und Symptomen auf der Haut abgesucht: Flecken, Wunden, Narben, Stiche, Verfärbungen, Anzeichen von Infektionen und möglichen Krankheiten (Anhang Abbildungen 5).

Handhabung und Herangehensweise bei der Probenentnahme aus dem Buch sind minimalinvasiv, vorsichtig, geduldig, absichtlich ohne Hektik. Die Untersuchung des Buches stellt Verbindungen mit seiner Geschichte her, die in den Materialien, seiner Herstellung und der dabei angewandten Handwerkskunst aufgezeichnet sind. In diesem Moment nimmt das Werkzeug, das für die Probenentnahme des Buches verwendet wird, mit der Vergangenheit Kontakt auf und befragt diese; es sammelt biomolekulare Sonden, Zeitkapseln, die später im Labor gelesen werden und dazu beitragen, Vergangenes zu enthüllen. In der intimen und stillen Atmosphäre der Bibliothek vergeht die Zeit, die mit einem Buch verbracht wird, weitgehend unbemerkt. Ein mittelalterliches Buch zu untersuchen ist eine tiefgreifende Erfahrung, die einem meditativen Prozess ähnelt.

4. Pergament als Lebensraum: Von den Feldern zum Skriptorium

Die Umwandlung von Tierhaut in ein beschreibbares, langlebiges Material beinhaltet eine Reihe mechanischer Prozesse und chemischer Behandlungen. Auch wenn die Herstellungsmethoden von Pergament je nach Herkunftsregion und Verfügbarkeit der Materialien variieren, teilt das Verfahren eine Reihe grundlegender Schritte. Nach der Schlachtung des Tieres wäscht der Pergamentmacher die Haut, tränkt sie in ein Kalkbad, um die Haare zu lockern, und kratzt dann die restlichen Haare, Fleisch und Fett ab. Nach weiteren Waschgängen werden die Häute auf einen Holzrahmen gespannt und mit dem Lunellum, einem halbmondförmigen Messer, weiter beschabt, ausgedünnt, nach und nach gestreckt und getrocknet. Die so produzierten Pergamentstücke werden anschließend weiter geglättet, in rechteckige Blätter geschnitten und mit diversen Pulvern und Schleifmitteln oberflächenbehandelt, um sie beschreibbar zu machen.

Die daraus resultierenden chemischen und physikalischen Eigenschaften des Pergamentblatts machen es zu einem überwiegend alkalischen und trockenen Material, das als zu hart und feindselig angesehen werden könnte, um Leben zu beherbergen – zumindest aus anthropozentrischer Sicht. Eine genauere Betrachtung – und Flexibilisierung eines solchen Blickwinkels – wird zeigen, dass Pergament ein idealer Lebensraum für eine Kohorte von Mikroben ist, die unter solchen Bedingungen überleben oder in der Lage sind, sich zu resistenten Formen auszubilden, die über lange Zeit lebensfähig bleiben können. Zusätzlich zu den aus dem Herstellungsprozess resultierenden Eigenschaften der Pergamentmembran kommen andere Chemikalien und Biomoleküle ins Spiel, beispielsweise verschiedene Arten von Tinten und Farbstoffen, Salze und agglutinierende Materialien wie Albumin und andere Substanzen biologischen Ursprungs, die für das Beschreiben und Illuminieren verwendet werden. Diese können wiederum als Substrate fungieren, die von Mikroorganismen zum Wachsen verwendet werden oder eine zusätzliche selektive Kraft darstellen, die das mikrobielle Leben prägt. Auf diese Weise kann Pergament als relativ komplexer und selektiver Lebensraum für Mikroorganismen verstanden werden. Das Mikrobiom des Buches, d.h. die Sammlung von Mikroorganismen, die in diesem Lebensraum enthalten sind, kann durch eine solche Analyse Hinweise auf die Materialität geben und die Prozesse und Verwendungen anzeigen, die für ein Buch spezifisch sind.

5. Verstecken in Sichtweite: Bücher lesen mit der biomolekularen Brille

Wenn man sich vom Lesen eines Buches im traditionellen Sinne wegbewegt und abseits vom Text in seine Materialität eindringt, wird das Buch auf tieferer Ebene befragt. Es entstehen neue Informationsschichten, die Hinweise auf die Stationen des Buches und seiner Reisen geben. In den letzten Jahrzehnten haben Nukleinsäuresequenzierungs- und Proteinanalysetechnologien mit hohem Durchsatz neue Möglichkeiten eröffnet, Mikrobiome und Biomoleküle in Objekten des Kulturerbes zu untersuchen.[2] Das Lesen von Büchern durch die biomolekulare bzw. mikroskopisch bewehrte Brille wird zeigen, dass scheinbar leblose Pergamentseiten Kohorten mikroskopischer Organismen beherbergen, die dieses Material zu ihrem Lebensraum gemacht haben. Die unsichtbare Menge, die auf den Pergamentseiten lebt, kann über das Leben und die Geschichte des Buches berichten, da sie von den Materialien und Prozessen geprägt ist, die an der Entstehung des Buches, seiner Verwendung und seinen Personenkontakten, seinen Reisen und Bestimmungsorten beteiligt waren.

Wie im vorherigen Abschnitt erwähnt, prägen die vorherrschenden physikalischen und chemischen Eigenschaften weitgehend auch die mikrobielle Gemeinschaft im Buch. Mikroorganismen, die in der Lage sind, unter eher alkalischen und trockenen Bedingungen zu gedeihen, werden wahrscheinlich vorherrschen. Mikroben, die in Pergamentbüchern gefunden werden, sind eng mit Mikroben verwandt, die unter analogen Umweltbedingungen gedeihen, wie beispielsweise in salzhaltigen Böden und Seen, in fermentierter Nahrung, in Höhlen und in anderen Lebensräumen, die für die meisten Lebensformen als feindlich ange-

2 Timothy L. Stinson: Knowledge of the flesh: using DNA analysis to unlock bibliographical secrets of medieval parchment. In: The Papers of the Bibliographical Society of America 103,4 (2009), p. 435–453; Luciana Migliore, Nicoletta Perini, Fulvio Mercuri, Silvia Orlanducci, Alessandro Rubechini, Maria Cristina Thaller: Three ancient documents solve the jigsaw of the parchment purple spot deterioration and validate the microbial succession model. In: Scientific Reports 9, 1623 (2019).

sehen werden. Einige dieser Mikroorganismen, die meist zur bakteriellen taxonomischen Gruppe *Bacillaceae* gehören, sind in der Lage, eine Endospore zu bilden. Dies ist eine sehr widerstandsfähige Struktur, die es der Mikrobe ermöglicht, über einen langen Zeitraum ruhen zu können und erst dann wieder aktiv zu werden, wenn es die äußeren Bedingungen erlauben (Anhang Abbildungen 6).

Auch andere Materialien, die in späteren Stadien der Buchproduktion verwendet werden, prägen die mikrobiellen Gemeinschaften. Beispielsweise kann die Nutzung von bleihaltiger Tinte zu einer Selektion von solchen Mikroorganismen führen, die mit dem Vorkommen dieses Metalls zurechtkommen - ein Merkmal, das sie für biotechnologische Prozesse interessant macht. Darüber hinaus werden Mikroorganismen, die aus der Umgebung kommen, in der die Bücher aufbewahrt werden, oder die von Menschen bei der Benutzung ausgeschieden werden, etwa über die menschliche Haut und die Mundflora, zum Mikrobiom des Buches hinzukommen. Diese können entweder als lebende Zellen oder durch genetische Überreste von abgestorbenen Mikroorganismen nachgewiesen werden. Auf diese Weise ähnelt das Buch einem Katalog von Mikroorganismen, die mit seiner Geschichte historisch verbunden sind. Die Bibliotheken wiederum können als eine übergreifend organisierte Sammlung solcher biologischen Kataloge wahrgenommen werden, die in vielen Fällen auch einen Zeitstempel tragen. So beherbergt das bibliografische Archiv ein mikrobiologisches und biomolekulares Archiv, das sich in Sichtweite versteckt.

6. Mikroben als Erbe: Interdisziplinäre Studien stellen das Konservierungsparadigma in Frage

Zu entdecken, welche Mikroorganismen ein Buch beherbergt, kann helfen, Informationslücken in der Laufbahn oder der Biografie des Objekts zu schließen. Im Gegenzug können Informationen über historische Ereignisse, alte Handelswege, Verfügbarkeit von Materialien und Herstellungsverfahren zusammen mit den handschriftlichen Daten Hinweise auf die im Buch enthaltenen Mikroorganismen liefern. Solche wertvollen Informationen fließen in die Entwicklung von Labormethoden ein, um das Mikrobiom des Buches nutzbar zu machen und zu untersuchen. Deshalb trägt ein dynamischer und wechselseitiger Informationsfluss zwischen den Geisteswissenschaften und der biowissenschaftlichen Forschung zum Verständnis der Biografie des Buches bei. In einigen Fällen überschreitet die Beschreibung der Mikrobiome und Biomoleküle des Buches und die daraus ermöglichten Schlussfolgerungen das Objekt selbst. Zum Beispiel kann die Untersuchung bestimmter Pergament-Biomoleküle, wie Kollagen, die Tierart anzeigen, die für seine Herstellung verwendet wurde[3], und kann helfen, alte Tierhaltungspraktiken zu rekonstruieren.[4] Das Studium von Mikrobiomen bzw. von Spuren ihrer genetischen Materialien kann zur Beschreibung antiker Krankheitserreger und vergangener Epidemien beitragen[5], damalige Ernährungsgewohnheiten beleuchten[6] oder historische Rätsel lösen[7].

In Anbetracht dieser Tatsachen kann man sagen, dass Kulturgüter, in diesem Fall Bücher, ihre Biografie selbst aufzeichnen, dargestellt durch das Mikrobiom und die Biomoleküle, die für sie konstitutiv sind oder im Laufe der Zeit erworben wurden. Dennoch sind die Mikroben in den Kulturarchiven fast ausschließlich in Erzählungen präsent, die von der Beschädigung des Objekts handeln oder von Krankheitserregern, die gefährlich sind sowohl für die Objekte als auch für die Menschen, die sie benutzen. Mikroben werden zum Ziel von Eliminationsprozessen.[8] Der Beitrag der Mikrobiologie zur Forschung an Kulturerbe stellt diese vorherrschende (negative) Erzählung in Frage, indem Mikroben als konstitutiver Teil des kulturellen Erbes und die unbelebten Objekte selbst als Lebensraum betrachtet werden, der sie beherbergt. So können Mikroben eher als Ziel

3 Stinson: Knowledge of the flesh (wie Anm. 2).

4 Michael G. Campana, Mim A. Bower, Melanie Jane Bailey, Frauke Stock: A flock of sheep, goats and cattle: ancient DNA analysis reveals complexities of historical parchment manufacture. In: Journal of Archaeological Science 37,6 (2010), p. 1317–1325. DOI:10.1016/j.jas.2009.12.036; Matthew D. Teasdale et al: The York Gospels: a 1000-year biological palimpsest. Royal Society Open Science 4,170988 (2017). https://doi.org/10.1098/rsos.170988.

5 Gabriele Andrea Lugli, Christian Milani, Leonardo Mancabelli, Francesca Turroni, Chiara Ferrario, Sabrina Duranti, Douwe van Sinderen, Marco Ventura: Ancient bacteria of the Ötzi's microbiome: a genomic tale from the Copper Age. In: Microbiome 5,5 (2017). https://doi.org/10.1186/s40168-016-0221-y; Alfonsina D'Amato, Gleb Zilberstein, Svetlana Zilberstein, Benedetto Luigi Compagnoni, Pier Giorgio Righetti: Of mice and men: traces of life in the death registries of the 1630 plague in Milano. In: Journal of Proteomics 2017. DOI: 10.1016/j.jprot.2017.11.028.

6 Christina Warinner et al.: Direct evidence of milk consumption from ancient human dental calculus. In: Scientific Reports 4,7104 (27.11.2014).

7 Lucia Toniolo, Davide Gulotta, Piergiorgio Righetti, Riccardo Saccenti: The Silk Road, Marco Polo, a bible and its proteome: A detective story. In: Journal of Proteomics 75 (2012), p. 3365–3373; Tomasz Lech: A discovered ducal seal does not belong to the incorporation charter for the city of Krakow solving the mystery using genetic methods. In: PLoS ONE 11,8 (2016), https://doi.org/10.1371/journal.pone.0161591; Migliore: Three ancient documents (wie Anm. 2).

8 Henry Kenwood, Emily L. Dove: The risks from tuberculous infection retained in books. In: The Lancet 1915, p. 66–68; Sara J. Brook, Itzhak Brook: Are public library books contaminated by bacteria? In: Journal of Clinical Epidemiology 47,10 (1994), p. 1173–1174; Nuno Mesquita, Sandra Isabel Rodrigues Videira, Susana Rodríguez-Echeverría: Fungal diversity in ancient documents. A case study on the Archive of the University of Coimbra. In: International Biodeterioration & Biodegradation 63,5 (2009), p. 626–629.

von Erhaltungs- und Erforschungsbemühungen und nicht als Objekt von Vernichtungsverfahren wahrgenommen werden. Diese erweiterte Wahrnehmung von Mikroorganismen in Kulturgütern fügt wiederum dem ›Wert‹ biologischer Ressourcen (in diesem Fall Mikroben) eine neue Dimension hinzu, indem sie sie als zeitliche oder räumliche Sonden und als potenzielle Indikatoren für den Ursprung und die Geschichte der Objekte versteht und somit dazu beiträgt, die Biografie von Kulturgütern zu rekonstruieren.

LAURA ROSENGARTEN und FELIX SCHULZE, unter Mitarbeit von CHRISTOPH MACKERT und KATRIN STURM

Schützende Wände?

Zehn Fragen zu bau- und klimabedingten Lebensumgebungen für Mikroben am Beispiel der Leipziger Bibliotheca Paulina (ca. 1511–1891)

Für die Entwicklung von Mikroben in Büchern spielt die Umgebung eine zentrale Rolle, in der sie aufbewahrt werden: Bibliotheksräume mit ihren jeweiligen klimatischen Eigenschaften geben die Rahmenbedingungen vor, innerhalb derer sich mikrobielles Leben entfalten kann.[1] Auf welchen Wegen Bücher in Bibliotheken gelangten, in welchen Räumen und unter welchen Bedingungen sie dort aufbewahrt und welchen raumklimatischen Einflüssen sie dabei ausgesetzt waren, ist daher eine relevante Frage, um den heutigen mikrobiologischen Befund angemessen interpretieren zu können.

Leider weiß man gerade über solche raumarchitektonischen und für die jeweilige Bibliothek typischen Betriebsbedingungen häufig viel zu wenig, als dass sich verlässliche Aussagen über die Auswirkungen auf den Mikrobenbestand innerhalb von Büchern bzw. Buchbeständen treffen ließen. Ein Grund hierfür liegt darin, dass die historischen Gebäude zumeist entweder nicht mehr existieren oder entscheidend verändert worden sind. Ein anderer darin, dass aussagekräftige, auch detaillierte Aspekte dokumentierende Quellen eine Ausnahme darstellen.

Für die Bibliotheca Paulina, das alte, heute verschwundene Bibliotheksgebäude der Leipziger Universität, wird im Folgenden in zehn Fragen nachgezeichnet, welche Faktoren für die Entwicklung von mikrobiellem Leben von Interesse sein und was wir zu ihnen sagen können.

1 Katharina Therese Gietkowski danken wir für die erste Initiative zu diesem Beitrag, Regina Jucknies für intensive Diskussionen und zahlreiche Hinweise.

1. *Aus welchen Quellen lassen sich Informationen über die Bibliotheca Paulina gewinnen?*

Eine Reihe von Quellen unterrichtet direkt über Vorgänge an der Universität Leipzig: Melchior von Osse (1506–1557) gibt in seinem politischen Testament von 1555/1556 unter anderem Aufschluss über den materiellen Zustand der Universitätsgebäude in dieser Zeit.[2] Friedrich Zarncke als Herausgeber der Acta rectorum von 1859 berichtet über das Wirken Caspar Borners, des mehrmaligen Rektors und Gründers der Bibliotheca Paulina.[3] Des Weiteren bietet eine Biographie Richard Gustav Becks von 1894 Informationen über Joachim Feller, aus der sich Einblicke in die Situation der Paulina im 17. Jahrhundert gewinnen lassen.[4] Neben Friedrich Bülau, Professor für Staatswissenschaften und Abgeordneter des Sächsischen Landtags, der im Rahmen eines Staatsbesuchs der Universität Leipzig seitens des sächsischen Königs Johann von Sachsen Anfang August 1857 unter anderem den Platzmangel der Universitätsbibliothek in den neuen Räumlichkeiten im Augusteum dokumentierte,[5] finden sich in Emil Friedbergs Die Universität Leipzig in Vergangenheit und Gegenwart von 1898 Notizen zu den wachsenden Buchbeständen und Umzügen der Bibliotheca Paulina in der Mitte des 19. Jahrhunderts.[6] Primärquellen in großem Umfang sind ausgewertet in der Geschichte der Universitätsbibliothek Leipzig von Gerhard Loh (1987),[7] der nah am Originalmaterial arbeitet.

Grundlegende Forschung auf Basis der Quellen zur Stadtgeschichte findet sich unter anderem bei Detlef Döring versammelt, der Beiträge zur Stadt- und Universitätsgeschichte 2010 in einem Sammelband veröffentlichte.[8] Weiterhin bündelt der fünfte Band aus der Geschichte der Universität Leipzig 1409–2009,

---

2 Schriften Dr. Melchiors von Osse: mit einem Lebensabriss und einem Anhange von Briefen und Akten. Hg. von Oswald Artur Hecker. Leipzig: Teubner 1922.

3 Friedrich Zarncke: Acta rectorum Universitatis Studii Lipsiensis inde ab anno 1524 usque ad annum 1559. Leipzig: Tauchnitz 1859.

4 Richard Gustav Beck: Aus dem Leben Joachim Fellers. Nach handschriftlichen Quellen der Zwickauer Ratsschulbibliothek. In: Mitteilungen des Altertumsvereins für Zwickau und Umgegend 4 (1894), S. 24–77.

5 Friedrich Bülau: Sr. Majestät des Königs Johann von Sachsen Besuch der Universität Leipzig am 4., 5. und 6. August 1857. Nebst einer Darstellung der Anstalten und Sammlungen der Universität. Leipzig: Hirschfeld 1858.

6 Emil Friedberg: Die Universität Leipzig in Vergangenheit und Gegenwart. Leipzig: Veit 1898.

7 Gerhard Loh: Geschichte der Universitätsbibliothek Leipzig von 1543–1832. Ein Abriß. Leipzig: Bibliographisches Institut 1987.

8 Detlef Döring (Hg.): Stadt und Universität Leipzig. Beiträge zu einer 600-jährigen wechselvollen Geschichte. Leipzig: Leipziger Universitätsverlag 2010.

der anlässlich des 600. Jubiläums der Universität 2009 erschienen ist,[9] unter anderem Forschungsbeiträge von Beate Kusche und Henning Steinführer mit Blick auf die Bauten der Universität Leipzig zwischen 1409 und 1618 und von Birgit Hartung für die Zeit zwischen 1618 und 1830.[10] Michaela Marek informiert im selben Band über innerstädtische Bauaktivitäten im 19. Jahrhundert und stellt einen Katalog der Universitätsbauten zusammen.[11]

Schließlich finden sich Quellen, die den größeren Klimakontext der Stadt Leipzig beleuchten: Zacharias Schneider in seinem Chronicon Lipsiense von 1655,[12] Johann Jacob Vogel in seinem Leipzigisches Geschicht-Buch von 1756[13] sowie Andreas Georg Friedrich von Rebmann in Wanderungen und Kreuzzüge durch einen Theil Deutschlands von 1795 dokumentieren Ereignisse,[14] die von meteorologischen Phänomenen über kriegerische Auseinandersetzungen bis hin zu politischen Veränderungen in Leipzig und Umgebung reichen.

2. Wie und unter welchen Bedingungen gelangten die Bücher in den 1540er-Jahren in die neugegründete Universitätsbibliothek?

Der Gründung der Universitätsbibliothek im Jahre 1543 durch Caspar Borner und der durch ihn initiierten Zusammenführung säkularisierter Klosterbestände

9 Geschichte der Universität Leipzig 1409–2009. Band 5: Geschichte der Leipziger Universitätsbauten im urbanen Kontext. Unter Mitwirkung von Uwe John hg. v. Michaela Marek und Thomas Topfstedt. Leipzig: Leipziger Universitätsverlag 2009.

10 Beate Kusche, Henning Steinführer: Die Bauten der Universität Leipzig von 1409 bis zum Beginn des Dreißigjährigen Krieges. In: Marek, Topfstedt (Hgg.): Geschichte Leipziger Universitätsbauten (wie Anm. 9), S. 11–50; Birgit Hartung: Die Bauten der Universität Leipzig vom Dreißigjährigen Krieg bis 1830. In: Marek, Topfstedt: Geschichte Leipziger Universitätsbauten (wie Anm. 9), S. 51–75.

11 Michaela Marek: Katalog der Universitätsbauten. In: Marek, Topfstedt: Geschichte Leipziger Universitätsbauten (wie Anm. 9), S. 593–685.

12 Zacharias Schneider: Chronicon Lipsiense, Das ist: Gemeine Beschreibung der Churfürstlichen Sächsischen Gewerb- und Handels Stadt Leipzig. Leipzig: Wittigau 1655.

13 Johann Jacob Vogel: Leipzigisches Geschicht-Buch, Oder Annales, Das ist: Jahr- und Tage-Bücher Der Weltberühmten Königl. und Churfürstl. Sächsischen Kauff- und Handels-Stadt Leipzig: In welchen die meisten merckwürdigsten Geschichte und geschehene Veränderungen, die in und bey belobter Stadt und Gegend, beydes in Geistl. als Weltlichen Sachen, sowohl in Friedens- als Krieges-Zeiten, von Anno 661. nach Christi Geburth an, bis auf die neuesten Zeiten, von Tage zu Tage sich begeben haben, enthalten sind, 2. Aufl. Leipzig: Lanckisch 1756.

14 Andreas Georg Friedrich von Rebmann: Wanderungen und Kreuzzüge durch einen Theil Deutschlands. Altona: Verlagsgesellschaft 1795.

im Dominikanerkloster St. Paul ist ein Transport der Handschriften aus den anderen Leipziger Stadtklöstern sowie den Klöstern des Albertinischen Sachsens voranzustellen. Aus diesem Grund sind Fragen, welche die Wirkungen klimatischer Art auf die Bücher während ihres Transports, die Art und Weise des Umzugs und die Lagerung der Handschriften in diesem Prozess in den Blick nehmen, nicht wegzudenken, wenn man versucht, die Beziehung der Handschriften zu den sie aufbewahrenden Räumen zu verstehen.

Für Informationen über die Zeit des Umzugs der Handschriften aus den verschiedenen Klöstern in die Universitätsbibliothek und die daraus resultierenden mechanischen und mikroklimatischen Einwirkungen sind die vorhandenen Quellen nicht aussagekräftig. Johann Jacob Vogel (1660–1729) hat keine Wetterphänomene zwischen 1543 und 1547 dokumentiert, die Anlass geben, Vermutungen über beispielsweise Feuer-, Rauch- oder Wasserschäden während des Transports aufzustellen.[15] Auch andere Quellen oder die zu diesem Thema vorliegende Forschungsliteratur können hinsichtlich der Frage nach Transportschäden oder den klimatischen Bedingungen während der Überführung und anschließenden Aufbewahrung in der Paulina nicht weiterhelfen. Mit großer Wahrscheinlichkeit gab es Ereignisse wie z.B. Regen, starke Sonneneinstrahlung oder Phasen großer Wärme bzw. Kälte, denen die Klosterbestände auf ihrem Weg in die Paulina ausgesetzt waren, zudem natürlich auch Erschütterungen bei dem Transport, der sicherlich ohne luftdichte und klimaneutrale Behältnisse erfolgte.

Um- und Ausbauarbeiten des ehemaligen klösterlichen Bibliotheksgebäudes bis ins Jahr 1546 sorgten dafür, dass der bereits vorhandene Buchbestand der Leipziger Dominikaner sowie die zusammengezogenen Bestände der übrigen Klöster, also mittelalterliche Handschriften und Drucke, für einige Zeit auf dem Dachboden gelagert wurden, bevor Borner die Bände in die Bibliotheksräume der ersten Etage bringen lassen, sichten, ordnen und systematisieren konnte.[16] Diese Zwischenlagerung der Bücher dürfte eher schlechte klimatische Bedingungen geboten haben, wie hohe Temperaturen im Sommer, starke Kälte im Winter und eine extrem schwankende Luftfeuchtigkeit. Doch legt der heutige Handschriften- und Druckbestand kein Zeugnis von Schädigungen durch Transport- und Lagerungsbedingungen ab, was auf entsprechende Schutzmaßnahmen und Verpackungen sowohl während der Überführung als auch während des Interims unter dem Dach hinweisen könnte – oder einfach anzeigt, dass wir entsprechende Auswirkungen noch nicht nachweisen oder messen können.

15 Vogel: Leipzigisches Geschicht-Buch (wie Anm. 13), S. 151–184.

16 Zarncke: Acta Rectorum (wie Anm. 3), S. 273.

3. Wie muss man sich das alte Bibliotheksgebäude vorstellen?

Das erste Gebäude der Universitätsbibliothek Leipzig, das wahrscheinlich zu Beginn der 1510er-Jahre erbaut wurde, befand sich nach Mareks Katalog der Universitätsbauten im Herzen des spätmittelalterlichen Dominikanerklosters St. Paul,[17] das im südöstlichen Winkel der Stadtmauer auf einem großzügigen Areal von ungefähr zwei bis zweieinhalb Hektar gelegen war. Die Bibliotheca Paulina als Bibliothek des Dominikanerkonvents war im Obergeschoss des später sogenannten Mittelpaulinums untergebracht, das bereits im klösterlichen Kontext als Bibliothek gedient hatte. Das Gebäude war ein vierflügeliger zweigeschossiger Bau mit Innenhof, Ziegeldach und steinerner Haupttreppe. Ein rekonstruierter Grundriss des Klosterkomplexes, der auf Universitätsbaumeister Albert Geutebrück (1801–1868) zurückgeht,[18] zeigt die Bebauung von 1543 und lässt vermuten, dass die Grundfläche des Bibliotheksgebäudes ungefähr einem Quadrat mit 35 bis 40 Metern Seitenlänge entsprach, wobei im Innern ein etwa 150 bis 180 Quadratmeter großer Innenhof beziehungsweise Garten »hortulus inter bibliothecas« gelegen war (Anhang Abbildungen 7). Im Erdgeschoss gruppierten sich neben gewölbten Durchgängen unterschiedlich große Säle (ungefähr zwischen 180 und 250 Quadratmeter), in denen sich im Nord- und Westflügel Räumlichkeiten des Brauhauses und im Süden Speisesäle und eine Küche befanden. Im Osten lagen weitere, bedeutend kleinere Speise- und Vorratsräume.[19]

Aus heutiger Perspektive irritiert die Positionierung einer Bibliothek über Räumen mit dampfenden Kesseln, in denen es also regelmäßig feucht und warm wurde, da wir davon ausgehen können, dass ein großer Teil des Brauereidunsts über das Obergeschoss, den Dachboden und das Dach abzogen. Es stellt sich also mit Blick auf mikrobielles Leben die Frage, ob nicht Feuchtigkeit und Wärme, die beim Bierbrauen entstehen, wichtige Faktoren für die Untersuchung des Buchbestands sein könnten.

Die spätgotisch gewölbten, am Scheitel ungefähr vier bis viereinhalb Meter hohen Bibliothekssäle waren im Norden und Westen des mit schlichten gotischen Maßwerkfenstern durchbrochenen Obergeschosses untergebracht. Caspar Borner ließ, während die Buchbestände aus den aufgehobenen Klöstern in Leipzig eintrafen, Um- und Ausbauten am Mittelpaulinum vornehmen. Unter

17 Marek: Katalog der Universitätsbauten (wie Anm. 11), S. 613 (Nr. 18-1a), sowie Abb. 18-1b.

18 Abbildung des Grundrisses u.a. bei Elisabeth Hütter: Die Pauliner-Universitätskirche zu Leipzig. Geschichte und Bedeutung. Weimar: Verlag Hermann Böhlaus Nachfolger 1993, S. 51 f. (Abb. 39 und 40).

19 Beschreibung der Bebauung von 1543 (auf Grundlage der Ausführungen von Caspar Borner in den Acta Rectorum) bei Kusche, Steinführer: Bauten der Universität Leipzig (wie Anm. 10), S. 44.

anderem legte er die Bibliothekssäle im West- und Nordflügel, die bereits im Klosterkontext als solche genutzt worden waren, zu einem großen zusammen. Darüber hinaus entstand über dem Speisesaal im Südflügel ein neuer Bibliothekssaal, sodass nun drei Flügel des Obergeschosses auf einer Fläche von insgesamt ungefähr 1.000 Quadratmetern zwei Bibliothekssälen vorbehalten waren.

Auch die Nutzung des Erdgeschosses setzte sich im universitären Kontext fort. So diente der südöstliche Speisesaal bis 1844 weiterhin diesem herkömmlichen Zweck. Das ehemalige Sommerrefektorium im Südflügel wurde jedoch zum Hörsaal der Philosophischen und Theologischen Fakultät umfunktioniert. Ob die Nutzungsänderung des ehemaligen Speisesaals auch das Ziel gehabt haben könnte, die bislang aufsteigenden Essensdünste von dem neuentstandenen, darüberliegenden Bibliothekssaal fernzuhalten?

An einigen Stichen, die zwischen Bibliotheksgründung und weitreichenden Umbauten der Bibliotheca Paulina Mitte des 19. Jahrhunderts angefertigt wurden, lassen sich, auch wenn der abgebildete Zustand des Gebäudes häufig sehr ungenau datiert ist, unterschiedliche Befunde wie z.B. unterschiedliche Fenstergrößen und -formen ablesen. Es wäre zu fragen, ob hier bauliche Maßnahmen dokumentiert sind oder ob es sich um Reflexe künstlerischer Detailfreude oder Reduktion handelt.

In jedem Fall können wir davon ausgehen, dass die mittelalterlichen Handschriften generell sicher aufbewahrt wurden. Da sie im Obergeschoss untergebracht waren, konnte weder die aufsteigende Bodenfeuchtigkeit die Bausubstanz der Bibliotheksetage schädigen, noch waren Nässeschäden wegen Überschwemmung wahrscheinlich. Die großen Fenster sorgten für Belüftung (sofern die Fenster zu öffnen waren) und für Tageslicht in den Räumen. Fraglich ist, ob das spätgotische Netzgewölbe eine Art Pufferzone zwischen Bibliothek und einem sich vermutlich rasch erwärmenden beziehungsweise abkühlenden Dachboden darstellte, so dass sich Hitze im Sommer und Minusgrade im Winter relativ langsam vom Dach auf die Bibliotheksräume übertrugen. In jedem Fall sorgten die hohen Räume dafür, dass sich Wärme weit oberhalb der Bücher sammeln konnte.

4. Welchen Einfluss könnten die Fenster auf den mittelalterlichen Buchbestand gehabt haben?

Im Vergleich zu den mit hoher Wahrscheinlichkeit massiven und daher thermisch trägen Mauern des spätgotischen Mittelpaulinums müssen die relativ großen, einfach verglasten gotischen Fenster bauphysikalisch als Schwachstelle gesehen werden. Zum einen lässt sich davon ausgehen, dass sie kaum isolierend wirkten, das heißt, Temperaturschwankungen dürften sich über die Fenster am zügigsten auf den Bibliotheksraum ausgewirkt haben. Zum anderen nahmen Glasscheiben ungleich schneller Schaden als Dächer oder Mauerwerk. Zudem war die Funktion der Fenster, nämlich den Raum zu erhellen, Fluch und Segen zugleich. Neben einer beschleunigten Aufheizung der Räume bei Sonnenschein und Kälteeintrag im Winter sind auch Schäden durch Lichteinfall anzunehmen, z.B. das Verblassen von Beschriftungen auf den Bänden. Vor diesem Hintergrund überrascht es kaum, dass die Fenster der Bibliotheca Paulina immer wieder in den Quellen erwähnt werden und offenbar mehrfach repariert, umgebaut und umgestaltet wurden.

Bereits Borner ließ zwei neue Fenster in den kleinen Bibliothekssaal einsetzen, womit vermutlich der damals neuentstandene Saal im Südflügel gemeint ist.

> »Den Anfang hierzu hat Er mit der kleinern Bibliotheck gemachet, und nicht allein zwey grosse Fenster, welche dem Borne im Collegio gegen über stossen, denen andern gleich einsetzen, sondern auch die Wände tünchen, weissen, und roth anstreichen, [...] lassen.«[20]

Wenig später ließ, so lesen wir bei Loh, Petrus Lossius (1542–1602), der das Amt des Bibliothekars von Laurentius Rülich (1523–1570) am 5. April 1570 übernommen hatte, die Fenster auf Kosten des Rektorfiskus reparieren.[21] 1688 öffnete Joachim Feller (1638–1691) ein früher vermauertes Fenster in der Bibliothek.[22] Johann Salomon Riemer, der die Vogelschen Annalen fortsetzte, berichtet über eine Neugestaltung des hinteren Bibliotheksraumes, die Börner 1719/1729 veranlasste: »Börner [...ließ] die alten Fenster wegnehmen, dieselben erhöhen und erneuern.«[23]

Leider können wir trotz der wiederkehrenden Thematisierung häufig nicht ableiten, welches Fenster genau gemeint war beziehungsweise wie man sich den Zustand der Durchfensterung insgesamt vorstellen muss. Erst mit den Fotografien aus dem späten 19. Jahrhundert ist der aufgestockte Zustand des Mit-

---

20 Vogel: Leipzigisches Geschicht-Buch (wie Anm. 13), S. 157.

21 Loh: Geschichte der Universitätsbibliothek Leipzig (wie Anm. 7), S. 30.

22 Ebd., S. 33.

23 Zit. n.: Loh: Geschichte der Universitätsbibliothek Leipzig (wie Anm. 7), S. 35.

telpaulinums eindeutig dokumentiert. Somit ist gesichert, dass der Westflügel des Gebäudes in seiner letzten Phase sieben Achsen mit großen, gleichförmigen, gotisch anmutenden, das schlichte Maßwerk des ersten Obergeschosses imitierenden Fenstern hatte. Die älteren Stiche und die rekonstruierten Grundrisse von Geutebrück, die die Zustände vor der Aufstockung dokumentieren, legen nahe, dass sich die Anzahl der Fensterachsen nicht veränderte, wohl aber Größe und Form einzelner Fenster über die Jahrhunderte nicht konstant blieben. Werden die Informationen aus den Quellen hinzugezogen, zeichnet sich ab, dass der Erhaltungszustand oder die Größe der Fenster verschiedenen Bibliothekaren immer wieder Sorge bereiteten.

5. War es überhaupt eine (relevante) Fragestellung für die Bibliothekare in den vergangenen Jahrhunderten, eine optimale Raumtemperatur zu schaffen bzw. war dies überhaupt möglich?

Historische Bibliotheksbauten bündelten das jahrhundertelange Wissen über möglichst gute Lagerbedingungen für Bücher. Bei den Temperaturen konnten diese Bauten zwar kein gleichbleibendes Niveau gewährleisten, sondern erwärmten sich mit den Jahreszeiten und kühlten sich ab, dennoch sorgten die dicken Mauern für langsame Klimakurven, was konservatorisch günstig ist.[24]

Mit relativer Sicherheit verhielt es sich bei der Bibliotheca Paulina ähnlich. Die Temperaturschwankungen lagen auf das Jahr gesehen wohl grob zwischen 10 Grad im Winter und 25 Grad im Sommer. Es liegt nahe, sich langsam vollziehende Schwankungen anzunehmen, da wir nicht von einer Beheizung oder gar Klimatisierung der Bibliothekssäle ausgehen können.

Wir wissen z.B. von der Stiftsbibliothek in St. Gallen, dass die über 2.000 Handschriften bis 2005 in der nicht mit modernen Hilfsmitteln klimatisierten Handschriftenkammer aufbewahrt wurden, wobei der Bestand jedoch keine Klimaschäden erkennen lässt.[25] Auch die Forschungsbibliothek Gotha lagert ihre Handschriften noch immer in ihrem historischen Gebäude. Daher ist die Vermutung berechtigt, dass auch die Bibliotheca Paulina ähnliche klimatische

24 Martin Strebel: Bestandserhaltung von Archiv- und Bibliotheksgut – Einfache konservatorische Maßnahmen. In: Helga Fabritius, Albert Holenstein (Hgg.): Klosterbibliotheken. Herausforderungen und Lösungsansätze im Umgang mit schriftlichem Kulturerbe. Stiftsbibliothek St. Gallen. Stiftung Kloster Dalheim. LWL-Landesmuseum für Klosterkultur. Sankt Ottilien: EOS 2021, S. 139–156, hier S. 153.

25 Ebd.

Rahmenbedingungen bot, was dadurch unterstützt wird, dass der Bestand der Paulina keine Klimaschäden aus dieser Zeit aufweist. Dank der dicken Mauern des mittelalterlichen Klosters ist zu erwarten, dass selbst bei außerordentlich starken und langanhaltenden Hitzewellen in den Räumen, die die Codices beherbergten, eine verhältnismäßig kühle Temperatur herrschte, die auch eine allzu hohe Luftfeuchtigkeit abgeschwächt haben dürfte.

6. Gibt es Belege über extreme Kälte in der Paulina und über Maßnahmen, die diese auszugleichen versuchten? Hatten erhöhte Temperaturen durch Heizung Einfluss auf die Bücher?

Für den Zeitraum zwischen der Gründung der Paulina im Jahr 1543 und dem Ende des 17. Jahrhunderts gibt es wenige Informationen, was die Beheizung betrifft. Hingegen schrieb der Philologe Richard Gustav Beck in einer Biographie über den Bibliotheksdirektor Joachim Feller, dass die Temperatur in der Bibliothek teilweise so niedrig gewesen sein muss, dass sich die Leute beschwert haben – vermutlich auch deshalb, weil ein Arbeiten in den Lesesälen auf diese Weise stark eingeschränkt wurde:

> »Leider konnten die Arbeiten [zur Revision der Bestände im Jahr 1675] noch nicht begonnen werden, es war Winter, in den Räumen der Bibliothek scheinen die Feuerungsanlagen schlecht gewesen zu sein, oder ganz gefehlt zu haben, sodass mehrmals bittere Klagen über die eisige Kälte laut werden, die in der Bibliothek herrsche.«[26]

Es existierte demnach keine Wärmequelle in der Bibliothek (was vor dem 19. Jahrhundert gemeinhin auch nicht üblich war), allerhöchstens im Raum des Bibliothekars, wie Gerhard Loh es für Christian Gottlieb Jöcher (1694–1754, Bibliothekar 1742–1758) dokumentiert, in dessen Arbeitszimmer ein Ofen aufgestellt wurde. Über die tatsächliche Raumaufteilung kann nichts mit Bestimmtheit gesagt werden: ob dieser Raum tatsächlich durch eine Mauer von der eigentlichen Bibliothek getrennt war oder ob es etwa nur eine einfache (vielleicht gar hölzerne) Trennwand gab, die vor allem einen Sichtschutz, aber keine wirkliche Wärmeisolierung gegenüber dem Saal bot. Insofern ist man auch nicht in der Lage, Aussagen über die Kälte- und Wärmezonen innerhalb der Bibliotheksräume und Lesesäle zu treffen oder zu beurteilen, inwiefern die Ofen- oder

26 Beck: Aus dem Leben Joachim Fellers (wie Anm. 4), S. 60.

Heizungsluft die Bücher erreichte. Auch ist unklar, welche Art von Ofen eingebaut wurde, eventuell gab es dadurch eine Rußbelastung.

Anders wiederum in England: Für die Universität Cambridge ist dokumentiert, dass dort im Winter 1773–1774 ein doppeletagiger Ofen erbaut wurde, der den gesamten Raum mit einer gleichmäßigen und angenehmen Wärme versorgte, ohne dabei irgendeinen unangenehmen Geruch oder gar Gestank zu produzieren.[27] Die Bibliothek wurde mit einer Zentralheizung in der ersten Etage ausgestattet.[28] 1790 erhielt die Bibliothek einen Kamin, 1795 wurde ein weiterer im Erdgeschoss installiert.[29] 1854 gab es erneute Klagen über die extreme Kälte im Gebäude, die für die Mitarbeiter und Leser mitunter gesundheitsschädlich gewesen sein soll, was in den Wunsch nach einer Heißwasser-Zentralheizung gemündet haben soll.

7. Geriet die Bibliotheca Paulina in kriegerischen Auseinandersetzungen unter Beschuss?

Wir wissen, dass Kriege zwischen dem 16. und 19. Jahrhundert immer wieder zur Belagerung oder sogar zur Besetzung der Stadt Leipzig führten und mitunter starke Schäden an den Universitätsgebäuden hinterließen. Anstatt eine Vielzahl von Ereignissen aufzuzählen, sind zwei einschlägige Kriege der Frühen Neuzeit zu nennen, von denen wir wissen, dass sie einige Universitätsgebäude empfindlich trafen.

Im Schmalkaldischen Krieg beispielsweise belagerten die Truppen des Schmalkaldischen Bundes im Januar 1547 Leipzig. Während dieser kriegerischen Auseinandersetzung wurde unter anderem der südliche Bereich des Collegium Paulinum, der sich etwa dort befand, wo heute der sogenannte ›Uniriese‹ den südöstlichen Winkel des Augustusplatzes markiert, stark beschädigt. Zeitweise musste sogar, wie wir in Detlef Dörings Beitrag zur Universität Leipzig und den Napoleonischen Kriegen von 2010 erfahren, der Lehrbetrieb nach Meißen ausweichen.[30] Bei Vogel können wir nachlesen, dass die Belagerer, die sich vor der mittelalterlichen Stadtmauer positioniert hatten, mit Kanonen auf die Ge-

27 David McKitterick: Cambridge University Library. A history. The eighteenth and nineteenth centuries. Cambridge: Cambridge University Press 1986, S. 291.

28 Ebd.

29 Ebd., S. 316 f.

30 Detlef Döring: Die Universität Leipzig und die napoleonischen Kriege zwischen 1806 und 1813. In: Ders. (Hg.): Stadt und Universität Leipzig. Beiträge zu einer 600-jährigen wechselvollen Geschichte. Leipzig: Leipziger Universitätsverlag 2010, S. 221–252, hier S. 223.

bäude der Stadt schossen;[31] dabei nahmen selbstverständlich zunächst die Dächer der unmittelbar hinter oder auf der Stadtmauer befindlichen Gebäude wie beispielsweise das zum Collegium Paulinum gehörende Zwingerhaus Schaden. Häufig gerieten die Gebäude in Brand und konnten bis auf die Grundmauern niederbrennen. Auch der südliche Teil des Zwingerhauses, die Pomeriana, wurde in diesem Zusammenhang so stark beschädigt, dass die Wiederaufbauarbeiten bis in die 1580er-Jahre andauerten. Dokumentiert sind die verheerenden Schäden auf einem Holzschnitt von 1547, der Leipzig aus südöstlicher Richtung zeigt (Anhang Abbildungen 8).[32] Die Stadtansicht lässt auch erkennen, dass der nördliche Teil des Zwingerhauses und die angrenzende Paulinerkirche offenbar weniger stark in Mitleidenschaft gezogen worden waren. Wir wissen also, dass zumindest ein Teil der Universitätsgebäude Schaden nahm, haben aber keinen konkreten Anhaltspunkt dafür, dass auch das Mittelpaulinum getroffen wurde. Vielmehr müssen wir auf Grundlage der Quellen und aufgrund fehlender Schadensbefunde am Buchbestand davon ausgehen, dass das vergleichsweise niedrige Bibliotheksgebäude im Schatten des Zwingerhauses mehr oder weniger unbeschädigt blieb. Tatsächlich hatten Schäden an Bibliotheken schon vor Jahrhunderten besonderen Nachrichtenwert, da sie die vor Ort verfügbaren Wissensspeicher betrafen. Wäre die Bibliothek betroffen gewesen, müsste sich dieses Ereignis in Aufzeichnungen zur Stadtgeschichte eigentlich wiederfinden.

Ähnliches gilt für die Zeit des Dreißigjährigen Kriegs, in der Leipzig mehrfach belagert und besetzt wurde. Wieder wissen wir, dass Universitätsgebäude stark beschädigt wurden. In Zacharias Schneiders (1592–1664) Chronicon Lipsiense lesen wir, dass die Schwedische Armee im Januar 1637 mit »Granaten, Feuerballen, Steinen« und »glühenden Kugeln«[33] Leipzig unter Beschuss nahm. Dabei wurden die Dächer der Paulinerkirche, des Großen und Kleinen Fürstenkollegs und des neuen Collegiums »zimlich zerlöchert und zerschmettert«[34]. Auch diesmal findet das Mittelpaulinum keine Erwähnung, sodass wir erneut davon ausgehen müssen, dass das Bibliotheksgebäude auch während des Dreißigjährigen Kriegs im Wesentlichen verschont geblieben sein dürfte.

31 Vogel: Leipzigisches Geschicht-Buch (wie Anm. 13), S. 167 f.

32 Titel des Holzschnitts: Die Belagerung von Leipzig im Jahre 1547; zur Beschreibung des Holzschnitts vgl. auch Kusche, Steinführer: Bauten der Universität Leipzig (wie Anm. 10), S. 47–50; Henning Steinführer: Die frühesten Ansichten der Stadt Leipzig aus der ersten Hälfte des 16. Jahrhunderts. In: 1015. Leipzig von Anfang an. Hg. von Volker Rodekamp und Regina Smolnik, Leipzig 2015, S. 198–201, hier S. 198 f.; ebd., S. 200 f. (Abb. 2), ist eine Stadtansicht aus dem Jahr 1537 abgebildet, die noch den baulichen Zustand Leipzigs vor Einführung der Reformation wiedergibt.

33 Schneider: Chronicon Lipsiense (wie Anm. 12), S. 468.

34 Ebd.

8. Gibt es Informationen zu Ereignissen wie Bränden, Überschwemmungen oder Regenfällen, denen die Bibliotheca Paulina ausgesetzt war?

Was verheerende Wettereinflüsse und ähnliche Vorkommnisse wie Brände betrifft, ist Vogel mit seiner Leipziger Stadtgeschichte von 1756 eine Quelle, in die es sich einen Blick zu werfen lohnt. Dort ist beispielsweise für das Jahr 1633 zu lesen, dass ein lang andauerndes Donnerwetter und ein Feuerregen über Leipzig gezogen sein sollen, bei dem Blitze in die Nikolaikirche, in das Pauliner- und das Große Fürstenkolleg eingeschlagen seien. Dabei seien diverse Häuser am Marktplatz sowie dem Nikolaikirchhof zerschmettert und entflammt worden. Das Gewitter habe in allen Gassen so häufig eingeschlagen, dass niemand in der Stadt mehr sicher war.[35]

Am 19. März 1651 sei infolge einer hartnäckigen Regen- und Schneewetterlage das Wasser in viele Gärten und Häuser vor den Stadttoren gelaufen und blieb ganze vier Wochen in dieser Masse stehen, bevor es wieder abgeflossen ist.[36]

Und im Juni 1680 ereignete sich abends zwischen sechs und sieben Uhr ein überaus starker Hagelschauer, der überall in der Stadt Fensterscheiben einschlug. Am Tag darauf kehrte das aggressive Hagel- und Regenwetter erneut wieder, unterstützt von starkem Wind, der dafür sorgte, dass der Regen in die vortags eingeschlagenen Fenster hineinfiel und in die Stuben und Gemächer floss.[37]

Bibliotheken sind vor Brand- oder Wasserschäden generell nicht gefeit: Von der Universitätsbibliothek Cambridge ist bekannt, dass in den Jahren 1457–1458 ein Brand im King's College, dem westlichen Teil der Bibliothek, ausbrach, der den Bestand bedrohlich gefährdete.[38] Und nicht einmal zwanzig Jahre ist es her, dass auch in der Herzogin-Anna-Amalia-Bibliothek in Weimar ein – durch einen elektrischen Schaden im Dachstuhl ausgelöstes – Feuer am 2. September 2004 die Sammlung um tausende Bände dezimierte.

Es können aber keine verlässlichen Aussagen dazu gemacht werden, ob die Handschriften in der Paulina von solchen und ähnlichen Wetterphänomenen, wie sie bei Vogel geschildert werden, in irgendeiner Art und Weise betroffen waren, die sich mit den Beispielen aus den Bibliotheken in Cambridge oder Weimar vergleichen ließe: Der Bestand lässt keine eindeutigen Befunde und Rück-

35 Vogel: Leipzigisches Geschicht-Buch (wie Anm. 13), S. 504.

36 Ebd., S. 658.

37 Ebd., S. 784.

38 Charles Edward Sayle: Annals of Cambridge University Library 1278–1900. Cambridge: Univ. Library 1916, S. 25.

schlüsse auf durch gravierende Wetterereignisse verursachte Feuchtigkeits- oder Brandschäden zu.

9. Wie kam es zum Abriss der Bibliotheca Paulina Ende des 19. Jahrhunderts und zum Neubau der Bibliotheca Albertina?

Die Geschichte der Universitätsbibliothek ist im 19. Jahrhundert von Umzügen sowie Um- und Neubauten geprägt. Bis die Bücher 1891 ihr Quartier in der neuerbauten Bibliotheca Albertina bezogen, mussten sie mehrfach transportiert werden. Das 19. Jahrhundert war für den Buchbestand also ein bewegtes Jahrhundert, während die gut 250 Jahre zuvor als eine Phase relativer Ruhe erscheinen, da die Bibliothek über zweieinhalb Jahrhunderte im selben Gebäude und in den gleichen Räumlichkeiten untergebracht war. Dass der Buchbestand dennoch in dieser Zeit durch Um- und Neuordnung immer wieder in Bewegung geriet, zeichnet Katrin Sturm in diesem Band nach.

Allgemein wurden bereits Ende des 18. Jahrhunderts Überlegungen laut, die ehemaligen Klostergebäude umzubauen, um eine Lösung für den desolaten Zustand zumindest einiger von ihnen zu finden. Womöglich waren damals die Wände im Obergeschoss des direkt hinter und auf der Stadtmauer befindlichen Zwingerhauses, in dessen Schatten das Mittelpaulinum mit der Bibliotheca Paulina im Obergeschoss stand, tatsächlich von aufsteigender übelriechender Feuchtigkeit grün gefärbt, wie Andreas Georg Friedrich von Rebmann (1768–1824) berichtet.[39] Möglich ist, dass vor allem die Gebäude, die direkt an der Stadtmauer lagen, gefährdet waren, weil die Nässe des Stadtgrabens den Grundmauern zusetzte. Vielleicht handelt es sich bei Rebmanns Beschreibung aber auch um eine seiner überzeichneten, mitunter ins Polemische abdriftenden Ausführungen. Festhalten lässt sich jedoch, dass der Handlungsbedarf wegen der alten Bausubstanz stetig zunahm.

Schon Mitte des 16. Jahrhunderts hatte Melchior von Osse in seinem testamentarischen Zeugnis von 1555/1556 über den desolaten Zustand einiger Wohn- und Lehrräume des Paulinums geklagt, in die es hineinregnete und die angeblich verfaulten:

> »die schonen herlichen gebeude werden nicht mehr in notdorftigem baulichem wesen gehalten [...] daß es [...] durch die decher hinein regent

39 Hartung: Bauten der Universität Leipzig (wie Anm. 10), S. 63.

> [und] die schonen gebeude vorfeulet, daß es, wi man besorgt, mit der zeit alles eingehen wird.«[40]

Womöglich rührte dieser bauliche Zustand noch vom Schmalkaldischen Krieg her, der immensen Schaden vor allem am Zwingerbau hinterlassen hatte. Von Osse scheint jedoch in erster Linie die Bewohner und die fehlenden finanziellen Mittel der Universität für die Schäden verantwortlich zu machen.

> »Wi wollen si auch dis stattliche Pauliner collegium erhalten, wan si so ubel hausen, daß si die vorigen eingehen und vorwusten lassen? Wurmit wollen si auch das Paulinum in wesen erhalten, weil der universitet einkommen durch abgang der notzung von so vil schonen habitacionibus, so wuste stehen, geschmelert wird?«[41]

Zu betonen ist, dass von Osse die Bibliothek nicht nennt, was er sehr wahrscheinlich getan hätte, wäre das Gebäude in ebenfalls desolatem Zustand gewesen, da die Bibliothek mit ihrem Buchbestand damals wie heute eine zentrale Institution innerhalb der Universität darstellte.

In den 1830er-Jahren wurde das Zwingerhaus durch einen Neubau, das Augusteum, ersetzt. Auch der Bibliothek waren, laut Marek, drei Säle und einige Nebenräume im Neubau zugedacht.[42] Allerdings wurde bald nach dem Umzug 1835 deutlich, dass die neuen Säle keine Lösung, sondern eine Notlösung darstellten. Friedrich Bülau berichtet, dass enorm wachsende Buchbestände – es ist von ca. 220.000 Bänden die Rede – und eine zunehmende Nutzung zu empfindlichen Platzproblemen in den Bibliotheksräumen des Augusteums führten:

> »Und schon trat die alte Noth, der Mangel an Raum zur Aufstellung der Bücher, in drückendster Weise wieder ein. Größere Abteilungen wurden hin- und hergeschafft, um einige Ellen Platz zu gewinnen, alle irgend benutzbare Räumlichkeiten verwendet, seltener benutzte Werke doppelt hintereinandergestellt, und durch das alles war die Ordnung einzelner Fächer zum Behuf ihrer Katalogisierung in hohem Grade erschwert, zum Theil unmöglich gemacht. So ward ein abermaliger Umzug der Bibliothek durch die Umstände dringend geboten.«[43]

Vor dem Rückzug in den ursprünglichen Bibliotheksbau, der sich »wegen eintretender, die Aufstellung ungemein erschwerender Umstände«[44] ab dem 15. Juni 1846 über zwei Monate hinzog, wurde zunächst die Bausubstanz des Mit-

40 Schriften Melchiors von Osse (wie Anm. 2), S. 395.

41 Ebd.

42 Michaela Marek: Rentabilität – Funktionalität – Repräsentation. Innerstädtische Bauaktivitäten der Universität Leipzig im 19. Jahrhundert. In: Marek, Topfstedt: Geschichte Leipziger Universitätsbauten (wie Anm. 9), S. 133–249, S. 140.

43 Bülau: Sr. Majestät Besuch der Universität Leipzig (wie Anm. 5), S. 93.

44 Ebd.

telpaulinums unter Geutebrücks Leitung begutachtet. Noch im Jahr des Umzugs in das Augusteum legte der Universitätsbaumeister eine Mängelliste der Bibliotheca Paulina vor, die den Zustand des Daches als baufällig und grundlegend sanierungsbedürftig beschrieb. Zudem wurden neben der Erneuerung der Küchen im Ostflügel »die baufälligen Balkenlagen, Stuben, Kammern und Kaminen abgetragen und dafür ein Auditorium zu dem in den ehemaligen Bibliotheks-Localen aufzustellenden naturhistorischen Sammlungen und fünf Stuben, eine Kammer und eine Küche für den Oeconomen und Aufwärter neu hergestellt« und »die steinerne Haupttreppe vergrößert«[45]. Vor allem aber wurde das Mittelpaulinum um eine Etage aufgestockt, was gegenüber den bisherigen Um- und Ausbauten einen entscheidenden Platzgewinn darstellte. Geutebrück rekonstruierte die schlichten Maßwerkfenster und verwendete so viel wie möglich vom historischen Dach wieder, so dass ein gotisch anmutendes Gebäude entstand. Nur der Süd- und Ostflügel erhielten, vermutlich aus wirtschaftlichen Gründen, einfache, rechteckige Fenster im zweiten Obergeschoss.

Nach zehn Jahren zog die Bibliothek 1846 wieder aus dem Augusteum aus und zurück in das erweiterte Mittelpaulinum. Doch durch das beschleunigte Anwachsen der Buchbestände aufgrund zahlreicher umfangreicher Schenkungen, wie Emil Friedberg dokumentiert,[46] wurde in der zweiten Hälfte des 19. Jahrhunderts bald deutlich, dass auch der neugewonnene Platz in der Bibliotheca Paulina auf lange Sicht nicht ausreichen würde. Die ersten dokumentierten Pläne für eine umfassende Neugestaltung gehen zurück auf das Jahr 1880, wie Marek schreibt. Auch diesmal wurde eine Erweiterung des Mittelpaulinums in Erwägung gezogen. Weitere Ideen sahen vor, das alte Gewandhaus zur Universitätsbibliothek umzubauen oder ganz in der Nähe des Paulinums einen Neubau zu verwirklichen.

Der Rentmeister Ernst Gebhardt (1839–1901) sprach sich dafür aus, die durch Feuchtigkeit stark angegriffene und angeblich kaum zu rettende Bausubstanz des Mittelpaulinums abzureißen und an derselben Stelle einen Neubau zu verwirklichen.[47] Arwed Roßbach (1844–1902), der Erbauer der Bibliotheca Albertina, hatte auch einen Entwurf mit erhaltenem Mittelpaulinum vorgelegt, allerdings befand der Rat der Stadt die ursprüngliche Bebauung mittlerweile als unwürdig, votierte für den Neubau der Bibliothek am heutigen Standort in der Beethovenstraße und ließ die Bibliotheca Paulina 1893, also zwei Jahre nach Eröffnung der Albertina, abtragen.[48]

45 Zit. n.: Marek: Rentabilität – Funktionalität – Repräsentation (wie Anm. 42), S. 148.

46 Friedberg: Universität Leipzig (wie Anm. 6), S. 75.

47 Marek: Rentabilität – Funktionalität – Repräsentation (wie Anm. 42), S. 203.

48 Ebd., S. 206.

Trotz dieses für den universitären Buchbestand sehr bewegten Jahrhunderts, Berichten von einem baufälligen Bibliotheksdach und ferner von Feuchtigkeit und Fäule zerfressener Gebäudeteile geben die Quellen keine Auskunft darüber, dass die historischen Buchbestände in Mitleidenschaft gezogen wurden. Vielmehr müssen wir auch in diesem Fall mit Blick auf den Bestand eher davon ausgehen, dass die Handschriften und Drucke – nach jetzigem Wissen – den äußeren Einflüssen gut standhielten.

10. Welche Schadensbilder zeigt der Bibliotheksbestand, die auf raumklimatische Einflüsse zurückgehen könnten?

Wie schon in den vorherigen Antworten an unterschiedlichen Stellen angedeutet, weist der Bestand der Handschriften und Drucke aus der Bibliotheca Paulina in seiner Gesamtheit keine eindrücklichen Schadensbilder auf, die auf meteorologische, transportbedingte oder raumklimatische Einflüsse in der Zeit zwischen der Bibliotheksgründung 1543 und dem Umzug des Buchbestandes in die Bibliotheca Albertina 1891 zurückgeführt werden können. Zudem sind keine größeren Abgänge von Handschriften belegt, die ein Indiz für die Beschädigung eines Teilbestands darstellen könnten. Des Weiteren müssten sich in den Quellen, die über die Geschichte der Stadt und die Universitätsgeschichte berichten, Nachrichten finden lassen, hätte die Bibliothek nennenswerten Schaden erlitten. Die Vermutung liegt also nahe, dass der Buchbestand aus Handschriften und Drucken über knapp 350 Jahre keinen extremen Bedingungen ausgesetzt war. Anzunehmen sind wohl eher geringere Einflüsse, wie z.B. das Ausbleichen der auf den Vorderdeckeln der Handschriften angebrachten Borner-Titelschilder einzelner Signaturenbereiche, die auf eine erhöhte Lichtbelastung für die auf den Pulten liegenden Bände hinweisen könnten.[49] Oder der in vielen Holzeinbänden vorliegende Wurmfraß, der aber für die hier vorgenommene Betrachtung eigentlich nicht aussagekräftig ist, da er auch aus den klösterlichen Aufbewahrungskontexten vor der Gründung der Universitätsbibliothek oder der späteren Lagerung nach 1891 stammen könnte. Es handelt sich bei Wurmfraß um ein übliches Phänomen, das regelmäßig an historischen Buchbeständen nachweisbar ist. Die Tatsache, dass es kaum Nagerfraß bei den Handschriften gibt, spricht dafür, dass der Bestand über die Jahrhunderte relativ sicher aufbewahrt und gepflegt wurde.

49 Siehe den Beitrag von Mackert/Sturm.

Nun sollen unsere Ausführungen aber nicht den Rückschluss nahelegen, dass es im Buchbestand der Universitätsbibliothek keine massiven Schadensbilder geben würde. Ganz im Gegenteil, natürlich gibt es diese. Nur stammen diese nicht aus dem hier beleuchteten Zeitraum 1543 bis 1891, also aus der Zeit der Bibliotheca Paulina, sondern aus den Zeiten davor oder danach:

Die medizinische Handschrift Ms 1206 beispielsweise, die im dritten Viertel des 15. Jahrhunderts in Italien geschrieben wurde, erlitt einige Jahre später wohl bei ihrem Transport über die Alpen nach Deutschland schwere Fäulnisschäden mit großen Blattausbrüchen. Bücher wurden damals häufig in Fässern transportiert, und um die Anzahl an Büchern pro Fass zu erhöhen, wurden die Codices ohne Einband verpackt. Es ist gut vorstellbar, dass das Bücherfass von Ms 1206 eine undichte Stelle hatte und unterwegs eingedrungenes Wasser lange unbemerkt den Büchern zusetzen konnte. Der neue Besitzer von Ms 1206, der Freiberger Arzt Nikolaus Münzmeister, besserte in den 1490-er Jahren die zerstörten Stellen mit neuem Papier aus und trug die fehlenden Textstellen eigenhändig nach, bevor das Buch in Freiberg seinen neuen Einband erhielt.[50] In diesem Zustand gelangte es wenige Jahrzehnte später über die Klosterbibliothek von Altzelle in die Bibliotheca Paulina.

Auch die juristischen Handschriften im Signaturenbereich Ms 982 bis Ms 989 weisen erhebliche Feuchtigkeits-, Fäulnis- und Schimmelschäden auf.[51] Die Schäden können allerdings erst im 20. Jahrhundert entstanden sein, da Rudolf Helssig diese in seinem Katalog zu den juristischen Handschriften von 1905 nicht dokumentiert.[52] In Ms 983 findet sich ein Nutzungszettel, der ähnlich wie die Handschrift Schaden nahm. Bei der Restaurierung der Handschrift wurde der beschädigte Zettel wieder im Buch angebracht. Auf ihm ist deutlich zu sehen, dass die letzte Nutzung vor der Auslagerung im Zweiten Weltkrieg ins Jahr 1941 datiert. Unter diesem Eintrag findet sich ein jüngerer Nutzungsvermerk, aus dem hervorgeht, dass die Restaurierung des Bandes vor 1968 beendet war. Offenbar liegt hier also ein Schaden vor, der aus der Zeit der Auslagerung im Zweiten Weltkrieg stammt. Wo und wie genau die Feuchtigkeit damals in die Handschriften eingedrungen ist, muss offenbleiben, sicher ist aufgrund der Schadensbilder, dass die Bände damals recht ungeordnet, teilweise auf dem Kopf standen.

---

50 Nicole C. Karafyllis, Jörg Overmann, Ulrich Johannes Schneider (Hgg.): Die kontaminierte Bibliothek. Mikroben in der Buchkultur. Leipzig: Leipziger Universitätsverlag 2021, S. 58.

51 Ebd., S. 1 und 96.

52 Rudolf Helssig: Katalog der lateinischen und deutschen Handschriften der Universitätsbibliothek zu Leipzig. Band 3: Die juristischen Handschriften. Leipzig: Hirzel 1905, S. 122 ff.

Für den Bestand der Bibliotheca Paulina aber kann festgehalten werden, dass in der Zeit zwischen 1543 und 1891 mit aller Wahrscheinlichkeit konstante und gemäßigte klimatische Rahmenbedingungen für die Lagerung der Handschriften und Drucke herrschten, da ähnliche Schadensbilder ansonsten nicht auftreten.

KATRIN STURM und CHRISTOPH MACKERT, unter Mitarbeit von
THOMAS THIBAULT DÖRING und REGINA JUCKNIES

Books in Motion – Handschriften und ihre Nachbarinnen

Eine Spurensuche in der Universitätsbibliothek Leipzig

1. Einleitung

Handschriften existierten und existieren üblicherweise nicht allein. Sie waren immer Teil einer Sammlung: von wenigen Büchern eines Privatbesitzers oder von großen institutionellen Bibliotheken. Sie lagen auf- und nebeneinander, standen beisammen, bildeten Gruppen innerhalb des jeweiligen Bestands mit seiner individuellen Ordnung und Aufstellung. Kurz: Sie hatten immer Nachbarinnen.

In der Arbeit des MIKROBIB-Verbunds hatte der Aspekt der Nachbarschaft für alle drei Teilprojekte besondere Relevanz. Ordnungsschemata und Weltwissenskonzepte, die im Teilprojekt A – gerade auch in ihrer Historizität – im Fokus standen, schaffen Strukturen über Nachbarschaft: sei es, dass Vorstellungen und Begriffe innerhalb eines Erklärungssystems miteinander in Beziehung gesetzt und damit in Nachbarschaft gebracht werden, sei es, dass sie paarweise als Gegensätze definiert und damit ebenfalls einander zugeordnet werden. Bei der Untersuchung des Mikrobioms von Handschriftenbänden wiederum, wie sie in Teilprojekt C durchgeführt wurde, spielt es für die Bewertung der Ergebnisse eine wichtige Rolle, wenn man weiß, in welchem Umfeld der Band stand: An speziellen Orten der Sammlung existieren bestimmte Mikroklimata und begünstigen wahrscheinlich bestimmte mikrobiologische Prozesse, die an anderen Orten innerhalb derselben Sammlung anders beeinflusst werden; Codices können sich mit ihren Nachbarbänden Berührungsgeschichten teilen, weil sie nebeneinander standen und entsprechend häufiger gemeinsam angefasst wurden, etwa wenn ein Text studiert wurde, der in mehreren nebeneinander aufgestellten Bänden überliefert ist, oder wenn sie im Zuge von bibliothekarischen Maßnahmen als Gruppen behandelt wurden; und Mikroben auf der Außenhaut eines Buches können mit dem Nachbarbuch direkt in Kontakt kommen. Daran anknüpfend war es für die Arbeit im buchwissenschaftlichen Teilprojekt B eine wichtige Frage, was wir über die Nachbarschaftsverhältnisse innerhalb der Leipziger Handschriftensammlung und speziell über die Nachbarschaft der beprobten Handschriften aussagen können. Und noch weitergedacht: Wenn benachbarte Handschriften Überschneidungen auch im Bereich des Mikrobioms haben (können), wird der mikrobiologische Befund sogar wesentlicher Teil der buchhistorischen Indizienkette, die Entstehungs- und Besitzgeschichte eines Codex erhellen soll.

Die Rekonstruktion von Nachbarschaftsverhältnissen in historisch gewachsenen Sammlungen ist allerdings schwieriger, als es zunächst scheinen mag: Denn ein historischer Bibliotheksbestand steht heute nur in seltensten Fällen noch genau an demselben Ort und in derselben Ordnung, wie er in den Jahrhunderten davor aufgestellt war. In der Regel wurde er das Objekt immer wiederkehrender Umordnungen, Erweiterungen oder Entnahmen, und auch der Bibliotheksraum wurde im Verlauf der Zeiten umgebaut oder wechselte gar gänzlich infolge von Umzug oder Neubau. Die heutigen Nachbarschaftsverhältnisse sind daher nur eine Momentaufnahme im Prozess einer permanenten, man könnte sagen: einer quasi tektonischen Bewegung innerhalb des Bestands.

Wie aber können wir Aussagen treffen über die Aufstellungs-, Ordnungs- und Nachbarschaftsverhältnisse innerhalb einer Sammlung zu früheren Zeiten? Hier kommen uns Spuren auf und in den Bänden zu Hilfe, die mit älteren Ordnungszuständen in Verbindung stehen: Aufschriften, Beschilderungen, Eintragungen. Auch haben sich häufig aus einzelnen Phasen der Bestandsgeschichte Dokumente wie Kataloge und Bibliotheksverzeichnisse erhalten, die helfen, die damalige Gestalt des Sammlungskörpers zu rekonstruieren.

Im Folgenden sollen die Möglichkeiten einer solchen Rekonstruktion für den Bestand europäischer Handschriften der Leipziger Universitätsbibliothek (UBL) von deren Gründung in den 1540er Jahren bis in die Jetztzeit durchgespielt werden. Dabei liegt der Fokus auf den mittelalterlichen Teilen der Leipziger Handschriftensammlung. Anhand von Titelschildern, Zahleneinträgen und Signaturen lassen sich im Abgleich mit historischen Bücherverzeichnissen zentrale Stationen von Um- und Neuordnung und ihre Folgen für die Nachbarschaftsverhältnisse von Handschriften und Handschriftengruppen fassen. Der Beitrag liefert damit erstmals eine Zusammenstellung der aussagekräftigen Spuren, die sich im Zuge der verschiedenen bestandsformenden Etappen auf den Handschriften (und auch auf Druckbänden) der UBL niedergeschlagen haben, und versteht sich damit als Hilfsmittel, um künftig die konkrete Nachbarschaft eines Bandes im Wechsel der Zeiten nachvollziehbar zu machen, ob nun für klassisch buchhistorische oder innovativ mikrobiologische Fragestellungen.

2. *Ausgangspunkt: Die heutige Signatur und die Ms-Signaturreihe*

In der Universitätsbibliothek Leipzig ist der Bestand der abendländischen Buchhandschriften heute weitestgehend in der Ms-Signaturreihe versammelt (»Ms« = Manuscriptum).[1] Binnenstrukturell liegt dem Ms-Fonds eine zeitliche Trennung nach Epochen zugrunde: Das Signaturensegment Ms 1–1999 ist für die mittelalterlichen Manuskripte vorgesehen, die neuzeitlichen Handschriften sind im Bereich Ms 2000–2999, im Corpus der sogenannten Nullgruppe (Ms 01–01518) sowie Neuzugänge unter Ms 3000 ff. zu finden.[2] Die Zuordnung der Handschriften zu den einzelnen Abschnitten ist dabei nicht bis ins Letzte trennscharf: Im mittelalterlichen Signaturensegment sind vereinzelt neuzeitliche Manuskripte eingestellt, in der Ms-Nullgruppe mehrere mittelalterliche Stücke.[3]

Die mittelalterlichen Handschriften reichen derzeit bis zur Signatur Ms 1752. Die (seltenen) Neuerwerbungen, Schenkungen und Zugänge aufgrund von internen Ordnungs- und Erschließungsmaßnahmen werden in laufender Nummernfolge hier einsortiert. Dem Großteil dieses Segments liegt aber von Ms 1 an das sogenannte Pertinenzprinzip zugrunde, d.h. Handschriften mit ähnlichen Inhalten stehen beieinander. Die Aufstellung orientiert sich dabei an dem historischen Fächerkanon (und damit dem Fakultätssystem) der spätmittelalterlich-frühneuzeitlichen Universität: Auf Theologie folgen Recht, Medizin und schließlich die Sieben Freien Künste, wie sie an der Philosophischen Fakultät unterrichtet wurden. Diese Fächerordnung läuft im Bereich der Ms 1500-er Signaturen

1 Weitere mittelalterliche Handschriften sind in den nach Sprachen oder Vorbesitzern bezeichneten Fonds der Codices graeci, der Codices Haeneliani, der Ms-Gabelentz- und der Apel-Handschriften enthalten. Seit 1962 betreut die UB Leipzig zudem als Depositum die Handschriften der Leipziger Stadtbibliothek (Signaturbereich Rep.), ebenfalls mit zahlreichen mittelalterlichen Stücken.

2 Zu den neuzeitlichen Handschriften der UB Leipzig im Überblick siehe Thomas Fuchs: Die neuzeitlichen Handschriften der Universitätsbibliothek. In: Thomas Fuchs, Christoph Mackert, Reinhold Scholl (Hgg.): Das Buch in Antike, Mittelalter und Neuzeit. Sonderbestände der Universität Leipzig. Wiesbaden: Harrassowitz 2012, S. 133–148; ebd., S. 162–165, zur Abtrennung zu den Nachlassmaterialien. Katalog der Ms 2000-er Handschriften: Thomas Fuchs: Die neuzeitlichen Handschriften der Signaturengruppe Ms 2000 (Ms 2001–Ms 2999) sowie kleinerer Bestände (Cod. Haen., Ms Apel, Ms Gabelentz, Ms Nicolai, Ms Thomas). Wiesbaden: Harrassowitz 2011. Katalog zu den Handschriften der Nullgruppe: Detlef Döring: Die neuzeitlichen Handschriften der Nullgruppe. Wiesbaden: Harrassowitz 2000–2005. Für die Bände des Ms 3000-er Segments liegt ein internes Verzeichnis vor. Sie werden sukzessive in den Verbundkatalog Kalliope eingearbeitet: https://kalliope-verbund.info/.

3 Neuzeitliche Handschriften im mittelalterlichen Segment sind z.B. Ms 1256, Ms 1496a, Ms 1579, Ms 1652 oder Ms 1683a; mittelalterliche Stücke im neuzeitlichen Bereich z.B. Ms 03, Ms 0330m, Ms 0403g, Ms 0403h, Ms 0403n, Ms 0529, Ms 0534, Ms 0737.

aus, danach schließen sich nach dem Numerus-currens-Prinzip Handschriften in der Abfolge ihrer Eingangs- oder Einarbeitungszeit an.[4]

In dem Teil des mittelalterlichen Ms-Bestands, der thematisch nach den vier historischen Fakultäten geordnet ist, sind schwerpunktmäßig die Handschriften des Gründungsbestands der Leipziger Universitätsbibliothek zu finden. Allerdings ist der heutige Zustand in vielfacher Hinsicht nicht deckungsgleich mit jenem Nucleus, wie er im mittleren 16. Jahrhundert erstmals zusammengestellt wurde. Was wir heute vor uns sehen, ist ein Ergebnis immer wieder neuer Umordnungen, Ergänzungen und auch Abgänge. Schauen wir uns also an, über welche Stationen der Leipziger Handschriftenbestand seine heutige Gestalt angenommen hat.

3. Stationen der Sammlungsgeschichte

3.1 Station A: Gründung der UB Leipzig, erste Aufstellung und erster Katalog der UB Leipzig

3.1.1 Caspar Borner und die Rahmenbedingungen

Die Geschichte der Universitätsbibliothek Leipzig und ihrer Handschriftenbestände beginnt in den 1540er-Jahren und ist aufs Engste mit dem Namen Caspar Borner (1492–1547) verbunden.[5] Ihm verdanken wir die Gründung der Univer-

4 Siehe hierzu Übersicht 1. Eine Zuweisung der Handschriften Ms 1 bis Ms 1671 zu inhaltlichen Großgruppen auch bei Rudolf Helssig: Die lateinischen und deutschen Handschriften der Universitäts-Bibliothek Leipzig, Bd. 3: Die juristischen Handschriften. Leipzig: Hirzel 1905 (Nachdruck Wiesbaden: Harrassowitz 1996), S. VII.

5 Zu Borner siehe Christian Alschner: Die Säkularisation der Klosterbibliotheken im albertinischen Sachsen (Mark Meißen, Leipzig und Pegau). Diss. masch. Universität Leipzig 1969, S. 30–34; Rainer Kößling: Caspar Borners Beitrag zur Pflege der studia humanitatis an der Leipziger Universität. In: Enno Bünz, Franz Fuchs (Hgg.): Der Humanismus an der Universität Leipzig. Akten des in Zusammenarbeit mit dem Lehrstuhl für Sächsische Landesgeschichte an der Universität Leipzig, der Universitätsbibliothek Leipzig und dem Leipziger Geschichtsverein am 9./10. November 2007 in Leipzig veranstalteten Symposiums. Wiesbaden: Harrassowitz 2009, S. 41–56; Thomas Thibault Döring: Caspar Borner und seine Bibliothek. In: Enno Bünz, Thomas Fuchs, Stefan Rhein (Hgg.): Buch und Reformation. Beiträge zur Buch- und Bibliotheksgeschichte Mitteldeutschlands im 16. Jahrhundert. Leipzig: Evangelische Verlagsanstalt 2014, S. 191–212; Thomas Fuchs: Buchdruck, Buchhandel und Büchersammlungen in Leipzig unter den Bedingungen antireformatorischer Politik (1519–1539). In: Thomas Kaufmann, Elmar Mittler (Hgg.): Reformation und Buch. Akteure und Strategien frühreformatorischer Druckerzeugnisse. Wiesbaden: Harrassowitz 2017, S. 105–127.

sitätsbibliothek Leipzig, wobei er seinen Einfluss als dreimaliger Rektor der Universität Leipzig nutzte.[6] Seine Amtszeiten standen im Zeichen der ab 1539 durch Heinrich den Frommen (1473–1541) und Moritz von Sachsen (1521–1553) im albertinischen Sachsen eingeführten Reformation. Auf die Initiative von Caspar Borner hin wurde das Dominikanerkloster St. Paul, das sogenannte Paulinerkloster, das sich als größtes der Leipziger Klöster innerhalb der Stadtmauer am südöstlichen Rand befand[7] und auf das auch der Leipziger Rat Besitzansprüche erhoben hatte, im Zuge der Säkularisation der Universität zugesprochen.[8] Damit konnte der Gebäudekomplex ganz für die Belange der Universität genutzt werden, womit nun auch die Einrichtung einer zentralen Bibliothek möglich wurde. Eine solche bestand an der 1409 gegründeten Universität bis dato nicht, sondern lediglich separate Büchersammlungen an einzelnen Fakultäten bzw. Institutionen. Die bedeutende Bibliothek der Leipziger Dominikaner, die schon länger von der Universität genutzt wurde,[9] bildete dabei sowohl räumlich als auch bestandsbezogen den Ausgangspunkt.

Dem Engagement von Caspar Borner ist es ebenfalls zu verdanken, dass die Buchbestände der Leipziger Stadtklöster sowie weiterer albertinischer Klöster für die Nachnutzung durch die Leipziger Universität gesichert wurden. Denn infolge der Reformation waren die Büchersammlungen der Klöster, Zeugnisse einer jahrhundertealten Wissenschaftskultur in der Region, dem Zugriff ganz unterschiedlicher Personen und Institutionen ausgesetzt,[10] womit die Gefahr verbunden war, dass sie verloren, vernichtet oder verstreut wurden. Borner begann mit der Durchsicht des Bestands des Dominikaner- bzw. Paulinerklosters;

---

6 Borner war in den Wintersemestern 1539/1540, 1541/1542 sowie 1543/1544 Rektor der Leipziger Universität.

7 Enno Bünz, Manfred Rudersdorf und Detlef Döring: Geschichte der Universität Leipzig 1409–2009, Bd. 1: Spätes Mittelalter und frühe Neuzeit 1409–1830/1831, Leipzig 2009, Karte 30; Enno Bünz: Klöster und Stifte. In: Enno Bünz (Hg.), unter Mitwirkung von Uwe John: Geschichte der Stadt Leipzig, Bd. 1: Von den Anfängen bis zur Reformation. Leipzig: Leipziger Universitätsverlag 2015, S. 482–498, S. 490–494, mit Grundriss des Klosters S. 491, Abb. 169. Zur Lage des Gebäudes siehe auch den Beitrag von Laura Rosengarten und Felix Schulze in diesem Band.

8 Manfred Rudersdorf: Weichenstellung für die Neuzeit. Die Universität Leipzig zwischen Reformation und Dreißigjährigem Krieg. 1539–1648/1660. In: Enno Bünz, Manfred Rudersdorf, Detlef Döring (Hgg.): Geschichte der Universität Leipzig 1409–2009. Bd. 1: Spätes Mittelalter und frühe Neuzeit 1409–1830/1831. Leipzig: Leipziger Universitätsverlag 2009, S. 331–515, S. 371. Endgültig in den Besitz der Universität gelangte das Paulinerkloster erst durch die Verordnung von Moritz und August von Sachsen vom 22. April 1544, vgl. ebd., S. 373.

9 Christoph Mackert: Bücher, Buchbesitz und Bibliotheken. In: Enno Bünz (Hg.), unter Mitwirkung von Uwe John: Geschichte der Stadt Leipzig, Bd. 1: Von den Anfängen bis zur Reformation. Leipzig: Leipziger Universitätsverlag 2015, S. 593–610, S. 600.

10 Vgl. u.a. Alschner: Säkularisation (wie Anm. 5), S. 31.

es folgten die Bestände des Leipziger Augustinerchorherrenstifts St. Thomas und des örtlichen Franziskanerklosters.[11] Aus dem Leipziger Benediktinerinnenkloster St. Georg dagegen wurden – wie aus allen anderen sächsischen Frauenklöstern – keine Bücher für den Neuaufbau ausgewählt und in die Universität überführt.[12] Nach den Leipziger Stadtklöstern weitete Borner sein Engagement auf weitere gelehrte Männerklöster des sächsischen Herzogtums aus und führte die ausgewählten Bände in den Räumlichkeiten des ehemaligen Paulinerklosters zusammen.[13] Damit verließen sie ihr klösterliches Umfeld und erhielten im universitären Zusammenhang neue Nachbarschaften.

3.1.2 Auswahl der Klosterbestände

Über die Vorgänge im Zuge von Inbesitznahme, Durchsicht, Auswahl und Transport der Klosterbestände berichten grundlegend Christian Alschner und Gerhard Loh,[14] die sich beide wiederum im Wesentlichen auf die Acta rectorum der Universität Leipzig[15] beziehen. Auch wenn das Wort Acta zunächst Faktentreue und Nähe zur »historischen Wahrheit« suggeriert, muss man sich vergegenwärtigen, dass es sich um Berichte der Universitätsrektoren handelt, die – um in heutigen Kategorien zu sprechen – als Rechenschafts- oder auch Tätigkeitsberichte gegenüber der Universität zu lesen sind. Dementsprechend müssen Leerstellen und eine subjektive Färbung des jeweiligen Berichterstatters[16] in Betracht gezogen werden.

---

11 Gerhard Loh: Geschichte der Universitätsbibliothek Leipzig von 1543 bis 1832. Ein Abriß. In: Zentralblatt für Bibliothekswesen. Leipzig: Bibliographisches Institut 1987, S. 15.

12 Mackert: Bücher, Buchbesitz und Bibliotheken (wie Anm. 9), S. 605.

13 Mit einer Übersicht der Klöster siehe Christoph Mackert: Geist aus den Klöstern. Buchkultur und intellektuelles Leben in Sachsen bis zur Reformation. Leipzig: Leipziger Universitätsverlag 2017, mit Karte S. 46 f. Zu den Vorgängen der Säkularisation im albertinischen Sachsen siehe Alschner: Säkularisation (wie Anm. 5); Loh: Geschichte UBL (wie Anm. 11), S. 11–17; Stefan Oehmig: Stadt und Säkularisation. Zum Verlauf und zu den Folgen der Aufhebung der Leipziger Klöster. In: Erich Donnert (Hg.): Europa in der Frühen Neuzeit. Festschrift für Günter Mühlpfordt, Bd. 5: Aufklärung in Europa. Köln u.a.: Böhlau 1999, S. 135–186.

14 Alschner: Säkularisation (wie Anm. 5), S. 30–34; Loh: Geschichte UBL (wie Anm. 11), S. 15–17.

15 Friedrich Zarncke (Hg.): Acta rectorum universitatis studii Lipsiensis inde ab anno 1524 usque ad annum 1559. Leipzig: Tauchnitz 1859.

16 Deutlich wird die persönliche Färbung von Borners Berichten beispielsweise an ausschmückenden und emphatischen Wendungen, welche die Schwere der Arbeit und damit die Leistung von Borner unterstreichen sollen, wie »summo frigore«, »horis diesbusque continuatis«, »sudore gravi et anxio labore« (Zarncke: Acta rectorum [wie Anm. 15], S. 273, Z. 37, 40 f.).

Seinen eigenen Rektoratsberichten zufolge nahm Borner eine gezielte Auswahl aus den Klosterbeständen vor.[17] Das bestätigt auch der Überlieferungsbefund: Wo wir anhand von Sequestrationsverzeichnissen Einblick in einzelne Klosterbibliotheken zum Zeitpunkt ihrer Aufhebung haben, zeigt der Abgleich mit den heute in der UBL vorhandenen Büchern aus der jeweiligen Provenienz, dass nur ein begrenzter Anteil des ursprünglichen Buchbestands in die Bibliotheca Paulina gelangte.[18] Die Frage stellt sich nur, ob eine Auswahl bereits vor dem Abtransport oder erst nach Zusammenführung in der Paulina stattgefunden hat. Klar ist, dass die liturgischen Bücher von vornherein in den Klöstern verblieben sein dürften, da sie für die Universität nicht relevant waren und wahrscheinlich auch zunächst weiter vor Ort für gottesdienstliche Zwecke verwendet wurden.[19] Jedenfalls besitzt die UBL keine einzige liturgische Handschrift, die auf

---

17 Zarncke: Acta rectorum (wie Anm. 15), S. 273; mit Paraphrase siehe Alschner: Säkularisation (wie Anm. 5), S. 31 f.

18 Sequestrationsverzeichnisse sind erhalten zu den Klöstern der Leipziger Dominikaner, Augustinerchorherren und Franziskaner sowie der Zisterzienser in Altzelle und der Benediktiner in Pegau und Chemnitz. Der Gesamtbestand dieser Klöster umfasste demnach um 1540 etwa 4.350 Bücher. Hinzuzurechnen wären die Bestände der Zisterzienser in Buch, der Franziskaner in Langensalza, der Dominikaner in Pirna und der Augustinerchorherren auf dem Petersberg bei Halle, über deren Größe uns keine Informationen vorliegen. Der älteste Katalog der UBL (vgl. unten bei 3.1.6 sowie Übersicht 2) führt insgesamt ca. 2.800 Bände auf, worunter rund 460 von Borner gestiftete waren, so dass 2.340 Paulina-Bände aus Klosterbesitz stammten. Wie viel aus einer einzelnen Klosterbibliothek in die Paulina gelangte, ist dabei sehr schwankend. Mackert berechnet für Altzelle ca. 30 Prozent erhaltenen Buchbesitz (Christoph Mackert: »Repositus ad Bibliothecam publicam.« Eine frühe öffentliche Bibliothek in Altzelle? In: Tom Graber, Martina Schattkowsky [Hgg.]: Die Zisterzienser und ihre Bibliotheken: Buchbesitz und Schriftgebrauch des Klosters Altzelle im europäischen Vergleich. Leipzig: Leipziger Universitätsverlag 2008, S. 85–170), für St. Thomas in Leipzig ca. 25 Prozent (Christoph Mackert: Die Bibliothek des Augustinerchorherrenstifts St. Thomas. In: Thomas Fuchs, Christoph Mackert [Hgg.]: 3 x Thomas. Die Bibliotheken des Thomasklosters, der Thomaskirche und der Thomasschule im Laufe der Jahrhunderte. Katalog zur gleichnamigen Ausstellung in der Bibliotheca Albertina vom 18. Oktober 2012 bis 20. Januar 2013. Leipzig: Leipziger Universitätsverlag 2012, S. 9–36, S. 16 f.). Aus Buch, Pirna und Langensalza sind in der UBL nur geringe Reste vorhanden. Die größte Teilprovenienz im UBL-Bestand machen Bücher aus dem Leipziger Dominikanerkloster aus.

19 Eine Kontinuität in der Nutzung liturgischer Bücher auch nach Einführung der Reformation belegen beispielsweise die ursprünglich für den Meißner Dom angefertigten Chorbücher, die 1579 nach Naumburg verbracht und bis in das 19. Jh. kontinuierlich weiterverwendet wurden, Matthias Eifler: Mittelalterliche liturgische Handschriften aus den Bistümern Naumburg, Merseburg und Meißen. Beobachtungen zum Entstehungsprozess, zum Inhalt und zur Verwendung in der Frühen Neuzeit. In: Jahrbuch für mitteldeutsche Kirchen- und Ordensgeschichte 11 (2015), S. 335–375. Für Leipzig ist eine vergleichbare Praxis für die Bände aus den Kirchenbibliotheken St. Thomas (heute: UBL, Ms Thomas 392 und 393) und St. Nicolai belegt, siehe hierzu Thomas Fuchs: Die Bibliothek der Thomaskirche. In: Thomas Fuchs, Christoph Mackert (Hgg.): 3 x Thomas. Die Bibliotheken des Thomasklosters, der Thomaskirche und der Thomas-

den Gründungsbestand zurückgeführt werden kann. Auffällig ist daneben das fast gänzliche Fehlen spätmittelalterlichen Andachtsschrifttums im Gründungsbestand der Paulina: Ob sich die Aussonderung dieser »katholischen« Literaturformen vor oder nach dem Transport vollzog, muss aber offenbleiben. Sicher bezeugt ist weiterhin, dass Borner nach der Gesamtdurchsicht der in Leipzig versammelten Bestände Dubletten ausschied,[20] wobei diese Aussage mit hoher Sicherheit nur auf gedruckte Bücher zu beziehen ist. Denn im Handschriftenbestand befinden sich zahlreiche Beispiele für Mehrfachüberlieferung desselben Texts.[21] Hier wird wohl das historisch-antiquarische Interesse von Borner entscheidenden Einfluss gehabt haben, Handschriften mit relevanten Texten möglichst breit aufzunehmen.[22]

Bei mehreren Klöstern konnte die Universität von Anfang an nur auf Teile oder Bruchteile der Buchbestände zugreifen. In den beiden Benediktinerabteien Pegau und Chemnitz gab es erhebliche Widerstände dagegen, Borner Zutritt zu gewähren und ihm Bücher auszuhändigen.[23] Ein prominentes Beispiel ist die Handschrift der Pegauer Annalen, die offenbar zurückgehalten wurde, weil sie für das Pegauer Kloster identitätsbildende Bedeutung hatte, und erst im

---

schule im Laufe der Jahrhunderte, Katalog zur gleichnamigen Ausstellung in der Bibliotheca Albertina vom 18. Oktober 2012 bis 20. Januar 2013, Leipzig: Leipziger Universitätsverlag 2012, S. 53–62, S. 55; Sebastian Kötz (Hg.): Dokumente des lutherischen Glaubens. Die Kirchenbibliothek von St. Nikolai in Leipzig, Katalog zur Ausstellung in der Bibliotheca Albertina Leipzig 11.03.2015–31.05.2015, Leipzig: Leipziger Universitätsverlag 2015, S. 36 f. Zu einem Teil wurden die liturgischen Bände später makuliert und als Einbandmaterial verwendet, siehe hierzu u.a. Mackert: Bücher, Buchbesitz und Bibliotheken (wie Anm. 9), S. 594 und dort v.a. Anm. 399; Christoph Mackert: Zwischen Schreckgespenst und Inspiration. Eine Ausstellung der UB Leipzig zum Geistesleben der sächsischen Klöster anlässlich des Reformationsjubiläums – mit spektakulären Neufunden. In: BIS – Das Magazin der Bibliotheken in Sachsen 10 (2017), S. 160–162, hier S. 162.

20 Zarncke: Acta rectorum (wie Anm. 15), S. 273.

21 Siehe hierzu beispielsweise die Handschriften Ms 144, Ms 145 und Ms 146, die alle drei die Postilla super epistolas canonicas des Nicolaus de Lyra überliefern, hierbei sogar dieselben Teile und überwiegend in derselben Reihenfolge, Rudolf Helssig: Die lateinischen und deutschen Handschriften der Universitäts-Bibliothek Leipzig, Bd. 1: Die theologischen Handschriften, Teil 1 (Ms 1–500). Leipzig: Hirzel 1926–1935 (Nachdruck Wiesbaden: Harrassowitz 1995), S. 158–160; alle drei Bände stammen aus dem Zisterzienserkloster Altzelle. Weitere Textdubletten begegnen massiert bei den Kirchenvätern, so sind die Moralia des Gregorius Magnus in beinahe 20 Klosterhandschriften im Bereich von Ms 288 bis Ms 311 vorhanden.

22 Mackert: Geist aus den Klöstern (wie Anm. 13), S. 54 f.; Thomas Thibault Döring: Die Auflösung der Klosterbibliothek Pegau. In: Leipziger Jahrbuch zur Buchgeschichte 28 (2020), S. 9–37, hier S. 14.

23 Zu den Geschehnissen in Pegau siehe Alschner: Säkularisation (wie Anm. 5), S. 31, 61 f., sowie ausführlich bei Döring: Auflösung der Klosterbibliothek Pegau (wie Anm. 22). Zu den Ereignissen im Chemnitzer Benediktinerkloster siehe Alschner: Säkularisation (wie Anm. 5), S. 31, 40 ff.

19. Jahrhundert über verschlungene Wege in die Universitätsbibliothek Leipzig kam.[24] Im Fall des Dominikanerklosters Pirna waren die klösterlichen Bücher bereits zu einem Großteil entfernt worden, als Borner zur Sichtung ankam.[25] Hier konnte er nur noch spärliche Reste der Bibliothek nach Leipzig verbringen lassen.

3.1.3 Katalogisierung der Bestände

Bei oder direkt nach der Zusammenführung der Bestände konnte Borner noch keine Durchsicht oder gar Katalogisierungsarbeiten durchführen. Grund hierfür waren Bauarbeiten vom August 1543 bis Februar 1546 innerhalb des (ehemaligen) Dominikanerklosters, um es für die Erfordernisse des universitären Lehrbetriebs aus- und umzubauen. Während dieser Zeit wurden die in Leipzig versammelten Bücher unter dem Dach verwahrt. Erst nach dem Abschluss der Bauarbeiten verbrachte man sie in die Bibliotheksräume,[26] wo Borner in der Mitte des Jahres 1546 mit der Durchsicht, Ordnung und Katalogisierung begann. Sein Ziel war die vollständige Verschmelzung der Bestände und eine gemeinsame sachliche Aufstellung nach den vier Fakultäten, wobei er nicht zwischen Hand- und Druckschriften trennte. Zur Inventarisierung geben die Acta rectorum der Universität Leipzig genauer Auskunft:[27]

> »Er nummerierte sie [die Bücher] und stellte sie nach den Nummern auf, dann verzettelte er sie, indem er Autor, Titel, Format und Beschreibstoff notierte. Danach wurden die Zettel systematisch geordnet und die Bücher nach den Nummern herausgezogen. Dadurch wurden alle Ausgaben einzelner Autoren oder eines einzelnen Werkes zusammengestellt.«[28]

Nach Abschluss der Bestandsaufnahme sollten die besten Ausgaben ermittelt, auf den Pulten ausgelegt und von Handwerkern angekettet werden. Weniger wichtige oder doppelte (Druck-)Exemplare sollten verkauft, makuliert oder in die Zellen, die als eine Art Magazin gedacht waren, zurückgebracht werden.[29]

---

24 UBL, Ms 1325; zur Handschrift und ihrer Geschichte siehe die Beschreibung von Christoph Mackert, URL: http://www.manuscripta-mediaevalia.de/dokumente/html/obj31570149 [zuletzt: 5.9.2021].

25 Alschner: Säkularisation (wie Anm. 5), S. 41, 62 f.

26 Alschner: Säkularisation (wie Anm. 5), S. 41; Loh: Geschichte UBL (wie Anm. 11), S. 28.

27 Zarncke: Acta rectorum (wie Anm. 15), S. 273.

28 Alschner: Säkularisation (wie Anm. 5), S. 32, als Übersetzung und Paraphrase der Angaben aus Zarncke: Acta rectorum (wie Anm. 15), S. 273.

29 Alschner: Säkularisation (wie Anm. 5), S. 32.

3.1.4 Integration von Borners Privatbibliothek in den Bestand der UBL

Caspar Borner starb am 2. Mai 1547 und hinterließ der Universität testamentarisch seine Privatbibliothek, die seitdem als Teil des Gründungsbestands angesehen wird. Durch diese Schenkung kam in größerem Umfang Literatur an die neu gegründete Bibliotheca Paulina, die bis dato nicht vorhanden war.[30] Auch quantitativ machte die Bibliothek Borners einen bedeutenden Teil des Bestandes aus. Dank eines neu aufgefundenen Bücherverzeichnisses aus den Anfangsjahren der Paulina (siehe ausführlich unter 3.1.6.), aus dem eine separate Aufstellung der von Borner gestifteten Bände hervorgeht, lässt sich der Umfang sehr genau beziffern:[31] Für sieben Pulte mit Büchern aus Borners Vorbesitz sind insgesamt 459 Bände verzeichnet, was in etwa 17 Prozent des damaligen Gesamtbestands entspricht.[32]

Bis Borners Bücher aus dessen Dienstzimmer im Paulinum in die Bibliothek überführt wurden, verging über ein halbes Jahr. Grund hierfür waren Erbstreitigkeiten mit Verwandten Borners. Nachdem diese beigelegt waren, wurden Bücher und Instrumente des Gelehrten am 21. November 1547 und den darauffolgenden Tagen in die Paulina-Bibliothek überführt.[33] Hier wurden die Bände zunächst in längliche Schränke geräumt (»oblonga scrinia«[34]), bevor sie bei den Klosterbeständen aufgestellt wurden.

Zur Identifizierung der Borner-Bände im Buchbestand der UB Leipzig haben insbesondere Sylvie Jacottet und Thomas Thibault Döring gearbeitet.[35] Als Kriterien für eine Zuweisung dienten ihnen dabei Schenkungsvermerke, Gebrauchsspuren wie eigenhändige Notizen oder Register sowie eine spezifische Form der Titelbeschriftung in Majuskeln auf dem vorderen oder seitlichen Schnitt.[36] Ein

---

30 Laut Thomas Thibault Döring: Caspar Borner und seine Bibliothek. In: Enno Bünz, Thomas Fuchs, Stefan Rhein (Hgg.): Buch und Reformation. Beiträge zur Buch- und Bibliotheksgeschichte Mitteldeutschlands im 16. Jahrhundert. Leipzig: Evangelische Verlagsanstalt 2014, S. 191–212, hier v.a. S. 193, verzeichneten die Bibliotheken der genannten Klöster ab dem 2. Viertel des 16. Jhs. kaum mehr Neuzugänge.

31 Bisher konnte der Umfang der Borner-Bibliothek nur teilweise rekonstruiert werden und wurde auf ca. 220 Bindeeinheiten geschätzt, Döring: Caspar Borner (wie Anm. 30), S. 193 f.

32 Im Verzeichnis sind 47 Pulte mit 2.779 Bänden dokumentiert. Siehe unten 3.1.6 sowie Übersicht 2.

33 Zarncke: Acta rectorum (wie Anm. 15), S. 334, Z. 44: »Eodem die et sequentibus [...]«.

34 Ebd., S. 334, Z. 45.

35 Sylvie Jacottet: Caspar Borner und seine Bücher. In: Einbandforschung 25 (2009), S. 21–33; Döring: Caspar Borner (wie Anm. 30), hier besonders S. 196–199.

36 Vgl. Döring: Caspar Borner (wie Anm. 30), S, 199. Jacottet, Caspar Borner (wie Anm. 35), S. 24, weist die Beschriftung Borner zu. Auf Grundlage dieser Kriterien konnten innerhalb der Ms-Handschriften folgende Stücke als Borner-Bände identifiziert werden: Ms 637, Ms 909,

weiteres Indiz ist eine spezielle Beschriftungsart der Titelschilder (siehe unten 3.1.5). Auch das erwähnte Bücherverzeichnis kann nun bei der eine Zuweisung eines Buches an Borner helfen.

3.1.5 Äußere Kennzeichnung des Gründungsbestands

Für die Rekonstruktion des Gründungsbestands ist es ein Glücksfall, dass die Bücher bereits sehr früh in der Paulina bis auf wenige Ausnahmen[37] durchgängig mit Titelschildern aus Papier versehen wurden, die man auf die Vorderdeckel klebte. Die Schilder sind bei kleinformatigen Bänden (Großquart bis Quart und Oktav) quadratisch und messen ca. 8 x 8 Zentimeter, bei großformatigen Bänden (Großfolio, Folio bis Kleinfolio) rechteckig und ca. 16 x 9 Zentimeter groß (Anhang Abbildungen 9 und 10).[38] Sie geben Titel und/oder Autoren der Texte des jeweiligen Bandes in markanter Tintenbeschriftung an: Sie setzt sich zusammen aus einer Anfangszeile mit drei bis sechs Großbuchstaben[39] in einer Capitalis quadrata, an die sich ab der Folgezeile der restliche Eintrag in einer humanistischen Kursive anschließt, wie sie für das mittlere 16. Jahrhundert typisch war.[40] Es handelt sich um eine leicht nach rechts geneigte Schrift, die in ihrer Zeilenhöhe etwa drei- bis viermal kleiner als die initialen Majuskelbuchstaben ist. Als charakteristische Buchstabenformen erscheinen Minuskel-»d«, -»b« und -»h«, die einen nach rechts ausgezogenen Querstrich am oberen Ende des Schafts aufweisen, Minuskel-»p«, dessen Schaft unten nach links ausschwingt, Majuskel-»T« mit einem diagonal verlaufenden Deckbalken (Anhang Abbildungen 9). Deutsche Titel erscheinen in Kurrentschrift, wohl von derselben

Ms 1286, Ms 1307, Ms 1463, Ms 1469, Ms 1473, Ms 1482. Weitere Druckbände bei Döring: Caspar Borner (wie Anm. 30) und Jacottet: Caspar Borner (wie Anm. 35) verzeichnet.

37 Einige Bände wurden nicht eigens mit Paulina-Titelschildern ausgestattet, wenn bereits aussagekräftige Titelschilder aus der klösterlichen Zeit vorhanden waren, so beispielsweise bei Ms 109, Ms 125, Ms 127, Ms 140 oder Ms 141.

38 Thomas Thibault Döring und Thomas Fuchs, unter Mitarbeit von Christoph Mackert, Almuth Märker und Frank-Joachim Stewing: Die Inkunabeln und Blockdrucke der Universitätsbibliothek Leipzig sowie der Deposita Stadtbibliothek Leipzig, der Kirchenbibliothek von St. Nikolai in Leipzig und der Kirchenbibliothek von St. Thomas in Leipzig (UBL-Ink). Wiesbaden: Harrassowitz 2014, S. IX f.; Döring, Caspar Borner (wie Anm. 30), S. 195; Katrin Sturm: Die Bücherschenkung des Petrus de Paulikow an das Große Fürstenkolleg der Universität Leipzig im Jahre 1459 und die Frühgeschichte der Kollegsbibliothek. In: Leipziger Jahrbuch zur Buchgeschichte 26 (2018), S. 9–46, hier S. 24.

39 Bei Ms 633 begegnen ausnahmsweise sieben Majuskeln.

40 Sturm: Bücherschenkung (wie Anm. 38), S. 24.

Hand[41] (Anhang Abbildungen 11). In der unteren rechten Ecke der Titelschilder ist regelmäßig entweder ein Minuskelbuchstabe[42] oder eine Kombination aus Majuskel und Minuskel desselben Buchstabens[43] (»Aa«, »Bb«, »Cc« ...; vgl. Anhang Abbildungen 9 und 14) eingetragen, der das Pult angibt, auf dem das Buch untergebracht war. Dies ergibt sich aus einem Vergleich mit dem oben erwähnten ältesten Bücherverzeichnis (siehe unten 3.1.6). Diese Pultangaben stammen von derselben Hand wie die Titelangaben, was sich u.a. an markanten Buchstabenformen wie Majuskel-»T« oder -»D«, Minuskel-»b«, -»d« oder -»h« zeigt.[44] Der Schriftduktus ist teilweise aufrechter, was mit einem höheren Sorgfaltsniveau oder eventuell auch mit einem gewissen Zeitabstand zwischen Titel- und Pulteinträgen zusammenhängen könnte. Die Tintenfarbe der Pultvermerke ist jedenfalls etwas dunkler, was auf einen separaten Arbeitsgang hindeuten könnte.

Mit der gleichen Beschilderungsart sind auch die Bände ausgestattet, die von Borner der Bibliotheca Paulina vermacht wurden. Allerdings ist hier die Schrift kalligraphischer ausgeformt, vor allem bei den Majuskeln.[45] Die Linienführung ist zarter, die Unterscheidung zwischen Grund- und Haarstrichen deutlich durchgeführt und die Schrift insgesamt stärker gelängt.[46] In der ersten Zeile ist daher Platz für mehr Großbuchstaben, gelegentlich erscheinen bis zu acht, wie im Falle von Ms 637, wo das erste Wort des Titels »OPVSCULA« vollständig in Versalien wiedergegeben ist (Anhang Abbildungen 12). Die Schreibhand ist nach Ausweis von Buchstabenformen und Duktus dieselbe wie bei den Schildern der Klosterbände.

Bislang war unklar, wie weit die Ordnungsarbeiten und die Aufstellung des Paulina-Bestands bei Borners Tod fortgeschritten war. Anhand der Acta-Berichte und unter Berücksichtigung des frühen Bibliotheksverzeichnisses sowie der Unterschiede in der Titelschild-Ausführung lässt sich nun Folgendes

---

41 Z.B. Ms 949, Ms 953; in beiden Fällen das Schild ohne Capitalis-Aufschrift.

42 Z.B. Ms 981: »t«; Ms 992: »s«.

43 z. B Ms 93: »Pp«; Ms 102: »Tt«; Ms 284: »Dd«; Ms 294: »Mm«; Ms 295: »Mm«; Ms 300: »Nn«; Ms 301: »Nn«; Ms 302: »Nn«; Ms 303: »Nn«; Ms 312: »Nn«; Ms 313: »Nn«; Ms 349: »Ll«.

44 Gut zu erkennen z.B. auf den Titelschildern von Ms 102 oder Ms 284.

45 Möglicherweise schlägt sich hier eine besondere Wertschätzung der Borner-Bände nieder, vgl. hierzu auch 3.1.6. Dieses Merkmal nicht bei Jacottet: Caspar Borner (wie Anm. 35), und Döring: Caspar Borner (wie Anm. 30); Friederike Berger: Einleitung zum Katalog der griechischen Handschriften in der UB Leipzig, im Druck, unter Berufung auf mündliche Auskunft von Christoph Mackert.

46 Besonders auffällig beim Majuskel-»S« (vgl. die Titelschilder von Ms 637 oder Ms 1482) oder auch beim Majuskel-E, das einen verkürzten oberen Deckbalken hat (vgl. die Titelschilder von Ms 909 oder Ms 1307).

rekonstruieren: 1546 sind nach Abschluss der Bauarbeiten im Paulinum die aus den Klöstern stammenden Bücher in die Bibliotheksräume verbracht worden, so dass die Inventarisierungs- und Ordnungsarbeiten ab der Mitte des Jahres 1546 durch Borner vor Ort beginnen konnten. Im Bibliotheksverzeichnis des 16. Jahrhunderts erscheinen die Klosterbestände getrennt aufgestellt von den Borner-Büchern. Dies bestätigen die Pultbezeichnungen auf den Borner-Titelschildern, die von »a« bis »g« reichen: Die Borner-Bände wurde also en bloc dem bereits bestehenden Paulina-Bestand vorangestellt. Die Verschmelzung der klösterlichen Bücher zu einem thematisch geordneten Gesamtbestand muss folglich abgeschlossen gewesen sein, als Borners Bücher in die Paulina kamen. Auch die Abweichungen in der Ausführung der Titelbeschilderung zeigt, dass es zwei Phasen gab, getrennt für Klosterbestände und Borner-Stiftung. Die Durchsicht, Selektion und Aufstellung der Klosterbände muss also bei Borners Tod weitestgehend abgeschlossen gewesen sein. Die Titelschilder dieser Bücher dürften daher auf 1547 zu datieren sein.[47]

3.1.6 Der älteste Katalog der UB Leipzig

2019 hat Thomas Thibault Döring im Sächsischen Hauptstaatsarchiv Dresden ein Bücherverzeichnis der Bibliotheca Paulina gefunden und damit den ältesten bekannten Katalog der Bibliothek identifiziert.[48] Er umfasst 159 beschriebene Blätter aus Papier in einem Schmalformat.[49] Geschrieben wurde das Verzeichnis durchgehend wohl von derselben Hand. Der Schriftduktus ändert sich zwar im vorderen Bereich des Verzeichnisses[50] von stark nach rechts geneigt zu deutlich aufrecht, die Veränderung verläuft jedoch sukzessive, und auch markante Buchstabenformen bleiben konstant. Als Schriftart verwendet der Schreiber für lateinische Einträge eine humanistische Kursive, für deutschsprachige Einträge eine Kurrente.

47 Diese Datierung wird auch durch ein Wasserzeichen unterstützt, das sich im Papier des Titelschilds von UBL, Jus.can.112n:1 bis n:5/6 gefunden hat (heute abgelöst und mit den Einbandfragmenten unter Ms 1726 aufbewahrt): Das Zeichen selbst ist zwar fragmentiert, lässt sich aber einem auf 1549 datierten Wasserzeichenbeleg zuordnen, ohne mit diesem völlig übereinzustimmen: WZIS, AT3800-PO-118775 (1549, Meran). Wir danken Sylvia Kurowsky (Leipzig) für die Wasserzeichenuntersuchung.

48 Der Katalog wird im Sächsischen Hauptstaatsarchiv Dresden, Geheimer Rat (Geheimes Archiv), Loc. 10535/21, aufbewahrt.

49 Die Blätter des Verzeichnisses sind nicht foliiert. Die im Folgenden gegebenen Blattangaben beziehen das leere Blatt als Bl. 1 in die Zählung ein.

50 Etwa bei Bl. 14r/v (Pult III).

Vom Hauptstaatsarchiv wird das Verzeichnis in die Zeit um 1573 gesetzt.[51] Tatsächlich belegt der Rektorfiskus unter der Ägide von Petrus Lossius[52] für das Wintersemester 1575/1576 die Ausgabe von 5 Gulden und 9 Groschen »pro libro seu Indice Bibliothecae misso Illustriss[imo] Electori«,[53] woraus hervorgeht, dass ein Bibliothekskatalog – oder genauer gesagt: die Abschrift eines solchen[54] – aus Leipzig 1575/1576 dem sächsischen Kurfürsten nach Dresden übersandt wurde. Inhaltlich erweist sich der Katalog aber als schriftliche Fixierung der Aufstellung aus dem Ende der 1540er-Jahre, womit der Grundbestand der Universitätsbibliothek für uns konkrete Gestalt gewinnt. Auch fällt die große Ähnlichkeit der Schreibhand zu jener der Paulina-Titelschilder von 1547 auf, die vom allgemeinen Schriftduktus (Anhang Abbildungen 13)[55] über die Scheidung der Schriftarten bei Latein und Volkssprache bis hin zur Gestaltung der Majuskeln und zu Details wie »u«-Markierung und markanter Nasalkürzung reicht (Anhang Abbildungen 13). Beide Hände dürften also als identisch anzusehen sein.

In diesem Zusammenhang ist von Interesse, dass den Acta rectorum zufolge Laurentius Rülich 1556,[56] also noch drei Jahre, bevor er offiziell das Amt des Bibliothekars der Paulina bekleidete, vom Kurfürsten den Auftrag erhielt, ein Bibliotheksverzeichnis zu erstellen.[57] Bei seinen Arbeiten wurde er unterstützt von denselben Kuratoren, die bereits 1550 in den Acta rectorum erwähnt wurden, was die Schreiberidentität von Katalog und Schildern verständlich macht.[58]

Die Bibliotheca Paulina umfasste in ihren Anfangsjahren demnach 2.800 Bände, die auf 47 Pulten untergebracht waren.[59] Wie bereits erwähnt, hatte Cas-

---

51 Ein Terminus ante quem ergibt sich auf Grundlage der Neuordnung des Bestands durch Trübenbach 1593.

52 Petrus (bzw. Peter) Lossius (Losse, Lose) (1542–1602) promovierte 1567 zum Magister, 1573 zum Bacchalar der Theologie. Von 1570 bis 1576 stand er der Leipziger Universitätsbibliothek vor; 1576 ging er nach Danzig, Loh: Geschichte UBL (wie Anm. 11), S. 30 und 109 mit Anm. 64.

53 Zit. n. Loh: Geschichte UBL (wie Anm. 11), S. 128, Anm. 366.

54 Ebd., S. 128, Anm. 367. Für eine Abschrift spricht auch die Sorgfalt, mit welcher der Katalog angelegt und geschrieben wurde.

55 Der aufrechte Schriftduktus der ersten Seiten passt gut zur der Schrift für die Titeleinträge, bei der durchgehend eine Rechtsneigung zu beobachten ist. Der ab Pult vier einsetzende aufrechte Duktus ist gut vergleichbar mit den Pultbezeichnungen in der rechten unteren Ecke der Titelschilder.

56 Laurentius (bzw. Lorenz) Rülich (1523–1570); Rülich promovierte 1555 zum Magister, 1573 zum Bacchalar der Theologie, Loh: Geschichte UBL (wie Anm. 11), S. 109, Anm. 63.

57 Vgl. ebd., S. 29 und 83 f.; mit Verweis auf Zarncke: Acta rectorum (wie Anm. 15), S. 446: » [...] III: Vt bibliothecam curet, in qua primum danda opera, vt inuentarium librorum habeamus.«

58 Loh: Geschichte UBL (wie Anm. 11), S. 30.

59 Vgl. Übersicht 2.

par Borner bei der Aufstellung nicht zwischen Handschriften und Drucken getrennt. Auch das Verzeichnis erwähnt üblicherweise nicht, ob ein Buch geschrieben oder gedruckt ist. Vereinzelt begegnet eine Angabe wie »scriptum«[60] oder »manu scriptum«[61], in der Regel dann, wenn handschriftliche und gedruckte Exemplare desselben Werks nacheinander aufgeführt sind.[62] Vereinzelt wird vermerkt, aus welchem Beschreibstoff Handschriften gefertigt waren, wobei überdurchschnittlich oft Pergament im Gegensatz zu Papier erwähnt ist.[63]

Anhand des Verzeichnisses lassen sich erste Aussagen über die konkrete Aufbewahrung der Bände formulieren. Grundlage für die folgenden Ausführungen ist eine Stichprobenuntersuchung, in der soweit wie möglich für die vier medizinischen Pulte XXI-XXV die Bände im heutigen Handschriften- und Druckbestand identifiziert und gesichtet wurden.[64]

Die identifizierten Bände bezeugen den bereits beschriebenen Befund aus dem Verzeichnis und den Pultbezeichnungen der Titelschilder, dass die von Borner gestifteten Bücher den Klosterbeständen vorangestellt waren. Folglich waren sie ausschließlich auf den ersten sieben Pulten (I–VII, Bezeichnung: »a« bis »g«) versammelt.[65] Nach diesem Block folgten die Pulte VIII bis XIV mit artistischen Bänden, was verwundern muss, da die Pultfolge nicht – wie sonst für mittelalterliche Bibliotheken üblich – mit der Theologie einsetzte. Irritierend ist auch, dass das Verzeichnis am Ende auf den Pulten XLIII bis XLVII nochmals Artes-Bücher auflistet. Eine Erklärung könnte in der Verteilung der Pulte im Raum zu sehen sein, wobei die fortlaufende Zählung der Pulte nicht unbedingt identisch mit der zugrundeliegenden Wissensordnung sein musste. Vielmehr ist zu vermuten, dass die thematische Ordnung der Pulte der klassischen Ordnung entsprach und die theologischen Bände in einem zentralen Bereich platziert waren. Vorstellbar ist etwa Folgendes: Die Pulte dürften im nördlichen, zweischiffigen Flügel rechts und links an den Wänden bzw. zwischen den Säulen, im westlichen dreischif-

60 Z.B. VIII,28: »Prisciani opus scriptum«.

61 Z.B. XIII,28: »Chronica manu scripta pergameno«.

62 Z.B. VIII,27–30: Die Einträge enthalten Priscian-Ausgaben; eigens herausgehoben ist der Eintrag VIII,28 mit dem Zusatz »scriptum«, der wohl die Handschrift Ms 1232 bezeichnet. III,28 und III,29 funktionieren entgegengesetzt: Hier ist der Druck (III,29) des Valerius Maximus als Aldine bezeichnet, der Eintrag III,28, mit dem die Handschrift Ms 1307 gemeint sein dürfte, steht ohne Spezifizierung.

63 Z.B. XIII,28: »Chronica manu scripta pergameno«; XXII,18: »Almansoris decem libri cum Synonimis Rasis in membranis«; XXXVI,70: »Gregorij excerpta Moralium in pergameno«. Nur selten begegnet die Bezeichnung Papier, z.B. XIII,29: »Chronicum scriptum in papyr[o]«.

64 Einen Ausschnitt aus dieser Stichprobe (Pult XXI) bietet Übersicht 3.

65 Die Bezeichnung für die Pulte ist bei Titelschildern und Verzeichnis unterschiedlich: Während auf den Schildern eine Bezeichnung nach Buchstaben gewählt wurde, ist im Verzeichnis die übliche Bezeichnung über Ordinalzahlen realisiert.

figen Flügel dreireihig gestanden haben. Sie wurden vom Eingang der Bibliothek wohl entweder links- oder rechtsherum gezählt, was einen Rundgang vom nördlichen Flügel über den westlichen Flügel und wieder zurück zum nördlichen Flügel ergibt.[66] Im nördlichen Flügel trafen also die ersten Pultnummern mit den letzten der artistischen Bände zusammen.[67]

Als Aufbewahrungsform selbst nennt das Verzeichnis Pulte. Dies ist auch die übliche Aufbewahrung für Handschriften und Drucke in gelehrten Institutionssammlungen bis in das 17. Jahrhundert hinein. Angesichts der großen Menge von 2.800 Bänden, die in der neuen Universitätsbibliothek untergebracht werden mussten, ist davon auszugehen, dass auf die vorhandenen Pulte der Dominikanerbibliothek zurückgegriffen wurde, die bei der Säkularisierung zu den bedeutendsten Bibliotheken der Region zählte. Einerseits wäre eine Neuanfertigung viel zu kostspielig gewesen, andererseits geben die Acta rectorum keine Auskunft über mögliche Aufträge oder Ausgaben für neue Pulte. Damit dürfen wir für die Paulina von Doppelpulten ausgehen.[68] Wie genau die Pulte aussahen, muss offenbleiben, sicher aber müssen sie nach Ausweis des Katalogs Platz für eine große Zahl von Bänden geboten haben, wahrscheinlich in verschiedenen Gefachen unter- und evtl. oberhalb einer Ablage- und Arbeitsfläche. Wie die durchgehend auf die Vorderdeckel montierten Titelschilder belegen, müssen die Bände in der Paulina grundsätzlich liegend aufbewahrt worden sein. Hierfür sprechen auch die verbreiteten Lichtschäden, die an den Aufschriften der Schilder zu beobachten sind. Diese variieren von Pult zu Pult, es gibt etwa Schilder, die nahezu unbeschädigt sind, aber auch solche, die infolge der Lichteinwirkung kaum mehr lesbar sind. Häufig ist ein signifikanter Umbruch des Schädigungsgrads auch innerhalb eines Pultes zu beobachten, was ersichtlich macht, dass einerseits die Pulte insgesamt unterschiedlichen Lichtbedingungen ausgesetzt waren (etwa durch ihre Lage zu den Fenstern), dass aber auch auf den Pulten Zonen unterschiedlicher Lichteinwirkung bestanden (etwa durch die verschiedenen Gefache).

---

66 Zur Architektur und zur Lage der Bibliotheca Paulina siehe den Beitrag von Laura Rosengarten und Felix Schulze in diesem Band; zum Grundriss siehe Bünz: Klöster und Stifte (wie Anm. 7), S. 491, Abb. 169.

67 Diese Anordnung bzw. dieser Rundgang erklärt, warum die Wissenschaft, die im Nordflügel stand, geteilte Pultnummern aufweist: Hier, bei der ersten Aufstellung, wären dies die Artes-Bände; später bei Trübenbach und seinen Nachfolgern, wies die Theologie die geteilten Pultnummern auf, vgl. hierzu die Ausführungen bei Anm. 84.

68 Vgl. den Bibliothekskatalog der Dominikaner von 1514 (Thüringer Universitäts- und Landesbibliothek Jena, Ms. App. 22 A [5]). Doppelpulte waren ebenfalls bei den Thomanern in Leipzig in Gebrauch, Mackert: Bibliothek von St. Thomas (wie Anm. 18), S. 30.

Aus dem ältesten Bücherverzeichnis der Paulina ergibt sich noch ein weiterer wichtiger Aspekt unter dem Gesichtspunkt der Nachbarschaft. Es fällt nämlich auf, dass innerhalb thematischer Einheiten Bücher derselben Klosterprovenienz weitestgehend zusammenstanden. Beispielsweise lässt sich das bei den Moralia in Hiob des Gregorius Magnus zeigen: So sind auf Pult XXXV zunächst die Bände aus dem Dominikanerkloster versammelt,[69] auf Pult XXXVI folgen ebenfalls nach Provenienzen gruppiert Bände aus dem Augustinerchorherrenstift auf dem Petersberg bei Halle[70] und dem Leipziger Augustinerchorherrenstift St. Thomas.[71] Dasselbe Phänomen ist bei den medizinischen Pulten zu beobachten, nur dass hier fast regelmäßig Bände aus dem Zisterzienserkloster Altzelle als erste verzeichnet sind und Bände aus dem Dominikanerkloster folgen.[72] Damit scheint also eine Art provenienzbegründete Nesterbildung pro Werk, Autor oder auch Textsorte vorzuliegen, was bedeutet, dass wohl keine vollständige Neuordnung des Bestands bis in das kleinste bibliothekarische Detail hinein durchgeführt wurde. Für zahlreiche Bücher dürfte also eine gewisse Konstanz in ihrer engsten Nachbarschaft über die Säkularisation hinaus bestanden haben.

Nicht übersehen werden darf bei der Aufstellung und Verteilung der Bände auf die unterschiedlichen Pulte die Bedeutung der Formate: So befinden sich bei Moralia in Hiob auf Pult XXXV die Bände im übergroßen Folioformat (ab ca. 31 Zentimeter Rückenhöhe) und auf Pult XXXVI solche im normalen Folio- oder Quartformat (bis ca. 30 Zentimeter Rückenhöhe).[73] Dass die Bände teilweise ihren Formaten nach aufgestellt waren, belegt auch ein Bericht von Joachim Feller, als er 1675 die Leitung der Bibliotheca Paulina übernahm.[74] Genauere Aussagen – sowohl zur Aufstellung der Pulte als auch zur Anordnung

69 XXXV,11 (Ms 294) und XXXV,12 (Ms 295).

70 XXXVI,60 = Ms 300; [XXXVI,61] = Ms 301; XXXVI,62 = Ms 302; XXXVI,63 = Ms 303.

71 XXXVI,70 = Ms 313.

72 Bei den Werken des Avicenna auf Pult XXI lässt sich beispielsweise folgende Reihenfolge rekonstruieren: XXI,1 = Ms 1137 (Altzelle); XXI,3 = Med.arab.18 (Dominikaner), XXI,6 = Med.arab.20 (Dominikaner); bei den Werken des Hali Abbas ergibt sich die Reihung XXI,19 = Ms 1131 (Altzelle); XXI,20 = Ms 1119 (Dominikaner); XXI,21 = Med.arab.11 (Dominikaner).

73 XXXV,11 = Ms 294 (Folioformat, Abmessungen: 35-36 x 25,5-26 Zentimeter); XXXV,12 = Ms 295 (35–36 x 25,5–26 Zentimeter); die Identifikation beider Bände auf Pult XXXV ist aufgrund der erhaltenen Buchstabenkombination Mm sicher. XXXVI,60 = Ms 300 (Quartformat, Abmessungen: 26,5 x 16,5–17,5 Zentimeter); XXXVI,62 = Ms 302 (Quartformat, Abmessungen: 26,5 x 16,5–17,5 Zentimeter); XXXVI,63 = Ms 303 (Quartformat, Abmessungen: 26,5 x 16,5–17,5 Zentimeter); XXXVI,68 = Ms 312 (Folioformat, Abmessungen: 30 x 21 Zentimeter).

74 Siehe unten bei Anm. 92. Feller bezieht sich dabei auf die Aufstellung, wie sie Ende des 16. Jahrhunderts durch Trübenbach angelegt wurde (siehe 3.2), doch dürfte die Orientierung an den Formaten als Grundkonstante übertragbar sein.

und Auslage der Bände – sind freilich erst möglich, wenn für sämtliche Segmente des Verzeichnisses eine Identifikation der heutigen Bände erfolgt ist.

Eine Spur, welche die erste Aufstellung innerhalb der Paulina auf den Büchern hinterlassen hat, sind Zahlenvermerke, die auf zahlreichen Titelschildern mittig etwas oberhalb der Capitalis-Zeile eingetragen sind und die der Nummer des Bibliotheksverzeichnisses entsprechen.[75] Sie sind fast durchgehend von einer späteren Hand gestrichen und durch jüngere Zahlen, die sich auf eine andere Anordnung der Bücher in den Pulten beziehen, überschrieben oder ergänzt worden (siehe 3.2). Der paläographische Befund deutet auf das 16. Jahrhundert, wobei die Zahlen nicht von derselben Hand zu stammen scheinen wie der übrige Titeleintrag oder die Pultbezeichnung auf den Schildern. Sie dürften daher erst im Anschluss an die Fertigstellung des Verzeichnisses auf die Titelschilder geschrieben worden sein.

Die Verbindung zwischen den noch von Borner initiierten Titelschildern für den klösterlichen Grundbestand der Leipziger Universitätsbibliothek und dem Bücherverzeichnis von 1573 lässt es zu, dass wir heute ein sehr genaues Bild von den Buchbeständen der Paulina in der zweiten Hälfte des 16. Jahrhunderts und deren Aufstellung rekonstruieren können. Ausgehend von diesem Befund sind nun auch detaillierte Aussagen zu den frühesten Nachbarschaftsbeziehungen möglich, die die Codices in der Paulina hatten. Nicht einmal 50 Jahre später sollten sich diese jedoch für zahlreiche Bände wieder ändern.

3.2 Station B: Erste Umordnungen des Bestands Ende des 16. Jahrhunderts

Gerhard Loh kann für die ersten Jahrzehnte der Universitätsbibliothek erstaunlich gut nachweisen, dass es durchaus im Interesse der Universität lag, dass die Bibliothek genutzt und nicht nur als bloße Aufbewahrungsstätte alter Bücher fungieren sollte. So ist beispielsweise für das Jahr 1547/1548 belegt, dass die Universität von den in Leipzig versammelten Landständen sowohl eine feste Besoldung des Bibliothekars als auch einen festen jährlichen Etat für Neuerwerbungen von 100 Gulden erbeten hatte.[76] Zwar scheint dieses Ersuchen ohne Erfolg geblieben zu sein, doch traf die Universität in den folgenden Jahren die

75 Z.B. gut zu sehen auf dem Titelschild von Ms 302, auf dem »62« gestrichen erscheint, siehe Anhang Abbildungen 14. Ebenfalls gut erhalten sind die Zahleinträge auf Ms 302, Ms 303, Ms 312 oder Ms 1482.

76 Loh: Geschichte UBL (wie Anm. 11), S. 28.

Entscheidung, der Bibliothek jährlich 20 Gulden für die Erwerbung von Literatur zur Verfügung zu stellen.[77] In diesem Zusammenhang dürfte auch die Einführung von Öffnungszeiten zu sehen sein: Ab 1550 sollte die Bibliothek an zwei Wochentagen – nämlich am Montag und Samstag – geöffnet sein; Bücher sollten dabei jedoch nicht mit außer Haus genommen werden.[78] Mit dieser Wendung hin zu einer Öffnung und Benutzung der Bibliothek blieb letztlich auch eine Arbeit am Bestand, Ordnung und Katalogisierung verbunden.

Eine solche ist für das letzte Viertel des 16. Jahrhunderts konkret zu greifen: Wolfgang Trübenbach, der sich seit 1577 bis zu seinem Tod 1598 um die Belange der Leipziger Universitätsbibliothek kümmerte,[79] ließ den Buchbestand vollständig umordnen. Sowohl die Quellen als auch die bisherige Forschungsliteratur geben keine Auskunft, worin genau die Bestandsneu- bzw. -umordnung bestand. Anhaltspunkte liefern jedoch die Katalogsituation und die Bände selbst mit ihren Titelschildern.

Es ist belegt, dass Trübenbach während der Umordnungsaktion an zwei Katalogen arbeitete – einem Standortkatalog sowie einem alphabetischen Katalog. Offenbar sind die Kataloge allerdings erst 1601 durch Trübenbachs Nachfolger Johann Friedrich (1563–1629) vollendet und anschließend auch benutzt worden.[80] Dafür spricht ein Verzeichnis, das Bücher listet, die 1630 in der Paulina

77 Vgl. ebd. In den Anfangsjahrzehnten der Paulina wurden aufgrund der begrenzten finanziellen Mittel nur wenige Bücher neu angekauft, siehe hierzu im Überblick Loh: Geschichte UBL (wie Anm. 11), S. 65 f. Zum Eingang der Privatbibliothek des Johannes Steinmetz d. Ä. (1559–1607), die einen beachtlichen Teil aus dem Vorbesitz von Johannes Schröter enthielt und bisher fälschlicherweise Moritz Steinmetz zugeschrieben und die Stiftung daher noch ins 16. Jahrhundert gesetzt wurde, siehe Thomas Thibault Döring: Bücher aus dem Vorbesitz von Johannes Schröter (1513–1593) im Bestand der Universitätsbibliothek Leipzig. In: Leipziger Jahrbuch zur Buchgeschichte 27 (2019), S. 9–57, mit Zusammenfassung auf S. 9 f.

78 Ebd.

79 Wolfgang Trübenbach (gest. 1598) promovierte 1565 zum Magister, von 1579 bis 1597 war er Professor für Logik und ab 1597 für Physik, vgl. Loh: Geschichte UBL (wie Anm. 11), S. 109, Anm. 66. Für Trübenbachs Amtszeit sind außerdem Geldausgaben für eine bessere Ausstattung der Bibliothek belegt, beispielsweise für neue Eisenketten und neue Schlösser, vgl. ebd., S. 30. Trübenbach vermachte der UBL seine Büchersammlung, darunter die neuzeitlichen Handschriften Ms 2488–Ms 2495, die heute noch im Bestand der UBL nachweisbar sind vgl. Thomas Fuchs: Die neuzeitlichen Handschriften der Signaturengruppe Ms 2000 (Ms 2001–Ms 2999) sowie kleinerer Bestände (Cod. Haen., Ms Apel, Ms Gabelentz, Ms Nicolai, Ms Thomas) (Katalog der Handschriften der Universitätsbibliothek Leipzig / Neue Folge 2). Wiesbaden: Harrassowitz 2011., S. XI und XVII, sowie S. 148 f.

80 Zum Stand der Katalogarbeiten siehe Loh: Geschichte UBL (wie Anm. 11), S. 84. Johann Friedrich promovierte 1587 zum Magister, ab 1595 war er Professor der Eloquenz, wobei weitere Professorentitel folgten. Universitätsrektor war er 1596, 1604 und 1616, vgl. ebd., S. 110 mit Anm. 74. Nach Ausweis der Quellen hatte sich nach Trübenbachs Tod 1599 niemand gefunden, der die Bibliotheksaufsicht übernehmen wollte, so dass Friedrich das Amt – wohl vorüberge-

vorhanden, aber noch nicht im Katalog von 1601 aufgeführt waren.[81] Wie genau dieser Katalog von Friedrich aufgebaut war und wie die von Trübenbach initiierte Ordnung aussah, ist nicht direkt überliefert, da er als verloren zu gelten hat. Dennoch spricht vieles dafür, dass er mit dem Katalog (oder doch wenigstens dessen Grundstock) zu identifizieren ist, den Feller, kurz nachdem er das Amt als Bibliothekar der UB Leipzig 1675 übernommen hatte, beschreibt.[82] Demnach dürfte der Buchbestand von Trübenbach auf 53 Pulte verteilt worden sein. Angeordnet waren die Pulte nun durchgehend entsprechend der vier Fakultäten Theologie, Recht, Medizin und Philosophie bzw. Artes;[83] allein für die Theologie war ein zusätzlicher Bereich und damit insgesamt zwei eigene Segmente vorgesehen.[84] Damit war nun auch die Integration der Borner-Bände, die ursprünglich noch auf eigenen Pulten auslagen, in den Bestand erfolgt. Obwohl Trübenbach nichts daran änderte, dass Handschriften und Drucke durchmischt aufgestellt waren,[85] hatten seine Bemühungen doch für die meisten Bände zur Folge, dass sich ihre Nachbarschaftssituation erheblich veränderte.

Hier wird auch die bereits beschriebene Veränderung, d.h. Korrekturen der Titelschilder vorgenommen: Die kleinen arabischen Zahlen, die über der Versalien-Zeile platziert sind und das Fach in der ursprünglichen Pultbelegung angegeben hatten, wurden gestrichen und durch einen neuen Zahleintrag ersetzt (Anhang Abbildungen 14). Paläographisch datieren diese Einträge in das Ende des 16. bzw. den Beginn des 17. Jahrhunderts, so dass sich nicht sicher sagen lässt, ob sie noch unter Trübenbach oder bereits unter Friedrich angebracht wurden. Ganz sicher gehören sie jedoch dieser von Trübenbach initiierten Umordnungsaktion an.

Etwas später, aber noch in das 17. Jahrhundert, datieren weitere Zahlen, die jeweils am unteren linken Rand der Titelschilder gesetzt und häufig um ein Vielfaches größer sind als die Zahlen am oberen Rand (Anhang Abbildungen 14). In den meisten Fällen korrespondieren beide Zahleneinträge miteinander und lassen sich im bereits erwähnten Handschriftenverzeichnis, das Feller seiner Oratio

hend – selbst übernahm; seine offizielle Nominierung erfolgte erst 1616, Loh: Geschichte UBL (wie Anm. 11), S. 31.

81 Ausführlich hierzu Döring: Bücher von Johannes Schröter (wie Anm. 77), S. 12–18; Berger: Griechische Handschriften UBL (wie Anm. 45). Das Verzeichnis überliefert in der Handschrift UBL, Ms 2799, S. 1–40; zur Handschrift siehe Fuchs: Neuzeitliche Handschriften UBL (wie Anm. 79), S. 280 f.

82 Joachim Feller: Oratio De Bibliotheca Academiae Lipsiensis Paulina ..., Leipzig 1676. Zur Person Fellers und zu seinem Wirken als Bibliothekar der UB Leipzig siehe unten 3.3.

83 Theologie: Pult I–XIV und XL–LIII; Recht: Pult XV–XX; Medizin: Pult XXI–XXIV; Artes: Pult XXV–XXXIX; Angaben gemäß Feller: Oratio (wie Anm. 82).

84 Siehe Anm. 83.

85 Feller: Oratio (wie Anm. 82): Pult LIII, Bl. E3r.

1676 beigegeben hat, mit dem bezeichneten Pultfach identifizieren.[86] Sie bilden daher unterschiedliche zeitliche Zustände ab, spiegeln allerdings eine gemeinsame Ordnung mit einzelnen späteren Änderungen wider. Gleichzeitig belegen die eingetragenen Zahlen aber auch, dass der Buchbestand der UB Leipzig und dessen Aufstellung zwischen den 1590er- und den 1670er-Jahren nur wenig Veränderungen erfuhr.[87]

3.3 Station C: Veränderung in Aufstellung sowie Bestandszusammensetzung und erster gedruckter Handschriftenkatalog

Für die Universitätsbibliothek Leipzig ist das Wirken von Joachim Feller (1638–1691) bis heute gegenwärtig und sichtbar.[88] Seine Amtszeit wird als »zweite Gründungsphase der Universitätsbibliothek Leipzig«[89] bezeichnet. So erzielte er nicht nur weitreichende Veränderungen in Umfang, Zusammensetzung und Aufstellung des Buchbestands, sondern prägte auch in mehrfacher Hinsicht das Äußere der Druck- und Handschriftenbände. Seine Eingriffe in die Bibliotheksorganisation hatten auch enorme Auswirkungen unter den Aspekten von Nachbarschaft und Berührung.

Feller übernahm die Bibliotheksleitung 1675, die er bis zu seinem Tod innehatte.[90] Nach eigenen Aussagen übernahm er die Bibliothek in einem desolaten Zustand, denn seit den Katalogen von Friedrich zu Beginn des 17. Jahrhunderts war nur wenig geschehen: Gründe lassen sich einerseits in den Geschehnissen des Dreißigjährigen Kriegs sehen, andererseits aber auch in weniger aktiven Bi-

86 Voneinander abweichende Zahleneinträge beispielsweise bei: Ms 105, Ms 161, Ms 196.

87 Mit demselben Befund, aber mit Verweis auf die Revisionsberichte siehe Loh: Geschichte UBL (wie Anm. 11), S. 32.

88 Joachim Feller promovierte 1660 zum Magister und wurde 1670 Professor für Poesie an der Universität Leipzig; Rektor der Leipziger Universität war er 1680, 1684 und 1688; vgl. Loh: Geschichte UBL (wie Anm. 11), S. 111 mit Anm. 90; darüber hinaus siehe zu Feller Kurt Müller: Feller, Joachim. In: Neue Deutsche Biographie 5 (1961), S. 73.

89 Thomas Thibault Döring und Thomas Fuchs, unter Mitarbeit von Christoph Mackert, Almuth Märker und Frank-Joachim Stewing: Die Inkunabeln und Blockdrucke der Universitätsbibliothek Leipzig sowie der Deposita Stadtbibliothek Leipzig, der Kirchenbibliothek von St. Nikolai in Leipzig und der Kirchenbibliothek von St. Thomas in Leipzig (UBL-Ink). Wiesbaden: Harrassowitz 2014, S. XIV.

90 Am 14. Oktober 1675 erfolgte die Wahl Fellers zum Bibliothekar innerhalb des Professorenkollegs, Loh: Geschichte UBL (wie Anm. 11), S. 32. Seine konkreten Tätigkeiten begann er erst im Jahr 1676.

bliotheksvorstehern im zweiten und dritten Viertel des 17. Jahrhunderts.[91] Feller begann seine Arbeit mit einer umfassenden Revision und formulierte in seinem Ergebnisbericht die Missstände: »Nach wie vor gab es ausgeschnittene und beschädigte Bücher, nicht alle hingen an ihren Ketten, weitere waren durch Staub und Regen gefährdet. In den Aufbewahrungsschränken und bei den nach Formaten getrennten Büchern herrschte Unordnung.«[92]

Kurz nach Amtsantritt 1676 veröffentlichte Feller als Anhang zu einer Rede über die Bibliothek einen ersten Handschriftenkatalog.[93] Darin bildete er die Buchaufstellung ab, so wie er sie von seinen Vorgängern übernommen hatte:[94] Er verzeichnete nur die handschriftlichen Bände entsprechend ihrer Position auf den Pulten. Seinen Katalog teilte er in zwei große Abschnitte ein, einen für die Pergament- und einen für die Papierhandschriften. Diese Trennung war allerdings nicht durch die Aufstellung gedeckt; Feller musste die Pulte doppelt abschreiten.

3.3.1 Maßnahmen an den Bänden und in der Lagerung

Um die angestrebte Modernisierung der Bibliothek umzusetzen, schaffte Feller wohl um 1677 bzw. 1678 die Pulttische ab und ordnete den Gesamtbestand in verschließbaren Kabinetten an.[95] Dafür ließ er die Ketten von den Büchern entfernen, ebenso die Beschläge, Buckel und Schließen.[96] Hiermit ging eine entscheidende Veränderung in der Lagerung der Bände einher: Denn die im Mittelalter und bis in die Frühe Neuzeit übliche liegende wurde von der für uns heute ganz normalen stehenden Aufbewahrung abgelöst.[97] Da die Bände nun

91 Loh: Geschichte UBL (wie Anm. 11), S. 32.

92 Ebd.

93 Feller: Oratio (wie Anm. 82), Catalogus I und II, die Seiten nicht eigens gezählt.

94 Vgl. auch Loh: Geschichte UBL (wie Anm. 11), S. 84.

95 Ebd., S. 33, 52; mit Verweis auf Joachim Feller und Christian Gottlieb Jöcher: Orationes de Bibliotheca Academiae Lipsiensis Paulina, Übersetzung: Reden von der Universitäts-Bibliothec ..., in: Zuverläßige Nachrichten von dem gegenwärtigen Zustande ... der Wissenschaften, T. 53, 1744, S. 40. Damit verbunden war für die Bände eine Veränderung in Klima- und Raumsituation, siehe hierzu detailliert den Beitrag von Laura Rosengarten und Felix Schulze in diesem Band.

96 Ein Terminus ante quem für diese Maßnahme Fellers ergibt sich aus der für den März 1678 belegten Überlegung innerhalb des Professorenkollegs, das nun vorhandene Eisenmaterial zu verkaufen, Loh: Geschichte UBL (wie Anm. 11), S. 33 sowie S. 129 mit Anm. 374.

97 Ein möglicher Beweggrund war, dass eine Aufbewahrung in Regalen – vor allem unter Entfernung der Beschläge und Ketten – viel platzsparender war als die Aufbewahrung in oder auf Pulten.

aufgereiht nebeneinanderstanden, war ihr Vorderdeckel und damit die dort platzierten Titelschilder nicht mehr sichtbar. Sie verloren ihre Funktion als zentrale Orientierungs- und Findehilfe. Mit Veränderung der Aufstellung mussten Titel- und Signaturschilder künftig auf die Rücken der Bände wandern, wo sie in der Regel weniger Platz zur Verfügung hatten, ihre Aufschriften daher kleiner und komprimierter gestaltet werden mussten.

3.3.2 Veränderungen des Bestandsumfangs und der Aufstellung

Bestandsbildend war es Fellers größte Leistung, dass er die bis dato selbstständigen Fakultäts- und Kollegienbibliotheken der Universität in die zentrale Universitätsbibliothek integrieren konnte. 1682 gelang ihm die Übernahme der Bibliotheken des Kleinen und Großen Fürstenkollegs, 1683 die der Philosophischen Fakultät. Die Bestände kamen zunächst leihweise an die UB Leipzig und wurden gesondert im »hinteren Saal der Bibliothek«[98] aufbewahrt. Ab 1711 wurden sie dann tatsächlich zusammengezogen und in den Hauptbestand eingearbeitet. Diese Bestandserweiterung war nicht nur quantitativ, sondern auch qualitativ ein enormer Gewinn. So ergänzten die universitären Sammlungen den klösterlichen Grundbestand um Bücher aus der Leipziger Universität des 15. Jahrhunderts mit Schwerpunkt auf der Philosophie und den Artes, also auf Gebieten, die bislang eher unterrepräsentiert waren. Auf Grundlage von spezifischen Schildern können die Bände aus den Kolleg- und Fakultätsbibliotheken bis heute ihren Provenienzen zugewiesen werden.

a) Das Kleine Fürstenkolleg

Aus dem Kleinen Fürstenkolleg[99] dürften insgesamt etwa 120 Handschriften- und Druckbände an die Universitätsbibliothek Leipzig gekommen sein.[100] Feller zählt in seinem 1686 zum Druck gebrachten Handschriftenkatalog, von dem noch ausführlich die Rede sein wird (siehe 3.3.3),[101] 62 handschriftliche Bände; ungefähr so viele Codices sind auch heute in der UB Leipzig aus dem Kleinen Fürstenkolleg zu identifizieren. Die meisten dieser Handschriften weisen als

98 Loh: Geschichte UBL (wie Anm. 11), S. 33.

99 Zum Kleinen Fürstenkolleg als universitäre Einrichtung siehe grundlegend Beate Kusche: Ego collegiatus - die Magisterkollegien an der Universität Leipzig von 1409 bis zur Einführung der Reformation 1539. Eine struktur- und personengeschichtliche Untersuchung, 2 Bde. Leipzig: Evangelische Verlagsanstalt 2009.

100 Döring, Fuchs: UBL-Ink. (wie Anm. 89), S. XIV.

101 Joachim Feller: Catalogus codicum manuscriptorum Bibliotheca Paulinae in Academia Lipsiensi ..., Leipzig 1686; siehe zum Katalog auch die Ausführungen unten bei Punkt 3.3.3.

Merkmal ein quadratisches Papierschild auf, das auf ihrem Rücken angebracht ist und etwa zwei mal zwei Zentimeter misst.[102] Es ist mit einem großen, das Schild fast vollständig ausfüllenden Zahleneintrag in (hell-)brauner Tinte versehen.[103] Nach paläographischem Befund dürfte die Beschriftung – und damit die Schilder selbst – aus dem ersten Viertel des 16. Jahrhunderts stammen. Aussagekräftig für eine Datierung sind hier beispielsweise die Ziffer 1, deren Schaft unten regelmäßig gespalten ist und einen übergesetzten Punkt aufweist, sowie die Ziffern 4 und 5, die ihre typische mittelalterliche Gestalt bereits abgelegt haben.[104] Ganz sicher dürften die Schilder nach dem Jahr 1507 datieren, da aus diesem Jahr ein Katalog für die Bücher des Kleinen Fürstenkollegs erhalten ist und dieser keine Beziehung zu den Zahleneinträgen erkennen lässt.[105] Feller verwendet diese Zahlenangaben auf den Rückenschildern in seinem Katalog,[106] was eine Identifikation der Bände im heutigen Handschriftenbestand enorm erleichtert.

b) Das Große Fürstenkolleg.

Zahlenmäßig deutlich größer war die Bibliothek des Großen Fürstenkollegs. Hier gehen wir heute davon aus, dass etwa 900 Bände an die Universitätsbibliothek gelangten.[107] Diese Angabe beruht auf einem handschriftlichen Kata-

---

102 Beispielsweise: Ms 28, Ms 31, Ms 725, Ms 1093. Dieselben Schilder begegnen auch bei den Drucken, beispielsweise bei Ed.vet.1476,22.

103 Verzeichnet sind arabische Zahlen; z.B. Ms 418: »18«; Ms 597: »31«; Ms 673: »43« (siehe Anhang Abbildungen 15), zusätzlich zu den abgebildeten Beispielen: Ms 1093: »81«, Ms 725: »41«, Ms 1371: »24«, Ms 1441: »25«.

104 Zur Datierung arabischer Zahlen mit aussagekräftigen Vergleichsbelegen siehe George Francis Hill: The Development of Arabic Numerals in Europe exhibited in sixty-four Tables. Oxford: Clarendon Press 1915.

105 Der Katalog von 1507 zählt 124 Bände; er ist abgedruckt in: Karl Boysen: Das Älteste Statutenbuch des Kleinen Fürstenkollegs der Universität Leipzig. In: Karl Boysen, Rudolf Helssig (Hgg.): Beiträge zur Geschichte der Universität Leipzig im fünfzehnten Jahrhundert: zur Feier des 500jährigen Jubiläums der Universität gewidmet von der Universitätsbibliothek. Leipzig: Harrassowitz 1909, S. 9–63, hier S. 56–62. Dass die Zählungen der Rückenschilder und des Katalogs nicht übereinstimmen, ist beispielsweise zu belegen an Ms 1301: Auf dem Rückenschild ist die »80« verzeichnet, im Bücherverzeichnis ist der Band als »Exercicium paruorum logicalium« (ebd., S. 62) fast am Ende unter Nr. 121 aufgeführt. Im von Boysen edierten Statutenbuch (s. o.) sind weitere ältere Bücherverzeichnisse des Kollegs erhalten, u.a. aus den Jahren 1489 und 1483.

106 Z.B. Ms 1301 mit Zahl des Rückenschilds »80«, bei Feller: Catalogus (wie Anm. 101), S. 437, zu identifizieren mit Nr. 80: »Liber parvorum Logicalium. Tr. super Biligam.«

107 Döring, Fuchs: UBL-Ink. (wie Anm. 89), S. XIV.

log von Johannes Olearius (1639–1713) aus dem Jahr 1672.[108] Darin verzeichnete er die einzelnen Druck- und Handschriftenbände detailliert,[109] zu einem Großteil auch unter Angabe, wenn es sich um Handschriften handelte.[110] Während für das Kleine Fürstenkolleg kaum mehr von einer Bestandsentwicklung nach dem zweiten Viertel des 16. Jahrhunderts ausgegangen werden kann, ist die Bibliothek des Großen Fürstenkollegs zwischen 1480 und 1540 erheblich gewachsen,[111] insbesondere wohl noch einmal zwischen 1520 und 1540.[112] Nach derzeitigem Kenntnisstand bildeten Inkunabeln und (Früh-)Drucke den Hauptbestand. Hierzu passt, dass von den über 900 Bänden aktuell 102 mittelalterliche Handschriften im UBL-Bestand dem Großen Fürstenkolleg zugewiesen werden können.[113] Äußerlich sind sie wie die Bände des kleines Kollegs durch Papierrückenschilder gekennzeichnet, allerdings sind diese rechteckig und etwas kleiner. Ihre Abmessungen betragen in der Höhe 1 bis 1,5 Zentimeter, in der Breite 3 bis 4 Zentimeter. Sie sind im oberen Drittel des Buchrückens angebracht.[114] Ihre Aufschrift, die in der Regel eine Zahl mit einem abschließenden Punkt bildet, ist klein, zierlich und stark nach rechts geneigt. Möglicherweise stammt sie von Olearius selbst. Da die Zahlen auf den Rückenschildern den Stand des Olearius-Katalogs abbilden,[115] sind sie sicher in die Zeit des Katalogs, also in die frühen 1670er-Jahre, zu setzen. Wie auch im Fall des Kleinen Für-

108 Das Verzeichnis ist erhalten und wird heute unter der Signatur Ms 2595 in der UBL aufbewahrt.

109 Döring, Fuchs: UBL-Ink. (wie Anm. 89), S. XV.

110 Mittelalterliche Handschriften wurden in der Regel durch ein »NB« (Nota Bene) am Rand sowie ein »MS.« gekennzeichnet.

111 Thomas Thibault Döring: Die Inkunabelsammlungen der Universitätsbibliothek Leipzig und der Stadtbibliothek Leipzig. In: Thomas Fuchs, Christoph Mackert, Reinhold Scholl (Hgg.): Das Buch in Antike, Mittelalter und Neuzeit. Sonderbestände der Universität Leipzig. Wiesbaden: Harrassowitz Verlag 2012, S. 197–219, S. 203.

112 Ein Katalog des Großen Fürstenkollegs aus der Zeit um 1520 hat sich erhalten (Universitätsarchiv Leipzig, Grosses Fürstenkolleg B 3 Rationarium antiquum, Bl. 49r–60v); er führt ca. 240 Bände auf, die auf 13 Pulten ausgelegt waren, vgl. Katrin Sturm: Quellen und Materialien zur Bücherschenkung des Petrus de Paulikow an das Große Fürstenkolleg der Universität Leipzig im Jahre 1459 und die Frühgeschichte der Kollegsbibliothek. In: Leipziger Jahrbuch zur Buchgeschichte 27 (2019) S. 211–264, hier S. 217; eine Transkription des Katalogs befindet sich ebd., S. 217–225.

113 Ebd., S. 225–264.

114 Z.B. Ms 232: »577«; Ms 440: »872«; Ms 526: »660« (siehe Anhang Abbildungen 16).

115 Z.B. Ms 163 mit der Rückschildaufschrift »2« und der Nummer im Olearius-Katalog »2« (Eintrag: »Manuscriptus liber super epistolas Pauli«), oder Ms 169 mit der Rückschildaufschrift »670« und der Nummer im Olearius-Katalog »670« (Eintrag: »Commentarium super Apocalipsin MSS«).

stenkollegs übernimmt Feller bei der Verzeichnung der Handschriften in seinem Katalog diese Zahlen der Rückenschilder.[116]

c) Die Bibliothek der Philosophischen Fakultät

Hinsichtlich seiner Größe ist der Buchbestand der Philosophischen Fakultät zwischen denen des Großen und des Kleinen Fürstenkollegs einzuordnen. In etwa sind 540 Bände durch Fellers Engagement an die Paulina gekommen.[117] Die Bestandsentwicklung ist aufgrund von mehreren überlieferten Bücherverzeichnissen sehr gut zugänglich und von der Forschung aufbereitet.[118] 144 mittelalterliche Handschriften der Philosophischen Fakultät lassen sich heute in der UBL nachweisen.[119] Äußeres Merkmal und Hilfe bei der Identifizierung sind erneut die Rückenschilder der Bände: Im Falle der Philosophischen Fakultät sind sie rechteckig und weit oben am Buchrücken angebracht, in der Regel nur ganz knapp unter dem Kapital.[120] Sie sind mit einer ausführlichen Inhaltsangabe zum Band, die vereinzelt sogar einen Umfang von mehr als 15 Zeilen einnehmen kann, versehen.[121] Häufig entspricht der Inhaltsvermerk wörtlich dem der Handschrift zugehörigen Eintrag im Bibliothekskatalog der Fakultät von 1560.[122] Der Vermerk ist mit dunkler Tinte in einer noch humanistisch beeinflussten, aber schon weiterentwickelten Schrift geschrieben;[123] der Duktus der Schrift ist deutlich nach rechts geneigt, die Strichführung sicher und sehr sorgfältig, obwohl die Schriftgröße sehr gering ist. Der Inhaltsangabe übergesetzt ist ein Zahlenvermerk, ebenfalls in dunkler Tinte. Dieser bezieht sich nach Döring auf den Katalog von 1560.[124] Allerdings sind die ursprünglichen Angaben von einer späteren Hand geändert worden. Das Ordnungssystem, das hinter den

116 Z.B. Ms 169 mit der Rückschildaufschrift »670«, bei Feller: Catalogus (wie Anm. 101), S. 378, zu identifizieren mit Nr. 670 (»Lectura super Apocalypsin cum Indice«).

117 So beispielsweise auch Mackert: Bücher, Buchbesitz und Bibliotheken (wie Anm. 9), S. 606.

118 Döring, Fuchs: UBL-Ink. (wie Anm. 89), S. XIV.

119 Zu identifizierten Bänden siehe auch Detlef Döring: Die Bestandsentwicklung der Bibliothek der Philosophischen Fakultät der Universität zu Leipzig von ihren Anfängen bis zur Mitte des 16. Jahrhunderts. Ein Beitrag zur Wissenschaftsgeschichte der Leipziger Universität in ihrer vorreformatorischen Zeit. Leipzig: Bibliographisches Institut 1990, S. 143–145.

120 Z.B. Ms 1355; Ms 1384; Ms 1388 (siehe Anhang Abbildungen 17).

121 Z.B. Ms 1355 (siehe Anhang Abbildungen 17).

122 Zum Katalog vgl. mit Edition Döring: Bestandsentwicklung (wie Anm. 119), S. 63–110.

123 Wegen des humanistischen Einflusses ist eine Datierung nicht zweifelsfrei möglich: Ein Terminus post ergibt sich aus dem Katalog der Philosophischen Fakultät von 1560, auf den sich die Zahleinträge beziehen. Mehrere Buchstabenformen, v.a. unter den Majuskeln – z.B. »P«, »A« und »E« – haben sich bereits weit von einer humanistischen Schriftform entfernt, sodass eine Datierung Ende des 16. bzw. Anfang des 17. Jahrhunderts erwogen werden kann.

124 Döring: Bestandsentwicklung (wie Anm. 119), S. 36.

veränderten Angaben steht, konnte noch nicht rekonstruiert werden. Feller zählt in seinem Katalog noch einmal anders.[125]

Als weiteres Merkmal besitzen einige Bände aus der Philosophischen Fakultät ein Pergamenttitelschild auf dem Vorderdeckel.[126] Der Position auf dem Vorderdeckel zufolge stammen die Schilder aus einer Zeit, als die Bände noch liegend aufbewahrt wurden. Der paläographische Befund der Beschriftung belegt, dass die Schilder noch aus dem 15. Jahrhundert stammen.[127] Möglicherweise sind sie im Zusammenhang mit der Anfertigung eines Fakultätskatalogs 1480 zu sehen.[128]

3.3.3 Schriftliche Fixierung der Neuordnung durch den ersten gedruckten Handschriftenkatalog der Paulina

Im Laufe seiner Amtszeit richtete Feller nicht nur neue Repositorien für die Bücher ein, sondern nahm auch die formale Trennung zwischen Handschriften und Drucken vor. Er ließ sie jeweils blockweise nacheinander aufstellen, orientierte sich aber weiterhin an der bisherigen sachlichen und fakultätsbezogenen Einteilung.[129] Auf diese Weise ergab sich vielfach eine Aufstellung mit neuen Nachbarschaftsbeziehungen. Die neue Aufstellung dokumentierte Feller in seinem 1686 veröffentlichten Katalog des inzwischen versammelten Handschriftenbestands.[130]

Die Handschriften waren jeweils einem Repositorium und einer Fachabteilung zugeordnet, also der Theologie, dem Recht, der Medizin sowie der Philosophie bzw. den Artes. Innerhalb der Repositorien waren die Bände durch die Untergliederung in »Series« nach Formaten sortiert, also in Großfolio, Folio, Quart, Oktav usw. Innerhalb der Serien wiederum waren sie durchnummeriert,

125 Feller: Catalogus (wie Anm. 101), S. 338–371: Während Feller bei den Bänden des Großen und Kleinen Fürstenkollegs die bestehenden Zählungen wiedergibt, zählt er die Bände der Philosophischen Fakultät pro Pult jeweils neu durch.

126 Z.B. Ms 609; Ms 877; Ms 905; Ms 924; Ms 935; Ms 1033; Ms 1266; Ms 1374; Ms 1423; Ms 1526. Diese Titelschilder sind auch kursorisch bei Döring: Bestandsentwicklung (wie Anm. 119), S. 36, erwähnt.

127 Bei der Beschriftung handelt es sich um eine stark gebrochene Textura, die aufgrund ihrer gitterartigen Struktur und einiger manierierter Formen jedoch sicher ins 15. Jahrhundert zu setzen ist.

128 Zum Katalog mit Edition siehe Döring: Bestandsentwicklung (wie Anm. 119), S. 55–62. Alle Bände mit den beschriebenen Pergamenttitelschildern (siehe die Auswahl in Anm. 126) sind auch im Katalog von 1480 aufgeführt.

129 Loh: Geschichte UBL (wie Anm. 11), S. 85.

130 Feller: Catalogus (wie Anm. 101), S. 62–437.

so dass sich folgende Standortsignaturen ergaben: »[R.] I. T. S. II 3« beispielsweise stand für Repositorium Primum Theologicum, Series II, Liber 3,[131] oder »R. I. T. S. I. 25« für Repositorium Primum Theologicum, Series I, Liber 25.[132] Diese Standortsignaturen sind auch in verschiedenen Verzeichnissen der Paulina überliefert, u.a. in dem bereits erwähnten über Bücher, die 1630 vorhanden, im Katalog von 1601 aber noch nicht aufgeführt waren.[133] In diesem Verzeichnis sind die neuen Bezeichnungen auf Grundlage der Fellerschen Umordnung nachgetragen worden. Auch existiert eine Konkordanzliste zwischen den alten Aufbewahrungsorten und den neuen Feller-Standortsignaturen.[134] Diese Liste spricht dafür, dass die Standortsignaturen über eine gewisse Zeit in Gebrauch waren. In dieselbe Richtung weisen Papierrückenschilder auf den ersten Handschriftenbänden des theologischen Repositoriums (Anhang Abbildungen 18).[135] Diese Schilder sind im oberen Viertel des Rückens angebracht und sowohl mit einer kurzen Inhaltsangabe zum Band als auch mit der Standortsignatur versehen.[136] Die Inhaltsangabe enthält obligatorisch eine Art Überschrift oder Schlagwort in Majuskelbuchstaben sowie fakultativ ergänzende Angaben in einer Kursive.[137] Paläographisch weisen diese Aufschriften für die Rückenschilder in das letzte Viertel des 17. bzw. in das erste Viertel des 18. Jahrhunderts. Es ist also nicht möglich zu sagen, ob die Signierungsaktion bereits unter Feller begonnen wurde. Sicher ist allerdings, dass sie relativ bald aufgegeben wurde, da nur wenige Bände aus dem Anfang der theologischen Abteilung solche Schilder aufweisen.[138]

131 Ms 20 = Feller: Catalogus (wie Anm. 101), S. 65, Nr. 3.

132 Ms 48 = Feller: Catalogus (wie Anm. 101), S. 24, Nr. 25.

133 Ms 2799, S. 1–40, vgl. zu der Liste aus Anm. 81.

134 Ms 2799, Bl. 92r–105v.

135 Im heutigen Ms-Handschriftenbestand entspricht dies etwa dem Bereich von Ms 1 bis Ms 50.

136 Z.B. Ms 1: »BIBLIA VULGATA P. I – R. T. I – S. II. 1« [= Repositorium Theologicum I, Series II, Nr. 1], entspricht Feller: Catalogus (wie Anm. 101), S. 165, Nr. 1.

137 Z.B. Ms 38: »GENESIS cum Glossis. R. I. T. S. II 12«; Ms 148: »Expositio PSALTERII. Arbor Vitior[um] et Virtutum. R. T. I. S. II 21«.

138 Die Signierungsaktion dürfte nur die ersten beiden Repositorien der Theologie erfasst haben, wobei auch das zweite Repositorium nicht vollständig mit den neuen Standortsignaturen versehen wurde: Der letzte signierte Band scheint die Nr. 24 des zweiten theologischen Repositoriums zu sein (= Feller, Oratio [wie Anm. 82], S. 68, Nr. 24, der Eintrag entspricht heute der Handschrift Ms 23, das Rückenschild des Codex ist stark beschädigt, die Standortsignatur jedoch am unteren Rand des Schildes noch in Ansätzen sichtbar); auf dem Rücken der Nr. 22 (= Ms 148) die Standortsignatur erhalten (siehe auch Anm. 137), die Nr. 23 (= Ms 57) ist eine Neubindung des 19. Jahrhunderts, infolge derer das Rückenschild verloren gegangen sein dürfte. Die der Nr. 24 folgenden Bände des zweiten theologischen Repositoriums weisen vermehrt auch noch ein Papierrückenschild auf, allerdings enthält es keine Standortsignatur mehr: Entweder es ist leer wie bei den Nummern 25, 26 oder 27 (= Ms 62, Ms 61, Ms 63) oder

In Fellers Katalog waren nun auch die Handschriften aus den Bibliotheken der Philosophischen Fakultät und der beiden Fürstenkollegien verzeichnet, allerdings sind sie separat nach dem eigentlichen UBL-Bestand aufgeführt,[139] was belegt, dass die Bestände zur Zeit der Katalogniederschrift noch gesondert aufgestellt waren.[140]

Ein bemerkenswertes, wenig bekanntes Faktum ist, dass etliche Handschriften in Fellers Katalog nicht aufgeführt sind, obwohl sie nachweislich zum Grundbestand[141] oder zu den drei universitären Büchersammlungen gehörten.[142] Dies dürfte durch mindestens zwei Ursachen bedingt sein. Zum einen ist die Druckausgabe des Feller-Katalogs nicht besonders sorgfältig gefertigt worden.[143] Ein Abgleich mit dem Katalog-Manuskript[144] enthüllt zahlreiche Fehler und Ungenauigkeiten: So sind Angaben zu Handschriften versehentlich zusammengezogen und die Bände damit nicht mehr als selbstständig zu erkennen,[145] auch blieben ganze Lagen des Manuskripts unberücksichtigt, so dass die dort verzeichneten Handschriften keinen Eingang in die Druckfassung fanden.[146] Zum anderen muss es Codices gegeben haben, die zur Zeit des Katalogs ausgeliehen, ausgelagert oder an einem separaten Ort aufbewahrt wurden und daher von

---

es enthält Aufschriften zum Inhalt von jüngeren Händen wie bei der Nr. 33 (= Ms 72, Aufschrift: »Daniel«, 18. Jh.) oder der Nr. 34 (=Ms 73, Aufschrift: »XII PROPHETAE MINORES GLOSSAT[AE]«, 18. Jh. evtl. von Karl Christian Schütz, zu ihm siehe Anm. 154).

139 Philosophische Fakultät = Feller: Catalogus (wie Anm. 101), S. 337–371; Großes Fürstenkolleg = Feller: Catalogus (wie Anm. 101), S. 373–314; Kleines Fürstenkolleg = Feller: Catalogus (wie Anm. 101), S. 413b–437. Bei Loh: Geschichte UBL (wie Anm. 11), S. 85, mit Angabe der Anzahl der verzeichneten Bände für die einzelnen Provenienzen.

140 Siehe auch Sturm: Bücherschenkung (wie Anm. 38), S. 23.

141 Z.B. Ms 1311 (Provenienz: Altzelle), Ms 1312 (Provenienz: Altzelle), Ms 1328 (Provenienz: Dominikanerkloster Leipzig), Ms 1521 (Provenienz: Augustinerchorherrenstift Leipzig), Ms 1529 (Provenienz: Dominikanerkloster Leipzig).

142 Z.B. Ms 101, Ms 1503 und Ms 1504 (Provenienz: Großes Fürstenkolleg); Ms 1519 (Provenienz: Philosophische Fakultät).

143 Verschiedene formale Ungenauigkeiten belegen die fehlende Sorgfältigkeit: Hier sind beispielsweise fehlende Zahlen oder Ziffern (S. 140, »Nr. 6« müsste Nr. 16 lauten), fälschlich gesetzte Zahlen (S. 293, hier dürfte nicht mit »Nr. 17«, sondern mit Nr. 18 eingesetzt werden), und Fehler in der Seitenzählung (»S. 387« [2] müsste S. 393 lauten, »S. 317« [2] S. 413) zu nennen.

144 Katalog-Manuskript = UBL, Ms 2596.

145 Beispielsweise: Ms 66 (Hieronymus: Praefatio in Jesaiam, mit Glosse) aus dem Zisterzienserkloster Altzelle ist in Feller: Oratio (wie Anm. 82) unter Pult L, Nr. 20 (»Esaias glossatus«) als einzelner Band verzeichnet; in Feller: Catalogus (wie Anm. 101), S. 69, Nr. 29, jedoch verschmolzen zu »Jesaias & Jeremias glossatus«. Der zweite Bestandteil (»Jeremias glossatus«) bei Feller: Oratio (wie Anm. 82) ebenfalls noch einzeln aufgeführt (Pult XLIX, Nr. 20). Im Manuskript auf Bl. 4v ist eine Korrektur zu diesen Handschriften sichtbar.

146 Völlig unbeachtet vom Drucker blieb beispielsweise das Doppelblatt Bl. 52v–53r (Ms 2596), auf dem zusätzliche juristische Hss. verzeichnet waren (zu R. I. I. S. III).

Feller nicht erfasst wurden: Hierfür spricht, dass es ganze Nester an Handschriften gibt, die bei Feller nicht erwähnt sind – weder im Katalogmanuskript noch in der Oratio.[147] Der Handschriftenbestand der Universitätsbibliothek zum Ende des 17. Jahrhunderts war also um etliche Bände größer als über Fellers Katalog greifbar.[148]

Mit dem plötzlichen Tod Fellers im Jahr 1691 endeten zunächst die umfangreichen Bemühungen um die Bibliotheca Paulina. Die Katalogisierung der Drukke beispielsweise, die Feller als nächstes begonnen hatte, konnte er nicht mehr fertigstellen.[149]

3.4 Station D: Aufstellungsarbeiten im 18. Jahrhundert: von Standortsignaturen zu den ersten Signaturen

3.4.1 Börners Wirken in der Universitätsbibliothek

Von Christoph Pfautz (1645–1711),[150] der 1691 Feller im Amt als Bibliotheksvorsteher nachfolgte, ist nur wenig in den Akten überliefert. Mit weitaus größerer Wirkung agierte ab 1711 Christian Friedrich Börner (1663–1753),[151] der in vielen Bereichen die Tätigkeiten von Feller fortsetzen und zu Ende bringen konnte.

Bevor Börner das Amt des Bibliothekars in der Paulina antrat, hatte er Reisen nach England und den Niederlanden unternommen, wo er auch mit fremden Bibliotheken und Katalogisierungspraktiken in Berührung kam.[152] Vor diesem Hintergrund sind sicher die verschiedenen allgemeinen Bemühungen Börners in

---

147 Mit Hinweis auf dieses Phänomen (v.a. in Bezug auf die Bände des Großen Fürstenkollegs) vgl. Sturm, Bücherschenkung (wie Anm. 38), S. 20, mit Anm. 49.

148 Laut Feller: Catalogus (wie Anm. 101), befanden sich 1.385 Handschriftenbände in der Bibliotheca Paulina, vgl. auch Loh: Geschichte UBL (wie Anm. 11), S. 85. Bei der Frage nach der tatsächlichen Anzahl der Handschriftenbände sind auch die Sammelbände einzubeziehen, die Feller in ihrem ursprünglichen Zustand beließ und entweder der Druck- oder der Handschriftenseite zugeschlagen hat. Diese konsequente Trennung wurde erst später durch Gersdorf durchgesetzt, siehe die Ausführungen bei Punkt 3.6.

149 Loh: Geschichte UBL (wie Anm. 11), S. 85.

150 Pfautz wurde 1675 Professor für Mathematik an der Universität Leipzig; Rektor war er 1676, 1678, 1682, 1686, 1690, 1692, 1694, 1696, 1698, 1704 und 1708, Loh: Geschichte UBL (wie Anm. 11), S. 111, mit Anm. 100.

151 Börner war ab 1713 Professor der Theologie an der Universität Leipzig; Rektor war er 1710, 1714, 1718, 1724, 1726, 1728, 1732, 1736 und 1742, Loh: Geschichte UBL (wie Anm. 11), S. 112, mit Anm. 103, dort mit weiteren Informationen.

152 Ebd., S. 35.

Bezug auf die Bibliothek zu sehen, wie die Einführung eines Zugangsbuchs, die Neugestaltung des hinteren Bibliothekssaals, die Erweiterung der Bibliotheksmitarbeiter um einen Kustoden sowie die Öffnung der Bibliothek zweimal die Woche für zwei Stunden.[153] Hinsichtlich der Katalogisierung ist die Anfertigung und Fertigstellung des Sachkatalogs in den Jahren 1730–1731 als entscheidende Leistung Börners zu nennen.[154]

Auch konnte Börner es erreichen, dass die Bestände der Philosophischen Fakultät, des Großen Fürstenkollegs sowie des Kleines Fürstenkollegs mit dem übrigen Bestand der Bibliotheca Paulina verschmolzen wurden. Diese Aktion wird in der Forschung als eine der früheren Amtshandlungen von Börner beschrieben, da eine daraus resultierende Versteigerung von Dubletten für den November 1711 belegt ist.[155] Danach begann eine Neuaufstellung des Bestands, die sich aber über längere Zeit hingezogen haben dürfte. Hiervon zeugen nicht nur die Vollendung des Sachkatalogs 1730/1731, sondern auch spezielle Zahlen auf den Rücken der Einbände.

3.4.2 Eine erste vollständige Signierungsaktion?

Auf den Handschriften des Grundbestands sowie auf den Bänden der drei universitären Einrichtungen befinden sich – sofern noch die ursprünglichen Einbände vorhanden sind – durchgehend kleine, in schwarzer Tinte geschriebene Zahlen im oberen Bereich der Rücken.[156] Sie wurden entweder direkt auf den Einbandrücken gesetzt oder auf bereits vorhandene Schilder – beispielsweise die der Philosophischen Fakultät – geschrieben. Die Strichstärke ist eher dünn, der Duktus leicht nach rechts geneigt, in der Höhe messen die Zahlen etwa 0,5 Zentimeter.

---

153 Zu den einzelnen Tätigkeiten detailliert ebd., S. 35 f.

154 Zum Sachkatalog detailliert ebd., S. 85–87. Für die Ab- bzw. Reinschrift des siebenbändigen Katalogs in den Jahren 1730 und 1731 wurde gegen Bezahlung Karl Christian Schütz angestellt. Der Sachkatalog ist erhalten und wird heute unter der Signatur UBL, Ms 2812 aufbewahrt. Die sieben Bände verteilen sich wie folgt: Ms 2812:1: Catalogus theologicus, Bd. 1; Ms 2812:2: Catalogus theologicus 2; Ms 2812:3: Catalogus juridicus; Ms 2812:4: Catalogus medicus; Ms 2812:5: Catalogus librorum classicorum, mathematicorum, physicorum et philosophorum; Ms 2812:6: Catalogus historicus, Bd. 1; Ms 2812:7: Catalogus historicus, Bd. 2. Zu den einzelnen Bänden siehe Fuchs: Neuzeitliche Handschriften UBL (wie Anm. 79), S. 287–289.

155 Loh: Geschichte UBL (wie Anm. 11), S. 35. An den Einnahmen der Versteigerung wurde auch die Philosophische Fakultät beteiligt.

156 Z.B. Ms 179: »1011«; Ms 171: »1099«; Ms 1503: »300a)« (siehe Anhang Abbildungen 19).

In der Forschung haben diese Zahlen bisher kaum Beachtung gefunden.[157] Intern waren sie bekannt als eine Art Zählung, die den Feller-Katalog abschreitet. Paläographisch lag eine Datierung in das 18. Jahrhundert nahe.[158] Inzwischen nehmen wir an, dass hinter dieser Aktion Christian Friedrich Börner stand.[159] Er dürfte die wohl unter Feller begonnene Signierung der Bände fortgesetzt haben, wobei er jedoch nicht auf die komplexen Standortsignaturen zurückgriff, sondern die Codices einfach mit einer fortlaufenden arabischen Zählung versah. Seine Zahleinträge setzen in etwa dort ein, wo die Fellerschen Standortsignaturen aufhören: Die erste Serie des ersten theologischen Repositoriums war ja vollständig von den Schildern mit den Standortsignaturen erfasst worden – also die Bibelbände im Großfolioformat (siehe oben unter 3.3.3). Hier gibt es entsprechend keine Börner-Signaturen.[160] Mit der zweiten Serie des ersten theologischen Repositoriums, die nur unvollständig mit den Fellerschen Signaturschildern versehen war, setzen die Börner-Signaturen ein, anfangs parallel zu den alten Schildern,[161] um sich dann allein fortzusetzen.[162] Die Nummernfolge richtete sich dabei ganz am Feller-Katalog aus,[163] d.h. dass in dieser Zählung die Fellersche Aufstellung das erste Mal vollständig abgebildet wird und für den Handschriftenbestand eine Art Vorläufer der späteren Signaturen geschaffen wurde.

Bei den Beständen der drei universitären Einrichtungen bezeugen die Börner-Signaturen noch die nach Provenienzen getrennte Aufstellung, da die einzelnen

157 Eine gewisse Ausnahme bilden die wissenschaftlichen Beschreibungen der Handschriften (u.a. zur Kurzerfassung mittelalterlicher Handschriften der UB Leipzig, URL: http://www.manuscripta-mediaevalia.de/info/projectinfo/leipzig1.html, letzter Zugriff: 16.9.2021), die häufig die Zahlen als Phänomen deskriptiv aufnehmen und teilweise datieren, sie jedoch nicht auswerten oder kontextualisieren.

158 Vgl. beispielsweise die Beschreibung zu Ms 1503, online verfügbar, URL: http://www.manuscripta-mediaevalia.de/dokumente/html/obj31581261 [letzter Zugriff: 16.9.2021].

159 Siehe auch Berger: Griechische Handschriften UBL (wie Anm. 45).

160 Z.B. Ms 13 (I. T. S. I. 1), Ms 14 (I. T. S. I. 2), Ms 30 (I. T. S. I. 4), Ms 31 (I. T. S. I. 3), Ms 32 (I. T. S. I. 7) oder auch Ms 89 (I. T. S. I. 19), Ms 90 (I. T. S. I. 31), alle ohne Börner-Zahlen.

161 Z.B. Ms 51 (I. T. S. II 16: »47«), Ms 52 (I. T. S. II 15: »46«), Ms 53 (I. T. S. II 18: »49«), Ms 54 (I. T. S. II 20: »50«), Ms 55 (I. T. S. II 19: »51«), Ms 105 (I. T. S. II 6: »37«), Ms 106 (I. T. S. II 7: »38«), Ms 122 (I. T. S. II 8: »38«).

162 Beispielsweise: a) mit leerem Schild: Ms 61 (»56«) oder Ms 62 (»55«); b) Schild mit Aufschrift von jüngerer Hand: Ms 72 (»63« [?]), Ms 73 (»65«) oder Ms 192 (»78«); c) ohne Schild: Ms 286 (»340«) oder Ms 290 (»230«).

163 Beispielsweise: Feller: Catalogus (1686), S. 69, Nr. 25 (= Ms 62): »55«, Nr. 26 (= Ms 61): »56«, Nr. 27 (= Ms 63): »57«, Nr. 29 (= Ms 67): »59«, Nr. 30 (= Ms 69): »60«, Nr. 31 (= Ms 71): »62«, Nr. 32 (= Ms 70): »62« [?], Nr. 33 (= Ms 72): »63« [?], Nr. 34 (= Ms 73): »65«, Nr. 35 (= Ms 135): »67« [?]; Feller: Catalogus (wie Anm. 101), S. 70, Nr. 37 (= Ms 136): »68«, Nr. 38 (= Ms 139): »69«, Nr. 39 (= Ms 140): »70«, Nr. 40 (= Ms 144): »71«.

Provenienzgruppen jeweils in einem geschlossenen Zahlenbereich aufeinander folgen.[164]

An der Börnerschen Zählung lassen sich unterschiedliche zeitliche Schichten ablesen. Denn während alle im Feller-Katalog vorhandenen Bände eine einfache Zahl als Börner-Signatur zugewiesen bekommen haben, existieren Signaturen aus Zahl plus Buchstabenexponent auf solchen Bänden, die bei Feller nicht vorhanden waren[165] oder nachweislich erst nach Feller in die Bibliothek gekommen sind.[166] Auf diese Weise wurden in dieser Zeit also neue Bände an die fachlich richtige Stelle sortiert.[167] Die Schrift von Börner-Signaturen mit und ohne Exponent ist dabei so ähnlich, dass von derselben Hand ausgegangen werden muss.

Unter den Bänden mit Exponenten-Signaturen fallen vor allem solche auf, die aus einer der drei universitären Einrichtungen stammten, bei Feller aber nicht verzeichnet waren.[168] Denn sie werden nicht an ihre provenienzgeschichtlich richtige, sondern mittels der Zahl an ihre sachlich richtige Position platziert.[169] Das heißt, dass die formale Trennung der universitären Bestände des Großen und Kleinen Fürstenkollegs sowie der Philosophischen Fakultät zu dieser Zeit schon nicht mehr konsequent aufrechterhalten wurde. Wann genau mit der Vergabe

---

164 Mit folgenden Bereichen: Philosophische Fakultät: ca. Nr. 1080–1222 (= Feller: Catalogus [wie Anm. 101], S. 338–371); Großes Fürstenkolleg: ca. Nr. 1223–1335 (= ebd., S. 374–413); ca. Nr. 1336–1400 (= ebd., S. 412–437). Die ca.-Werte ergeben sich daraus, dass nicht in allen Fällen der Tinteneintrag sicher zu lesen oder überhaupt erhalten ist.

165 Siehe hierzu die Ausführungen bei Anm. 141–147.

166 Hier sind beispielsweise die Handschriften aus dem Vorbesitz von Andreas Erasmus Seidel (1650–1707) aus einem Ankauf aus dem Jahr 1718 zu nennen. Gekauft wurden sieben griechische Handschriften, eine arabische und eine lateinische Handschrift; zu den griechischen Codices siehe Berger: Griechische Handschriften UBL (wie Anm. 45). Cod. gr. 5 trägt auf dem Rücken die Börner-Signatur »128a)«, Cod. gr. 17 die »370a)«. Eine weitere Handschrift, die nach Feller erworben wurde, ist Ms 76. Thomas Thibault Döring konnte nachweisen, dass sie 1748 zusammen mit der Weißenfelser Fürstenbibliothek an die UBL gekommen ist. Auf ihrem Rücken trägt die Handschrift die Börner-Signatur »137a)«.

167 Als Beispiel anzuführen ist Ms 1358 mit der Exponentensignatur »1049a)«; die Handschrift überliefert verschiedene philosophische Quästionen, Kommentare und Traktate (vgl. die Rückenaufschrift »Varii tractatus philosophici« sowie die Beschreibung des Codex von Katrin Sturm, online verfügbar, URL: http://www.manuscripta-mediaevalia.de/obj31581801.html [zuletzt: 20.9.2021]. Der Band ist damit in einen Bereich mit philosophisch-logischen Inhalten eingeordnet, vgl. Ms 1362 mit der Börner-Signatur »1049« (= Feller: Catalogus [wie Anm. 101], S. 325, Nr. 23).

168 Siehe hierzu Anm. 141 und 142.

169 Beispielsweise: (1) Bände aus dem Großen Fürstenkolleg: Ms 101: »214a)« (wegen des dunklen Einbands die Börner-Zahl nicht sicher zu lesen), Ms 1435: »1035b)«, Ms 1503: »300a)«, Ms 1504: »306c)«, Ms 1528: »613a)«, Ms 1530: »375a)«; (2) Bände aus der Philosophischen Fakultät: Ms 1333: »1211a«, Ms 1519: »656c)« (wegen der verlaufenen Tinte die zweite 6 nicht sicher zu lesen), Ms 1526: »603a)«.

der Exponentensignaturen begonnen wurde, muss offenbleiben. Es ist aber doch wahrscheinlich, dass die grundlegende Signierungsaktion relativ bald nach dem Amtsantritt von Börner 1711 erfolgte und danach alle weiteren Handschriften mittels Exponentensignaturen in die bestehende Ordnung eingefügt wurden.

Dass diese Signierungsaktion unter Börners Ägide anzusetzen ist, belegt auch ein von Börner eingeführtes Zugangsbuch.[170] Von Interesse ist insbesondere der zweite Teil der Handschrift, in dem zum Abschluss eines Jahres jeweils Ausgaben über Ausbesserungsarbeiten an den Handschriften verzeichnet sind. Hier sind die Bücher mittels der Börner-Signaturen identifizierbar. Die Einträge im Zugangsbuch dürften von derselben Hand stammen wie die Signaturen auf den Rücken.

3.4.3 Die 2. Hälfte des 18. Jahrhunderts

Aus der zweiten Hälfte des 18. Jahrhunderts sind uns keine Spuren auf den Handschriften bekannt. Mit diesem Befund korrespondieren die Quellen wie auch die Forschungsliteratur.

Christian Gottlieb Jöcher (1694–1758),[171] der 1742 die Aufsicht über die Universitätsbibliothek übernahm und bis zu seinem Tode inne hatte, übernahm die Bibliothek von Börner in einem sehr guten und geordneten Zustand. So konnte er sich in seiner Amtszeit auf die Vervollständigung des Katalogs von Börner konzentrieren, außerdem hielt er die Bibliotheksräume, Regale und Bücher in Ordnung und konnte die Errichtung eines Ofens im Zimmer des Bibliothekars erreichen.[172] Man wird Jöcher und seiner Tätigkeit als Bibliothekar sicher nicht unrecht tun, wenn man sein vierbändiges biographisches Allgemeines Gelehrten-Lexicon als sein Hauptwerk und -verdienst bezeichnet.[173] Auch in den folgenden Jahrzehnten, in denen die Bibliotheksvorsteher häufig wechselten, gab es kaum nennenswerte Veränderungen innerhalb des Handschriftenbestands.

---

170 Zur Hs. siehe Fuchs: Neuzeitliche Handschriften UBL (wie Anm. 79), S. 276.

171 Zu Jöcher siehe Loh: Geschichte UBL (wie Anm. 11), S. 113, Anm. 118.

172 Loh: Geschichte UBL (wie Anm. 11), S. 38.

173 Vgl. Allgemeines Gelehrten-Lexicon. Darinne die Gelehrten aller Stände sowohl männ- als weiblichen Geschlechts, welche vom Anfange der Welt bis auf ietzige Zeit gelebt, und sich der gelehrten Welt bekannt gemacht; Nach ihrer Geburt, Leben, merckwürdigen Geschichten, Absterben und Schrifften aus den glaubwürdigsten Scribenten in alphabetischer Ordnung beschrieben werden ... / heraus gegeben von Christian Gottlieb Jöcher, der H. Schrifft Doctore, und der Geschichte öffentlichem Lehrer auf der hohen Schule zu Leipzig, 4 Bde., Leipzig: Gleditsch 1750–1751 (VD18 90302451). Zum Gelehrten-Lexicon siehe auch Ulrich Johannes Schneider: Jöchers 6000. Ein Mann. Eine Mission. Ein Lexikon. Katalog zur Ausstellung in der Bibliotheca Albertina, 6. März–28. Juni 2008. Leipzig: Leipziger Universitätsverlag 2008.

3.5 Station E: Die Begründung der Ms-Signaturreihe im ersten Drittel des 19. Jahrhunderts

Lange Zeit war kaum etwas darüber bekannt, wie und wann die Ms-Signaturen auf die Bände kamen. Sie begegnen uns heute in ihrer ursprünglichen Form noch auf zahlreichen Bänden der ersten 1.500 Handschriftensignaturen,[174] und zwar als Tinteneintrag auf einem kleinen rechteckigen Papierschild, das im unteren Bereich der Rücken angebracht wurde (Anhang Abbildungen 20). In der Regel geht auf diesen Schildern die Zahl dem »Ms«-Kürzel voraus; abgeschlossen wird die Signatur auf den meisten Schildern durch einen Punkt. Die Buchstaben bei »Ms« sind stark nach rechts geneigt: Das Majuskel-»M« ist dabei kursiv und hat einen weiten von links kommenden Anschwung. Es fügt sich direkt das »s« an, wobei nicht immer eindeutig zu erkennen ist, ob eine Majuskel oder Minuskel geschrieben wurde. Zunächst scheint die Majuskel-Variante bevorzugt gewählt worden zu sein,[175] während mit voranschreitender Signatur immer häufiger das Minuskel-s verwendet wird, das unter die Zeile reichen kann.[176] Das Papierrückenschild ist quadratisch, häufig ist die Papierstruktur – aus Binde- und Stegdrähten – noch deutlich sichtbar. Eine paläographische Datierung und Schreibhandbestimmung ist aufgrund des wenigen Textmaterials nur schwer möglich. Eine Datierung in das letzte Viertel des 18. oder das erste Viertel des 19. Jahrhunderts dürfte als sicher gelten, eine genauere Eingrenzung muss auf Grundlage anderer Quellen und Dokumente erfolgen.

Im benannten Zeitraum war Christian Daniel Beck (1757–1832) als Bibliothekar an der UB Leipzig tätig (1790–1832).[177] Ab der Wende vom 18. zum 19. Jahrhundert gewannen die Kustoden – das Amt war ursprünglich von Börner eingeführt und von Beck um eine zweite Stelle ergänzt worden – immer mehr an Bedeutung. Die Kustoden wechselten jedoch oft und waren nur während der Öffnungszeiten der Bibliothek vor Ort, was umso schwerer wog, da der zu Beginn noch sehr engagiert arbeitende Beck als Bibliotheksleiter bald kaum mehr selbst in die Bibliothek kam.[178] Infolge dessen wurden in einem Gutachten über

---

174 Diese alten Signaturschilder finden sich nicht durchgehend auf allen Bände von Ms 1 bis Ms 1500. Gründe hierfür sind unter anderem Restaurierungsmaßnahmen, die zur Folge hatten, dass die Schilder abgenommen wurden bzw. werden mussten, oder Ausbindungsaktionen und damit verbundene Umsignierungen. Diese alten Ms-Signaturschilder sind beispielsweise vorhanden auf: Ms 201, Ms 202, Ms 203, Ms 208, Ms 209.

175 Z.B.: Ms 141.

176 Z.B.: Ms 234, Ms 268, Ms 281.

177 Vgl. hierzu Loh: Geschichte UBL (wie Anm. 11), S. 40–44, speziell zu Beck vgl. ebd. S. 115, Anm. 151.

178 Loh: Geschichte UBL (wie Anm. 11), S. 41.

die Universitätsbibliothek aus dem Jahr 1811 einige massive Missstände angeführt: »unzureichende Kataloge, unzureichende Geldmittel für die Erwerbungen, zu enges Bibliothekslokal«[179]; außerdem wurden bessere Bezahlungen für die Bibliothekare und die Kustoden gefordert, damit mehr Mühe und Zeit für die Bibliothek verwendet werden konnte. Das Gutachten hatte zur Folge, dass einerseits tatsächlich mehr Geld für die Belange der Bibliothek zur Verfügung gestellt wurde. Andererseits wurde der Auftrag erteilt, die Katalogsituation zu verbessern und die problematische Lage mit den zahlreichen unterschiedlichen alphabetischen Katalogen der Universitätsbibliothek durch einen Gesamtnominalkatalog abzulösen.[180] Zentrale Akteure bei der Erfüllung dieser Vorgaben waren der Kustode Amadeus Wendt (1783–1836)[181] sowie sein »Gehilfe«[182] Friedrich Adolf Ebert (1791–1834).[183] Obwohl letzterer gerade einmal zwei Jahre offiziell an der Universitätsbibliothek tätig war,[184] hat er nach Loh zahlreiche Tätigkeiten initiiert, die im Zusammenhang des Gesamtkatalogprojekts standen und sich dabei auch auf die Handschriften erstreckten:

> »[Ebert erreichte ...], daß die Bücher umgeordnet und neu signiert wurden. Gleichzeitig wurden Dubletten ausgesondert, die Handschriften geordnet, Kataloge für Sonderbestände angelegt sowie – nach Becks Vorstellungen – der juristische Bestand der UB aus Platzgründen mit der Püttmannschen Bibliothek vereinigt.«[185]

Damit sind die eigentlichen Leistungen und Tätigkeiten Eberts für die Aufstellung und Ordnung der Handschriften natürlich nur sehr vage beschrieben. Mit Blick auf den Handschriftenbestand lassen sich konkrete Aussagen formulie-

---

179 Ebd.

180 Ebd.

181 Wendt war 1810–1832 Kustode, vgl. ebd., sowie zu Wendt S. 117, Anm. 168.

182 1814 wurde Ebert als außerordentlicher Kustos bestätigt, vgl. ebd., S. 117, Anm. 175. Eberts Tätigkeit ging dabei sicher über die zugewiesene Rolle als »Gehilfe« hinaus. Wendt und Ebert bewerteten die Anteile von Eberts Leistung jeweils unterschiedlich, was beim Abschluss der Arbeiten zu erheblichen Verzögerungen führte, siehe hierzu ausführlich ebd., S. 88–90, sowie Gerhard Loh: Die Katalogisierungsarbeiten an der Universitätsbibliothek Leipzig in den Jahren 1813–1829 (Kleine Schriften der Universitätsbibliothek Leipzig 7). Leipzig 1981.

183 Zu Friedrich Adolf Ebert (1791–1834) siehe Loh: Geschichte UBL (wie Anm. 11), S. 41 u.ö., sowie Hans Lülfing: Ebert, Friedrich Adolf. In: Neue Deutsche Biographie 4 (1959), S. 253 f. URL des Digitalisats: http://mdz-nbn-resolving.de/urn:nbn:de:bvb:12-bsb00016320-6 [zuletzt: 20.9.2021]. Ebert gilt als (Mit-)Begründer der Bibliothekswissenschaft; er verfasste verschiedene Werke zum Beruf des Bibliothekars und zur Ausbildung von Bibliothekaren.

184 Durch die Vermittlung von Beck ging Ebert 1814 als Sekretär an die Königliche Bibliothek nach Dresden. Da die Katalogisierungstätigkeiten damals noch nicht abgeschlossen waren, setzte Ebert seine Unterstützung von Dresden – teilweise auch durch Besuche in Leipzig – fort, Loh: Geschichte UBL (wie Anm. 11), S. 117, Anm. 177.

185 Ebd., S. 41.

ren. Für die Anfertigung des Gesamtkatalogs unternahm Ebert einen Durchlauf durch den Handschriftenbestand und fertigte einen Zettelkatalog sowie einen Index zu diesem an.[186] Dabei dürfte er die Handschriften auch neu geordnet und neu signiert haben, denn in den von ihm angefertigten Katalogen und Indizes wird jeweils auf die Ms-Signaturen verwiesen und nicht mehr auf die Börner-Signaturen. Außerdem weist der von Ebert geschriebene Index paläographisch Parallelen zur Beschriftung der Rückenschilder auf, insbesondere was Zahlenformen und Schriftneigung angeht. Paläographisch lässt sich auch zeigen, dass Ebert in einigen Bänden Signatur- sowie Inhaltsangaben auf die ersten Blätter des jeweiligen Codex geschrieben hat,[187] was seine intensive Arbeit am Bestand unterstreicht.

Bemerkenswert ist, dass Ebert relativ häufig Exponentensignaturen vergeben hat.[188] Für eine Neusignierung ist solch eine Vorgehensweise erstaunlich. Möglicherweise handelte Ebert unter Zeitnot, übernahm pragmatisch Bestehendes und nahm Einfügungen mittels der Exponenten vor.

3.6 Station F: Wirken von Gersdorf und Leyser zwischen 1833 und 1874: Trennung mittelalterlicher und neuzeitlicher Handschriften

Das 19. Jahrhundert und hier insbesondere das zweite Drittel muss als eine der bedeutendsten Zeiten für die Ordnung des Leipziger Handschriftenbestands, wie er sich heute präsentiert, gelten.[189] Diese Phase des Historismus und der Entdeckung des deutschen Mittelalters hatte insgesamt dazu geführt, dass in zahlreichen Bibliotheken eine Professionalisierung und im Bereich der Erschließung

186 Der zweibändige Index, den Ebert eigenhändig geschrieben hat, ist erhalten und wird heute in der UBL unter der Signatur Ms 2813 aufbewahrt. Der Index wurde in den folgenden Jahrhunderten bis 1989 weitergeführt. Zur Handschrift siehe Fuchs: Neuzeitliche Handschriften UBL (wie Anm. 79), S. 289. Den Zettelkatalog selbst ließ Ebert durch einen unbekannten Schreiber in Schönschrift anfertigen, vgl. ebd., S. XI.

187 Z.B. Ms 203 (Signatur auf Bl. IIIr).

188 Mit diesem Hinweis und Zuweisung auch Berger: Griechische Handschriften UBL (wie Anm. 45).

189 Zum Wirken von Leyser und Gersdorf vgl. u.a. Döring: Inkunabelsammlungen (wie Anm. 111), S. 207 f.; Fuchs: Neuzeitliche Handschriften UBL (wie Anm. 2), S. 134–137; Christoph Mackert: Zur Fragmentsammlung der Leipziger Universitätsbibliothek. In: Thomas Fuchs, Christoph Mackert, Reinhold Scholl (Hgg.): Das Buch in Antike, Mittelalter und Neuzeit. Sonderbestände der Universität Leipzig. Wiesbaden: Harrassowitz 2012, S. 91–120, S. 94–97.

von mittelalterlichen Handschriften ein neuer Höhepunkt eintrat.[190] So auch an der Leipziger Universitätsbibliothek: Mit Ernst Gotthelf Gersdorf (1804–1874), der 1833 zum Direktor berufen wurde, übernahm der erste ausgebildete Bibliothekar die Leitung der Universitätsbibliothek.[191] Für die Handschriftenerschließung konnte er Hermann Leyser (1811–1843) gewinnen,[192] der ab 1837 an der Paulina insbesondere im Bereich der abendländischen Handschriften tätig war. Beide Akteure hinterließen mit ihren Tätigkeiten so viele Spuren an den Bänden, dass im Folgenden kaum alle Einzelphänomene für sich behandelt werden können.

In vielen Bereichen bildeten die Tätigkeiten von Leyser und Gersdorf die Fortsetzung der Aktivitäten von Ebert (und Wendt), in wichtigen Punkten gingen sie jedoch darüber hinaus. Für die nachbarschaftlichen Beziehungen der Handschriftenbände war diese Zeit entsprechend von größter Bedeutung.

3.6.1 Katalogisierung und schriftliche Fixierung der vorhandenen Ordnung durch Hermann Leyser

Hermann Leyser, der an der Universität Leipzig Philosophie und Theologie studierte, hatte ein ausgeprägtes Interesse für die altdeutsche Sprache und Literatur, das ihn 1833 nach Berlin führte, wo er insbesondere Vorlesungen zur Germanistik und zur Mediävistik bei Karl Lachmann (1793–1851) besuchte.[193] In diese Zeit fiel auch, dass Leyser nach eigener Aussage erste Beschäftigungen und Durchsichten des Leipziger Handschriftenbestands unternahm,[194] er publizierte immer wieder kleine Funde und Beiträge in unterschiedlichen Fachzeit-

190 Als Beispiele seien angeführt das Wirken von Karl August Barack an der Fürstlich Fürstenbergischen Hofbibliothek Donaueschingen sowie an der Königlichen Bibliothek in Straßburg, von Robert Naumann an der Leipziger Stadtbibliothek, von Franz Schnorr von Carolsfeld an der Königlich Sächsischen Öffentlichen Bibliothek in Dresden oder von Wilhelm Schum an der damaligen Königlichen Bibliothek zu Erfurt.

191 Fuchs: Neuzeitliche Handschriften (wie Anm. 79), S. XI.

192 In der Forschung sind unterschiedliche Geburtsjahre für Hermann Leyser verzeichnet: Fuchs: Neuzeitliche Handschriften UBL (wie Anm. 79), S. XI, sowie Fuchs: Neuzeitliche Handschriften UBL (wie Anm. 2), S. 135, nennen das Jahr 1810; Hermann Theodor Schletter: Nekrolog Dr. Hermann Leyser's. In: Bericht an die Mitglieder der Deutschen Gesellschaft zur Erforschung vaterländischer Sprache und Alterthümer in Leipzig (1844), S. 66–70, S. 66, sowie nach ihm Mackert: Fragmentsammlung UBL (wie Anm. 189), S. 94, nennen hingegen das Jahr 1811.

193 Vgl. Schletter: Nekrolog (wie Anm. 192), S. 66; Mackert: Fragmentsammlung UBL (wie Anm. 189), S. 94.

194 Mackert: Fragmentsammlung UBL (wie Anm. 189), S. 94.

schriften.[195] 1836 begann Leyser mit seiner Arbeit am Handschriftenkatalog der Universitätsbibliothek Leipzig; drei Jahre später erhielt er eine Stelle als Bibliotheksassistent.[196]

Die Handschriftenkatalogisierung durch Leyser bedeutete in Qualität und Detailliertheit einen bedeutenden Zugewinn gegenüber dem gedruckten Katalog Fellers von 1686. Zugute kam Leyser dabei sicher auch, dass er auf die Vorarbeiten und den Katalog von Ebert sowie auf dessen Index zurückgreifen konnte.[197] Leyser leistete eine Textidentifizierung für jede Handschrift – wenn auch noch häufig ohne Folioangaben[198] –, außerdem verzeichnete er die zentralen kodikologischen Daten wie Beschreibstoff, Format, Datierung (die in der Regel auf Grundlage der Paläographie erfolgte)[199] sowie Provenienz. Mit den Leyser-Katalogisaten wurde die Provenienzgeschichte damit zum ersten Mal innerhalb des Handschriftenbestands der Universitätsbibliothek Leipzig von Bedeutung, wozu auch die damals angefertigte Zusammenstellung der Provenienzen in Ms 2827 sehr gut passt.[200] Das Ergebnis der Katalogisierung waren die sogenannten Leyser-Zettel (Anhang Abbildungen 21), die heute unter der Signatur Ms 2817 aufbewahrt werden.[201] Eine Teilabschrift der Leyser-Zettel liegt in der zweibändigen Handschrift Ms 2814 vor, die von Theodor Moebius angefertigt wurde.[202] Es unterstreicht die Bedeutung von Leysers Katalogisierungsleistung, dass seine Beschreibungen für einige mittelalterliche Handschriften noch heute eine zentrale Quelle für die Forschung sind.

---

195 Siehe hierzu die Übersicht bei Schletter: Nekrolog (wie Anm. 192), S. 68–70, sowie Mackert: Fragmentsammlung UBL (wie Anm. 189), S. 94, Anm. 11.

196 Vgl. Schletter: Nekrolog (wie Anm. 192), S. 66.

197 Fuchs: Neuzeitliche Handschriften (wie Anm. 79), S. XI, sowie die Ausführungen oben bei Punkt 3.5 und Anm. 186.

198 Folioangaben wurden auf einigen Leyser-Zetteln später nachgetragen, wohl v.a. von Gersdorf und Helssig, beispielsweise die Zettel zu Ms 2817, vgl. hierzu auch die Ausführungen unten.

199 Vereinzelt auch Angabe (Zeichnung) von Wasserzeichen, hier beispielsweise die Zettel zu Ms 154, Ms 228.

200 Nach Ausweis des Titelblatts stammt die Zusammenstellung von Gersdorf; nach Schriftbefund stammen die Einträge sowohl von Gersdorf als auch von Leyser; damit lässt sich die Datierung der Handschrift, die bei Fuchs: Neuzeitliche Handschriften UBL (wie Anm. 79), S. 296 auf um 1840/1860 angegeben ist, auf die Lebenszeit von Leyser (bis 1843) spezifizieren.

201 Zur Handschrift siehe Fuchs: Neuzeitliche Handschriften UBL (wie Anm. 79), S. 291. Die Grundschicht dieser Zettel wurde von Leyser geschrieben; in einer zweiten Schicht sind Überarbeitungen von Gersdorf zu greifen, vgl. hierzu die Ausführungen bei Punkt 3.6. Später wurden die Zettel ergänzt und weitergeführt; hier dürften insbesondere Joseph Förstermann (1841–1900), Rudolf Helssig (1846–1928) und Otto Günther (1861–1922) gewirkt haben.

202 Theodor Moebius war von 1837 bis 1861 an der Universitätsbibliothek Leipzig beschäftigt. In Schönschrift schrieb er um 1858 den zweibändigen Katalog für die Signaturen Ms 1–Ms 198 sowie Ms 199–Ms 384 ab, vgl. Fuchs: Neuzeitliche Handschriften UBL (wie Anm. 79), S. 290.

Für die Anfertigung seines Katalogs griff Leyser auf die von Ebert eingeführte Anordnung und Zählung der Handschriften zurück: Die Signaturen referenzieren in ihrer Grundschicht – soweit nachweisbar – durchgehend auf die in den Bänden eingetragenen Signaturen oder die Ms-Signaturschilder Eberts. Im Zuge seiner Katalogisierungstätigkeiten hat Leyser zahlreiche Handschriften mit einer Blattzählung versehen: Hierfür spricht ein Vergleich der Zahlen in den Codices mit denen der Grundschicht der Leyser-Zettel. Weitere Eintragungen von seiner Hand finden sich dagegen kaum: Eine Ausnahme bilden die Handschriften, die aus Leysers Besitz stammen und von ihm mit Marginalien oder anderen Eintragungen versehen wurden.[203] Am Bestand selbst hat Leyser kaum etwas verändert. Eine gewisse Ausnahme bildeten die Fragmente, denen Leysers besondere Aufmerksamkeit galt. Wenn Leyser beispielsweise im Anzeiger für Kunde des deutschen Mittelalters angibt, dass er »auf dem innern Deckel eines noch im 15. oder im Anfange des 16. Jahrhunderts gedruckten juristischen Werks [...] 4 Pergamentblätter [gefunden hat ..., die] ein Bruchstück eines wahrscheinlich sehr umfangsreichen altholländischen Lehrgedichts [enthalten]«[204], so ist davon auszugehen, dass er diese Fragmente auch auslösen ließ.[205] In welcher Form die entnommenen Fragmente aber aufbewahrt wurden, lässt sich heute nicht rekonstruieren: Zu divers sind die heutigen Signaturen der ausgelösten Stücke, als dass man nachträglich eine Systematik erkennen könnte.[206]

3.6.2 Neuordnung und Umsignierung des Handschriftenbestands durch Gersdorf

Durch den überraschend frühen Tod von Hermann Leyser – er starb bereits 1843 mit nur knapp über 30 Jahren – kamen die Katalogisierungsarbeiten ins Stocken. Gersdorf übernahm nun als Direktor der Universitätsbibliothek selbst die Katalogisierung der Handschriften. Allerdings konnten seine Katalogisate nicht die Qualität von Leyser erreichen, was sowohl für die mittelalterlichen als auch die neuzeitlichen Handschriften galt.[207]

203 Beispielsweise: Ms 1540 (Besitzeintrag auf Bl. 1r); Ms 1570 (Notiz von Leyser auf Bl. Iv, Besitzeintrag auf Bl. 1r). Marginalien u. a. im annotierten Druck Ms 3024, olim Libri-sep.2184-c.

204 Hermann Leyser: Nr. 36. In: Anzeiger für Kunde des deutschen Mittelalters 2 (1833), Sp. 100–104, hier Sp. 100.

205 Mit derselben Argumentation auch Mackert: Fragmentsammlung UBL (wie Anm. 189), S. 94 f.

206 Ebd., S. 95.

207 Für die neuzeitlichen Handschriften konstatiert Fuchs: Neuzeitliche Handschriften UBL (wie Anm. 2), S. 135: »[...] die Katalogisate Gersdorfs [sind] sehr oberflächlich und reichen oft

Nun war die Handschriftenkatalogisierung auch nicht das Feld, auf dem Gersdorf bleibende Spuren hinterließ. Vielmehr sind es die Ideen, die er möglicherweise in der Frühzeit seines Direktorats und infolge seiner eigenen Katalogisierungsarbeiten entwickelt hatte: Er veranlasste eine völlige Neuordnung des Handschriftenbestands und damit verbunden eine Umsignierung zahlreicher Bände. Bei diesem Unternehmen ging es ihm einerseits um eine geradlinige Signaturenabfolge ohne Exponentensignaturen,[208] andererseits um möglichst homogene Bestandsgruppen. Zum ersten trennte er hierfür die mittelalterlichen und die neuzeitlichen Handschriften voneinander ab. Dabei wies er den mittelalterlichen Bänden den Signaturbereich von Ms 1 bis Ms 2000 zu, die neuzeitlichen Codices erhielten die Signaturen ab Ms 2001. Zum zweiten separierte er die griechischsprachigen Handschriften. Berger datiert diese Aktion ausgehend von der Reinschrift der Leyser-Zettel durch Möbius (in Ms 2814), in der die griechischen Stücke schon nicht mehr unter ihren Ms-Signaturen aufgeführt sind, auf um 1855.[209] Einige der griechischen Handschriften, für die später die Signaturgruppe der Codices graeci eingeführt wurde,[210] tragen auf ihrem

nicht zur eindeutigen Identifikation eines Textes«. Ähnliches ist auch für die mittelalterlichen Handschriften zu beobachten: Die Angaben innerhalb von Ms 2817, die direkt auf Gersdorf und nicht (mehr) auf Leyser zurückgehen (können), fallen äußerst kurz aus, beispielsweise die Zettel zu Ms 1097, Ms 1098, Ms 1099.

208 Vgl. Fuchs: Neuzeitliche Handschriften UBL (wie Anm. 79), S. XIII, dort auch mit Verweis auf die Problematik in Verbindung mit einer inhaltlich orientierten Bestandsaufstellung.

209 Grundlegend Berger: Griechische Handschriften UBL (wie Anm. 45).

210 Wann genau und mit welchem zeitlichen Abstand zur Separierung die Einführung der eigenen Signaturgruppe der Codices graeci (Kürzel: »Cod. gr.«), vollzogen wurde, lässt sich nicht sicher sagen. Berger (s.u.) erwägt, dass die Signaturreihe von Victor Gardthausen (1834–1925), der 1874 als Bibliothekar in der Universitätsbibliothek angestellt wurde, begründet wurde. Dazu, dass eine zeitliche Lücke zwischen der Herausnahme der griechischen Handschriften aus der Handschriftensignaturreihe und der Einführung der eigenen Signaturgruppe bestand, passt, dass Gersdorf innerhalb des Ebert-Index (Ms 2813) die griechischen Handschriften lediglich mit der dort aufgeführten Signatur gestrichen, nicht aber eine aktuelle daneben gesetzt hat (z.B.: »Herodotus de Homero« mit der alten Signatur »1275« gestrichen [heute: Cod. gr. 32]; »Hermogenis libri Rhetorici« mit der alten Signatur »1245« gestrichen [heute: Cod. gr. 26]). Auch wirken die Signaturschilder der Codices graeci etwas moderner als die Signaturschilder der Ms-Reihe, die von Gersdorf angefertigt und beschriftet wurden. Für uns heute schwer vorstellbar bei dieser These ist, dass die griechischen Handschriften demnach mehr als 15 Jahre ohne Signatur aufbewahrt worden wären; es mag jedoch auch sein, dass bei einem übersichtlichen Bestandssegment von etwa 25 Handschriften (exklusive der 1845 hinzugekommenen Handschriften von Tischendorf, die zunächst getrennt aufgestellt waren) dieses Problem gar nicht bestand; zu den Zahlen vgl. Berger: Griechische Handschriften UBL (wie Anm. 45).

Rücken neben der neuen Signatur[211] noch das alte Ebert-Signaturschild.[212] Eine dritte Art von bibliothekarischer Separierung führte Gersdorf mittels Auflösung von Sammelbänden mit Drucken und Handschriften durch.[213] Für die vereinzelten Handschriftenfaszikel legte Gersdorf Katalogzettel in Ergänzung des Leyser-Zettelkatalogs an.[214]

Diese drei Maßnahmen hatten erhebliche Konsequenzen für die Aufstellung der Handschriften, was sich in den von Gersdorf vergebenen neuen Signaturen manifestierte. Im Zuge der Trennung der neuzeitlichen und mittelalterlichen Handschriften, bei der die neuzeitlichen Bände aus der bestehenden Signaturreihe aussortiert wurden, erhielten mittelalterliche Handschriften teilweise neue Signaturen, nämlich dann, wenn ursprünglich weiter hinten einsortierte Bände nach vorn an die inhaltlich richtige Systemstelle gerückt wurden[215] oder aber wenn Exponenten beseitigt werden sollten.[216] Ganz regelmäßig hat Gersdorf dabei die Signaturen auf den Leyser-Zetteln gestrichen, ebenso auch in den Handschriften selbst bzw. auf den Einbänden, sofern hier alte Signaturen von Ebert verzeichnet waren (Anhang Abbildungen 21).[217] Eine weitere Spur hinterließen die Umsignierungen in Form neuer Rückenschilder bei allen neu bezeichneten

---

211 Die Rückenschilder der Cod. gr.-Signaturreihe weisen im Vergleich zu der Ms-Signaturreihe eine eigene Gestaltung auf: Das »Cod. gr.«-Kürzel ist gedruckt, darunter ist Platz gelassen für einen handschriftlichen Eintrag für die entsprechende Nummer der Signatur, beides ist von einem doppelten Rahmen umgeben. In der Gestaltung ist das Signaturschild, das überwiegend am oberen Einbandrücken angebracht ist, vergleichbar mit den Fachsignaturen.

212 Z.B. Cod. gr. 25 mit der alten Signatur Ms 1455; nur noch in Resten bei Cod. gr. 26.

213 Vgl. grundlegend Döring: Inkunabelsammlungen (wie Anm. 111), S. 207.

214 Z.B. Ms 1564: auf Bl. 1r von Gersdorf die Signatur »1564« verzeichnet, kein Leyser-Zettel vorhanden; Ms 1566: Bl. 1r am unteren Rand mit Bleistift wohl von der Hand Gersdorfs »olim zu 457«, ursprünglich kein Leyser-Zettel vorhanden; Ms 1569: auf dem Vorderspiegel von Gersdorf »1569« verzeichnet; Ms 1571: auf Bl. 1r von Gersdorf die Signatur »1571« eingetragen, ursprünglich kein Leyser-Zettel vorhanden.

215 Z.B. olim Ms 2109, umsigniert zu: Ms 175, Inhalt: Theologische Quästionen; olim Ms 2018, umsigniert zu: Ms 1250, Inhalt: Rhetorische Sammelhandschrift; olim Ms 2017, umsigniert zu: Ms 1300, Inhalt: Nicolaus de Byarto, Summa de abstinentia cum Adaptationibus sermonum / Dictionarius pauperum; olim 2040, umsigniert zu: Ms 1303, Inhalt: Gesta Romanorum.

216 Z.B. olim Ms 180a, umsigniert zu: Ms 180; olim Ms 233a, umsigniert zu: Ms 233; olim Ms 233b, umsigniert zu: Ms 230; olim 248a, umsigniert zu: Ms 248; olim Ms 1014a, umsigniert zu: Ms 1015; olim Ms 1014b, umsigniert zu: Ms 1016.

217 Z.B. olim Ms 2109, umsigniert zu: Ms 175 (kleines Papierschild oben auf dem Vorderdeckel mit der Signatur von Eberts [?] Hand: »2616«; Neubindung des 19. Jhs., Signatureintrag auf dem Vorderspiegel von Gersdorf, auf dem Leyser-Zettel gestrichen von Gersdorfs Hand: »2109«, darüber gesetzt »175«); olim Ms 2018, umsigniert zu: Ms 1250 (Signatureintrag auf dem Innendeckel der Handschrift mit Tinte von Gersdorf, auf dem Leyser-Zettel von Gersdorf »2018« gestrichen und »1250« darüber gesetzt); olim Ms 2017, umsigniert zu: Ms 1300 (auf dem Leyser-Zettel gestrichen von Gersdorfs Hand: »2017«, darüber gesetzt »1300«); olim

Handschriften. Sie bestanden aus Papier, waren in aller Regel quadratisch und wiesen in etwa – in Abhängigkeit von der Größe des Bandes – Abmessungen von 2,3–2,5 mal 2,3–2,5 Zentimetern auf. Beschriftet wurden sie aller Wahrscheinlichkeit nach von Gersdorf selbst, wie charakteristische Schreibweisen belegen:[218] Der obere Kopf der »3« beispielsweise kippt ganz regelmäßig nach links weg, die »7« und »9« sind weit unter das Mittelband hinaus ausgezogen, die »4« hat einen verkümmerten Kopf, wobei der Querstrich weit nach rechts reicht. In markanter schwarzer Tinte sind die Zahlen mit einer leichten Rechtsneigung auf die Papierschilder eingetragen und mit einem Punkt abgeschlossen (Anhang Abbildungen 22). Es gibt Handschriftenbände, bei denen gut sichtbar ist, dass diese Schilder auf die bereits bestehenden alten Ebert-Signaturschilder geklebt wurden,[219] sofern es sich nicht um neugebundene Stücke handelte.[220] Vereinzelt hat Gersdorf die Signaturen auch direkt auf die Bände gesetzt.[221]

Gersdorfs Wirken am Handschriftenbestand äußerte sich weiterhin in zahlreichen Neubindungen, insbesondere infolge der systematischen Ausbindung von handschriftlichen Lagenverbünden aus Sammelbänden. Typisch für diese Neubindungen sind die Pappeinbände, die mit orange-schwarzem Marmorpapier überzogen sind: Mit dieser Art von Einband ließ Gersdorf aber nicht nur ausgebundene Handschriftenfaszikel neu binden, sondern alle Handschriften, die einen neuen Einband benötigten.[222] Als Spuren dieser Bindeaktionen sind – neben den Einbänden selbst – kleine Zahleneinträge mit Bleistift vorhanden, die

---

Ms 1300, umsigniert zu: Ms 1301 (Signatureintrag Eberts auf dem Innendeckel ausgestrichen, auf dem Leyser-Zettel von Gersdorfs Hand »1300« zu »1301« geändert).

218 Als Referenz für den Schriftvergleich herangezogen wurden u.a. die von Gersdorf in Ms 2813 geschriebenen bzw. nachgetragenen Passagen sowie Briefe von Gersdorf an Hänel im Nachlass-Hänel (UBL, Slg. Hänel).

219 Z.B. Ms 457, Ms 1526, Ms 1528 (hier mit Spuren eines abgerissenen darunterliegenden Rückenschilds), Ms 1532.

220 Z.B. Ms 1570, Ms 1535, Ms 1569.

221 Z.B. Ms 443, Ms 447 (siehe Anhang Abbildungen 22).

222 Ausbindungen aus Sammelbänden mit dieser Einbandart (Pappband mit Marmorpapierüberzug, Steinmarmorpapier mit orangefarbenen Adern durchzogen): z.B. Ms 476; reine Handschriftenbände, z.B. Ms 190, Ms 207, Ms 332, Ms 352, Ms 1506. Hierunter befinden sich auffallend viele Sammelhandschriften aus dem Benediktinerkloster Pegau, wahrscheinlich waren die Einbände im 19. Jh. derart beschädigt, dass eine Neubindung veranlasst werden musste. Eine relativ sichere Datierung der Einbände ergibt sich aufgrund folgender Einträge: Ms 805, Bl. Iv: »Gebunden im J. 1841«, wohl von Leysers Hand; Ms 1323, Bl. 1r mit Bleistift Bindungsnummer sowie wohl Jahresangabe der Bindung: »101 (1839)«. Noch nicht sicher ist, wie lange diese Einbandart verwendet wurde; die Tatsache, dass unterschiedliche Rückengestaltungen vorliegen, könnte darauf hindeuten, dass die Einbandart für einige Jahre oder gar Jahrzehnte in Gebrauch war.

in der Regel am unteren Blattrand der ersten Textseite verzeichnet sind. Wie sie genau zu lesen sind, konnte bisher noch nicht ermittelt werden.

3.6.3 Einarbeitungen von Neuerwerbungen

Gerade für das 19. Jahrhundert und insbesondere für die Zeit von Leyser und Gersdorf muss auf einen Aspekt hingewiesen werden, der bisher kaum zur Sprache kam, nämlich die Frage der Neuerwerbungen. Dabei war die Bestandserweiterung ein Phänomen, das die Universitätsbibliothek Leipzig seit Anbeginn begleitete, von der Schenkung ihres Gründers Caspar Borner war ja bereits ausführlich die Rede (siehe 3.1.4). Weitere bedeutende Zugänge verdankten sich zum Beispiel Johannes Steinmetz d. Ä. (1559–1607),[223] Johann Hülsemann (1602–1661),[224] Daniel Heinrici (1615–1666),[225] Andreas Rivinus[226] (1601–1656) oder Andreas Erasmus Seidel (1650–1707).[227] In Gersdorfs Amtszeit fielen – wohl auch dank des Aufschwungs der Leipziger Universität und der wachsenden Bedeutung der Stadt – zahlreiche neue Schenkungen und Erwerbungen, ohne dass derzeit ein verlässlicher Gesamtüberblick möglich ist. Beispielhaft genannt seien die Handschriftensammlung Leysers,[228] eine Gruppe von Handschriften aus süddeutschen Frauenklöstern,[229] die zumindest teilweise über einen Vertreter der Leipziger Bürgerfamilie Bose an die UBL kamen, die Übernahme der Domstiftsbibliothek Meißen[230] 1860 oder die Legate von Friedrich

223 Siehe Anm. 77.

224 Loh: Geschichte UBL (wie Anm. 11), S. 66.

225 Ebd., S. 66 f.

226 Berger, Griechische Handschriften UBL (wie Anm. 45); Nicole C. Karafyllis, Jörg Overmann, Ulrich Johannes Schneider (Hgg.): Die kontaminierte Bibliothek. Mikroben in der Buchkultur. Leipzig: Leipziger Universitätsverlag 2021, S. 54 f.

227 Vgl. Berger, Griechische Handschriften UBL (wie Anm. 45).

228 Z.B. Ms 354, Ms 837 (?), Ms 1254, Ms 1256, Ms 1535, Ms 1540, Ms 1570.

229 Z.B. Ms 761, Ms 763, Ms 1502, Ms 1546 (?), Ms 1548, Ms 1552, Ms 1555. Der Ankauf der Handschriften ist noch in die erste Hälfte des 19. Jhs. zu setzen, da zu ihnen Beschreibungen von Leyser vorhanden sind. Zur Handschriftengruppe siehe auch Karafyllis, Overmann, Schneider: Kontaminierte Bibliothek (wie Anm. 226), S. 60 f.

230 Z.B. Ms 765, Ms 766, Ms 769, Ms 1536, Ms 1538, Ms 1549 (?), Ms 1559, Ms 1560, Ms 1561, Ms 1562.

August Biener (1787–1861)[231] und Gustav Friedrich Hänel (1792–1878)[232] in den Jahren 1861 und 1878. Damit ergab sich das Problem, wie umfangreiche Neuzugänge in die Signaturfolge integriert werden sollten. Offenbar zog sich die Neuordnung des Handschriftenbestands durch Gersdorf aber über längere Zeit hin: Handschriften aus der Meißner Domstiftsbibliothek konnten 1860 noch ebenso an die sachlich richtige Stelle in der neuen Signaturenreihe gesetzt werden wie die Handschriften aus dem Biener-Legat. Später wurden neu hinzugekommene Handschriften einfach an das Ende der Signaturreihe sortiert und damit das Pertinenzprinzip aufgegeben. Für die Hänel-Handschriften wurde eine eigene Signaturreihe geschaffen.

3.7 Station G: Die Verwaltung des Erarbeiteten im späten 19. sowie im 20. und 21. Jahrhundert

Ernst Gotthelf Gersdorf starb 1874. Danach bestanden Arbeiten am Handschriftenbestand vor allem in der Integration von neuen Bänden, die durch Erwerbung oder Schenkung an die UB Leipzig kamen.[233] Als entscheidende Akteure sind Joseph Förstermann (1841–1900, seit 1866 im Dienst der Bibliothek), Rudolf Helssig (1846–1928) und Otto Günther (1861–1922) zu nennen.

Gersdorfs Wunsch, neu hinzugekommene Handschriften nach dem Pertinenzprinzip an ihre sachlich-inhaltlich richtige Systemstelle zu sortieren und dabei gleichzeitig Exponentensignaturen möglichst zu vermeiden, wurde bald aufgegeben. Eine Einsicht in die Aussichtslosigkeit eines solchen Versuchs musste Gersdorf schon selbst gekommen sein.[234] Stattdessen wurden Handschriftenzugänge nun nach dem Numerus-currens-Prinzip eingearbeitet. Dies geschah in

231 Z.B. Ms 1097, Ms 1098, Ms 1099, Ms 1100, Ms 1101, Ms 1102, Ms 1103, Ms 1104, Ms 1105, Ms 1106, Ms 1107, Ms 1108, Ms 1109, Ms 1110, Ms 1112, Ms 1113, Ms 1302, Ms 1539, Ms 1576, Ms 1580, Ms 1671. Weitere Handschriften aus dem Besitz von Biener sind bei den Cod. gr. nachweisbar.

232 Die Handschriften aus dem Hänel-Legat sind in einer eigenen Signaturengruppe, den Cod Haen., zusammengefasst worden, vgl. auch die Ausführungen unten.

233 Zugänge aus dieser Zeit sind beispielsweise Ms 1317m (1894), Ms 1615 (1894), Ms 1630 (1881), Ms 1631 (1894), Ms 1633 (1881), Ms 1634 (1881), Ms 1635 (1881), Ms 1636 (1881), Ms 1637 (1881), Ms 1639 (1881), Ms 1640 (1881), Ms 1641 (1881), Ms 1642 (1881), Ms 1646 (1881), Ms 1651 (1881), Ms 1652 (1881), Ms 1653 (1881), Ms 1656 (1881), Ms 1658 (1881), Ms 1659 (1879/1881?), Ms 1662 (1879), Ms 1674 (1912), Ms 1679 (1922), Ms 1687 (1881), Ms 1695 (1881).

234 Vgl. Fuchs: Neuzeitliche Handschriften UBL (wie Anm. 2), S. 136.

etwa ab der Signatur Ms 1604,[235] in jedem Fall jedoch ab den Fragmentmappen Ms 1607–1614.[236]

Spuren hinterließ diese Zeit vor allem durch eigene Signatureinträge, die zu einem großen Teil direkt mit Tinte auf die Rücken geschrieben wurden, teilweise aber auch auf Papierschilder, die entweder auf den Rücken oder Vorderdeckel geklebt wurden. Sie dürften wohl von Helssig angefertigt worden sein bzw. in diese Zeit gehören. Die Signaturschilder sind wie auch die von Gersdorf und Ebert aus Papier und in Tinte beschriftet. Der Schriftduktus ist nach rechts geneigt. Das Minuskel-»s« in »Ms« ist ähnlich einer »5« geschrieben (Anhang Abbildungen 23).

Bis auf wenige Erwerbungs- und Schenkungsvorgänge[237] gab es im 20. Jahrhundert und dabei vor allem in der zweiten Jahrhunderthälfte kaum Arbeiten am Bestand. Eine Ausnahme bilden restauratorisch-konservatorische Arbeiten, um Schadensbilder zu beheben.[238] Hier wurden von der Restaurierungswerkstatt der UB spezielle Einbände angefertigt,[239] um vorwiegend flexible Heftchen – häufig ausgebundene Lagen handschriftlichen Materials aus der Zeit von Gersdorf – zu

---

235 Vgl. hierzu auch Übersicht 1.

236 Zu den Fragmentmappen siehe Mackert: Fragmentsammlung UBL (wie Anm. 189), S. 94–99. Die Auslösung der Fragmente selbst geht sicher auf Leyser zurück, vgl. hierzu die Ausführungen bei Anm. 204–206; auch die Vermerke zu den Trägerbanden auf den ausgelösten Fragmenten, die vorwiegend von Leysers Hand stammten, sprechen dafür. Von Leyser dürfte auch die inhaltliche Aufteilung der Fragmente in Gruppen (volkssprachige Fragmente, lateinische Fragmente getrennt nach Jahrhunderten ihrer Entstehung) stammen. Ob die Mappen unter Gersdorf oder erst kurz nach ihm angelegt wurden, lässt sich derzeit nicht mit Sicherheit sagen. Eine mögliche Antwort ist abhängig von der Frage zu den Marmorpapiereinbänden, die bereits aufgeworfen wurde (siehe Anm. 222), da auch die Fragmentmappen eine solche Einbandart aufweisen.

237 Für die Gabelentz-Handschriften, die 1965 von der UB Leipzig erworben worden sind, wurde eine eigene Signaturreihe eingerichtet; zum Profil und Ankauf der Sammlung siehe Fuchs: Neuzeitliche Handschriften UBL (wie Anm. 79), S. XIII, XXI, 464. Die zur Bibliothek Bernhard Bischoff gehörenden Bände, die 1995 angekauft wurden, sind in die Ms-Signaturreihe eingearbeitet (s. Ms 1698, Ms 1699, Ms 2805). Zum Erwerbungszeitpunkt vgl. Fuchs: Neuzeitliche Handschriften UBL (wie Anm. 79), S. 284; mit divergierender Angabe zum Ankauf siehe die Beschreibung zu Ms 1698 von Almuth Märker, online verfügbar, URL: http://www.manuscripta-mediaevalia.de/dokumente/html/obj31568983 [zuletzt: 21.9.2021].

238 Heute gilt bei restauratorischen Maßnahmen eine Orientierung am Objekt mit der Leitlinie, möglichst nichts oder wenig am historischen Befund zu verändern oder diesen sogar zu verdecken. In der zweiten Hälfte des 20. Jhs. wurden noch weitreichendere Maßnahmen vorgenommen, die teilweise historische Befunde schwer rekonstruierbar machen.

239 Typische Einbände der Restaurierungswerkstatt adaptieren Marmorpapiereinbände des 19. Jhs. (Anhang Abbildungen 24), eigentlich handelt es sich jedoch um industrielle Nachdrukke, in denen die typische Schichtung von Druckvorgängen nicht vorhanden ist; freundliche Auskunft von Fanny Bartholdt (10. Mai 2021).

stabilisieren und eine gefahrlose Benutzung zu ermöglichen.[240] In solchen Fällen wurden die Handschriften in der Regel mit einem neuen »Ms«-Signaturschild versehen (Anhang Abbildungen 24).[241] Vereinzelt wurden bei Restaurierungen auch die alten Signaturschilder gerettet, d.h. sie wurden von den alten Bänden abgenommen und auf die neuen restaurierten montiert.[242] Aufgrund dessen ist eine Datierung nicht genau möglich, dennoch dürften die Schilder am ehesten um 1960–1980 in Produktion gewesen sein, in Gebrauch jedoch noch darüber hinaus bis wohl ins 21. Jahrhundert hinein.[243]

Auch im 21. Jahrhundert werden neue Handschriften nach dem Numerus-currens-Prinzip in die Ms-Signaturenreihe eingeordnet, bei umfangreicheren Zugängen aus einer geschlossenen Provenienz können im Ausnahmefall eigene Signaturgruppen nach dem Provenienzprinzip eingerichtet werden.[244] Ankäufe sind mittlerweile äußerst selten, da die UB Leipzig als Ort der Literaturversorgung für die Universität keinen ausgewiesenen Erwerbungsetat für die Ergänzung des Altbestands besitzt. Die erforderlichen Mittel müssen jeweils eigens eingeworben werden. Zuweilen können Erwerbungen durch Spenden möglich gemacht werden, so zuletzt bei der Handschrift Ms 1750, einem deutschsprachigen Hüttenregister aus dem erzgebirgischen Annaberg mit Ein- und Ausnahmeverzeichnissen. Vereinzelt gelangen Handschriften weiterhin durch Schenkungen in den Bestand.[245] Spezielle Signaturschilder gibt es nicht (mehr): Stattdessen werden die Bände meist mittels Bleistifteinträgen von verantwortlichen Mitarbeiter*innen signiert.[246]

---

240 Z.B. Ms 1680, Ms 1534.

241 Z.B. Ms 1696 und Ms 1697: Beide Hss. gehören zu den letzten Bänden mit den neuen Ms-Signaturschildern; danach weisen die Bände keine Schilder mehr auf. Bei Ms 1697 ist das Schild oben und unten beschnitten, so dass es auf den ersten Blick ein anderes Äußeres aufweist.

242 Freundliche Auskunft von Jörg Graf (10. Mai 2021).

243 Freundliche Auskunft von Steffen Hoffmann (10. Mai 2021). Bis vor kurzem war ein Restbestand dieser Signaturschilder im Sondermagazin hinterlegt.

244 Die Handschriften aus dem Vorbesitz der Familie Apel, die 2004 und 2008 an die UBL kamen, wurden in eine eigene Signaturreihe überführt (Ms Apel), zum Erwerb siehe Christoph Mackert: Wieder aufgefunden. Bechsteins Handschrift der Mörin Hermanns von Sachsenheim und des sog. Liederbuchs der Klara Hätzlerin. In: Zeitschrift für deutsches Altertum und deutsche Literatur 133 (2004), S. 486–488.

245 Vgl. zuletzt die Schenkung der Fragmentsammlung Ms 1751 im Jahr 2015: Christoph Mackert: Ein halbes Jahrtausend Handschriften: geschenkt! Eine Ausstellung präsentiert mittelalterliche Handschriftenblätter aus dem Privatbesitz Peter Bühner. In: BIS / Bibliotheken in Sachsen 10 (2017), S. 118–119; Christoph Mackert: Mittelalterliche Handschriftenblätter aus altem Mühlhäuser Familienbesitz. Zur Fragmentsammlung Bühner in der Universitätsbibliothek Leipzig. In: Mühlhäuser Beiträge 40 (2017), S. 89–102.

246 Z.B. Ms 1750 mit dem Eintrag von Christoph Mackert auf dem Vorderspiegel (»Ms 1750«).

4. *Zusammenfassung*

Der Durchgang durch die Jahrhunderte der Universitätsbibliothek Leipzig hat gezeigt, wie wechselvoll die Geschichte für den Handschriftenbestand war und wie sehr sie von Um- und Neuordnungen geprägt wurde: Eine Handschrift, die 1543 in die Bibliotheca Paulina einging, konnte keinen konstanten Aufbewahrungsplatz beanspruchen, nicht immer war sie von denselben Handschriften umgeben. Vielmehr war sie in Bewegung, wurde umgestellt, von Pulten in Schränke geräumt und von dort aus in Regale. All diese Aktionen hinterließen Spuren auf den Bänden in Form von Schildern, Signatureinträgen oder anderen Vermerken.[247]

Gehen wir abschließend von den Spuren aus, die uns die Handschriftenbände der UB Leipzig bieten, so offenbaren sich zwei Schichten: jene auf den Buchdeckeln und solche auf den Buchrücken.[248] Beide Schichten geben dabei über andere Zeiträume Auskunft: Die Schilder und Einträge auf den Vorderdeckeln geben Einblick in die Zeit, als die Bände liegend aufbewahrt wurden. Für die Paulina umfasste dieser Zeitraum die zweite Hälfte des 16. und das 17. Jahrhundert bis zu Feller. Besondere Bedeutung haben hier die Titelschilder, mit denen der Gründungsbestand der Bibliotheca Paulina Mitte des 16. Jahrhunderts ausgestattet wurde und anhand derer heute noch schnell zu entscheiden ist, ob eine Handschrift zum Gründungsbestand gehört hat. Kalligraphisch ausgestaltete Titelschilder innerhalb dieses Segments kennzeichnen die Bücher, die aus dem Besitz von Caspar Borner stammen.[249] Die Schilder geben Auskunft über den Inhalt der Bände, zusätzlich sind kleine Zahlen und Buchstaben verzeichnet, die auf die Aufstellungssituation verweisen. Neben den Paulina-Titelschildern existieren auf den Vorderdeckeln der Handschriftenbände, die heute in der Universitätsbibliothek aufbewahrt werden, natürlich weitere Schilder. Sie beziehen sich jedoch auf die Zeit vor dem Eingang in die Paulina und sind erhaltene Titelschilder aus klösterlicher Zeit, etwa bei Bänden aus dem Leipziger Dominikanerkloster St. Paul oder dem Zisterzienserkloster Altzelle.[250]

Einen Trennstrich für die Beschilderung der Paulina-Bände bildet das vierte Viertel des 17. Jahrhunderts und das Wirken von Joachim Feller, der die Anordnung der Codices derart veränderte, dass sie nun durchweg stehend mit dem

247 Ein Überblick über die zentralen Spuren, die auf den Ms-Handschriften der UBL erhalten sind, bietet Übersicht 4.

248 Siehe auch Übersicht 4; Schicht 1 = Station A–B, Schicht 2 = Station C–G.

249 Die Borner-Bände werden in der Regel zum Gründungsbestand der UBL gerechnet.

250 Noch vollständig vorhandene alte Titelschilder s. Anm. 37. Reste des Titelschilds auch bei Ms 77 erhalten, vgl. hierzu mit Abbildung Karafyllis, Overmann, Schneider: Kontaminierte Bibliothek (wie Anm. 226), S. 48 f.

Buchrücken zum Betrachter hin aufgestellt wurden. Sukzessive wanderte auch die Kennzeichnung der Bände vom Deckel auf den Rücken. Es ist bemerkenswert, dass man die Konzeption der ursprünglich auf den Vorderdeckel angebrachten Titelschilder zunächst zu adaptieren versuchte, d.h., dass man bei den frühen Rückenschildern ebenfalls Angaben zum Inhalt der Handschriften notierte – trotz ihrer Komplexität und Länge. Als ein eindrucksvolles Beispiel sind hier die Rückenschilder der Philosophischen Fakultät zu nennen.[251] Eine gewisse Übergangszeit bilden die Jahre von 1685 bis 1715: Hier wurden die komplexen Standortangaben Fellers unter der Angabe von Repositorium, Serie und Nummer/Fach und Kurzinhalt auf die Rücken der ersten Bände der Handschriftenreihe gebracht.[252] Danach setzte mehr und mehr ein Rationalisierungsprozess ein, indem einzelne Nummern als Identifikation für eine Handschrift dienten, die auf die Rücken der Bände mittels Papierschild montiert wurden. So bestehen die Börner-Signaturen aus dem 18. Jahrhundert allein aus einer Nummer. Die Ebert-Signaturen, die im frühen 19. Jahrhundert eingeführt wurden, setzen sich dann aus einem Kürzel für die Kennzeichnung als Handschrift »Ms« und einer Nummer zusammen. Auf sie griffen auch Gersdorf und Helssig zurück: mit jeweils eigenen Umsetzungsformen, d.h. Rückenschildern und Beschriftungen. Heute noch verwenden wir diese von Ebert eingeführten Ms-Signaturen.

Die hier vorgestellten Kennzeichnungen der Bände – ungeachtet, ob auf dem Vorderdeckel, auf dem Rücken oder auch auf Vorderspiegel, Vorsatz oder erster Textseite – sind an Veränderungen im Buchbestand geknüpft, vor allem an Veränderungen in der Aufstellung und in der Aufstellungskonzeption. Zwei Triebfedern sind dabei für den Bestand der UB hervorzuheben: zum einen die Homogenisierung und systematische Ausdifferenzierung der Bestandsgruppe der abendländischen mittelalterlichen Handschriften aus dem allgemeinen Buchbestand u.a. mit Aussonderung von Drucken, von neuzeitlichen Handschriften, von griechischsprachigen Handschriften und auch von Fragmentmakulatur, andererseits die Einarbeitung von Neuzugängen, die als Ankäufe, Legate und Schenkungen in die Bibliothek kamen oder auch durch Ausbindungsaktionen entstanden sind.

Der Durchlauf durch die Geschichte der UB hat allerdings auch gezeigt, wie sehr diese Veränderungen an das Wirken, an die Ideen und Visionen von einzelnen Protagonisten gebunden sind. In der Regel bestehen direkte Verbindungen zwischen Veränderungen in der Aufstellung, Kennzeichnung der Handschriftenbände und einer Person: von Caspar Borner über Wolfgang Trübenbach, Joachim Feller, Friedrich Börner, Friedrich Ebert und Hermann Leyser bis zu

251 Vgl. hierzu die Ausführungen bei Anm. 120–125.

252 Fellers Standort-Signaturen als Rückenschild für Repositorium I und II der Theologie.

Ernst Gersdorf. Das ist ein Befund, wie er uns auch anderweitig häufig bei mittelalterlichen Bibliotheken und Buchsammlungen begegnet. Veränderungen in Bestandszusammensetzung und Aufstellung scheinen immer wieder auf engagierte Einzelpersonen zurückzugehen. Mit dem Ableben dieser Personen wurden die Bemühungen um die Bibliothek zu einem Großteil eingestellt oder erlahmten. Als Beispiele lassen sich das Wirken des Probsts Johannes Grundemann für die Bibliothek des Leipziger Thomasklosters in der Mitte und im dritten Viertel des 15. Jahrhunderts anführen oder des Abts Heinrich von Schleinitz für die Bibliothek des Chemnitzer Benediktinerklosters Ende des 15. bzw. Anfang des 16. Jahrhunderts.[253] Diese Reihe wäre sicher beliebig erweiterbar, und wahrscheinlich begegnen dieselben Mechanismen auch heute noch, nur sind sie durch eine institutionelle Überformung weniger im Bewusstsein. Das heißt in letzter Konsequenz jedoch auch: Die Schilder und Einträge, die wir als direkte Spuren greifen können, können wir zwar anhand von Paläographie und anderen Aspekten, wie Papierstruktur und Wasserzeichen, zeitlich grob einordnen. Allerdings benötigen wir für eine genaue Kontextualisierung weitere Bausteine wie Bücherverzeichnisse und Informationen aus der Personen-, Bestands- und natürlich Institutionengeschichte. Erst zusammen ergeben die einzelnen Elemente ein vollständige(re)s Bild, das dann die Ausgangsbasis für provenienzgeschichtliche Fragestellungen oder für mikrobiologische Forschungen bilden kann.

Was bedeuten diese Beobachtungen nun aber für das Konzept der Nachbarschaft?

Zum einen hat sich gezeigt, dass es mehrfach zu einer Neuordnung und einer weitgehenden Durchmischung der Bücher kam. Borner zog die Bände aus den Klöstern des albertinischen Sachsens zusammen und stellte sie in einer gemeinsamen Ordnung auf. Für die meisten Bände änderten sich dabei grundlegend ihre Nachbarn, Bände desselben Klosters standen von nun an mit Handschriften anderer Provenienzen zusammen. Auch Trübenbach, Feller, Ebert und Gersdorf initiierten mit ihren Maßnahmen umfangreiche Umordnungen im Bestand, wodurch sich wieder neue Nachbarschaften für viele Bände ergaben. Börner integrierte die Bände der drei universitären Einrichtungen in den Bestand der Paulina und Leyser ließ Fragmente aus den Bänden auslösen, die später in Sammelmappen gebunden und an anderer Stelle in den Handschriftenbestand eingeordnet wurden. Helssig und die Akteure des 20. Jahrhunderts sind aus der Perspektive der Nachbarschaft weniger relevant, auch wenn ihre Katalogisierungsmaßnahmen ein wichtiger Teil der Berührungsgeschichte der Bände sind.

253 Zu Johannes Grundemann vgl. Mackert: Bibliothek von St. Thomas (wie Anm. 18), sowie Ma-ckert: Geist aus den Klöstern (wie Anm. 13), S. 32 f.; zu Heinrich von Schleinitz vgl. ebd., S. 28–31.

Wenn sie Neuzugänge integrierten, fügten sie diese nach dem Numerus-currens-Prinzip an, so dass keine Um- und Neuordnung des Bestands mehr nötig war.[254]

254 Wir danken Steffen Hoffmann (Leipzig), Laura Rosengarten (Leipzig/Rom), Ulrich Johannes Schneider (Leipzig), Felix Schulze (Leipzig), Maxi Stolze (Leipzig) und Hedwig Suwelack (Berlin) für ihre Unterstützung und für ihre Hinweise bei der Erarbeitung und Abfassung dieses Beitrags.

Übersichten

Übersicht 1: Ms-Signaturreihe der mittelalterlichen Handschriften der Universitätsbibliothek Leipzig: Verschränkung von Pertinenz- und Numerus-currens-Prinzip

<table>
<tr><td></td><td colspan="4">INHALT</td></tr>
<tr><td></td><td colspan="2">Signaturbereich</td><td colspan="2">inhaltliches Gebiet</td></tr>
<tr><td rowspan="9">inhaltliche Ausrichtung</td><td colspan="2">Ms 1–869</td><td colspan="2">Theologie</td></tr>
<tr><td colspan="2">Ms 870–1113</td><td colspan="2">Recht</td></tr>
<tr><td colspan="2">Ms 1114–1230</td><td colspan="2">Medizin</td></tr>
<tr><td rowspan="4">Ms 1231–1500</td><td>Ms 1231–1302a</td><td rowspan="4">Artes</td><td>Philologie</td></tr>
<tr><td>Ms 1303–1332</td><td>Historiographie</td></tr>
<tr><td>Ms 1333–1457</td><td>Philosophie</td></tr>
<tr><td>Ms 1458–1500</td><td>Astronomie / Astrologie</td></tr>
<tr><td colspan="2">Ms 1501–1566</td><td colspan="2">Theologie</td></tr>
<tr></tr>
<tr><td>ohne inhaltliche Ausrichtung</td><td colspan="2">Ms 1567–1752</td><td colspan="2">[varia]</td></tr>
</table>

BESTANDSGESCHICHTE		
Signaturbereich		
Ms 1–1533	**überwiegend:** Grundbestand aus den Klöstern des albertinischen Sachsens sowie der Bornerstiftung zusammen mit Eingängen des 17. und 18. Jhs., insbesondere der Fakultäts- bzw. Institutsbibliotheken des Großen und Kleinen Fürstenkollegs und der Philosophischen Fakultät **durchsetzt mit:** Ausbindungen und Zugängen des 19. Jhs., für die Gersdorf infolge von Umordnungen freigewordene Signaturen verwendet hat	Pertinenzprinzip
Ms 1534–1606	**überwiegend:** Ausbindungen und Neuerwerbungen des 19. Jhs., die von Gersdorf in den Bestand eingearbeitet wurden	
Ms 1607–1696	**überwiegend:** Ausbindungen und Neuerwerbungen des 20. Jhs.	Numerus currens-Prinzip
Ms 1697–1752	Erwerbungen und Einarbeitung in den Bestand ab dem 21. Jh.	

Übersicht 2: Pultbelegung im Paulina-Verzeichnis von 1573

Nr.	Inhalt	Titel pro Pult	Pultbe-zeichnung
I	Humanismusschriften, u.a. Bugenhagen, Melanchthon, Otto Brunsfeld; darüber hinaus Erasmus	66	A
II	Humanismusschriften/Reformationsschriften, u.a. Bugenhagen, Melanchthon, Erasmus, Oecolampadus	67	B
III	Recht vermischt mit Medizin	58	C
IV	Artes (Rhetorik, Historiographie)	62	D
V	Artes (Rhetorik, Historiographie, v.a. griech. und lat. Klassiker)	52	E
VI	Astronomie, Poesie, teilweise Philosophie	84	
VII	Humanismusschriften (lat. Klassiker, Mosellanus, Reuchlin)	70	g
VIII	Artes (Grammatik, Wörterbücher)	76	h
IX	Artes (Poesie, Rhetorik)	63	i
X	Artes (Rhetorik, Grammatik)	67	k
XI	Hagiographie (i. Form von Historiographie verstanden)	39	l
XII	Historiographie (v.a. Historia Scholastica)	42	m
XIII	Historiographie (v.a. Chroniken)	38	n
XIV	Historiographie (u.a. Herodot, Historia Troiana, Plutarch, Sallust, Valerius Maximus)	43	o
XV	Recht (Kanonisches Recht: Dekretalen, Institutiones, Digesten)	40	p
XVI	Recht (Kanonisches Recht: Dekretalen, Clementinen, Liber Sextus)	47	q
XVII	Recht (Kanonisches Recht: Summae)	45	r
XVIII	Recht (Kanonisches Recht: Lecturae)	51	s
XIX	Recht (Kanonisches Recht: Repertoria, Tabulae)	47	t
XX	Recht (Kanonisches und Weltliches Recht: Summae, Sachsenspiegel, Weichbildrecht)	63	u
XXI	Medizin (Avicenna, Galen)	28	x

Nr.	Inhalt	Titel pro Pult	Pultbe-zeichnung
XXII	Medizin (Aphorismi, Almansor, Traktate, Chirurgia)	47	y
XXIII	Medizin (Viaticus, Antidotare, Synonyma apothecari-orum, Practica, Herbarius)	55	z
XXIV	Medizin (Practica, Herbarius)	33	Aa
XXV	Theologie (Orden, Klosterleben, Kapiteloffiziums-bücher, Rationale divinorum)	82	Bb
XXVI	Theologie (Vitae Christi, Mariale, Malogranatus)	83	Cc
XXVII	Theologie (De officiis missae)	84	Dd
XX-VIII	Theologie (Sermones, Summa de virtutibus)	86	Ee
XXIX	Theologie (Thomas von Aquin, Sermones)	78	Ff
XXX	Theologie (Sentenzenkommentare, Sermones)	81	Gg
XXXI	Theologie (Sentenzenkommentare)	76	Hh
XXXII	Theologie (Bibelkommentare)	66	Ii
XX-XIII	Theologie (Kirchenväter, u.a. Hugo v. St. Viktor, Dionysius)	76	Kk
XX-XIV	Theologie (Kirchenväter, v.a. Bernhardus und Gregorius)	74	Ll
XXXV	Theologie (Kirchenväter, v.a. Bernhardus und Gregorius)	66	Mm
XXX-VI	Theologie (Kirchenväter, v.a. Augustinus, Gregorius)	76	Nn
XXX-VII	Theologie (Kirchenväter)	65	Oo
XXX-VIII	Theologie (Bibeln)	64	Pp
XX-XIX	Theologie (Bibeln: Vollbibeln, AT)	59	Qq
XL	Theologie (Konzilsschriften)	40	Rr
XLI	Reformationsschriften	74	Ss
XLII	Theologie (Bibelauslegung, Bibelwörterbücher)	53	Tt
XLIII	Philosophie (Albertus Magnus, Thomas von Aquin)	50	Uu

Nr.	Inhalt	Titel pro Pult	Pultbe-zeichnung
XLIV	Philosophie (Aristoteles)	39	Xx
XLV	Philosophie	42	Yy
XLVI	Astronomie/Musik	40	[?]
XLVII	Astronomie	42	[?]

Übersicht 3: Identifikation der Bände auf Pult XXI des Paulina-Verzeichnisses von 1573

Nr.	Signatur/Medium/Format	Abbildung Titelschild	Wortlaut Verzeichnis 1573	Provenienz
1	Ms 1137 Hs., 2°		Auicenna in pergameno	Zisterzienser Altzelle
2	Ms 1140 (?) Hs., 4°		Auicennae pars ex tertio Canone; Nomina aegritudinum	unbestimmtes Kloster
3	Med.arab.18 Ink., 2°		Auicenna	Dominikaner Leipzig
4	-		Auicennae Canon tertius, secundus, quartus cum explanatione Iacobi de Partibus	
5	-		Auicennae primus Canon cum explanatione Iacobi de Partibus	
6	Med.arab.20 Ink., 2°		Auicennae primus et secundus Canon cum explanatione Gentilis	Dominikaner Leipzig

7	Med.arab.20 Ink., 2°		Tertius Canon Auicennae cum explanatione Gentilis	Dominikaner Leipzig
8	Med.arab.20 Ink., 2°		Auicennae quartus et quintus Canon cum explanatione Gentilis; Cantica Auicennae cum commento Auerrois; Gentilis De febre; Tractatus Gentilis de dosi; Consilis Gentilis	Dominikaner Leipzig
9	-		Gentilis super tertium Canonem Auicennae usque ad fen quartam	
10	-		Gentilis in tertium Canonem a quarta Fen ad 17 [?]	
11	Ed.vet.1476,11 Ink., 2°		Gentilis in Quartum Canonem ten [lies: Fen] primam Quaestio Gentilis de Maioritate morbi	Zisterzienser Altzelle
12	Anat.73 (?) Ink., 2°	[ohne Titelschild, Pergamenteinband der UBL um 1840]	Canon tertius Auicenne a fen 13 usque in 22 cum explanatione Iacobi de Partibus	wohl Dominikaner Leipzig

13	Med.arab.31 Ink., 2°	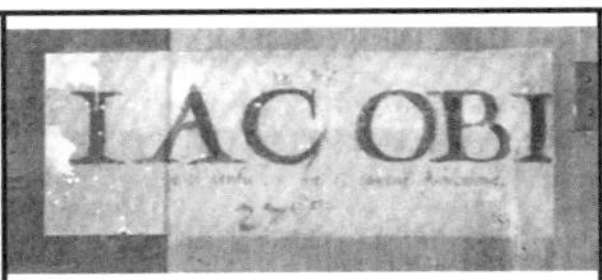	Iacobus Forliuiensis in primum Canonem Auicennae; Iacobus Forliuiensis in Aphorismos Hypocratis; Iacobus Forliuiensis super 8 libris Techni Galeni; Iacobi Forliuiensis tres quaestiones extra uagantes	Dominikaner Leipzig
14	-		Magistri Bertholdi glossae super Techni Galeni; Libellus Magistri Ioannis de Betuslaria sic ars deluditur arte; Egidii Tractatus de vrinis; Algorithmus incerto authore; De rebus non naturalibus cum quibusdam recptis incerto authore	
15	Med.gr.61 Ink., 2°	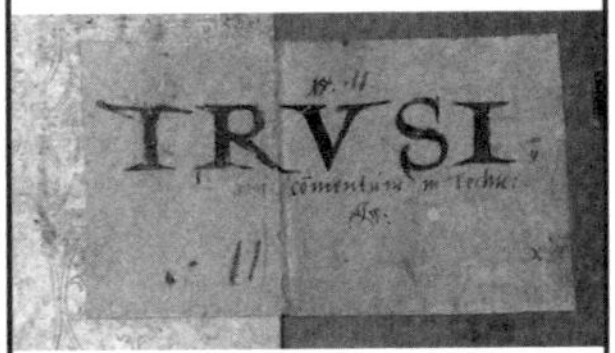	Trusiani commentum in Techni	Dominikaner Leipzig
16	-		Opera Galeni	

17	Ms 1118 (?) Hs., 2°	[kein Titelschild erhalten}	Galeni quaedam opuscula manu scripta in pergameno	Dominikaner Leipzig
18	Ed.vet.s.a.m.61 Ink., 2°		Forliuiensis in Techni Galeni	Zisterzienser Altzelle
19	Ms 1131 Hs., 2°-4°		Hali abbas super Techni Galeni pergameno scriptus	Zisterzienser Altzelle
20	Ms 1119 Hs., 2°		Hali abbas scriptus in pergameno; Aphorismi Hippocratis cum commento Galeni; Prognostica Hippocratis cum commento Galeni; De morbis acutis Hippocratis cum commento Galeni	Dominikaner Leipzig
21	Med.arab.11 Ink., 2°		Theorica et practica Hali abbatis; Aphorismi Hippocratis cum commento Iacobi Forliuiensis; De venenis magistri Santes de Ardoynis	Dominikaner Leipzig

22	-		Liber continens Artem medicinam Abucharie Mugamet Medici filij Rasis	
23	-		Liber continens Hieronimi Salio interprete	
24	-		Tabula secundum gradus [?] continentis Rasis	
25	Ms 1125 Hs., 2°		Almansor de Aegritudinibus in pergameno; Liber diuisionis Rasis cum synonimis; Liber Pandechni [lies: Pantegni] Constantini; Practica Panthechni; Chrirurgia [!] magistri Bruni Langoburgensis; Practica magistri Ioannis de Panonia; Figure depictae Chirurgicae [= Brennstellenanweisungen]	Dominikaner Leipzig
26	Ed.vet.s.a.m.62 Ink., 2°	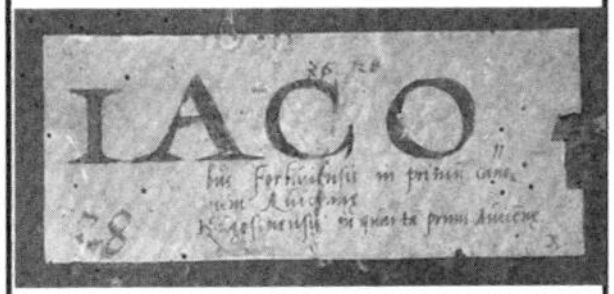	Iacobus Forliuiensis in primum Canonem Auicennae commentarium; Hugo Senensis in quartam primi Auicennae	Zisterzienser Altzelle

27	-		Consilia Iohannis Mathei de morbis; Tabula consiliorum Mathei de Gradibus; De regimine sanitatis Arnoldi de Noua Villa	
28	Med.arab.67 Ink., 2°		Practica Mathei De gradibus cum textu noui Rasis; Hugonis interpretatio in primam quarti canonis Auicennae; Consilia Hugonis super quarta fen primi Auicennae expositio cum annotu Jacobi de Partibus; Iacobi Fro[?]liuiensis De generatione embrionis	Dominikaner Leipzig

Übersicht 4: Stationen der Sammlungsgeschichte im Überblick

Station	Abbildung Schild/Signatur	Beschreibung Schild/ Signatur	Erläuterung Entstehungszusammenhang des Schilds/der Signatur	Protagonist(en)	Zeit
A		Titelschild der Paulina auf dem VD => Identifikation des Gründungsbestands der UB Leipzig	Gründung der UB Leipzig, Zusammenführung des Bestands, Aufstellung des Grundbestands	Caspar Borner	um 1543–1546
A		kalligraphische Ausformung der Titelschilder der Paulina auf dem VD => Identifikation der Bände aus der Borner Schenkung	1546 Tod von Caspar Borner, Legat seiner Bücher an die UBL, Zusammenführung mit dem Grundbestand, jedoch noch separate Aufstellung		ab 1546
A	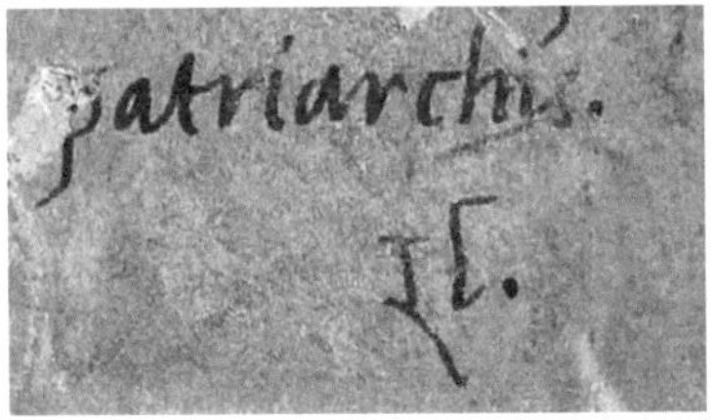	Untere rechte Ecke des Titelschilds der Paulina sowie auf den kalligraphischeren Borner-Ausformungen => Identifikation des Pultes innerhalb der Anfangsaufstellung	Zusammenhang mit der ersten Aufstellung und des ersten Katalogs der UBL (um 1573)	Laurentius Rülich / Petrus Losser	3. Viertel 16. Jh.

Station	Abbildung Schild/Signatur	Beschreibung Schild/ Signatur	Erläuterung Entstehungszusammenhang des Schilds/der Signatur	Protagonist(en)	Zeit
A		mittlerer Bereich über dem Titeleintrag auf dem Titelschild der Paulina sowie auf den kalligraphischeren Borner-Ausformungen => Identifikation des Faches innerhalb der Anfangsaufstellung	Zusammenhang mit der ersten Aufstellung und des ersten Katalogs der UBL (um 1573)	Laurentius Rülich / Petrus Losser	um 1570–1580
B		Vermerk über die Pultposition in der Mitte des Titelschild auf dem VD	Integration der Borner-Schenkungen und damit verbundene Neuordnung des UBL-Gesamtbestands	Wolfgang Trübenbach	Ende 16. Jh.

Station	Abbildung Schild/Signatur	Beschreibung Schild/ Signatur	Erläuterung Entstehungszusammenhang des Schilds/der Signatur	Protagonist(en)	Zeit
C		(komplexe) Standortsignaturen auf Papierrückenschildern mit zusätzlicher Angabe des Titels	Neuordnung durch die Trennung von Handschriften- und Druckbänden Neuaufstellung; Umordnung der Bücher von Pulten und Repositorien; Trennung von Handschriften und Drucken; Abnahme von Ketten und Beschlägen an den Bänden; erster gedruckter Handschriftenkatalog der UBL	Joachim Feller	4. Viertel 17. Jh.

Station	Abbildung Schild/Signatur	Beschreibung Schild/ Signatur	Erläuterung Entstehungszusammenhang des Schilds/der Signatur	Protagonist(en)	Zeit
D		Börner-Signaturen auf den Rücken der Bände (entweder direkt auf den Rücken oder auf vorhandene Papierschilder)	Zusammenführung der Bände aus den drei universitären Einrichtungen in den UBL-Gesamtbestand Durchzählung des Bestands durch die ‚Börner-Signaturen'	Friedrich Christian Börner	2./3. Viertel 18. Jh.
E		Ms-Signaturen auf Papierschildern auf dem Rücken der Bände; Einträge auf ersten Textseiten	Einführung Ms-Signaturenreihe hiermit verbunden: erste Separation von Druckmaterialien	Friederich Adolf Ebert	Beginn 19. Jh.
F		Ms-Signaturen auf Papiertitelschild (von Gersdorf) auf dem Rücken	Neuordnung durch Separation von Druckmaterialien, neuzeitlichen Handschriften	Ernst Gotthelf Gersdorf	2./3. Viertel 19. Jh.

Station	Abbildung Schild/Signatur	Beschreibung Schild/ Signatur	Erläuterung Entstehungszusammenhang des Schilds/der Signatur	Protagonist(en)	Zeit
G		Ms-Signaturen auf jeweils eigenen Schildern auf dem Rücken	Integration von Neuerwerbungen	Rudolf Helssig u.a.	20. Jh.
G		Ms-Signaturen auf jeweils eigenen Schildern auf dem Rücken	Integration von Neuerwerbungen		20./21. Jh.

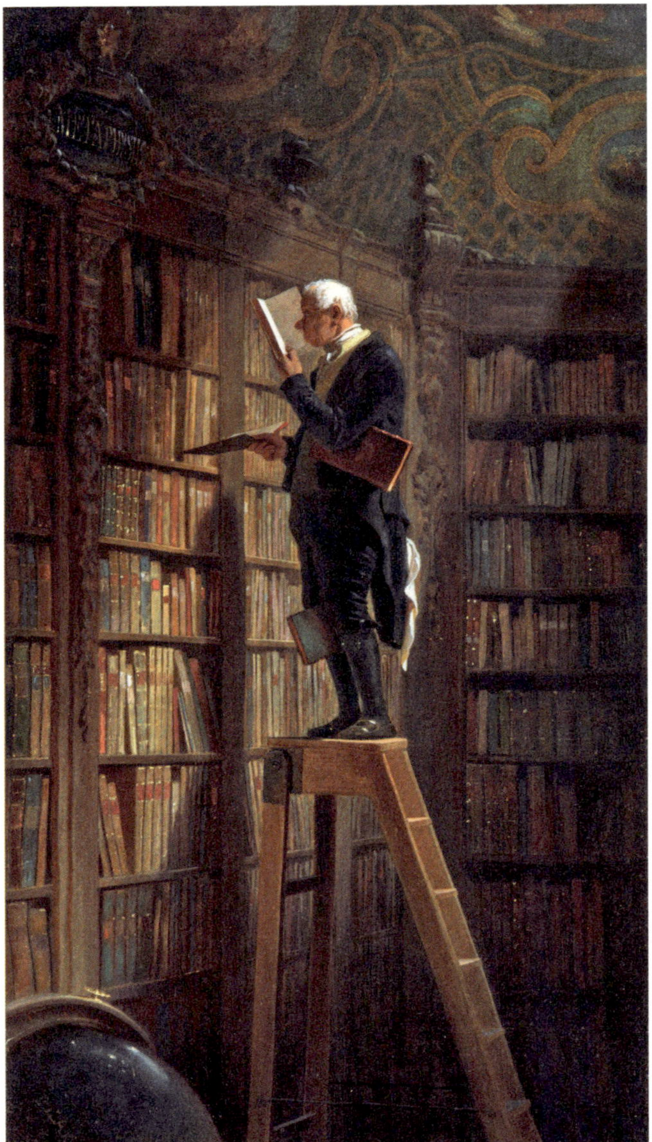

Abb. 1: Carl Spitzweg: Der Bücherwurm (um 1851), Milwaukee Public Library, Dauerleihgabe im Grohmann Museum, Milwaukee USA, Bildquelle: Wikipedia.

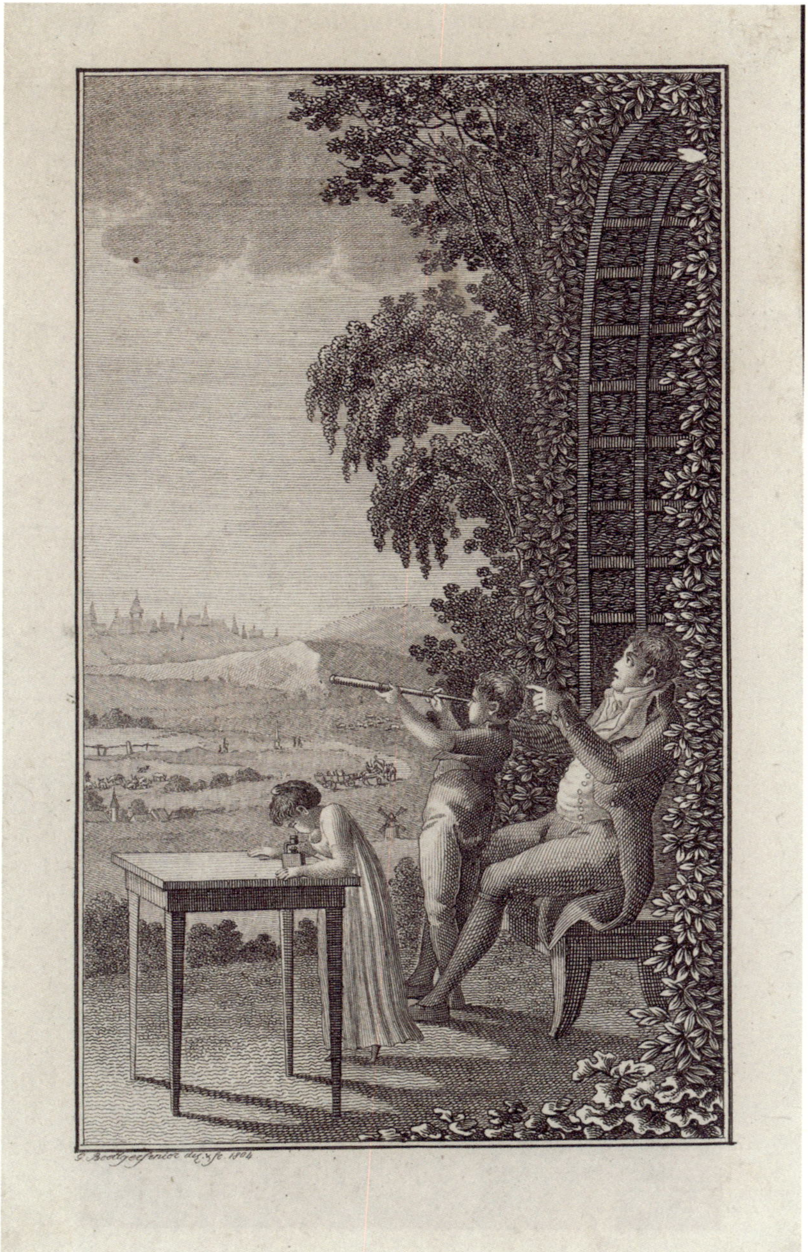

Abb. 2: Gottlieb Böttger d. Ä.: Kinder üben sich mit Mikroskop und Teleskop (Kupferstich, 1804), Herzog August Bibliothek Wolfenbüttel, Graph. A1: 287.

Abb. 3: Johann Wilhelm Mail: Das Vergrößerungsglas (Radierung, 1761), Herzog Anton Ulrich-Museum Braunschweig, JWMeil AB 3.62.

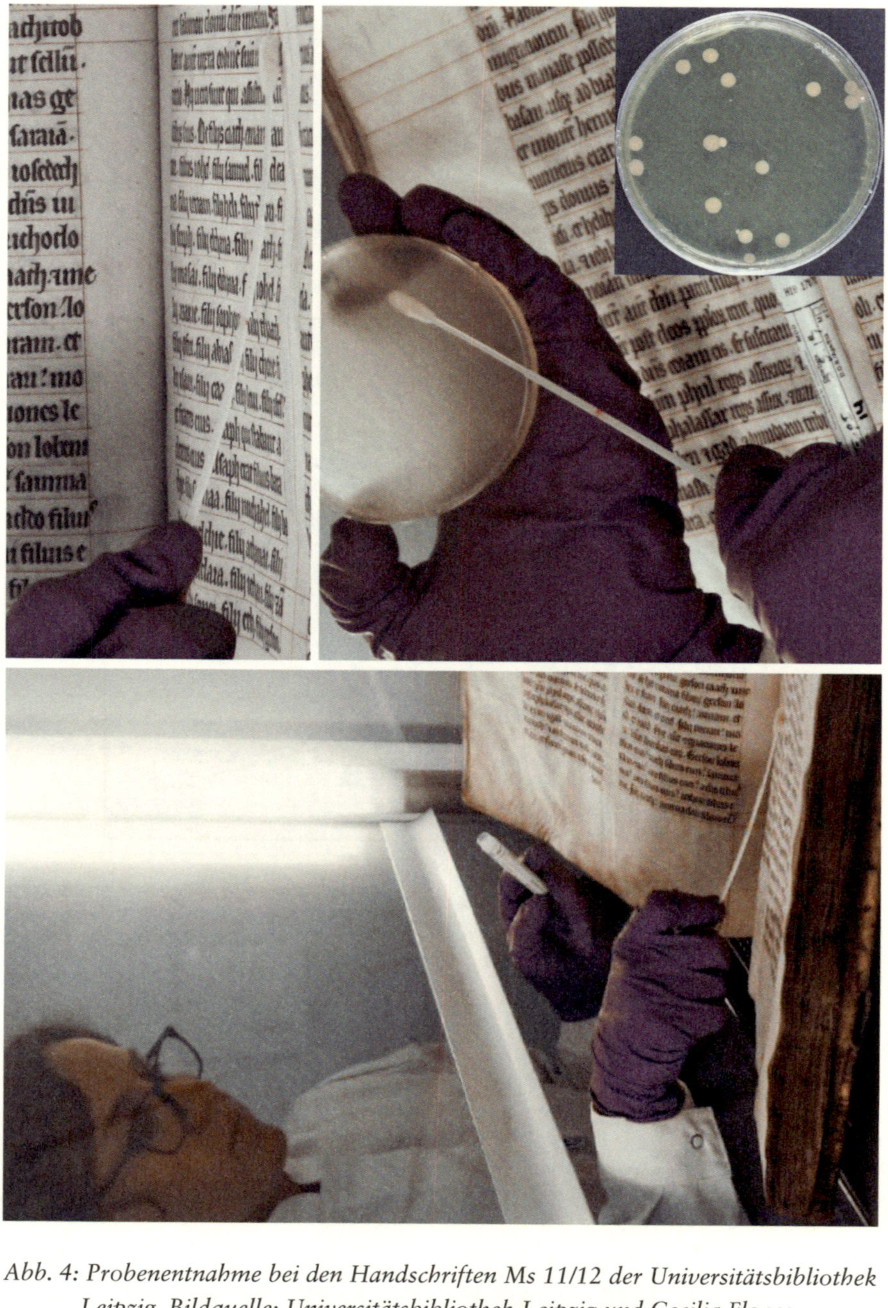

Abb. 4: Probenentnahme bei den Handschriften Ms 11/12 der Universitätsbibliothek Leipzig, Bildquelle: Universitätsbibliothek Leipzig und Cecilia Flocco, Leibniz Institut-DSMZ.

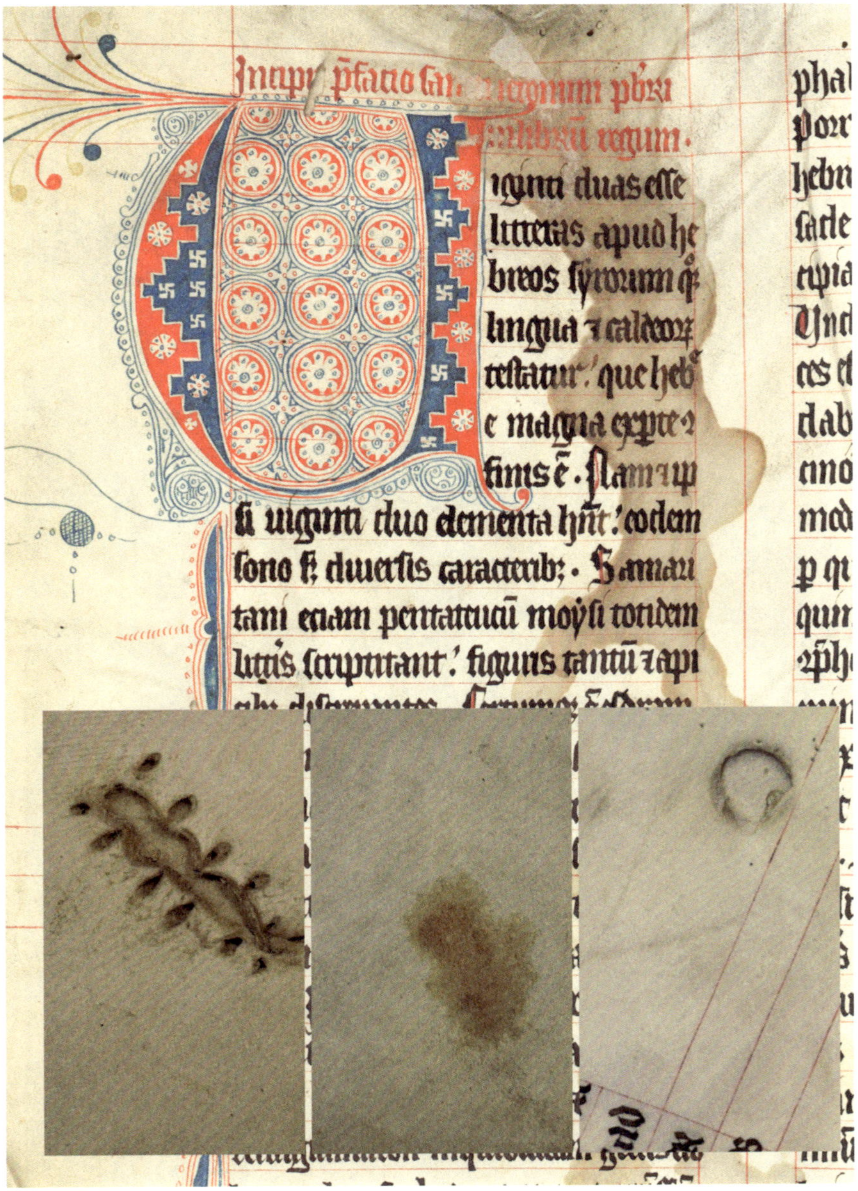

Abb. 5: Untersuchung von Produktions- und Nutzungsspuren im Pergament von Ms 12, Bildquelle: Universitätsbibliothek Leipzig und Cecilia G. Flocco, Leibniz Institut-DSMZ.

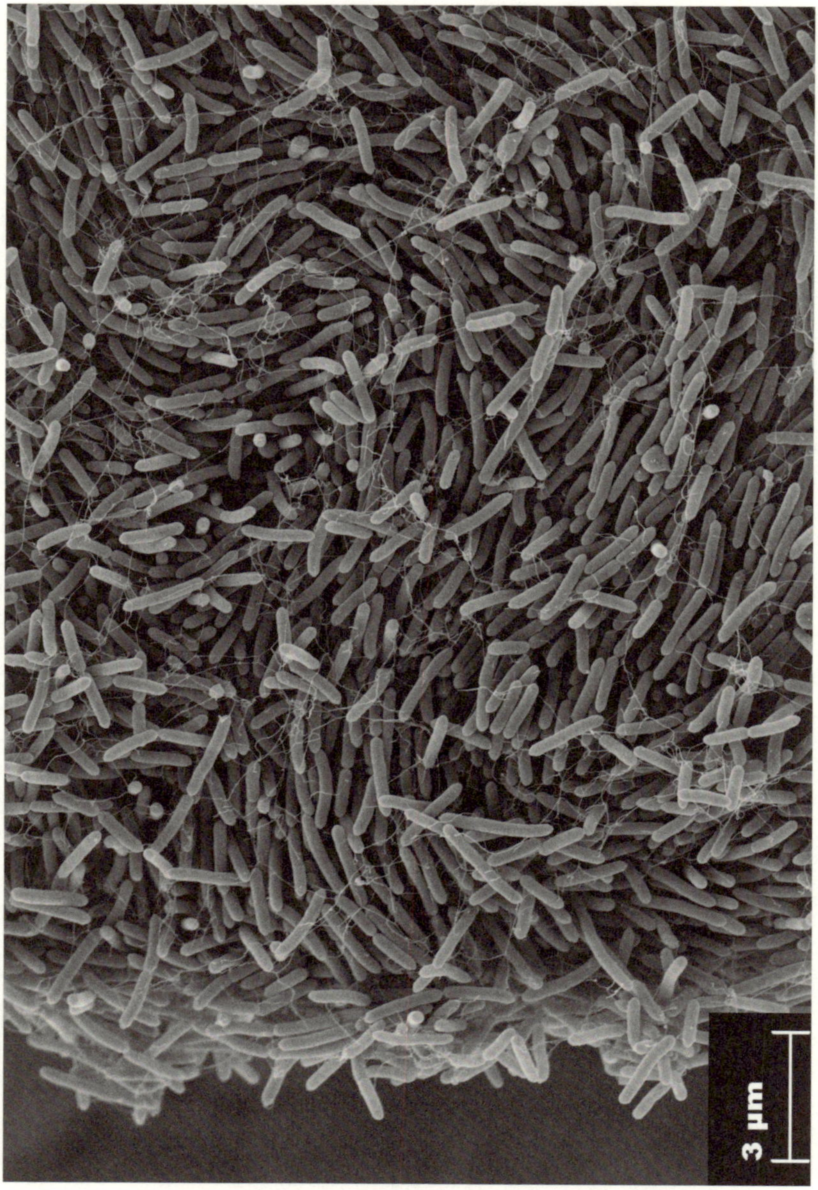

Abb. 6: Rasterelektronenmikroskopische Aufnahme eines Zellhaufens der Bakteriengattung »Bacillus« aus der Leipziger Handschrift Ms 12, Bildquelle: Cecilia G. Flocco, Leibniz Institute-DSMZ / Manfred Rohde, Helmholtz-Zentrum für Infektionsforschung.

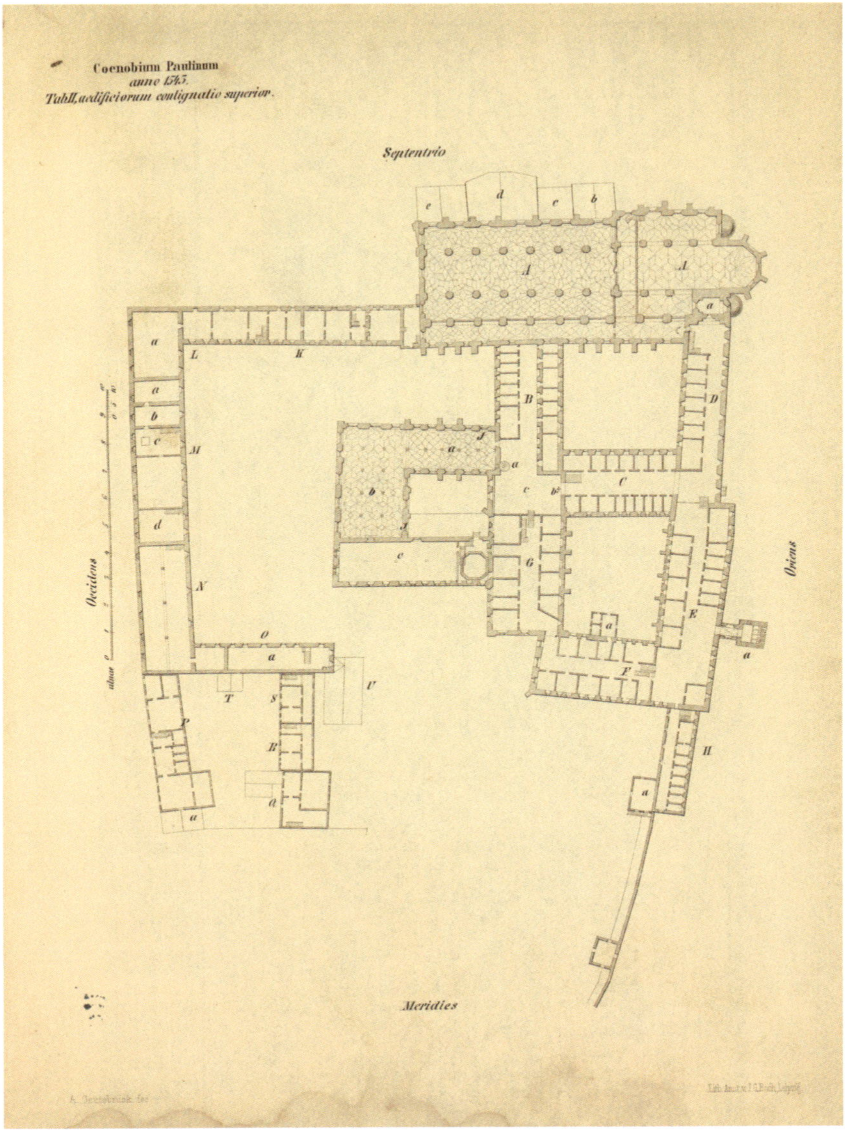

Abb. 7: Grundriss des ehemaligen Dominikanerklosters St. Paul von 1543 – Rekonstruktion von Andreas Geutebrück, Friedrich Zarncke (Hg.): Acta rectorum Universitatis Studii Lipsiensis: inde ab anno 1524 usque ad annum 1559. Leipzig: Tauchnitz 1859, Anhang.

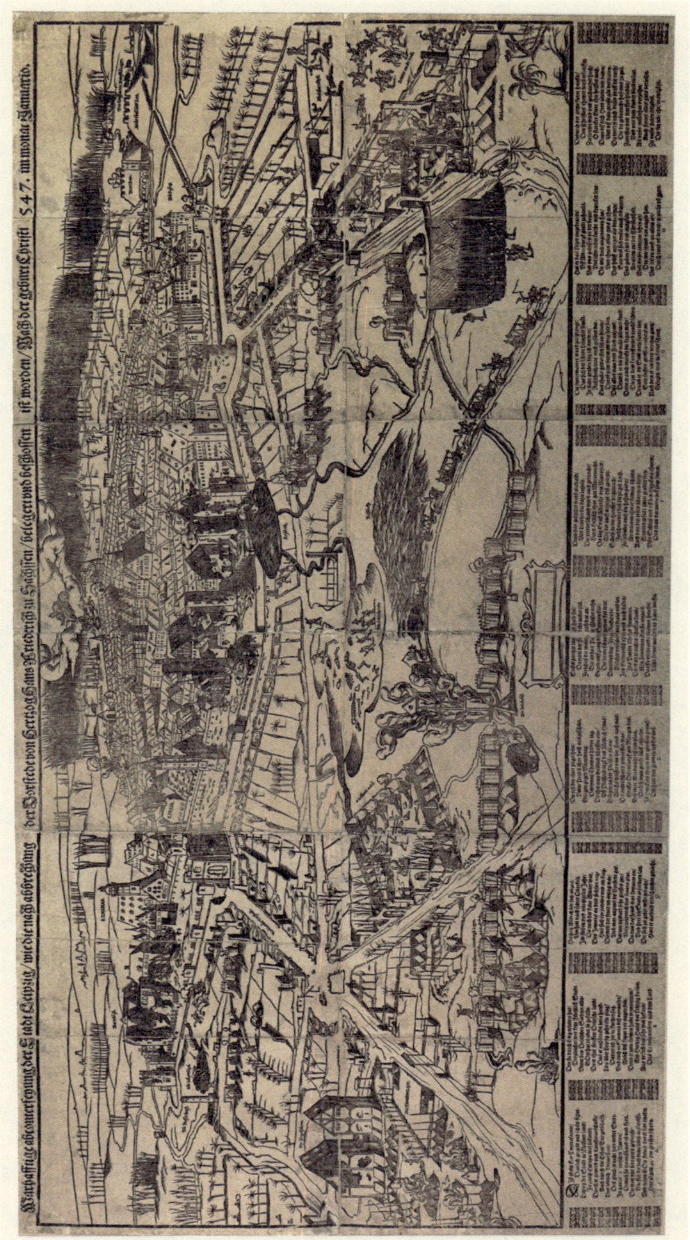

Abb. 8: Die Belagerung von Leipzig im Jahre 1547 (Holzschnitt, 1547), Stadtgeschichtliches Museum Leipzig, Nr. S0019142, Inv.-Nr. S/1154/2001.

Abb. 9: Rechteckiges und gut erhaltenes Paulina-Titelschild auf einem Folioband, Universitätsbibliothek Leipzig, Ms 349.

Abb. 10: Quadratisches Paulina-Titelschild mit erheblichen Lichtschäden auf einem Quartband, Universitätsbibliothek Leipzig, Ms 22.

Abb. 11: Paulina-Titelschild zu einer deutschsprachigen Handschrift in Kurrentschrift, Universitätsbibliothek Leipzig, Ms 953.

Abb. 12: Paulina-Titelschild aus der Borner-Schenkung, Universitätsbibliothek Leipzig, Ms 637.

Abb. 13: Schriftvergleich zwischen Paulina-Titelschildern und dem Paulina-Verzeichnis von 1573, Universitätsbibliothek Leipzig, Ms 349, Ms 1140, Ms 1181, Sächsisches Hauptstaatsarchiv Dresden, Geheimer Rat (Geheimes Archiv), Loc. 10535/21.

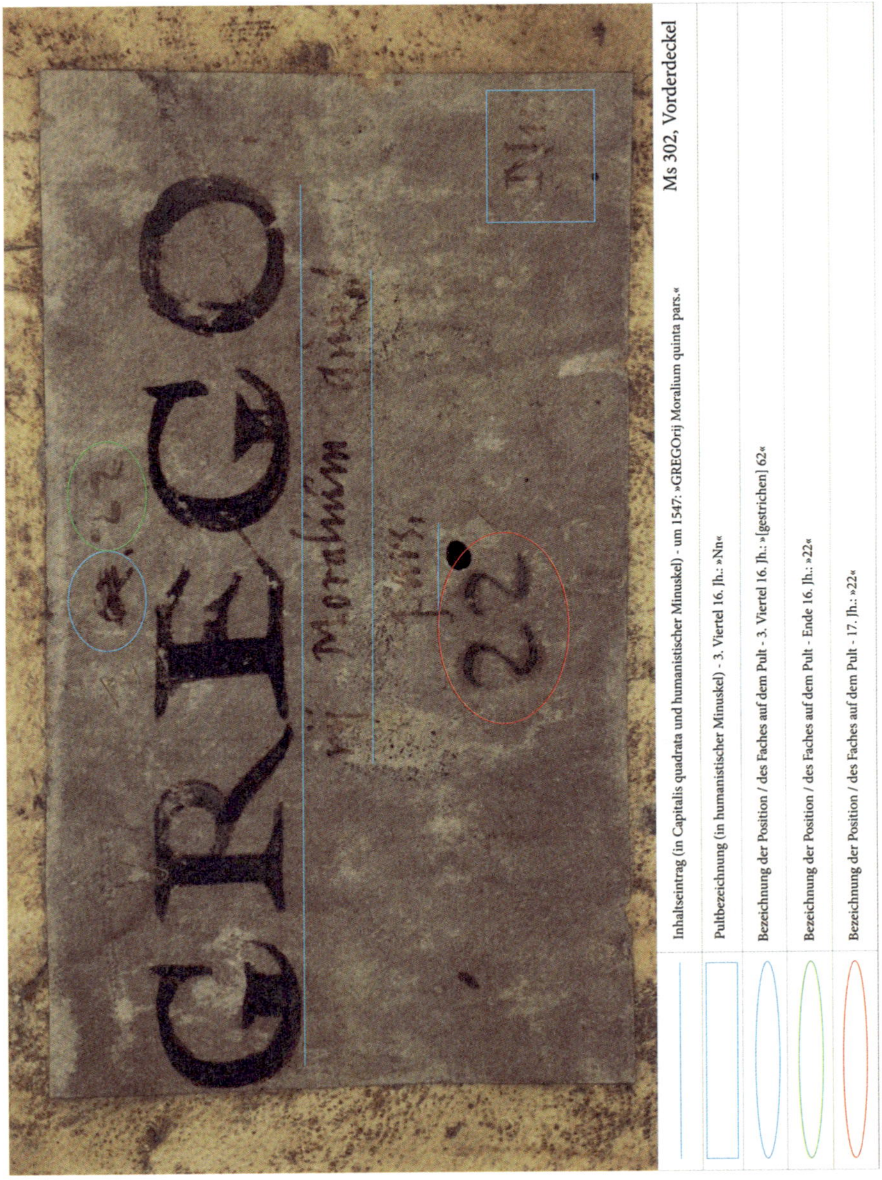
GREGO
Ms 302, Vorderdeckel
Inhaltseintrag (in Capitalis quadrata und humanistischer Minuskel) - um 1547: »GREGOrij Moralium quinta pars.«
Pultbezeichnung (in humanistischer Minuskel) - 3. Viertel 16. Jh.: »Nn«
Bezeichnung der Position / des Faches auf dem Pult - 3. Viertel 16. Jh.: »[gestrichen] 62«
Bezeichnung der Position / des Faches auf dem Pult - Ende 16. Jh.: »22«
Bezeichnung der Position / des Faches auf dem Pult - 17. Jh.: »22«

Abb. 14: Paulina-Titelschild mit Einträgen des 16. und 17. Jahrhunderts, Universitätsbibliothek Leipzig, Ms 302.

Abb. 15: Papierrückenschilder des Kleinen Fürstenkollegs, Universitätsbibliothek Leipzig, Ms 418, Ms 597, Ms 673.

Abb. 16: Papierrückenschilder des Großen Fürstenkollegs, Universitätsbibliothek Leipzig, Ms 232, Ms 440, Ms 526.

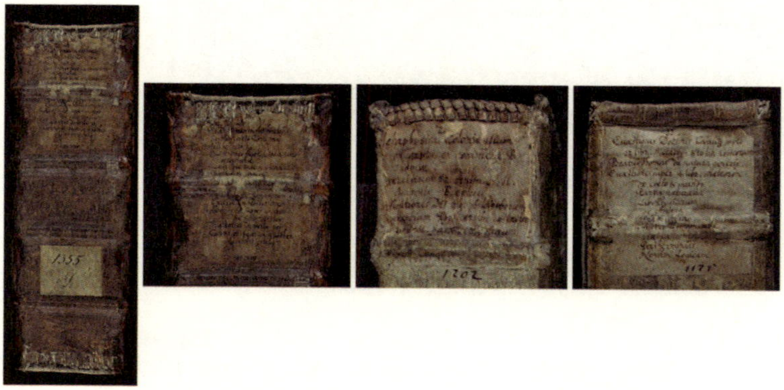

Abb. 17: Papierrückenschilder der Philosophischen Fakultät, Universitätsbibliothek Leipzig, Ms 1355, Ms 1384, Ms 1388.

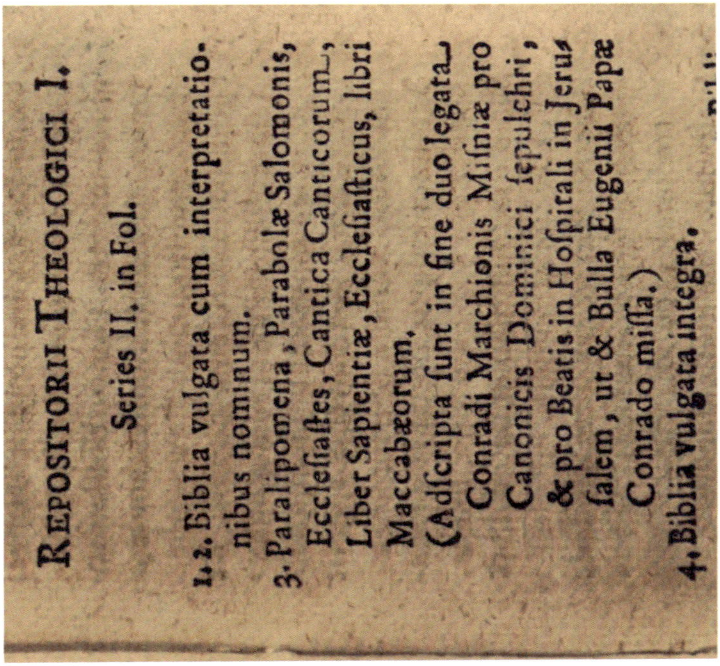

REPOSITORII THEOLOGICI I.

Series II. in Fol.

1.2. Biblia vulgata cum interpretationibus nominum.

3. Paralipomena, Parabolæ Salomonis, Ecclesiastes, Cantica Canticorum, Liber Sapientiæ, Ecclesiasticus, libri Maccabæorum.

(Adscripta sunt in fine duo legata Conradi Marchionis Misniæ pro Canonicis Dominici sepulchri, & pro Beatis in Hospitali in Jerusalem, ut & Bulla Eugenii Papæ Conrado missa.)

4. Biblia vulgata integra.

Abb. 18: Papierrückenschild mit Standortsignatur während oder kurz nach Feller und zugehöriger Eintrag im Feller-Katalog, Universitätsbibliothek Leipzig, Ms 20.

Abb. 19: Börner-Signaturen im oberen Bereich des Buchrückens, Universitätsbibliothek Leipzig, Ms 171, Ms 179, Ms 1503.

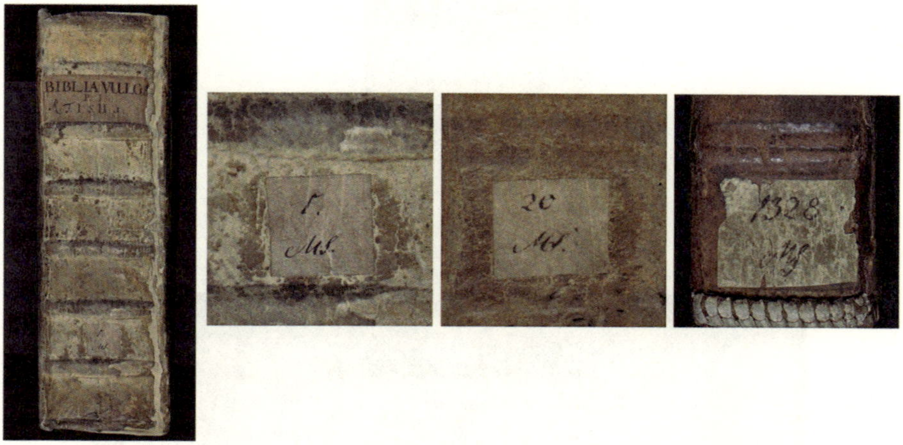

Abb. 20: Papiersignaturschilder auf den Einbandrücken mit Ms-Signaturen von Friedrich Adolf Ebert, Universitätsbibliothek Leipzig, Ms 1, Ms 20, Ms 1328.

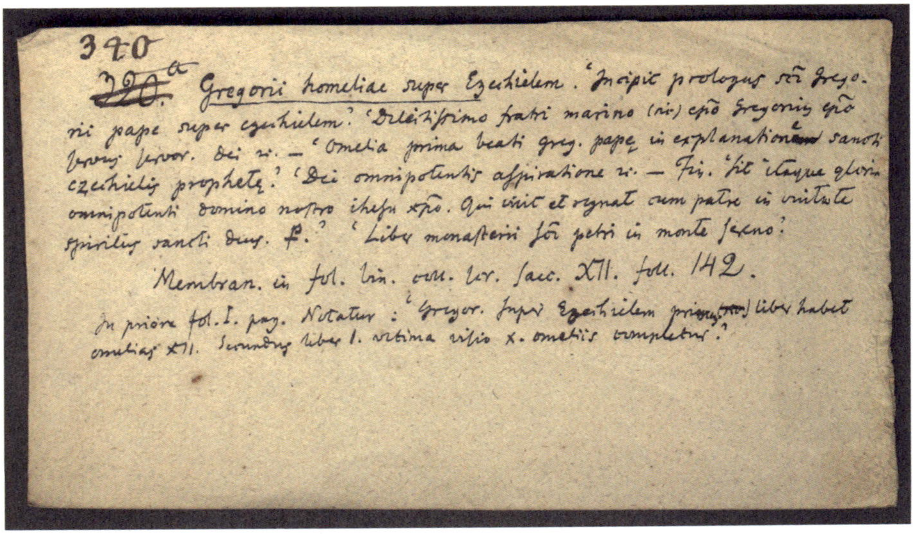
348
~~183~~a Gregorii homeliae super Ezechielem. 'Incipit prologus sci Gregorii pape super ezechielem.' 'Dilectissimo fratri marino (sic) epo Gregorius epo
servus servor. dei etc. – 'Omelia prima beati greg. papę in explanationē sancti
ezechielis prophetę.' 'Dei omnipotentis aspiratione etc. – Fin. 'sit itaque gloria
omnipotenti domino nostro ihesu xpo. Qui vivit et regnat cum patre in unitate
spiritus sancti deus. A.' 'Liber monasterii sci petri in monte sereno.'
Membran. in fol. bin. coll. scr. saec. XII. foll. 142.
In priore fol. I. pag. Notatur: 'Gregor. super Ezechielem primus liber habet
omelias XII. Secundus liber I. ultima visio X. omeliis completur.'

Abb. 21: Leyser-Zettel zu Ms 348: Grundschicht von Hermann Leyser geschrieben, olim Signatur »183a« von Ernst Gotthelf Gersdorf gestrichen und »348« darüber gesetzt, Universitätsbibliothek Leipzig, Ms 2817.

Abb. 22: Papiersignaturschilder auf den Einbandrücken mit Signatureinträgen von Ernst Gotthelf Gersdorf, Universitätsbibliothek Leipzig, Ms 1117, Ms 1526, Ms 447.

Abb. 23: Ms-Signatureinträge aus dem Anfang des 20. Jhs., Universitätsbibliothek Leipzig, Ms 1634, Ms 1639, Ms 1642, Ms 1648.

Abb. 24: Modernes Ms-Signaturschild (um 1960–1980) mit Restaurierungseinband der UB Leipzig, Beschriftung des Schildes von Thomas Thibault Döring aus den 1990er-Jahren, Universitätsbibliothek Leipzig, Ms 1685.

INFORMATIONEN UND BERICHTE

HARTMUT WALRAVENS

Drei Schreiben des Stempelschneiders Johann Gottfried Schelter an Paul Schilling von Canstadt

Paul Schilling von Canstadt (1786–1837), der Erfinder, Drucker und Orientalist, Beamter des russischen Außenministeriums, ist inzwischen öfter behandelt worden, sodaß er keiner ausführlichen Vorstellung bedarf.[1] Es sei in diesem Kontext nur an seine außerordentlich reichhaltige ost- und zentralasiatische Bibliothek erinnert sowie an sein mehrfach unter Beweis gestelltes Talent, orientalische Schriften mit Hilfe der Lithographie meisterhaft zu drucken. Er war mit den bedeutenden Orientalisten seiner Zeit gut vernetzt und sehr geschätzt als Besitzer bedeutender Raritäten, die er großzügig Kollegen zur Verfügung stellte.

Der Stempelschneider Johann Gottfried Schelter (1775–1841) war 1819 Mitbegründer und bis 1839 Mitinhaber der Firma J. G. Schelter & Giesecke. Kontakte zwischen Schelter und Schilling von Canstadt sind für 1819 in der Literatur bezeugt[2] und für 1835 durch eine Katalognotiz für Schillings *bCom-ldan-'das-ma śes-rab-kyi pha-rol-tu phyin-pa'i sñiṅ-po* in WorldCat, wo es heißt: »[Von ächt tübetischen Holztafeln stereotypirt durch J. G. Schelter und Giesecke.]«, eine Bemerkung, die möglicherweise auf einen Katalogisierer der UB Göttingen zurückgeht;[3] der Umschlag des vorliegenden sowie anderer bekann-

1 Hartmut Walravens: Zur Geschichte der Ostasienwissenschaften in Europa. Abel Rémusat (1788–1832) und das Umfeld Julius Klaproths (1783–1835). Wiesbaden: Harrassowitz 1999, S. 85–100; A. V. Jarockij: O dejatel'nosti P. L. Šillinga kak vostokoveda. In: Očerki po istorii russkogo vostokovedenija 6 (1963), S. 218–253; Hartmut Walravens: Schilling von Canstadt, Paul. In: Neue Deutsche Biographie 22 (2005), S. 768–769; L. I. Čuguevskij: Šilling Pavel Lvovič [Obozrenie fonda No 56 Archiva vostokovedov SPbF IV RAN]. Vstuplenie i publikacija I. F. Popovoj. In: Piśmennye pamjatniki vostoka 4 (2006), S. 249–262; Hartmut Walravens: »Anzeige einer von der Regierung neuerworbenen Sammlung Orientalischer Werke.« Die Sammlung Schilling von Canstadt im Asiatischen Museum in St. Petersburg (1830). In: Monumenta Serica 60 (2012), S. 407–431; Hartmut Walravens: Schilling von Canstadt and his correspondence with Julius Klaproth in the IOM. In: Written Monuments of the Orient 5 (2019), Nr. 2, S. 105–143; Walravens: Letters by J. P. A. Rémusat to Schilling von Canstadt (1817–1829) in the Orientalists Archives of the Institute of Oriental Manuscripts, Russian Academy of Sciences. In: Written Monuments of the Orient 6 (2020), Nr. 1, S. 117–143.

2 J. P. A. Rémusat: Sur les éditions chinoises de M. le baron de Schilling de Canstadt. In: Journal Asiatique 4 (1824), S. 166–170.

3 Freundlicher Hinweis von Herrn Ralf Kramer, Bayerische Staatsbibliothek München, Orientabteilung.

ter Exemplare weist nur die Bemerkung auf: »Von ächt tübetischen Holztafeln stereotypirt.« Sollte der bibliographische Hinweis zutreffen, dann dürfte er wohl auch für das gleichzeitig erschienene: *sMon-lam bcu tham 'byor-ba'i lhag smon bsňo-ba* gelten.[4]

Die vorliegenden Schreiben sind auf den ersten Blick nicht sehr inhaltsreich, da Schelter sich für die krankheitsbedingte Verzögerung seiner Arbeiten entschuldigt. Aber dann berichtet er konkret über den Umfang der Mandschu-Typographie, an der er arbeitet, und wann sie fertig gestellt wird. Auch der Preis wird mitgeteilt sowie die Tatsache, daß Tauchnitz (wohl im Auftrag Schillings) für die Typographie zahlt. Das erlaubt Rückschlüsse und möglicherweise die Lösung eines bislang ungelösten Rätsels, nämlich der angeblich von Julius Klaproth bei Tauchnitz in Auftrag gegebenen Mandschu-Typen. Friedrich Gass[5] in St. Petersburg hatte 1817 für Schilling einen großen Typensatz der Mandschuschrift entworfen. Nun war aber ein kleinerer Satz gewünscht, den Schilling 1819 bei Schelter bestellte und um dessen Fertigstellung es in den Briefen geht.[6] Diesen Typenschatz stellte Schilling dann der Société asiatique in Paris zur Verfügung; er diente auch für den Druck des von Stepan Lipovcov ins Mandschu übersetzten Matthäus-Evangeliums in St. Petersburg.[7] Der Pariser Sinologe J. P. A. Rémusat erwähnt einen Mandschu-Typensatz, den etwa gleichzeitig Julius Klaproth[8] (1783–1835) bei Tauchnitz habe schneiden lassen: »Einige Personen haben geglaubt, und auch wir haben uns an diesem Irrtum beteiligt, daß die Typen des letzteren Werkes die wären, die Herr Tauchnitz[9] in Leipzig nach von

4 Zu diesen beiden Drucken vgl. Hartmut Walravens: Konnte der Drucker und Verleger Karl Tauchnitz Tibetisch. In: Aus dem Antiquariat [N.F. 2] (2004), Nr. 2, S. 83–91.

5 Friedrich Wilhelm Gass (1769–1854) war offenbar Schillings Assistent. Er erlernte seinen Beruf als Medailleur 1794–1797 von seinem Vater an der Kaiserlichen Münze. Sein Vater Johann Balthasar Gass (1730–1813) wurde 1760 Meister der Gilde der ausländischen Goldschmiede und 1771 Beamter der Münze. F. W. Gass brachte es später bis zum Hofrat.

6 Rémusat berichtete darüber: »Dès 1817, M. de Schilling avait fait graver à Pétersbourg, par M. Fr. Gass, un gros caractère mandchou-mongol; deux ans après (en 1819) il en a fait exécuter un nouveau plus petit et plus commode, à Leipsick, par Schelter. Les mêmes modèles ont servi pour l'un et pour l'autre.« Vgl. Rémusat: Sur les éditions chinoises (wie Anm. 2), S. 169.

7 S. V. Lipovcov [1770–1841], a little known Russian Manchurist. In: Manchu Studies Newsletter 1/2 (1977/78), S. 65–74.

8 Hartmut Walravens: Julius Klaproths (1783–1835) Briefe an den Orientalisten und Erfinder Paul Ludwig Schilling von Canstadt (1786–1837). Samt Schreiben an den Sinologus Berolinensis sowie Ergänzungen zum Schriftenverzeichnis Klaproths. Norderstedt: BoD 2020.

9 Carl Christoph Traugott Tauchnitz (1761–1835), Buchdrucker und Verleger. Tauchnitz führte die Stereotypie in Deutschland ein. Besonders gelobt wird sein von Gustav Flügel herausgegebener arabischer Koran. Schilling ließ 1835 die zwei genannten tibetischen Texte bei Tauchnitz drukken. Siehe: Gustav Wustmann: Tauchnitz, Karl. In: Allgemeine Deutsche Biographie 3 (1894), S. 441–443.

Herrn Klaproth gelieferten Zeichnungen schneiden ließ. Man weiß nicht, was aus diesem Typenschatz geworden ist, und ob er jemals fertiggestellt wurde.«[10] Da Klaproth und Schilling in engem Kontakt standen, andererseits auch Schelter und Tauchnitz (wie wir sehen, bezahlte ihn Tauchnitz für die Arbeit) liegt die Vermutung nahe, daß es sich hier nicht um zwei verschiedene Schriftschnitte, sondern um ein und denselben handelt. Diese Annahme wird auch dadurch gestützt, daß eine Klaproth-Tauchnitzsche Schrift konkret nicht nachweisbar ist.[11]

1

Leipzig d. 15 Jan. 1820

Mein Herr Baron!
Eine Anfangs leichte Unpäßlichkeit, welche aber bedeutend ward, fesselte mich einige Zeit ans Bette, und dieß war die Ursache, daß ich Ihre gefhrten [!] Schreiben nicht sogleich beantworten konnte. Ich bin heute noch nicht im Stande anhaltend zu arbeiten, indeß geht es viel besser.

Was ich fertig habe, sende ich Ihnen in Abdruck, doch muß ich sie noch durchsehen, auch sind sie noch nicht gehärtet.

Wegen Schwäche ist mir der Abdruck nicht gelungen wie immer, sobald es besser geht, sende ich Ihnen noch einen mit mehr, auch bleibe ich thätig dabey.

Das Ihnen die Schrift zu mager ist, wäre leicht zu ändern wenn ich die ersten Stempel zurück erhalten könnte, darüber thue ich Ihnen Vorschläge wenn sie ganz fertig ist.

Die richtige Leipziger Höhe[12] folgt in beyliegenden Buchstaben.

Mein Herr Baron, ich bin mit Hochachtung und Ehrfurcht
Ihr ganz ergebenster
J. G. Schelter

Sr. Hochwohlgebohren
dem Herrn
Rußisch Kaiserl. Hofrath und Ritter

---

10 Rémusat 1824, S. 169–170: »Quelques personnes ont cru, et nous avions nous-mêmes partagé cette erreur, que les caractères de ce dernier ouvrage étaient ceux que M. Tauchnitz avait fait graver à Leipsick d'après des dessins fournis par M. Klaproth. On ignore ce qu'est devenu ce corps, et même s'il a jamais été terminé.«

11 Zum Themenkreis vgl. auch Hartmut Walravens: The St. Petersburg Mongolian type. In: Rocznik Orientalistyczny 60 (2015), Nr. 2, S. 213–224.

12 Leipziger Höhe hieß die damals in Deutschland übliche Höhe der Drucktypen; sie betrug ca. 66 pt.

Freyherrn Schilling von Canstadt
Friedrichsstraße No. 83. e. Treppe
Berlin[13]

2
Sr. Hochwohlgebohr.
dem Herrn Ruß. Kaiserl. Hofrath und Ritter
Freyherrn Schilling v. Canstadt
in Petersburg

Leipzig d 22. Jan. 1820

Mein Herr Baron
Endlich bin ich doch noch so glücklich gewesen, die Manchoux Schrift beendigen zu können. Ich habe Herrn Weigel[14] dieselbe in 37 Stempel 106 justirten und 13 unjustirten (übercompleten) Matrizen übergeben, und den Betrag an 143 rth 11 gr laut Nota und Abdruck, dafür empfangen.

Es [soll] künftig nie wieder geschehen das ich Ihnen so lange aufhalte, indem ich fest entschlossen bin, nur so viel Arbeiten zu übernehmen, als ich gerade zu leisten vermag. Es war bis jetzt so arg, das mir das Leben ordentlich zur Last ward, und ich durchaus keine Fortschritte in meiner Kunst machen könnte. Für Ihre gütige Empfehlung, den Herrn Fürsten Labanoff[15], danke [ich] Ihnen herzlich, und bleibe mit der größten Hochachtung

Ew. Hochwohlgebohren ergebenster
J. G. Schelter

3

Leipzig d. 29. Jan. 1820

Mein Herr Baron!
So sehr es mir leid ist, bin ich doch gezwungen Ihnen noch um einige Wochen

13 Die Originalbriefe befinden sich im Institut für orientalische Handschriften, Russische Akademie der Wissenschaften, St. Petersburg, Signatur: Fond 56, op. 2, Nr. 70.

14 Wohl: Johann August Gottlob Weigel (1773–1846), Antiquar und Kunstkenner in Leipzig; die Firma blühte besonders unter seinem Nachfolger Theodor Oswald Weigel (1812–1881) auf, vgl. Karl Friedrich Pfau: T. O. Weigel. In: Allgemeine Deutsche Biographie 41 (1896), S. 469–471.

15 Wohl: Alexandre Labanoff de Rostoff (Aleksandr Jakovlevič Lobanov-Rostovskij)(19. Juli 1788–26. Nov. 1866), Bücher-, Grafik- und Kartensammler. Vgl. M. Popov: Lobanov-Rostovskij, Knjaź Aleksandr Jakovlevič. In: Russkij biografičeskij slovaŕ. Band Labzina–Ljašenko (1914), S. 517–518.

Nachsicht, zu Beendigung der Manchoux Schrift zu bitten. Ich habe mich ungemein angestrengt, um Ihnen wenigstens die Stempel dieser Schrift zu liefern, allein es war mir dennoch nicht möglich. Krankheit und starker Bedrank meiner übrigen Geschäfte, so wie auch einige Schwierigkeiten der Schrift selbst, welche ich nicht voraus sehen konnte, warfen mir alle Augenblicke Hindernisse in den Weg, die ich nicht gleich beseitigen konnte.

Da indeß nur noch wenig zu machen ist und ich jetzt wohl befinde, so kann ich Ihnen die Beendigung derselben bis Faßnachten mit Zuverlässigkeit versprechen.

Sie werden sich aber auch erinnern, das ich Ihnen gleich Anfänglich nur diesen Termin versprach und Sie mir den früheren abdrangen.

Mit Zurichtung der Matriz, bin ich in noch größerer Verlegenheit indem dazu nicht Leute genug auftreiben kann, doch erhalten Sie dieselben auf jeden Fall 14 Tage darauf.

Sollten Sie um obige Zeit nicht mehr in Berlin seyn, so bitte ich Ihnen, mir Nachweisung zu geben, wohin ich Ihnen die Stempel senden soll.

Mein Herr Baron, ich bitte Ihnen, auch zu bedenken, daß ich Ihnen gute und accurate Arbeit leisten soll, und bitte daher mir diese Verzögerung nicht so sehr zu Last zu legen.

Sollten Sie noch einige Zeit in Berlin bleiben, so erhalten Sie, in 8 Tagen einen reinen schönen Abdruck aller heutigen Stempel (vielleicht der ganzen Schrift). Heute war es mir nicht möglich, Ihnen einen zu senden. Ich hoffe, Ihnen künftig zu vergüten, was ich jetzt durch Verzögerung geschadet habe.

Mit aller Ehrfurcht und Hochachtung
Ihr ganz ergebenster J. G. Schelter

Seiner Hochwohlgebohren
dem Russisch-Kaiserl. Hofrath und Ritter,
Herrn Paul, Freiherrn
Schilling von Canstadt
Friedrichstraße No. 83 2 Treppen
Berlin
Frey

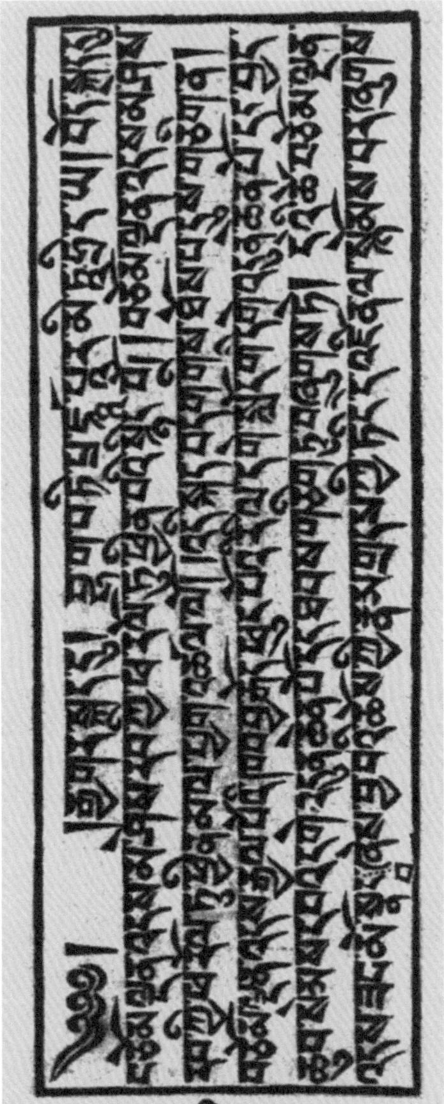

Abb. 1: Btschom-ldan-adas-ma-sches-rab-kyi-pha-rol-tu-phyin-pai-sñing-po. Das Herz (die Quintessenz) der zum jenseitigen Ufer des Wissens gelangten Allerherrlichst-Vollendeten. Leipzig: Karl Tauchnitz 1835, Bl. 1, von Schelter für Schilling von Canstadt stereotypiert.

VERZEICHNIS DER AUTORINNEN UND AUTOREN

Thomas Thibault Döring, M.A.
Universitätsbibliothek Leipzig
Beethovenstraße 6
04107 Leipzig
doering@ub.uni-leipzig.de

Dr. Cecilia G. Flocco
Leibniz Institute DSMZ-German
Collection of Microorganisms and
Cell Cultures GmbH
Inhoffenstr. 7 B
38124 Braunschweig
cef18@dsmz.de

Wiebke Helm, M.A.
Universität Leipzig
Institut für Pädagogik und Didaktik
im Elementar- und Primarbereich
Marschnerstraße 31 H 3
04109 Leipzig
wiebke.helm@uni-leipzig.de

Dr. Regina Jucknies
Streitkräfteamt
Abt FachAufgBw Gruppe FIZBw
Dez 2 BestEntw-/ErschlgInf
VmiWikiSBw
Gorch-Fock-Straße 5-7
53229 Bonn
ReginaJucknies@bundeswehr.org

Prof. Dr. Nicole C. Karafyllis
Technische Universität Braunschweig
Seminar für Philosophie
Bienroder Weg 80
38106 Braunschweig
n.karafyllis@tu-braunschweig.de

Dr. Sven Kuttner
Universitätsbibliothek der LMU
München
Geschwister-Scholl-Platz 1
80539 München
Sven.Kuttner@ub.uni-muenchen.de

Dr. Mark Lehmstedt
Lehmstedt Verlag
Hainstraße 1
04109 Leipzig
info@lehmstedt.de

Dr. Christoph Mackert
Universitätsbibliothek Leipzig
Beethovenstraße 6
04107 Leipzig
sturm@ub.uni-leipzig.de

Dr. Hansjörg Rabanser
Tiroler Landesmuseen-Betriebsgesellschaft m.b.H.
Museumstraße 15
6020 Innsbruck
h.rabanser@tiroler-landesmuseen.at

Laura Rosengarten
ehem. Wiss. Hilfskraft Handschriftenzentrum der Universitätsbibliothek Leipzig

Felix Schulze
Universitätsbibliothek Leipzig
Beethovenstraße 6
04107 Leipzig

Katrin Sturm
Universitätsbibliothek Leipzig
Beethovenstraße 6
04107 Leipzig
sturm@ub.uni-leipzig.de

Dr. habil. Hartmut Walravens
Begasstraße 2
12157 Berlin
hartmutwalravens@yahoo.com

Dr. Alexander Waszynski
Ruhr-Universität Bochum
Germanistisches Institut
Universitätsstraße 150
44780 Bochum
alexander.waszynski@ruhr-uni-bochum.de

Prof. Dr. Carsten Zelle
Emeritus am Germanistischen Institut der Fakultät für Philologie der Ruhr-Universität Bochum
Karl-Kautsky-Weg 6
60439 Frankfurt a.M.
carsten.zelle@rub.de

Jahrbuch zur
Buchges

9783447116992.3